卢兴◎主编

中国文化的现代格局与未来走向

——方克立思想研究论集

江苏人民出版社

图书在版编目（CIP）数据

中国文化的现代格局与未来走向：方克立思想研究
论集 / 卢兴主编. -- 南京：江苏人民出版社，2025.

1. -- ISBN 978 - 7 - 214 - 29642 - 9

Ⅰ. B26 - 53

中国国家版本馆 CIP 数据核字第 2024MC0782 号

书　　　名	中国文化的现代格局与未来走向：方克立思想研究论集	
主　　　编	卢　兴	
策　　　划	王保顶	
责 任 编 辑	康海源	
特 约 编 辑	于佳旭	
责 任 监 制	王　娟	
出 版 发 行	江苏人民出版社	
地　　　址	南京市湖南路 1 号 A 楼，邮编：210009	
照　　　排	江苏凤凰制版有限公司	
印　　　刷	江苏凤凰通达印刷有限公司	
开　　　本	652 毫米×960 毫米　1/16	
印　　　张	28.25　插页 4	
字　　　数	377 千字	
版　　　次	2025 年 1 月第 1 版	
印　　　次	2025 年 1 月第 1 次印刷	
标 准 书 号	ISBN 978 - 7 - 214 - 29642 - 9	
定　　　价	108.00 元	

（江苏人民出版社图书凡印装错误可向承印厂调换）

合影

揭幕仪式

研讨会第一分会场

方克立先生逝世四周年追思会

目　录

编者前言

　　方克立先生(1938 年 6 月 28 日—2020 年 4 月 21 日),中国社会科学院学部委员。在中国人民大学哲学系、南开大学哲学系、中国社会科学院研究生院任教数十年,其间,曾被任命为南开大学哲学系中国哲学研究室主任、中国社会科学院研究生院院长等,兼任国务院学位委员会哲学学科评议组成员和召集人、中国哲学史学会会长、国际中国哲学学会会长等。先生出版有多部学术专著,主编有"现代新儒学研究丛书""20世纪中国哲学与文化研究丛书""20 世纪中国学术论辩书系·哲学卷"等系列丛书,《中国哲学大辞典》《中国哲学史论文索引》等专业工具书,以及《中国哲学名著选读》《中国文化概论》《中国哲学与辩证唯物主义》《中国哲学史》等多部国家级教材。先生的主要著述被编辑整理为《方克立论著集》,全七卷、三百余万字,2023 年 4 月由中国社会科学出版社出版。

　　2021 年 4 月 23 日,上海师范大学马克思主义学院、哲学与法政学院举办了"方克立先生学术思想研讨会",来自全国 20 多所高校、科研院所和学术期刊的专家学者 50 余人参加了会议。本次会议的精华论文 36 篇结集为《方克立学术思想研讨选辑》,由人民出版社 2022 年 6 月出版,这本论文集是先生去世后学界关于其生平追怀和思想研究的第一次总结。

　　2024 年 4 月 20—21 日,南开大学中国哲学研究中心、南开大学哲学院举办了"中国文化的现代格局与未来走向——方克立先生学术思想暨《方克立论著集》出版研讨会",来自海内外 50 余所高校、科研院所和出版社、学术期刊的专家学者 80 余人参加了会议,同时见证了七卷本论著集的揭幕仪式。方先生曾在南开大学辛勤耕耘 38 个春秋,为南开大学中国哲学学科的建设倾注了毕生心血,临终遗愿将所有藏书赠与南开大学哲学院以飨后学。本次会议在南开大学举办,也是为了缅怀前贤、传承学脉,纪念这位南开大学中国哲学学科的开创者。

会后,主办方联系到江苏人民出版社,有意将本次会议上的部分论文结集出版。该计划获得了南开大学领导的关怀,很快得到了项目立项和经费支持。论文集的具体编辑工作由本人完成。

在本论文集编辑过程中,遵循了以下几条原则。第一,论文集名称与会议保持一致,定名为《中国文化的现代格局与未来走向——方克立思想研究论集》。第二,论文集只收录与方先生生平和思想相关的论文,参会的其他主题的论文不予收录。第三,原则上论文集所收录的论文与前述《方克立学术思想研讨选辑》不重复。第四,论文集所收论文不限于本次会议,也有选择地收录学界已发表的关于方先生生平和思想研究的文章,收录征得了原作者的同意。

在各位作者的支持下,本论文集收录论文 32 篇,按主题大概分为四类:第一类为全面概述方先生生平和学术思想的论文,第二类为关于先生的现代新儒学研究的论文,第三类为关于先生的文化观和"马魂中体西用"论的研究论文,第四类为方先生教育思想研究论文及回忆、纪念文章。

最后,衷心感谢南开大学人文社会科学研究部对本论文集的大力支持,感谢江苏人民出版社为论文集的编校出版付出的辛劳。由于编者的水平所限,本论文集错讹之处在所难免,敬请广大读者提出宝贵建议,共同推进学界关于方先生思想的研究和传承。

卢兴

2024 年夏于南开大学

方克立先生的著作和思想的价值

①

方克立先生是当代中国成就卓越的哲学家、哲学史家,是真诚而又自觉地坚持用马克思主义开展中国哲学和中国文化研究的知行合一的荦荦大家。

《方克立论著集》的出版,是当代中国出版界、中国哲学界乃至当代中国学术界的大事,可喜可贺!中国社会科学出版社为《方克立论著集》的出版付出了很多心血,精选、精编、精审、精校,印装精美,质量上乘,为学术界提供了一个研究方克立先生思想的优秀版本,我向中国社会科学出版社表示由衷的敬意!中国社会科学院大学大力支持《方克立论著集》的出版,提供资助,我向该校表示真诚的敬意!

思想凝结为论著,论著承载着思想。从《方克立论著集》可以看出,方克立先生的著作和思想有显著的特色:

一、坚持中国哲学的主体性。方克立先生始终坚持中国文化立场,坚持挺立民族精神的脊梁,坚持中国自古有哲学、当今具有独特的典型的哲学的立场。他在关于中国哲学的合法性讨论中,明确表示不赞成以西范中、以西释中,回应了何为"中国的哲学"与"哲学在中国"的问题。

————————————

① 作者简介:李宗桂,中山大学哲学系教授。

他坚定认为,用马克思主义哲学史观和方法论为指导来研究中国哲学史,"使我们更加重视一种文化、一种哲学的民族主体性,重视怎么在确立民族主体性的基础上来吸收西方哲学的一些成果"。方先生这种观点,不仅是对中国哲学主体性的坚持和弘扬,同时也是对文明互鉴的倡扬。方先生认为,"从中国哲学自身出发看我们有什么问题,从我们自己的问题意识来寻找按照这些问题的展开及其必然性的那种内在理路、发展轨迹,揭示其规律,目的实际上也就是探索怎样更好地确立民族主体性"。他认为,这是中国哲学合法性讨论最重要的积极成果之一。这就把问题的讨论拓展到了更大的格局和更开阔的境界。

二、方先生的《中国哲学史上的知行观》一书,是真正具有开创意义的著作。这部著作是在改革开放初期解放思想、拨乱反正的时代背景下,突破苏联日丹诺夫哲学史定义,根据中国哲学的实际而撰写出来的著作,是专题性研究著作,更是范畴研究的著作。联系方先生1982年就开始招收中国哲学范畴研究方向的研究生的学术实践,可以说,方先生在当代中国哲学范畴研究方面有开创之功。从当代中国哲学发展史的进程看,《中国哲学史上的知行观》充满创新精神,具有鲜明的问题意识,是具有里程碑意义的创新性成果。

三、方克立先生开启并引领了当代中国的现代新儒学研究,这是开拓性的学术创举。现代新儒学研究的展开,开辟了中国哲学研究的新论题、新领域,由此培育了一大批中国哲学研究的有生力量,开拓了大陆中国哲学界与港台海外中国哲学界的学术交流、文明互鉴的新渠道,使其相互激荡、相互发明,推动了文化中国的发展。引发了学界对于中国传统哲学和文化的特质、价值的深度思考,引发了传统与现代、理论与实践、中国与外国关系的新思考,深化了学界对中华优秀传统文化的认识、对马克思主义与中华优秀传统文化相结合的研究。升华了人们对于中国式现代化的文化内涵、格局的思考,推动了中国文化现代格局与未来走向、中国现代文化形态的探讨。

四、方克立先生具有强烈的文化自觉意识和高度的方法论建构原则。他清晰地理解、把握了中华民族文化之由来,对于民族传统文化的历史渊源、演变过程及其规律、内在特质、在近现代的转变等重大问题,有理性而又全面的认识,特别是对在社会主义条件下如何创造性地建设、创新性地发展中华民族固有文化的优长之处,抛弃其思想糟粕,有着深刻、独到而又新颖的见解。对于在坚持中国哲学的主体性和民族文化的本根性前提下,如何坚持正确的文化创新创造之路,如何坚持马克思主义而又传承中华文脉、吸纳西方文明的优长之处,方克立先生形成了系统的观点,这集中体现在由中国社会科学出版社 2012 年出版的《中国文化的综合创新之路》和由人民出版社 2015 年出版的《马魂 中体 西用——中国文化发展的现实道路》两部著作之中。方克立先生旗帜鲜明地宣布自己是"综合创新派",即认同张岱年先生的"综合创新"论,在中国哲学中国文化的研究和创造中,坚持以马克思主义为指导,综合本民族乃至世界上别的民族思想文化的优长之处,建设社会主义新文化、中华民族新文化。他曾经在《光明日报》发表《大力宣传我们的文化主张——"综合创新论"》,受到学界的关注,被认为是张岱年先生之外的另一个"综合创新"派代表人物。但方克立先生强调,提出"综合创新"文化观主要是张岱年先生的贡献。在实际的研究中,方克立先生进一步把张岱年先生的"综合创新"论拓展为"古为今用,洋为中用,批判继承,综合创新",得到学界不少人的关注和认同。进而,方克立先生从中国文化发展的现实道路层面或者说战略高度提出了"马魂、中体、西用"说。以马克思主义为灵魂(指导),以中国文化为主体,以西方文化(外来文化)的一切积极成果、合理成分为学习、借鉴对象。质言之,就是"马学为魂,中学为体,西学为用,三流合一,综合创新"。方克立先生系统提出并深度阐明的马魂中体西用论,是中国哲学和中国文化传承发展在方法论上的创新,是对中国式现代化视角中的现代文化形态建构的探寻,挺立了民族文化的主体性,彰显了马克思主义的文化观。

一个中国马克思主义者的儒学观与文化主张

——方克立先生学术思想述评

林存光[①]

近代以来,西方强势文明与各种学术文化思潮一波又一波的冲击和挑战,不断削弱和损伤着中国人的文化自信心和文明优越感,引发了日趋激烈的古今中西文化之争。在这场旷日持久的文化论争中,固守传统、改良维新、民主革命、中体西用、全盘西化、返本开新、儒学复兴、综合创新等各种各样的保国、保种、保教与救国、救民、振兴中华的政治纲领和方案、文化观点和主张被先后提出。尤其是"五四"以后,在围绕着"中国向何处去""中国文化向何处去"这一时代性的重大课题而展开的思想斗争中,形成了现代中国的三个思想派别或三大文化思潮——中国的马克思主义者、自由主义的西化派和现代新儒家,它们之间的对立互动仍然决定或形塑着当今中国三大思潮鼎足三分的思想格局。迄今为止,"中国向何处去""中国文化向何处去"的中心议题,依然是中国学人最为关切也最令他们倍感困扰而充满争议的重大问题之一。

那么,在当今中国新的历史条件和时代背景下,亦即在实现中华民族的伟大复兴成为我们共同梦想的今天,究竟应如何回答这一问题,究

[①] 作者简介:林存光,山东省泰山学者,中国政法大学政治与公共管理学院教授,尼山世界儒学中心孔子研究院特聘专家。

本文原载《海岱学刊》2015年第2期。

竟应如何来正确地理解、看待乃至吸取和借鉴作为中国传统思想文化之主流的儒学资源,究竟什么才是最适合我们当今时代之现实需要的发展道路选择和文化主张? 对这一系列重大问题,方克立先生都有着自己深刻的思考和独到的见解。笔者认为,作为一个坚定的中国马克思主义者和卓越的中国哲学史家,方先生在这方面所做的学术探索工作和不懈的思想努力具有非常重要的启示意义,值得充分肯定与高度评价。自 20世纪 80 年代以来,方先生通过对现代新儒学思潮的深入研究,在对各种文化思潮和文化观点作出系统反思和全面总结的基础上,力主"三大思潮对立互动"说,并接着张岱年先生大力倡导"综合创新"的文化观,乃至进一步极富思想创见地提出"马魂中体西用"论,可以说为我们合理地回答和解决古今中西文化之争的难题,为我们正确地认识和确立文化发展道路选择的目标,作出了重要的学术思想贡献,树立了一种方向性的精神路标。本文就方先生学术思想中内含许多真知灼见的儒学观和文化主张尝试作一扼要述评。

一、引言:儒学与时代

学术与时代、思想与社会常常"相持而共变"。时代无有不变,学术思潮亦无有不变;一个社会的结构形态虽然在一定历史时期甚至是相当长的历史时期内具有相对的稳定性,但也总是处在不断演化变迁的过程中,与之相应地,人们的思想观念也总是处在变动不居的状态之中。就中国历史来讲,最剧烈的古今变革莫过于战国秦汉之际和近代以来,而近代以来的古今时代之变,更由于中西文明的全面冲突而愈加显得激烈而深刻。前一变在变封建为郡县,确立了二千年帝制中国时代的君主专制体制,并在专任法家刑治主义和试行黄老无为政治后,最终选择了定儒术于一尊,而作为一种产生于"封建天下"时代的学术思想流派,儒家要想长期维持其儒术独尊的意识形态霸权地位,就必须与时俱变。正如萧公权先生所言,"儒家思想由拥护封建制度一变而拥护专制政体",才使其最终"成为二千年中之正统学派",而且,"儒家存在之所以特能久远者,盖半由其适应能力之强大,半由其思想内容之丰富"①。后一变在变帝制为现代国家体制,以民主共和之制取代君主专制之制,在激烈的社会政治变革过程中,人们的思想亦不断地趋于激进化,新旧思潮之间交相排诋,乃至"国人对于异派势力,恒不容其为空间的对立,然终不能禁其为时间的代兴"②。正是在学术文化思潮"时间的代兴"中,由对西人长技的师法学习,到制度层面的维新变法,再到伦理、道德、文化的彻底而全面的"欧化","孔家店"中的儒术、儒学和儒教作为中国旧传统与旧文化的象征,终于经受不住"五四"新文化运动的洗礼和掊击而被打倒,竟至于沦落到了"今天的中国,西学有人提倡,佛学有人提倡,只有谈到孔子羞涩不能出口"、"孔子的道理成了不敢见人的东西"的地步。现代新儒家的第一代代表人物梁漱溟先生说,这又能怪谁呢?"只为旧派无人,何消说得!"新派"能表出一种西方的精神",而旧派却"只堆积一些陈旧古董","那些死板板烂货"怎配和新派对垒而经受得住新派代表人物陈独秀等人那明晰的头脑、锐利的笔锋和锋利的逼问?③ 梁先生对旧派的这一批评,真可谓一针见血。

在上述学术与时代、思想与社会"相持而共变"的历史进程中,我认为,有一个需要我们深思明辨的重要问题就是儒学与时代的关系问题。时代的变革有其势所必至之理,而儒之为学却与时代有着极为错综复杂的关系,其中有与时代相合者,亦有与之相违者,又或者与之不相干者,故申论儒学之价值和意义必须知人论世,决不可一概而论。扼要而言,我们当据时代以观察和了解儒家思想学说的内涵与意义,而切忌想当然地以思想代时代,或将儒家的理想信念与其在特殊时代的实际生存状况混为一谈。换言之,就儒学与时代的关系问题,我们只能说不同的时代有不同时代的儒学,但不能简单地用儒学来定性不同的时代。譬如,在

---

① 萧公权:《中国政治思想史》,新星出版社 2005 年版,第 9、598—599 页。
② 李大钊:《调和之法则》,高瑞泉编选:《向着新的理想社会——李大钊文选》,上海远东出版社 1995 年版,第 148 页。
③ 梁漱溟:《梁漱溟全集》(第一卷),山东人民出版社 1989 年版,第 532 页。

帝制中国时代,不论儒术如何受统治者和儒家学者尊崇,也不论儒家的理想信念中如何地向往和期许由圣人作王,乃至于作为"一套全面安排人间秩序的思想体系"的儒学及其"建制化"对传统中国产生了多么全面而重大的、无所不在的影响,然而,我们仍然不能据此就简单地推论说,帝制中国的时代便成了单一儒教化的时代,从而将儒家的教义与历史的真实状况、儒家的"圣王"理想与现实的"王圣"现象混为一谈。正如余英时先生所说,即使"儒学是中国文化的主流"这样一种常见的说法"确有所指",我们也"必须紧接着澄清两点必有的误会:第一,中国文化包罗甚广,自然不限于儒学。……第二,我们并不天真地认为儒学在日常生活中的制度化即是儒学的充分实现,缘饰和歪曲都是制度化过程中所确实发生过的现象"。[1]

然而,时至今日,各种天真的儒学观点和文化论调,却竟然如此地甚嚣尘上,不免有些匪夷所思。譬如,预言"21 世纪是儒学的世纪",断言"中国人天然是儒家",以及各种各样重新将儒学和儒教建制化的具体方案,如全面复兴儒学、实行现代仁政、重建儒教或"立儒教为国教"等纷纷被高调提出,并大肆渲染,这究竟意味着什么? 这逼使我们不得不严肃认真地思考一个问题:我们究竟应如何看待和处理儒学与时代的关系问题,究竟是要重新回归以儒学儒教作为一种统合性的"全能教义"或政治意识形态而对人们的学术思想与文化生活实施一元化统制的"儒教的时代",还是在建设现代中国的历史进程中,在传承与创新之间,不断尝试构建一种能够适应和满足现时代需要的、与时偕进的新儒学?[2] 至少在我看来,后一种努力或许更为可取,而前一种诉求,即使在所谓"儒教"作为事实上的"国教"而享有"独尊"地位的帝制中国时代,单纯从儒学儒教与国家政权之间错综复杂、交互为用的关系的角度来讲,实际上从来都是一种意识形态的幻想,更何况在今日,这一意识形态幻想亦只不过是

---

[1] 余英时:《现代儒学论》,上海人民出版社 1998 年版,第 230 页。
[2] 林存光:《儒学的当代转化:立场、信念与心态》,《哲学动态》2007 年第 5 期。

寄托着某些儒家学者的儒教乌托邦理想的一种现代人的历史想象与思想虚构而已。之所以说前者是一种意识形态幻想,不仅因为儒之为学,自始便是中国文化的产物,而不是相反①,它也从来都只是中国文化(诸子百家、三教九流)中的一家、一教和一流;而儒之为儒,更自始便有君子儒与小人儒之分别,有"儒分为八"之歧异,有大儒、俗儒、雅儒、陋儒、通儒、瞀儒、文儒、散儒之流品,有"执经守道"与"公卿面从"之真伪儒者以及真假道学之辨分,有奴儒或迂儒关于家法以及今古文、汉宋、心性儒学与政治儒学之争执②。更为重要的是,儒术之受尊,说到底乃根基于专制皇权的文化垄断及其权力支持,这不仅必然会造成对儒学的缘饰和歪曲,而且,关键问题在于后者恰恰构成了儒家"得君行道"的理想难以实现或终于幻灭的根本困境之所在③。只有完全漠视上述这一切的人,才有可能在今天不遗余力地鼓吹重新立儒教为国教,并天真地认为只要儒学儒教能够被立于"王官学"的地位,我们所面临的一切时代性的生存难题便都可以迎刃而解,乃至于历史上儒学被立于"王官学"、儒教处于"国教"地位的所谓"历史事实"决定着中国人的未来宿命,这些主张和观念很难说是出于一种对历史和现实的健全判断。而所谓"21世纪是儒学的

---

① 如钱穆先生所说:"孔子以前,中国文化,已经历两千年以上之积累。孔子亦由中国文化所孕育,孔子仅乃发扬光大了中国文化。""孔子之学,于中国传统文化之多所承宣阐扬,而非尽出于孔子一人之所特创也。"因此,只能说"由于中国传统文化而始产生出孔子,不能谓由有孔子而始有中国文化之创始也"。(《论春秋时代人之道德精神》,《中国学术思想史论丛》第一册,安徽教育出版社2004年版,第176、219、196页。)

② 熊十力先生尝言:"惟汉以来经生多注重家法及今古文之争,赵宋以下更有汉、宋之争,此皆奴儒或迂儒以钻鼠穴为辽阔,而不睹天地之广大也。"(《原儒》,中国人民大学出版社2006年版,"绪言第一",第11页。)牟宗三先生亦有言:"凡要求事功而反心性之学者,其人为鄙陋。"(《政道与治道》,广西师范大学出版社2006年版,"序",第2页。)

③ 余英时先生说:"因为皇权在结构上居于权力世界的源头与中心,此处一乱则必然导致政治秩序的全面解体。正是根据这一认识,理学家才念念不忘要'得君行道'。"然而,"朱熹和许多理学家所热烈追求的'得君行道'的理想,为什么终于幻灭了呢?……大致说来,'行道'之'君'难得其人和皇权的内在限制同为不可忽视的两大因素。"(《朱熹的历史世界》下册,生活·读书·新知三联书店2004年版,第851—852页。)

世纪"的预言、"中国人天然是儒家"的论断①,只是从儒学这一学术或思想的单一视角来预言时代的发展趋向与特征,只是赋予中国人一种儒者或儒家化的单一的身份认同意识,作为一种意识形态幻想,除了自欺而不见得能够欺人,只会误导人们对于整个时代发展的根本趋向,对于中国人或中华民族一体多重的身份属性,以及对于中国学术思想、中华文化一体多元的博大包容特征产生一种偏狭而有害的认识。

美国学者包弼德说:"没有任何一种传统是一种单一的信念或一套统一的实践。"②中国文化传统亦不例外,即使单纯就儒家传统本身来讲这也同样是真实的。当然,中国文化和儒家传统不仅不是"一种单一的信念或一套统一的实践",而且它还具有明显的随时代发展变化的阶段性特点,不同的时代有不同的政治结构和社会形态,与之相应的,文化传统和学术思想的内涵与形式亦必发生这样那样的流转变易。特别是近代以来以至"五四"时期,一方面是中国文化与儒教伦理纲常信念的节节败退,一方面是西方文化与自由平等民主科学等信念日益成为中国人追求和向往的替代性的理想或目标。诚如陈独秀所说,近代文明之特征,诸如人权说、生物进化论和社会主义,实"最足以变古之道,而使人心社会划然一新"③。陈氏之言意在激发中国人奋发有为,积极顺应时代变革的要求和近代文明发展的趋势而不惮乎革古更新,推动古今时代的根本变革。而在这一古今时代的根本变革过程中,儒家文化和儒教传统遭到了前所未有的全面质疑和激烈批判,乃至儒家的建制"已一去不返,儒学遂尽失其具体的托身之所"而"变成了'游魂'"④,其间中国人在文化心理

---

① 据笔者所知,这一说法并不新鲜,台湾学者谢扶雅早就曾说过我们中国人"都是儒者"的话,因为"一般地说,中国人无论男女、士庶、文俗、终是直接间接接受着儒家思想底支配",不过,谢先生对所谓的"儒家"的含义又特加限定地说,"所谓儒家,倒并不专指孔子孟子等,乃是广义地泛指中国本色的人本主义者"。(《中国政治思想史纲》,台北正中书局 1954 年版,第 179 页。)
② [美]包弼德:《斯文:唐宋思想的转型》,刘宁译,江苏人民出版社 2001 年版,第 22 页。
③ 陈独秀:《法兰西人与近世文明》,吴晓明编选:《德赛二先生与社会主义》,上海远东出版社 1994 年版,第 8 页。
④ 余英时:《现代儒学论》,第 36 页。

上所经受的震惊与刺激、困惑与纠结确乎是异乎寻常的,迄今为止,在关乎"古今中西"的文化问题上,理智与情感的冲突和纠结可以说依然如故而难以平息。

那么,在清政府于 1905 年宣布废止科举制度,辛亥革命于 1911 年推翻了统治中国 2000 余年的帝制,以及"五四"新文化运动于 1917 年前后兴起而彻底打倒了"孔家店"之后,现代中国的学术文化思潮的发展究竟进入了一种什么样的时代境况了呢? 对此,方克立先生作出了系统、全面、深刻而独到的反思和论述。

二、现代新儒学研究与"三大思潮对立互动"说

作为中国哲学史家,方克立先生原来的学术研究重心是在中国古代哲学[①],尤精于中国哲学范畴的研究,对于中国哲学史上的知行观所作的系统深入的论述和阐释堪称中国哲学范畴研究的经典之作[②],另外,方先生对于中国哲学中的体用范畴亦有十分精到细致的梳理和论析[③]。自20 世纪 80 年代中期后,方先生虽然并未放弃对中国古代哲学的研究,但对自己学术研究的重心做了一些重要调整,开始转向中国现当代哲学和文化研究,尤其是以其异常敏锐和富有前瞻性的学术眼光高度关注和重视对现代新儒学的研究,成为国内现代新儒学研究课题和学术领域的一位主要领军人物[④]。

现代新儒学究竟是一种什么性质的学术思想或文化思潮? 方先生为何提出要重视对它的研究? 这一研究究竟具有什么重要的学术价值

---

① 近来,方先生将中国哲学的五大问题精到地概括为:究天人之际,探阴阳之赜,通古今之变,立成人之道,求致知之方。(《马克思主义与中国文化:陈先达、方克立、赵敦华先生中西马高端对话》,《北大中国文化研究》第 2 辑,社会科学文献出版社 2012 年版,第 15 页。)

② 方克立:《中国哲学史上的知行观》,人民出版社 1982 年版。

③ 方克立:《论中国哲学中的体用范畴》,《中国社会科学》1984 年第 5 期;《方克立文集》,上海辞书出版社 2005 年版。

④ 方先生将十多年研究现代新儒学的重要学术成果汇编成《现代新儒学与中国现代化》一书,该书由天津人民出版社于 1997 年出版。

和思想意义？在今天，尽管学者们在关乎现代新儒学的认识和看法上依旧充满着观点的分歧和论争，但这样一种文化思潮对于我们而言毕竟已经不再陌生。但是，在 20 世纪 80 年代，大陆学界的绝大多数人对它不但感到十分隔膜，甚至还处在一种懵懂不知的状态。1986 年，方先生在大陆学界率先提出要重视对现代新儒家的研究①，并给它下了一个经典定义："现代新儒家是在本世纪 20 年代产生的以接续儒家'道统'为己任，以服膺宋明儒学为主要特征，力图用儒家学说融合、会通西学以谋求现代化的一个学术思想流派。"②相对于先秦儒学和宋明儒学来讲，现代新儒家所致力的目标是推动"儒学的第三期发展"，他们"弘扬儒家学术"，"重建儒家的价值系统"，一方面是汲汲于返本以接续儒家一贯相承的"道统"、弘扬儒家的内圣心性之学，另一方面则又力图"开新"以融合、会通西学，谋求实现民主、科学的"新外王"事业，以适应变化了的新时代的需要。这一产生于 20 世纪 20 年代而在新中国成立后断顿了 30 多年、实已成"绝学"的思想派别和文化思潮，能够重新进入人们的学术视野并引起高度重视，乃至成为今天人们耳熟能详的一门"显学"，与方先生在这一学术领域的开拓性研究工作是密不可分的。

在对现代新儒学思潮的研究中，方先生始终坚持科学严谨的学术研究态度，始终坚持用马克思主义的立场、观点和方法，把现代新儒学放在中国现代三大思潮对立互动的整体格局中，力求做到"同情地理解，客观地评价，批判地超越"，力求对其作出客观、科学、理性、公正的理解和评

---

① 1986 年 3 月，方先生在国家教委召开的一次文科科研咨询会上，作了"要重视对现代新儒家的研究"的发言，后来整理发表在《天津社会科学》1986 年第 5 期上。如方先生所说，几乎同时，《北京社会科学》1986 年第 5 期发表了包遵信的《儒家思想和现代化》一文，台湾东吴大学《传习录》第 5 期发表了香港中文大学刘述先教授的《当代新儒家的探索》一文，而十分有意思的是，方先生站在马克思主义的学术立场上提出要重视对现代新儒家的研究，而包遵信是国内激进反传统的代表，刘述先是现代新儒家第三代的传人之一，"三篇文章站在三种不同的学术立场上，但都强调了开展对现代新儒学的研究的重要性和迫切的现实意义"。（方克立：《现代新儒学研究的回顾与展望》，《现代新儒学与中国现代化》，天津人民出版社 1997 年版，第 574—575 页。）

② 方克立：《要重视对现代新儒家的研究》，《现代新儒学与中国现代化》，第 4 页。

价。而且,方先生一开始就意识到,"此一课题的研究有着学术思想史研究和现实思想斗争两个方面的重要意义"①。前一方面的意义自是不言而喻的,后一方面的意义在研究工作开展过程中则显得越来越重要,引起了各方面的广泛关注。

要想充分了解这一研究的重要意义,仍然必须回溯到现代新儒学产生之源头的"五四"新文化运动以及"激烈反传统"所引发的文化论争。随着对西方文化认识的不断深入和对自身文化传统进行批判反思的日趋激化,特别是新旧思潮之间斗争的日益激化,20世纪初的中国终于走到了一个政治革命和思想革命的最为重要的历史转折点。继辛亥革命推翻帝制之后,"五四"新文化运动更在思想意识形态领域掀起了一场最具有启蒙意义的思想革命,作为现代中国的开端,它也可以说是由中国现代新知识分子所领导的一场"试图通过思想和社会改革建设一个新中国"的"大规模的现代化运动"②。依方先生之见,正是这样一场思想革命和现代化运动,引发了更为激烈的文化论辩和思想斗争,并催生出了中国现代思想的三个派别或三大思潮,"这三派就是中国的马克思主义者、自由主义的西化派和现代新儒家"③。它们都是"现代中国思想斗争的产物",是各种各样的人物和思想派别围绕着"中国向何处去""中国文化向何处去"的思想议题,就"中国社会和中国文化发展的道路选择问题"而展开的思想斗争和文化论战的产物。

一再强调应立足于中国现代三大思潮"鼎足而三"的思想格局来研究、反思、总结和评价现代新儒家及其思想文化主张之是非得失、哲学贡献与理论困境,充分体现方先生的良苦用心与远见卓识。因为在20世纪80年代改革开放、思想解放之初,在西化思潮居于文化论争的主流导向的精神氛围下,当时不少人由于缺乏基本了解而对港台海外新儒家以

---

① 方克立:《现代新儒学与中国现代化》,"自序",第2页。
② [美]周策纵:《五四运动:现代中国的思想革命》,周子平等译,江苏人民出版社1996年版,第1页。
③ 方克立:《现代新儒学与中国现代化》,《现代新儒学与中国现代化》,第67页。

及他们"儒学复兴"的主张感到"很反感","认为在今天讲复兴儒学是十足的保守、落后、倒退,'是对历史的一个反动'",从而"把现代新儒学看作是同中国现代化完全逆向的一种精神力量"。这种认识在当时相当普遍,"反映在思想界,就有一派激烈批评新儒学、与其势不两立的观点,他们往往被称为'彻底的反传统派'"。① 对于这种由隔膜不知而导致的极端反感和敌视"新儒学"的思想观点,方先生明确阐述了自己的看法,他说:"我不同意把现代新儒家看作是同中国现代化完全逆向的精神力量,甚至认为它是'反现代化'的观点。我认为上述三个派别都是主张中国要现代化的,不过各自选择的道路不同。马克思主义者坚持社会主义现代化的方向和道路,并在实践探索中把'中国特色'放到了越来越重要的地位;自由主义者主张照搬照抄西方经验,走西方工业文明即西方资本主义发达国家曾经走过的老路;现代新儒家则批判了'现代化即等于西化'的口号,向往一条东方式工业文明即'儒家资本主义'的道路。"②因此,"从根本上说",三个派别或三大思潮"代表着当今世界上三种现代化模式的不同选择和冲突",应该把它们作为"一个整体"来加以审视和反思,这样我们就可以看到一幅"三大思潮互相冲撞激荡,既有斗争又有联合,形成内外交织、色彩斑斓的思想斗争画面"③。在他看来,这三派都对中国的现代化做出了一定的贡献,对它们的认识和评价可以有所不同,而不应对其中的任何一派全盘否定。

上述看法不仅阐明了关于中国现代思想史的一种视野宏大而开阔、视角独特而辩证的整体性的研究路径,揭示了研究现代新儒学思潮的学术思想史意义和现实意义,事实上也特别传达了一种为现代新儒家正名辩诬乃至引导人们理性、客观、全面地认识这种学术文化思潮的深层用意。仅就这一点而言,我认为方先生实是使大陆学界同情理解和客观评价现代新儒家和现代新儒学思潮的最公允平正的学术引领人。然而,学

---

① 方克立:《现代新儒学与中国现代化》,《现代新儒学与中国现代化》,第 65 页。
② 方克立:《现代新儒学与中国现代化》,《现代新儒学与中国现代化》,第 68 页。
③ 方克立:《现代新儒学与中国现代化》,《现代新儒学与中国现代化》,第 69 页。

术研究不可能漂浮在没有立场、不辨是非、缺乏方向感的理论真空或真理雾化状态中,因此,尽管认为"对于现代新儒家的研究、分析和评论,可以有不同的立场和态度",但方先生力主要运用马克思主义的立场、观点和方法来对现代新儒学思潮进行实事求是、一分为二的科学研究。通观方先生十多年研究现代新儒学思潮的学术成果,我认为可以将方先生的主要学术观点、立论要义和思想创见,从方法论的角度和意义总结、归纳为以下几个方面:

1. 三大思潮对立互动的整体性的思想史视野与研究路径

思想史的发展从来都不是某一种思想单线孤立地演进的过程,中国现代思想史的发展尤其如此。"三大思潮对立互动"说是方先生在宏观审视中国现代各派思想走向及其相互关系时提出来的。他不但看到了各派之"异"即思想分歧、相互论战、"道不同不相为谋"的一面,而且注意到各派之"同"即共同的时代背景、问题意识以及目标、手段上的某些共同性,因此认为三派思想并非绝对互相排斥,而是也有互相影响、互相借鉴和建立起一种互动与互补关系的可能性。他认为,"研究现代新儒学不能离开这样一个总体的思想背景,不能离开中国现当代的其他思潮来孤立地进行研究,特别是在考察儒学的现代命运和未来前景时,不能不同时关涉着马克思主义在中国的传播及其未来命运问题"[1]。因此,他在进行现代新儒学研究时,一开始就强调必须结合其"产生的社会历史背景,把它放到中国现当代思想文化发展的整体联系中去考察"[2]。正是基于这样一种宏观、开阔的思想史视野,方先生认为,"现代新儒学是适应时代的需要而产生的,作为中国现代文化保守主义的主流派,它和中国的马克思主义派、自由主义的西化派大致同时产生,并在错综复杂的对立统一关系中发展"。[3] 这"鼎足而三"的三个派别或三大思潮,都关切

---

[1] 方克立:《马克思主义与中国传统文化的关系问题》,《现代新儒学与中国现代化》,第501页。
[2] 方克立:《现代新儒学研究的自我回省——敬答诸位批评者》,《现代新儒学与中国现代化》,第208页。
[3] 方克立:《现代新儒学的发展历程》,《现代新儒学与中国现代化》,第155页。

"中国向何处去""中国文化向何处去"的时代课题,"都有救亡图存的强烈的爱国主义激情,都力图向西方寻求真理,来解决中国社会、经济、政治、文化的现实出路问题,而又都想避免已经暴露出来的西方文明的弊端",借用史华慈的话来说,他们是"在许多共同观念的同一架构里运作","不过对同一问题的解决采取了不同的途径和方式而已"。因此可以说这三派都是适应中国现代化事业的时代需要而产生的,"他们之间的分歧和冲突推动了现代中国历史的进程,这三派思想共同构成了'五四'时期文化启蒙的真实内容"。①

在我看来,上述思想史的研究视野,明确提出并始终立足于中国现代三大思潮对立互动说,其意义不仅在于从学术思想史研究的角度揭示了三大思潮并存的客观事实和它们之间对立互动的相互关系,而且还寓含着更深层次的考虑和更加重要的现实意义。因为对于作为研究对象的现代新儒学思潮,只有把它放到中国现代三大思潮对立互动的总体思想格局中,才能对其作出准确的定位,认清它的实质和发展走向;而且研究者也要把自己放到这一总体思想格局之中,才能确定自己的理论立场、视角和方位,从而采取正确的研究方法和态度。方先生对自己在现代新儒学研究中的理论立足点始终非常明确和自觉,就是要运用马克思主义的立场、观点和方法来对其进行实事求是、"一分为二"的科学研究,目的是在三大思潮对立互动中推动中国的社会主义现代化事业和中国的社会主义新文化建设。中国马克思主义本身就是中国现代三大思潮之一,因此,所谓"运用马克思主义的立场、观点和方法",绝不仅仅是一种对自身研究立场、观点和方法的简单宣示,它也不仅仅具有学术思想史的意义,更为重要的是它还深层次地体现了中国马克思主义与现代新儒学两大思潮之间的交流、对话与互动。对方先生而言,研究现代新儒学思潮,就意味着应站在马克思主义的立场、观点和方法上与现代新儒家进行对话,其间既有交流也有交锋,甚至是激烈的思想斗争和学术论

---

① 方克立:《现代新儒学的发展历程》,《现代新儒学与中国现代化》,第94页。

辩。事实上,随着现代新儒学研究的深入开展,大陆学界与港台海外新儒家的接触和交流、对话和互动也在不断深化,方先生文章中提到的1988年8月在新加坡召开的"儒学发展的问题及前景"国际学术讨论会、同年12月在香港召开的"唐君毅思想国际会议"、国际中国哲学会两年一届的年会以及海峡两岸越来越频繁的学术交流活动,都为现代新儒学研究者与研究对象之间的直接交流和交锋提供了机会和舞台。方先生的《略论现代新儒家之得失》《第三代新儒家掠影》《展望儒学的未来前景必须正视的两个问题》《现代新儒学研究的自我回省——敬答诸位批评者》等文章,则在不同程度上记载或反映了这些交流和交锋的真实情况,应该说都具有重要的思想史料价值。

正因为现代新儒学研究本身即意味着两大思潮之间的交流、对话和互动,所以方先生从来都不把现代新儒学简单地看作是一种僵化已死的客观研究对象,而是反复强调"现代新儒家在今天仍然是一个活着的思想派别","现代新儒家思潮在今天还不能算是完全过去了的历史,它还活着,还在发展"①。他与现代新儒学思潮研究课题组坚持用马克思主义立场、观点和方法对这样一个仍然活着的、发展着的思想派别进行研究,其根本意义就在于这一研究本身即向我们展现了一个两大思潮之间开展交流、对话、互动的经典范例。大家都能看到的一个基本事实是:"大陆学界对现代新儒学的重视和有关研究成果的大量发表,对于改变新儒学'寂寞孤怀'的命运发生了奇妙的戏剧性的功效,因为它在台港也没有如此受人青睐,被提到'中国现代三大思潮'之一的地位更是它从没有受过的荣誉",乃至"儒学和现代新儒学的发展前景问题已成为海内外学人最感兴趣的课题之一"②。这就是两大思潮交流、对话、互动所产生的现实效应的一个方面的真实表现。

---

① 方克立:《关于现代新儒家研究的几个问题》,《现代新儒学与中国现代化》,第21、27页。
② 方克立:《现代新儒学研究的自我回省——敬答诸位批评者》,《现代新儒学与中国现代化》,第192—193页。

2. 马克思主义的社会存在决定论与阶级—意识形态分析方法

方先生在具体运用马克思主义的立场、观点和方法来研究现代新儒学思潮并与之展开交流和对话时,主要采取了马克思主义社会存在决定社会意识的理论立场和阶级—意识形态分析方法。

现代中国三个派别或三大思潮所共同关切的古今中西文化之争的问题,说到底也就是时代变革的问题,是"传统和现代化的关系问题",这是三大思潮之间展开文化讨论的主题和思想斗争的实质所在。他们"都主张中国要现代化",只是"各自选择的道路不同"。在方先生看来,作为现代中国的儒家,现代新儒家之所以是现代新儒家,他们除了"具有尊孔崇儒、以儒家学说为中国文化的正统和主干,以继承儒家道统、弘扬儒家学术为己任等儒家的一般基本特征",在时代特征上更区别于先秦儒家和宋明新儒家,因为他们"生活在 20 世纪的中国,深切地感受到西方文化的挑战和中国面临着迫切的现代化问题,其对应现实的方法是力图以儒家思想为主体为本位,来吸收、融合、改造西方近现代的思想和文化,力图找到一条使传统中国通向现代化的较平稳的道路"。① 尽管他们的努力是"对于'五四'新文化运动激烈反传统的一种保守的回应",但他们"为解决传统和现代化关系问题所作的探索和贡献"是值得我们重视的。作为一种"返本开新"的学术思潮和文化运动,其所谓的"开新"就是"要适应现代化社会需要,开出科学和民主",因此,我们不应"怀疑他们要求科学、民主之真诚,不能否认他们提倡的是富有现代意识、具有'现代'性格的儒学,或现代化之儒学"。② 可见,不是就思想来论思想,而是从时代发展和中国现代化的实际需要出发来审视和评价现代新儒家及其所代表的文化思潮的价值与意义,可以说正是马克思主义社会存在决定社会意识这一理论立场的具体运用。当然,从这一理论立场出发,我们也不难发现,现代新儒家"返本开新"的重心"无疑是在'返本',即回到儒家精

① 方克立:《关于现代新儒家研究的几个问题》,《现代新儒学与中国现代化》,第 19—21 页。
② 方克立:《现代新儒学与中国现代化》,《现代新儒学与中国现代化》,第 74—75 页。

神的本根处,确认儒家道统在中国文化中的'一本性'";从思维方式的角度讲,这样一种确认显然是"非历史的",因为脱离了它所处的时代生存环境与社会现实,是根本无从谈儒学的基本精神的,"那个作为儒家之'常道'的抽象精神实体是不存在的"。因此,总的来讲,现代新儒家"返本开新"的思维理路和论证方法,"不是从现代化的需要出发去衡定传统儒学的价值,而是在肯定儒学永恒价值的基础上给它装进现代化的内容。正因为传统儒学的价值和现代化的内容(科学、民主)都是具体的,它们又属于不同的价值系统,所以现代新儒家根本无法克服'返本'和'开新'之间的矛盾"。①

从社会存在决定社会意识的角度来看,任何思想都必然会被打上时代和阶级的烙印,传统儒学和现代新儒学都不例外,因此,就有必要对他们进行一种阶级—意识形态的分析。依方先生之见,只有这样,我们也才能真正地认清并客观地评断儒学的现代命运这一令整个20世纪的中国思想界最感困扰的问题之一,而不是简单地认同现代新儒家全面"复兴儒学"的口号。与"五四""打倒孔家店"和"文革""批林批孔"从总体上否定儒学的口号相反②,"'复兴儒学'则是一个从总体上肯定儒学的口号",甚至"认为只有复兴儒学才是解决当前中国大陆种种问题的唯一出路",也是"人类走向未来所能依赖的唯一的定盘针"。尽管"从总体上肯定或否定儒学并不等于对其全盘肯定或全盘否定",但"对于儒学的现代命运的两种截然相反的观点",其根本分歧"并不在于对儒学的当前处境的不同现象描述和经验概括,也不完全在于思想方法上的形而上学片面性,而是在于对儒学的本质认识不同,对'什么是儒学''什么是儒学的真精神''什么是儒学的本质'这些最基本的问题看法未能取得一致"。③

① 方克立:《现代新儒学与中国现代化》,《现代新儒学与中国现代化》,第78—79页。
② 需要特别指出的是,如方先生所言,虽然"五四""打倒孔家店"与"文革""批林批孔""评法批儒"的口号都是从总体上否定儒学,但"二者的背景理由、实质内涵和作用影响却不容混为一谈"(《展望儒学的未来前景必须正视的两个问题》,《现代新儒学与中国现代化》,第175页)。
③ 方克立:《展望儒学的未来前景必须正视的两个问题》,《现代新儒学与中国现代化》,第176—177页。

那么,究竟什么是儒学、什么是儒学的本质、什么是儒学的真精神呢?现代新儒家学者"把儒学和新儒学看成是一种抽象的人的学说,或谓'哲学的人学',认为它是神圣天道和永恒人性的体现,因此具有神圣性、普遍性和永恒性",正因为如此,所以他们"极力否认儒学在本质上是'封建意识形态',同时也否认现代新儒学是一种资产阶级的意识形态"。① 现代新儒家第三代代表人物杜维明先生曾经提出过一个著名的论点,即区分"儒家传统"和"儒教中国",认为前者代表了"儒学精神的基本方向",它是"以人为主的",是"一种涵盖性很强的人文主义",而后者则是指"'以政治化的儒家伦理为主导思想的中国传统封建社会的意识形态及其在现代文化中各种曲折的表现',也就是人们通常所说的'封建遗毒'"。② 方先生指出,这样一种截然二分的看法并不能帮助我们真正认清儒学的本质和真精神,据此片面观点也不可能对儒学的现代命运或"儒学第三期发展"的未来前景问题作出一种科学的论断。在方先生看来,

> 为了回答儒学的本质问题,首先必须弄清楚儒学是一种什么性质的学问。作为两千年中国封建社会占统治地位的意识形态,它无疑是一个复杂的思想体系。……在阶级社会里,作为社会意识形态,它的本质特征就是直接或间接地反映一定社会的经济和政治特点,体现一定阶级的利益和要求,为保持或改变现存的社会制度服务。儒学的本质也不例外。因为在封建社会里,儒学提供了一整套维护封建经济政治制度的思想观点和理论学说,它渗透到社会生活的每一个角落,以至于它的价值观念和行为方式影响到社会的风俗习惯,然而其不变的核心却始终是纲常名教。儒学的本质正是由其自身这一相对稳定的具有根本意义的内容所决定的。

① 方克立:《现代新儒学的意识形态特征》,《现代新儒学与中国现代化》,第216页。
② 方克立:《展望儒学的未来前景必须正视的两个问题》,《现代新儒学与中国现代化》,第178页。

......

　　把儒学定性为封建意识形态(在中国封建社会长期占统治地位的意识形态)并不是全盘否定它的历史价值和现代意义。封建意识形态和"封建遗毒"、"封建糟粕"不能画等号。社会意识的发展具有历史的继承性,每一历史时代的意识形态都包含了对以往的意识形态成果的继承。因此历史上的任何一种意识形态,特别是那些长期占据统治地位,内涵丰富、影响深远的意识形态,都不可能完全被历史所遗弃,都有可供后来者选择、继承的文化成果和思想资料,也就是说有"精华"。......这一份宝贵的遗产,我们当然应该十分珍视,把它批判地继承下来,作为铸造新的意识形态和精神文明的重要传统资源。这方面的内容或许可以用"人文关切"或"儒家人文主义"来概括,但儒学中的资源并不止这些,例如悠久深厚的朴素辩证法思维传统就不一定能概括得进去。只要对儒学在两千年发展中的多方面内容进行认真的具体的辨析和研究,就不至于出现杜维明担心的"糟粕何其多、精华何其少"的情况。①

　　我认为,方先生从阶级——意识形态的角度对历史上儒学的本质所作的上述分析和论述,是更为全面而客观的,也是更加符合历史真相的,比新儒家学者抓住儒学的某些非本质的现象特征而把这种已经失去社会存在基础的意识形态抽象化、神圣化、永恒化要正确得多。方先生也从文明的连续性、继承性的角度充分肯定了"儒家人文主义"的价值,充分肯定了作为中华文化重要载体的儒学为传承民族文化精华所作出的贡献,这就为正确认识儒学的现代价值、充分发挥它在社会主义精神文明建设中的积极作用提供了学理根据。他不是将儒学的传统割裂二分后采取否定其一认同其二的态度,而是历史地看待它作为一种意识形态或统治思想的地位和作用,力主对历经两千年发展而积累下来的儒学传统

---

① 方克立:《展望儒学的未来前景必须正视的两个问题》,《现代新儒学与中国现代化》,第179—180、181—182页。

的丰富内容做"认真地具体地辨析和研究",并在此基础上扬精弃糟,批判继承,古为今用。从这样一种理论立场和研究态度来认识儒学的现代价值,自然会得出客观、公允的结论:"在预计它的未来前景时,我们不认为它有重新成为中国的主导思想,以至成为人类走向未来的'唯一的定盘针'的可能,但却认为它的一些思想富有积极合理的价值,是人类思想史上的宝贵财富,对今后中国和世界文明的发展仍将有重要的影响。借用杜维明教授的话来说,我们认为儒学在未来文明格局中只能扮演'词汇'的角色,而不可能成为'文法'。这个结论同他的看法正好相反,关键在于对儒学的本质认识不同。"方先生认为,上述认识上的分歧最终要归结到历史观,即"是思想决定历史的进程还是社会存在决定社会意识?一种思想学说的本质是从思想自身去找,还是要用它所反映的社会存在的内容来说明?"[1]而且,上述对历史上儒学的本质及其现代价值的分析和认识也同样可以运用到现代新儒学研究中来,具体来说,现代新儒家"高举'儒家人文主义'旗帜、主张走'儒家资本主义'道路",因此,现代新儒学思潮"在本质上是一种资产阶级的意识形态"[2]。尽管"中国现代化进程的长期性和艰巨性决定了现代新儒学在今天还有一定的生命力",它还会与中国马克思主义者和自由主义的西化派这两个派别"并存发展,不断斗争较量,直到中国的社会主义现代化实现之日",但总的来说,"现代新儒家所提倡的'儒家资本主义'的发展道路,在中国没有现实的可能性"[3]。

总之,马克思主义社会存在决定社会意识的理论立场和阶级—意识形态的分析方法可以使我们能够更加全面、深刻地认清历史上儒学的本质及其现代命运,认清现代新儒学思潮的本质及其所主张的"儒家资本

---

① 方克立:《展望儒学的未来前景必须正视的两个问题》,《现代新儒学与中国现代化》,第183页。
② 方克立:《展望儒学的未来前景必须正视的两个问题》,《现代新儒学与中国现代化》,第184页。
③ 方克立:《现代新儒学的发展历程》,《现代新儒学与中国现代化》,第155页。

主义"道路有无现实的可能性,乃至于对"儒学复兴"的文化主张以及"儒学第三期发展"的未来前景问题保持一种客观清醒的认识和判断,而避免像有的学者那样在学术立场上"东倒西歪"。为了避免学术立场上的"东倒西歪",方先生在与现代新儒学思潮交流和交锋的过程中反复申明和强调,马克思主义和现代新儒学作为"在当代中国有重要影响的两种意识形态",两派文化争论和思想分歧的焦点主要体现在三个方面,即"哲学世界观上的唯物与唯心之争""文化观上的'综合创新'与'中体西用'之争""中国现代化道路选择问题上的社会主义与资本主义之争"①。这些都是事关"中国向何处去""中国文化向何处去"的根本思想理论分歧,也是中国马克思主义派学者不得不与之辨析清楚的几个关键问题。

3. 发展、多元、开放的理论视角和文化心态

需要特别强调指出的是,在研究现代新儒学思潮的整个过程中,方先生不仅始终坚持以发展的眼光来看待现代新儒学思潮的产生、发展及其演变过程,而且在对三大思潮对立互动关系的论述中尤其彰显了一种多元、开放、健全、理性的理论视角和文化心态。根据方先生的观察和研究,作为一个活的、至今仍在发展中的思想派别和文化思潮,产生于20世纪20年代的现代新儒学思潮至80年代已有三代人薪火相传,经历了三个重要的发展阶段。他注意到现代新儒学思潮发展过程中有一个共同的特点或倾向,即三代现代新儒家人物皆致力于"援西学入儒",他们"无一不是中西融合论者,而且后来者在吸纳西学方面表现出越来越开放的态度"②。他们融合、会通中西哲学的努力"确实体现了儒家学说不断吸收外来营养、自求完善、更新发展的开放性的一面"③。对此,方先生给予了高度评价,认为"现代新儒家继承了中国儒家'和而不同',善于吸纳、融摄外来思想学说以丰富发展自己的开放传统,在中西文化冲突中,能够以比较健康的心态,主张在肯定民族文化主体性的基础上,尽量吸

---

① 方克立:《现代新儒学的意识形态特征》,《现代新儒学与中国现代化》,第222页。
② 方克立:《略论现代新儒家之得失》,《现代新儒学与中国现代化》,第48页。
③ 方克立:《现代新儒学与中国现代化》,《现代新儒学与中国现代化》,第74页。

收西方文化之优长,以补中国文化之不足"。① 尤其是以杜维明、刘述先
等人为代表的第三代现代新儒家,他们不仅"在接受西学方面表现出越
来越开放的态度",而且"更加具有世界性的眼光",因此并不完全隐晦儒
学的缺陷和负面影响,而且主张现代儒家要同西方第一流的思想家交流
对话,包括在社会政治经济的层次要同马克思主义展开对话。他们从现
代中国思想的实际出发,还提出了一种很有识见的看法,即认为"中国未
来的希望乃在于马列、西化和传统儒家人文思想三者健康的互动,三项
资源形成良性循环"。② 这与方先生本人一贯倡导的"三大思潮对立互
动"说可谓不谋而合,以至于他们的这一提法受到了方先生的格外激赏
和高度评价。因为在方先生看来,"现代中国的三大思想流派——马列、
西化和新儒家,如果说各占有一定的资源优势的话,那么他们之间的关
系,就不必一定只有冲突和紧张,而是有可能同时建立一种互补或互动
的关系。特别是在不涉及现代化道路选择等政治分歧的文化层面,交
流、对话、互动发展的前景还是比较乐观的"③。也正是基于三大思潮之
间能够健康互动和良性循环的美好愿望,尽管在对儒学的本质和现代命
运的认识以及在中国现代化道路选择(是走"儒家资本主义"的道路还在
走"中国特色的社会主义现代化道路")问题上,方先生与现代新儒家学
者之间还存在着原则性的分歧,但是他乐于以一种健康、开放和理性的
心态与现代新儒家在思想文化的层面上进行深入的交流和对话,而明确
反对采取冲突、对抗或"老死不相往来"的态度④。他在回答个别大陆学
者反对与现代新儒家交流、对话与互动,认为这是"对新儒学的腐蚀性警
惕不够"的观点时说:"新儒家和西化派都反对马克思主义,有对立和紧

---

① 方克立:《现代新儒学与中国现代化》,《现代新儒学与中国现代化》,第 75—76 页。
② 方克立:《展望儒学的未来前景必须正视的两个问题》,《现代新儒学与中国现代化》,第
  184 页。
③ 方克立:《展望儒学的未来前景必须正视的两个问题》,《现代新儒学与中国现代化》,第 188—
  189 页。
④ 方克立:《展望儒学的未来前景必须正视的两个问题》,《现代新儒学与中国现代化》,第
  189 页。

张是不言而喻的。但是,新儒家强调继承民族文化传统,西化派主张大力吸收西方先进文化,都包含着一些合理的思想因素。马克思主义者应有宽阔的胸襟,凡是合理的思想就肯定、吸纳、借鉴。马克思主义是古今中外人类文明一切优秀成果的合理继承者,其中就包括民族文化传统中的精华,也包括西方的先进文化,因此与新儒家、西化派在某些问题、某一点上有可能形成共识,这就是互动发展的基础。肯定'互动'说并不是丧失立场,肯定'互动'说也不是搞什么'统战'把戏,而是发展中国新文化的需要,也是发展马克思主义的需要,或者说是内在要求。"①只有以解放全人类为目标、并不拒绝接收古今中外文明一切优秀成果的马克思主义者才具有这样博大的文化胸怀和开放心态。

贯穿于方先生的"三大思潮对立互动"说之中的,还有一点是颇为耐人寻味的,就是他之所以把现代新儒家看作是现代中国三大思潮中不可或缺的一"元"或一"家",乃是因为在方先生看来,它是"五四"以来的中国现代思想史上最具有影响力和生命力的思想派别之一,代表着现代中国文化保守主义的"主流派"。近代以来,面对西方文化的冲击和挑战,人们在文化上乃至社会政治上所作出的保守回应有着各种各样的面目,即使在"五四"时期的保守主义思潮中,也不止有现代新儒家。然而,"在现代的各种思潮中,多少能够代表传统儒学的价值,使儒家人文主义在唯科学主义、物质主义泛滥,工具理性压倒一切的现代社会里还不至于完全淹没,并且不怕复古、倒退、保守之讥的,毕竟只有现代新儒家"②,或者说,"在现代中国的保守主义思想派别中,能够保持一贯的宗旨,70年传承不绝,始终和马克思主义、自由主义的西化派形成鼎足之势的,唯有现代新儒家",因此,现代新儒家"当之无愧地可以被称为中国现代保守

---

① 方克立:《现代新儒学研究的自我回省——敬答诸位批评者》,《现代新儒学与中国现代化》,第 205—206 页。
② 方克立:《展望儒学的未来前景必须正视的两个问题》,《现代新儒学与中国现代化》,第185 页。

主义思潮的主流派"①。

不仅如此,我们还可以从罗尔斯对一般多元论和理性多元论所作的区分的角度来认识和理解这一点。根据我的粗浅理解,理性多元论强调各种理性的哲学学说、道德理论和宗教信仰之间的交流、对话与互动,在共同遵守公共理性的前提下,在它们之间所形成的多样性或"重叠共识",可以被看作是"一持久的自由制度背景内人类理性力量长期作用的结果",而一般多元论却"允许各种不单是非理性的而且也是疯狂的和侵略性的学说存在"②。具体就近代以来的文化保守主义思潮来说,很显然,那种对外来的思想文化本能地采取深闭固拒态度的极端的顽固守旧派对于中国的现代化事业来说完全是一种非理性的、阻碍性的文化力量,"五四"时期尊孔复辟的思想诉求和政治主张更是一股与时代逆向而行的复古逆流,正是这股逆流直接激起了新文化运动的兴起及其"打倒孔家店"的文化激情。毫无疑问,像这样顽固守旧和复古倒退的文化立场和政治主张,是不可能成为现代中国思想格局和多元文化思潮中的健康有益的一"元"的。与之不同,方先生指出,"现代新儒家主张'复兴儒家文化'、'重建儒家的价值系统',呼唤和推进'儒学的第三期发展',其根本精神不在于复古,而是要畅通民族文化生命的本源大流,使之不至于割断和失坠,保存中华民族文化的主体性"。③ 他还指出:"对于儒家传统,杜维明等人十分强调'批判的继承'和'创造的转化',强调它今天是在多元文化背景下的发展,必须同当今世界上各种有生命力的思想学说交流对话,接受现代文明的洗礼,作出创见性的回应。这不是用'复古倒退'、'对历史的反动'所能简单否定的,而必须承认是富有历史意识的一种探索。"④可以说,方先生对现代新儒家的这一评价,是站在理性多元论而不是一般多元论的立场上来讲的,所谓"现代新儒学是适应时代的需

① 方克立:《现代新儒学的发展历程》,《现代新儒学与中国现代化》,第95页。
② [美]约翰·罗尔斯:《政治自由主义》,万俊人译,译林出版社2000年版,第153页。
③ 方克立:《略论现代新儒家之得失》,《现代新儒学与中国现代化》,第47页。
④ 方克立:《现代新儒学与中国现代化》,《现代新儒学与中国现代化》,第77页。

要而产生的,作为中国现代文化保守主义的主流派,它和中国的马克思主义派、自由主义的西化派大致同时产生,并在错综复杂的对立统一关系中发展",也都是意在彰显这一理性多元论的立场。不仅如此,也正因为是站在理性多元论的立场上,方先生在用马克思主义的立场、观点和方法来研究现代新儒学思潮并与之展开交流对话之始,乃至在整个研究的过程中,他实际上一直在强调和凸显马克思主义较之现代新儒家具有更为开放、多元、理性和健全的文化立场与态度。方先生不仅批评现代新儒家"以孔孟程朱陆王为'正统',把墨、道、法、释诸家排除在民族文化传统之外,把儒家中真正富有人文主义精神和唯物主义的思想学说也排除在儒学传统之外"的道统论和思想史观的落后性,认为"'儒学三期论'集中表现了他们的续统意识,也突出地表现了其唯心史观"①,而且强调指出,与现代新儒家偏狭的新道统论、中体西用的文化立场和态度不同,中国的马克思主义者具有更为开放的文化视野,善于吸取古今中外人类文明的一切优秀成果,"以海纳百川的气魄,实行开放的文化政策,睁开眼睛看世界,对东方和西方各民族一切优秀的历史文化,对近代先进的科技成就,均采取兼容并包、为我所用的态度"②。很明显,这两派所表现出来的文化胸襟和开放态度应该说是不可同日而语的,比顽固守旧派有着相对多元开放立场的现代新儒家,与海纳百川、有容乃大的马克思主义者相比显然还是要逊色得多。

三、当代大陆新儒学的马克思主义分析与回应

余英时先生曾经断言儒学已成为一个无托身之所的"游魂"。他说:"今天我们首先必须认清儒家思想自二十世纪初以来已成为'游魂'这一无可争辩的事实,然后才能进一步讨论儒家的价值意识怎样在现代社会中求体现的问题。认清了这一事实,我们便不得不承认:儒家通过建制

---

① 方克立:《现代新儒学与中国现代化》,《现代新儒学与中国现代化》,第83页。
② 方克立:《要重视对现代新儒家的研究》,《现代新儒学与中国现代化》,第15页。

化而全面支配中国人的生活秩序的时代已一去不复返。有志为儒家'招魂'的人不必再在这一方面枉抛心力。但是由于儒家在中国有两千多年的历史,凭借深厚,取精用宏,它的游魂在短期内是不会散尽的。"①然而,事情的发展总有出乎人的预料之外者,儒家的"游魂"不仅在短期内没有散尽,而且,"作为中国现代思潮的三大主流之一"的现代新儒学,面向 21世纪"依然表现出不衰的生命力"②。甚至在 80 年代末,有的志在为儒家"招魂"的大陆学者也开始明确提出"儒学复兴"的口号,并"认为只有复兴儒学才是解决当前中国大陆种种问题的唯一出路"③。而在进入 90 年代之后,又有一些大陆学者从研究现代新儒学转而开始"欣赏、认同以至归宗现代新儒学",甚至公开自称"大陆新儒家"④。其基本特点是:"无条件地认同港台新儒家,认为对儒学和新儒学,只能用生命投入的方式去体认和契接,而不能把它作为客观对象来研究,因此也反对用马克思主义的立场、观点和方法来研究现代新儒学。"⑤方先生在 90 年代中期就已经敏感地意识到这只不过是"大陆新儒家"的一派,"因为无条件地认同港台新儒家并不是所有大陆新儒家的共同特点,有人还呼唤在大陆'形成有异于港台地区的新儒家群体'"。虽然"'群体'是否已经形成"在当时"还很难作出明确肯定的判断","但它与前一派大陆新儒家有一个不同的特点已很清楚,即不是全面认同而是要'有异于'港台新儒家"⑥。由于这派"大陆新儒家"作为"群体"的面目在当时还不是十分清楚,因此,人们一时还很难对它作出更为深入的分析和判断。

---

① 余英时:《现代儒学论》,上海人民出版社 1998 年版,第 243 页。

② 方克立:《现代新儒学发展的逻辑与趋向》,《现代新儒学与中国现代化》,第 223 页。

③ 方克立:《展望儒学的未来前景必须正视的两个问题》,《现代新儒学与中国现代化》,第 175—176 页。

④ 方克立:《评大陆新儒家推出的两本书——〈理性与生命〉〔1〕、〔2〕》,《现代新儒学与中国现代化》,第 401 页。

⑤ 方克立:《评大陆新儒家推出的两本书——〈理性与生命〉〔1〕、〔2〕》,《现代新儒学与中国现代化》,第 416 页。

⑥ 方克立:《评大陆新儒家推出的两本书——〈理性与生命〉〔1〕、〔2〕》,《现代新儒学与中国现代化》,第 418 页。

方先生始终关注这一思潮在改革开放后的中国大陆的发展态势。他注意到,90年代以来,大陆逐渐兴起了一股新的文化保守主义思潮,其主要特点是"放弃激进的社会/政治批判话语,转而采取文化上的保守主义话语"。这一"话语转换"意味着什么?在《要注意研究90年代出现的文化保守主义思潮》一文中,方先生将其主要特征或表现概括为如下几方面:

1. 反思和批判激进主义。

2. 和中国近现代文化保守主义一样,当代文化保守主义也表现出一种回归传统的倾向。

3. 在反思中国近代思想史时,一方面批判激进主义,另一方面则表现出对近现代文化保守主义的过分偏袒和钟爱。

4. 和近现代文化保守主义一脉相承,宣扬唯心主义的历史观和世界观。

5. 文化保守主义作为一种批判现代化的理论,与"后现代主义"有某些表面的契合之处。

6. 文化保守主义区别于"社会政治的保守主义",它可以和政治上的保守势力相结合,也可以和其他政治倾向相结合。

7. 主张以大众文化来消解主流意识形态。[①]

其中尤其值得注意的是,90年代文化保守主义的第一个特点,即"从反思80年代'文化热'中的激进主义到反省'五四'以来以至整个中国近代思想史中的激进主义,从批判文化激进主义到批判政治激进主义;反省、反思整个中国近代史,否定近代以来的历次中国人民革命,认为太平天国、辛亥革命和中国共产党领导的人民革命都是政治激进主义的产物,反帝反封建的人民革命阻碍了中国现代化的进程;中国应该走改良

---

① 方克立:《要注意研究90年代出现的文化保守主义思潮》,《现代新儒学与中国现代化》,第524—534页。

和'君主立宪'的道路".① 显然,这股文化保守主义思潮,在文化上批判激进主义主要就是否定"五四"新文化运动,而在政治上批判激进主义主要就是否定近代以来的所有"革命"。然而,吊诡的是,文化保守主义者对于激进主义的反思和批判采取的却是一种否定一切的历史虚无主义的极端立场,表现出了一种在保守传统名义下的十分"激进"的面目,也可以说是一种"激进主义"的文化保守心态,这是非常耐人寻味的。相对于第三代现代新儒家人物对"五四"新文化运动的看法和评价来讲,90年代文化保守主义者的立场和观点显然是一种倒退。方先生曾如是评述第三代现代新儒家看待传统儒家的态度及其"五四"观:"杜维明、刘述先都不是对传统儒家持一种无批判的认同态度,并不隐晦儒家的缺点和阴暗面……。刘述先认为'五四'只看到传统的缺陷,完全看不到传统的优点,自有其偏颇处,但是'五四'提出德先生、赛先生的口号,要我们向西方学习,'眼光一点也没有错',至少是'大方向并无差错'。杜维明肯定'五四'批儒'有其很健康的意义',把儒家的缺点、弱点充分暴露出来,对儒学的真精神'有净化作用的功能',或者说'有一种澄清或厘清的作用'"。② 这样一种看待传统儒家的态度和"五四"观正是他们开放的文化视野和健康的文化心态的体现。

在谈及90年代文化保守主义的第二个特点时,方先生则对"大陆新儒家"的"复兴儒学"的口号和主张,以及"21世纪是儒学的世纪"之类的说法进行了评析,认为这一点体现了当代文化保守主义的"一种回归传统的倾向"。关于怎样认识和对待当代文化保守主义的问题,方先生仍然坚持他研究现代新儒学思潮的一贯立场和态度,希望能够"形成各种思想自由平等地讨论、对话、争鸣的良好的学术环境",认为"客观上存在着不同甚至相反的思想观点,不能只提倡宽容,同时要提倡坦诚地正面思想交锋,但不要搞过去那种大批判。……要相信真理战胜错误是真理

---

① 方克立:《要注意研究90年代出现的文化保守主义思潮》,《现代新儒学与中国现代化》,第524—525页。

② 方克立:《现代新儒学的发展历程》,《现代新儒学与中国现代化》,第151—152页。

发展的规律,错误的思想只能用'百家争鸣'的方法来克服"。然而,正如方先生所指出的那样,"文化选择和意识形态斗争既有区别也有联系。鼓吹'淡化'意识形态的人实际上仍有其明确的'意识形态的企图',这只要看某些人批判激进主义的情绪和语言是多么'激进'就十分清楚了"。① 而文化保守主义的这种"激进"的姿态、语言和情绪及其强烈的"意识形态的企图",在 1989 年 8、9 月份刊发于台湾《鹅湖》第 170、171 期上的大陆学者蒋庆所写的 3.5 万字的长文《中国大陆复兴儒学的现实意义及其面临的问题》中表现得再鲜明不过了。

方先生早就针对蒋文指出,"在今天,'儒学复兴'说绝不只是为传统文化唱几声赞歌而已,它是针对中国今天的现实提出来的一种理论"②。但这一提醒并没有引起大陆学界应有的警觉和重视,故事隔多年之后,方先生于 1996 年又专门撰文评论该文,认为它"实际上是新儒家在中国大陆'复兴儒学'的政治宣言和思想纲领",故而被人称为"大陆新儒家宣言"。依方先生之见,蒋文"复兴儒学"的主张"绝不是淡化而是在极力强化意识形态",因为他对马克思主义和社会主义意识形态"采取主动进攻的姿态",一方面说"儒学绝不是意识形态"而是"神圣天道的体现",另一方面又明确主张"儒学应取代马列主义成为中华民族的正统思想"。说到底,蒋文所谓的全面"复兴儒学"实不过是认为作为一种宗教信仰的儒学可以解决现代中国一切问题的意识形态神话而已。方先生运用马克思主义的意识形态理论对其分析论述道:

> 马克思主义的意识形态理论认为,在阶级社会里,除少数人文学科外,大部分哲学社会科学都具有阶级性,都是为一定阶级的政治经济利益服务的,不是对社会发展起促进作用就是起阻碍或延缓作用的特定的意识形态。它们都是对于社会存在的反映,并且积极

---

① 方克立:《要注意研究 90 年代出现的文化保守主义思潮》,《现代新儒学与中国现代化》,第 538—539 页。
② 方克立:《评大陆新儒家"复兴儒学"的纲领》,《现代新儒学与中国现代化》,第 420 页。

地反作用于现实社会。马克思主义作为一种哲学社会科学理论，公开声明自己是为世界无产阶级的政治经济利益服务的，而一切剥削阶级思想家都极力攻击这一理论，力图掩盖自己所主张的思想学说的阶级性或意识形态性，无例外地要赋予它以"普遍性的形式"，把它说成"神圣天道"或"普遍人性"的体现。现代儒学的辩护者也是这样。他们竭力否认作为古代自然经济和宗法血缘关系产物的，在我国封建社会长期居于统治地位，为历代封建统治者所尊奉和利用的儒家学说具有意识形态的功能，不愿意承认儒学曾在我国历史上起过维护封建社会长期稳定发展和阻碍它向近代社会转变的作用，也不愿意承认儒学的一些基本观念已不适应现代社会生活的需要的事实，而只是片面地强调儒学作为一种"为己之学"，一种个人安身立命的学问的"历久常新"的价值，并把这种个人的道德修养学说说成是"天德"在人心中的体现，即作为最高精神实体、"形上本源"的"神圣天道"在人心中的体现。这个"神圣天道"，他们又说本来就是内在于人心中的，即所谓"道心"、"本心"、"性体"、"吾性自足"、"万物皆备于我"等等。这样，儒学的本质就被归结为一种发源于人心的道德心性之学，只要进行个人的道德修养，变化气质，端正人心，就可以解决现实世界的一切问题，包括经济、政治、教育、思想文化等等问题。蒋庆的看法正是这样。……

　　把儒学看作是一种宗教，一种所谓"道德的宗教"，想依靠宗教信仰来解决中国今天的一切问题，显然也是不现实的。这种理论的根本错误是颠倒了社会意识和社会存在的关系。它不愿意承认儒学是一种意识形态，但却不能改变儒学（包括现代新儒学）归根到底还是要受社会存在决定和制约的命运，儒学和现代新儒学都抹不去它所从属的那个阶级的物质利益的印记。①

　　基于上述分析，在对蒋文作出全面评述的最后，方先生重申了他的

---

① 方克立：《评大陆新儒家"复兴儒学"的纲领》，《现代新儒学与中国现代化》，第431—432页。

理论立场和对儒学本质及其在现代中国的命运的一以贯之的看法。方先生之所以如此格外重视蒋文并在 7 年后专门撰文对它进行分析和评述,一方面是在此期间少有学者对其作出过有力的回应,另一方面是因为"有感于当今中国的思想文化界,在'文化保守主义话语'盛行的氛围下,'复兴儒学'的思潮大有滋长蔓延之势"①。的确,在 90 年代的文化保守主义话语和思潮的兴起过程中,一个值得注意的现象就是,由于学术环境的相对宽松以及思想的日趋多元化,"不但出现了形形色色的'大陆新儒家',自由主义西化派在 90 年代后期也很活跃"。事实上,"在 90 年代,以至到新世纪,三大思潮对立互动的基本格局并没有改变,在儒学和新儒学研究中也是这样"。② 尽管到 1996 年底,方先生基本停止了现代新儒学方面的研究工作,但仍密切关注着世纪之交儒学研究和新儒学思潮发展的新动向,并仍然深切希望中国思想界三大思潮之间的对立互动能够"出现健康的'百家争鸣'、良性互动的局面,促进学术研究正常发展"③。

然而,三大思潮之间的交流对话、健康互动与良性循环"有赖于三个方面的共同努力"④,才不至于使希望落空。问题的关键在于如何在一种共同遵循公共理性的基础上展开对话与交流,如果其中一方一旦朝着非理性、排他性、不健康的思想方向发展,就必然会破坏交流对话、健康互动和良性循环的局面,单纯的意识形态对抗不可能"促进学术研究正常发展"。美国学者包弼德曾说:"我发现思想的转变总是由于某些人劝说别人去相信,在所有可能的选择中有一种可能性比其他的更好。某种在一般时期内无足轻重的选择或许会持续地处在边缘,但最终走向中心。我还认为,为了证明那些被忽视的思想不无道理,学者们通过改变它们

---

① 方克立:《评大陆新儒家"复兴儒学"的纲领》,《现代新儒学与中国现代化》,第 421 页。
② 方克立:《世纪之交儒学研究的若干观察与感受》,《中国文化的综合创新之路》,中国社会科学出版社 2012 年版,第 415 页。
③ 方克立:《世纪之交儒学研究的若干观察与感受》,《中国文化的综合创新之路》,第 417 页。
④ 方克立:《展望儒学的未来前景必须正视的两个问题》,《现代新儒学与中国现代化》,第 189 页。

的形式来使它们与现实对话。"①我认为,借用、参考这话来观照、考察和反思现代新儒学思潮在当代中国的发展趋向是再合适不过了。如上文所言,早在90年代中期方先生就已意识到并提醒人们,要注意有一派"不是全面认同而是要'有异于'港台新儒家"的"大陆新儒家",进入新世纪后,这派"大陆新儒家"不但逐渐活跃起来,而且形成了一个有明确的政治目标和文化取向的自我标榜的"群体"。2004年是一个具有标志性的年份,有人称之为"文化保守主义年"。诚如方先生所说:

> 2004年出现了一股公开主张"立儒教为国教"、"以儒学取代马克思主义"、"儒化共产党"、"儒化中国"的大陆新儒学思潮,召开"文化保守主义峰会",创办标榜"儒家立场、儒学理念、儒教事业"的网站,大搞尊孔祭孔活动,推行读经运动,其代表人物还提出了以"通儒院"、"庶民院"、"国体院"三院制取代我国的人民代表大会制度的所谓"王道政治"方案,声称要用"儒化"的办法把社会主义中国和平演变成一个"儒士共同体专政"的国家。②

根据方先生的上述描述,也许有人会觉得"此亦可以戏而不可以为治也"(《韩非子·外储说左上》),认为不足与辩。然而,包弼德对于思想转变的反省却使我们不能不重视这样一股思潮的兴起,因为他们企图努力劝导人们相信,在当今的中国,在所有可能的选择中,"儒化"是一种更好的甚至是最好的选择,信仰儒教比信仰马克思主义更符合中国人的文化习性,儒家"'为民而王',不是由民作主,亦不是以民为本"的"王道政治"、儒家化的"现代仁政"优越于西方的自由民主政治,只有政治儒学或重新建制化的儒教才是一种能够解决当今中国所面临的一切问题的万灵药方或"全能教义"。基于这种信念,他们在社会主义中国提出了一条全面"复兴儒学"、"重建儒教"、"用儒学(或孔孟之道)取代马列主义"、"立儒教为国教"、建立"儒士共同体专政"的"儒教国家"的社会政治方案

---

① [美]包弼德:《斯文:唐宋思想的转型》,刘宁译,江苏人民出版社2001年版,第6页。
② 方克立:《中国文化的综合创新之路》,"自序",第4页。

和文化路线。显然,这股思潮的代表人物意在改变传统儒学和港台海外"心性儒学"的形式来使它们与现实对抗,而不是对话。本来少数大陆新儒家人物处在边缘化的对抗选择,在"文化保守主义年"里有意制造和激化的各种各样无谓的思想论争中,却使他们有了一种由边缘走到了中心的感觉,姑且不论这种良好的自我感觉是真实的还是虚妄的,它的确已足以提醒我们必须重视它的存在和加强对它的关注与研究了。正因为如此,方先生以其一贯敏锐的思考和前瞻性的发展的眼光来反省和看待这股思潮,将其提到一个足以引起人们重视甚至令这股思潮的代表人物倍感兴奋的高度来认识和界定它。方先生是如此评析这股思潮的:

> 中国的现代新儒学运动,从"五四"至今已有三代人薪火相传,大体上经历了三个发展阶段。我认为以甲申(2004)年7月贵阳阳明精舍儒学会讲(或谓"中国文化保守主义峰会")为标志,它已进入了以蒋庆、康晓光、盛洪、陈明等人为代表的大陆新生代新儒家唱主角的阶段,或者说进入了整个现代新儒学运动的第四个阶段。因此我建议在继续推进对前三代新儒家思想研究之同时,还要开始重视对第四代新儒家(即大陆新生代新儒家)所倡导的"大陆新儒学"的研究,这一研究对儒学和新儒学的未来发展可能具有更加重要的现实意义。
>
> 从目前的表现来看,它至少有两点"新发展":其一是从"心性儒学"走向"政治儒学";其二是从"复兴儒学"走向"复兴儒教"。二者都表现为从精神学理层面向实践操作层面、从个人修养领域向公共生活领域的大力推进,力图积极实现儒学转化政治、转化现实社会的功能。①

方先生指出,大陆新儒学作为现代新儒学运动发展的一个新阶段,它有一个重要特点,就是"把前辈新儒家力图从封建意识形态中解脱出

---

① 方克立:《甲申之年的文化反思——关于大陆新儒学问题的三封信》,《中国文化的综合创新之路》,第432—433页。

来的儒学,即心性化、形上化了的儒学,重新政治化和宗教化"①。这样一种将儒学政治化和宗教化的诉求"表现了大陆新儒家对儒学改造社会和转化现实的功能的重视,表现了其积极有为的姿态"。遗憾的是这种"积极有为"并不是顺历史潮流而动,而是用到了相反的方向,其实质是一个"要与马克思主义争指导地位的问题,要改变我们国家和社会性质的问题"。正因为如此,这股大陆新儒学思潮甫一高调出场便引起了人们的广泛关注,特别是引起了一贯坚持马克思主义理论立场和坚定地走中国特色社会主义道路的方先生的高度警觉、关注和深切思考,思想的交锋与论辩在所难免。《甲申之年的文化反思》和《大陆新儒学的马克思主义分析》就是他在病中对这股"崇儒反马""复古更化"思潮的观察与评析,也是中国马克思主义派学者对其作出的最早和最有力的回应。在方先生看来,这股思潮不仅在政治上危害性很大,而且在学理上也是站不住脚的,是极其荒谬、武断和落后的,比如:

> 蒋庆在《读经与中国文化的复兴》一文中说:"圣人的理性与凡人的理性是不平等的。圣人之心无私欲障蔽,理性清明虚静,能知善知恶而为善去恶;凡人之心受私欲缠缚,理性浑浊重滞,不能知善知恶遑论为善去恶! 职是之故,圣人有天然教化凡人的权利,曰'天赋圣权',而凡人只有生来接受圣人教化的义务。所以,圣人讲的话、编的书——经典——就具有先在的权威性,凡人必须无条件接受,不存在凡人用理性审查同意不同意的问题,因为凡人的理性没有资格审查圣人的理性,相反只能用圣人的理性来审查凡人的理性,来要求凡人接受。"这种观点,与劳动创造人和人类文化的唯物史观,与《国际歌》里唱的"从来就没有什么救世主",与"教育者必先受教育"的理念,相去不啻有十万八千里!②

---

① 方克立:《甲申之年的文化反思——关于大陆新儒学问题的三封信》,《中国文化的综合创新之路》,第441页。

② 方克立:《甲申之年的文化反思——关于大陆新儒学问题的三封信》,《中国文化的综合创新之路》,第426页。

又如,康晓光是这样宣传和论证其"仁政"理论的:

　　他说:"在仁政里,由谁来执掌政权呢?儒家主张贤人治国。那么,谁是贤人呢?贤与不贤的标准是什么呢?贤人就是信仰并践行儒家理念的人。贤与不贤的标准就是是否信仰并践行儒家理念。这是因为,仁政是最好的政治,而儒士是实践仁政的人。说白了,仁政就是儒士共同体专政。"他并不讳言"仁政"属于权威主义范畴,也是一种"专政"。什么人专什么人的政呢?他认为是贤人专不贤之人的政,有贤德的仁者、"儒士"专"儒士共同体之外的人"的政。他说:"在现实中,儒家认为人和人是不平等的,人和人之间有贤与不贤之分。儒家认为,大德应该统治小德,大贤应该统治小贤。也就是说,只有贤人才配有统治权。孟子说'惟仁者宜在高位'。儒士就是有仁德的贤者,所以统治者只能由儒士共同体推举,而无需全体国民选举。""尽管儒家主张儒士共同体之外的人没有统治的权利,但他们有获得良好统治的权利。"在现代民主社会里,这样露骨地鼓吹统治者与被统治者的天然不平等,"儒士"、贤人有"天赋治权"的专制主义、蒙昧主义理论已很罕见……。[1]

在已经进入 21 世纪的社会主义中国,这样一种极其落后的唯心主义、蒙昧主义、专制主义理论为什么能够产生,并且还有一定的市场呢?方先生认为,"这是因为很多人分不清弘扬优秀民族文化与'复兴儒学(教)'的界线,分不清在马克思主义指导下对传统文化批判继承、综合创新与无批判地认同传统、颂古非今的界线"[2]。对问题的认识不清,即使大陆新儒家成了儒学的高调而有害的代言人,同时也让许多人模糊甚至放弃了自身的立场,以至于"对自由主义'西化'思潮有一定警惕,而对保守主义'儒化'思潮同样可以颠覆、毁灭社会主义却认识不足,警惕性不

---

① 方克立:《大陆新儒学的马克思主义分析》,《中国文化的综合创新之路》,第 452 页。
② 方克立:《甲申之年的文化反思——关于大陆新儒学问题的三封信》,《中国文化的综合创新之路》,第 443 页。

高"。因此,"在今天,我们要大力推动马克思主义指导下的儒学研究和中国传统文化研究,弘扬优秀民族文化;同时要旗帜鲜明地反对保守主义的'儒化'论,因为它是反民主反社会主义的。只有划清了这条界线,儒学研究和弘扬民族文化的活动才能健康地向前发展"。[①] 由此可见,方先生对于当代大陆新儒学明确而坚定的态度,与研究前三代现代新儒学思潮时一样,是持有同样的马克思主义理论立场,但是也有一点显著的差别,那就是力主与前三代现代新儒学思潮展开交流对话和良性互动(当然也有相互批评),而对当代大陆新生代新儒家则主要持一种旗帜鲜明的反对立场和态度。这不是因为方先生本人的立场和态度发生了变化,而是现代新儒学思潮发展到第四阶段发生了一种立足于与"心性儒学"、与现实、与主流意识形态相对抗立场的"异"化运动。这一"异"化运动经过十多年酝酿准备而日趋发展为一种成熟的政治思想形态,如杜维明先生所言,这不过是一种为了"激发反心学的情绪"而"在自家书斋中杜撰"出来的"政治儒学"[②],但是作为"五四"激进反传统和"文革"批孔反儒运动的一种逆反心理的体现,它采取了更加咄咄逼人的话语姿态和理论立场,更加真实而露骨地暴露出了其崇儒反马、复古更化、排斥西学(自由民主)的本质和特点,充分凸显了它极端偏激和狭隘的民族主义的文化心态、唯心史观和反民主反社会主义的政治面目。这不仅败坏了现代新儒学思潮自身的健康发展,而且更破坏了三大思潮交流对话、健康互动和良性循环的总体格局。对于这样一股思潮,方先生出于"守土有责"的责任意识,对其做出积极的回应并进行深入的批评反思就是十分自然的事情了。

---

① 方克立:《甲申之年的文化反思——关于大陆新儒学问题的三封信》,《中国文化的综合创新之路》,第444—445页。
② 杜维明:《青年王阳明(1472—1509):行动中的儒家思想》,生活·读书·新知三联书店2013年版,"'杜维明作品系列'序言",第16页。

四、"马魂、中体、西用"良性互动、综合创新
　　——方克立先生的文化主张

　　近代以来,"中国向何处去""中国文化向何处去"一直是人们思考、探索、选择和争论的中心主题。现代新儒家选择了一条"复兴儒学""中体西用"和"儒家资本主义"的发展道路,当代大陆新儒家比他们的前辈更激进,在社会主义的中国选择了一条"崇儒反马""复古更化""重建儒教"和"儒士共同体专政"的道路。在中国现代三大思潮对立互动中,它们虽然同属于保守主义的儒学复兴派,但在不同的时空条件下又表现出了若干不同的特点。方克立先生明确地说:"我们研究现代新儒学的目的,不仅是为了对'五四'以来中国思想文化论争的历史和现状有一个清晰的了解,作一种简单的是非判断,更重要的是为了通过总结历史经验,探索一条更有效的、更切实可行的中国文化和中国社会现代化的道路。"[1]20世纪80年代以来,大陆学界之所以重视对儒学和现代新儒学的研究,与中国文化和中国社会发展道路选择问题再次成为人们关注和讨论的焦点是分不开的。因为不论是哪一种道路选择,都必须回答时代提出的课题,都必须表明对待中、西、马三种文化资源的态度,而对这个问题的不同回答,又使中国自"五四"以来就已形成的"三分"的思想格局在新的历史条件下再一次鲜明地呈现出来,即表现为自由主义的"全盘西化"派、保守主义的"儒学复兴"派和马克思主义的"综合创新"派之间的分歧和对立互动。与所有的儒学和现代新儒学研究者一样,方先生也有自己的理论立场,在他看来,"现代新儒学作为中国现代化过程中的一派思想学说,在解决传统和现代化的关系问题上提出过一些有价值的意见,为传统的创造性转化、连结传统和现代作出了一定的贡献,但是偏于保守的文化立场也给中国现代化带来了若干消极负面的影响,它显然不能代表中国新文化运动的健全的正确的方向。中国文化的未来发展,必

然要扬弃和超越现代新儒家及其'劲敌'全盘西化派,同时吸收、包容他们思想中的合理因素,对于民族文化和外来文化,都要从中国社会主义现代化建设的实际需要出发,审慎地选择,历史地科学地分析,批判地继承和扬弃,走综合创新的道路。中华优秀文明和包括马克思主义在内的世界先进文明的最佳结合将给这个古老国家带来新的蓬勃生机。"[1]显然,方先生是站在马克思主义"综合创新"派的理论立场来观察和审视中国现当代的思想文化问题,包括儒学和现代新儒学的。他强调指出,"与现代新儒家的新道统论和中国本位(或主位)的文化立场不同,马克思主义不是某种狭隘的宗派,而是以往人类文化史上一切优秀成果的合理继承者和发扬者"[2]。相对于全盘西化派,中国马克思主义者更加注重继承中国文化的优良传统并与之相结合;相对于现代新儒家,中国马克思主义者对于外来文化持一种更加开放的选择吸收、"洋为中用"的态度。这就表明"在中西文化问题上,马克思主义者没有陷入简单化的中西对立、体用二元的思维模式,对民族文化和外来文化均持取其精华、弃其糟粕、批判继承、综合创新的态度,对各执一端的西化派和现代新儒家都有所批评,也部分地肯定和认同他们提出的某些合理的思想观点"[3]。比如就儒家人文主义来讲,方先生指出:

> 儒家人文主义不是现代新儒家的私有财产,而是中华民族和全人类共同的财富。马克思主义者也十分重视研究儒家的人文思想,注意吸收其中的合理因素。中国的马克思主义者应该在这方面做出杰出的工作,其成绩应该不逊于现代新儒家。他们是儒学中糟粕的最彻底的批判者,也应该是其中精华的最坚决的继承者。过去可能还有如杜维明所说的"该扬弃的没有扬弃,该继承的没有继承"的情况,改变这种情况正是马克思主义者的责任。马克思主义以解放

---

[1] 方克立:《现代新儒学与中国现代化》,《现代新儒学与中国现代化》,第90页。
[2] 方克立:《要重视对现代新儒家的研究》,《现代新儒学与中国现代化》,第15页。
[3] 方克立:《现代新儒学与中国现代化》,《现代新儒学与中国现代化》,第70—71页。

全人类、实现人的全面自由的发展为自己的奋斗目标,因此可以说是一种最伟大的人文主义思想;同时它也提供了一种正确认识自然、社会和人类思维发展普遍规律的科学世界观,因此又可以说它是科学主义和人文主义的有机结合或统一。儒家思想缺少科学的认识论,其人文思想也是有片面性的,我们不能把它简单地移植到现代或未来社会,而只能把它吸收消融成为更高级的思想形态中的一个组成部分。①

对儒学中的糟粕作最彻底的清算和批判,同时又是其中之精华的最坚决的继承者,力图改变过去那种"该扬弃的没有扬弃,该继承的没有继承"的情况,这充分体现了一个中国马克思主义者在对待传统文化问题上的高度理论自觉和责任担当意识。

方克立先生多次表明,在中国现当代文化发展道路选择问题上,自己最能心契和赞同的是张岱年先生倡导的"综合创新"文化观。1991年10月21日,张岱年先生在给方先生的一封信中说:"我们主张'综合创新论',既符合马克思主义,又符合国情,但响应的人似乎不多。美籍华人林毓生提出'创造性的转化',却受到多人注意。外来的和尚会念经,自古如此。希望您大力宣传'综合创新'之义。"②20世纪90年代以来,方先生按照张老"希望您大力宣传'综合创新'之义"的嘱托,发表了多篇文章和讲话,大力宣传和深刻阐述这种"既符合马克思主义又符合国情"的文化观,并在此过程中对其作了重要的发展和深化。比如他在1990年就把这种文化观概括为"古为今用,洋为中用,批判继承,综合创新"四句话,成为得到普遍认同的对其实质内涵之最简明而准确的表达;指出它与中国共产党各个时期的文化建设指导方针是完全一致的,可以把它当作中国现代三大思潮中马克思主义文化观的代表;通过回顾和总结16世纪以来的中西文化交流史,特别是先进的中国人文化自觉的历程,论

① 方克立:《展望儒学的未来前景必须正视的两个问题》,《现代新儒学与中国现代化》,第191页。
② 方克立:《综合创新之路的探索与前瞻》,《中国文化的综合创新之路》,第262页。

证"综合创新"文化观的产生具有历史的必然性；用中外文化史、学术史的大量具体史料，说明"综合创新"是学术思想和文化发展的规律，具有普遍意义；从"综合创新"的对象和时空视野、"综合创新"的目的和主体要求、"综合创新"的方法论特征和基本要素、环节之间的关系，将其内容概括为四个要点，也就是后来有人进一步概括的开放性、主体性、辩证性和创新性"四性"；指出张岱年先生阐明的"兼赅众异而得其平衡，富有日新而一以贯之"的"兼和"辩证法，实已为"综合创新"文化观提供了哲学基础，等等。另外，方先生还结合今天中国的现实，探讨了文化综合创新中"一元主导"与"兼容多元"的关系问题；指出"综合创新"作为一种文化理论，对于经济社会发展和各方面事业发展也有重要的方法论的指导意义，揭示了科学发展观与综合创新论之间的内在联系。二十多年来，方克立先生大力宣传和阐扬"综合创新"之义，不仅大大丰富和深化了综合创新文化观的理论内容，而且使这种"既符合马克思主义又符合国情"的文化观为更多的人所了解和认同，进一步确立了它在当代中国文化多元共生格局中的主导地位。事实上，方先生已成为张岱年先生逝世后中国马克思主义综合创新派最有影响力的代表人物。

方先生对综合创新文化观最重要的理论贡献是他于2006年提出的"马魂、中体、西用"论，其完整表述是"马学为魂，中学为体，西学为用，三流合一，综合创新"五句话。具体来讲："所谓'马学为魂'就是以马克思主义的科学世界观和方法论为指导，坚持中国新文化建设的社会主义方向。所谓'中学为体'就是以有着数千年历史积淀的自强不息、变化日新、厚德载物、有容乃大的中国文化为运作主体、生命主体、创造主体和接受主体，坚持民族文化主体性的原则。所谓'西学为用'就是以西方文化和其他民族文化中一切对主体文化有学习、借鉴价值的东西为'他山之石'，为我所用，坚持对外开放的方针。"①这一新论突破了长期以来文

① 方克立：《"马魂、中体、西用"：中国文化发展的现实道路》，《中国文化的综合创新之路》，第314页。

化研究中常见的中西对立、体用二元的思维模式,把作为精神指导原则的主导性之"体"(他称之为"魂")与作为文化载体的主体性之"体"区分开来,用"魂、体、用"三元模式对中、西、马三种文化资源在当代中国文化中的地位和相互关系作了准确的定位,把坚持先进文化的前进方向、坚持民族文化的主体性和坚持对外开放的方针三者有机地统一起来。关于"马魂、中体、西用"论的思想来源、理论价值和现实意义,已有学者作了全面、系统的梳理和阐述①,笔者在此不想作过多的赘说,但有一点我认为有必要作进一步的申论和阐扬,这就是方先生对于"中学为体"所作的独具匠心的全新诠解。初涉"马魂、中体、西用"论者往往对其高扬"马学为魂"的旗帜印象深刻,"西学为用"的意义也不难理解,而未见得能够充分注意和深切体认"中学为体"的新义和深义,在我看来后者正是方先生此论的精义和主要理论创获之所在。

在现代新儒学研究中,方先生曾充分肯定现代新儒家在挺立民族文化的主体性方面所做出的贡献,认为他们在西风劲吹、中国文化"花果飘零"之时提出"儒学第三期发展"等口号,"其根本精神不在于复古,而是企图以此畅通民族文化生命的本源大流,使之不至于割断和失坠,保存中华民族文化的主体性。尽管以儒学来涵盖中国民族文化传统未免偏狭,把儒学传统的内在资源仅仅归结为道德心性之学也有失于片面、武断,但就对民族文化传统有强烈的自我意识,对发扬民族精神、复兴中华文明有高度的责任感,坚决反对宣扬民族虚无主义、文化投降主义的'全盘西化'论这一点来说,现代新儒家的功绩是不可抹煞的"②。在肯定民族文化的主体性这一点上,他认为中国的马克思主义者与现代新儒家并没有根本的分歧。有的新儒家学者批评社会主义中国确立以马克思主义为指导思想是丢掉了民族文化的主体性,方先生指出"这至少是一种误解"。依方先生之见,"马克思主义作为一种外来文化,要在中国生根

---

① 杜运辉:《"马魂、中体、西用":接着张岱年先生讲》,《马克思主义研究》2010 年第 11 期;《"马魂、中体、西用"论的理论价值和现实意义》,《中国社会科学院研究生院学报》2013 年第 3 期。
② 方克立:《现代新儒学与中国现代化》,《现代新儒学与中国现代化》,第 71—72 页。

发展,不能没有中国文化这个接受主体","马克思主义对于中国文化的优良传统,不但不是敌视和对立的,而且力求和它相结合,否则它就不能在中国生根","马克思主义只是提供一种新的世界观和方法论,为人类文明发展指出一条通向大同的道路,它并不否定也不能代替民族文化的主体性",因此,"马克思主义的传入不是中国文化的危机,而是给伟大中华文明的复兴带来了生机"①。换言之,"正是由于有马克思主义的科学世界观和方法论作为指导,所以才能激活传统文化中的优质资源,充分吸收外来文化的营养,使中国文化走上'综合创新'的康庄大道"②。方先生在 25 年前提出的"接受主体"这个概念,是理解民族文化主体性问题的关键。因为对于作为主体文化的中国文化来说,马克思主义也是一种外来文化,它必须被主体文化所接受并且与主体文化相结合,在主体文化的土壤中生根、发芽、开花、结果,成为其发展了的新形态的一个有机组成部分,唯有如此它才能在其中起到先进文化的引领、指导和"灵魂"作用。中国人如果不了解或不接受马克思主义,它始终游离或外在于作为主体文化的中国文化,那么再高明、再先进、再有用的外来文化也起不到任何作用,而难免"游魂"的命运。由此可见,中国的马克思主义者提出"接受主体"这个概念,就表明了其坚持民族文化主体性的明确立场。

方先生后来又指出:"中国文化必须是充满活力与自信的、富有包容性的生命主体和创造主体,它才具有接受外来文化的能力。"③18 年后,他在提出"马魂、中体、西用"论的时候,已经不是只提"接受主体"一个概念,而是提出"运作主体""生命主体""创造主体"和"接受主体"四个概念来共同论证和进一步强化中国文化的主体性。他对"中学为体"作了明确的界定并揭示了其丰富而深刻的内涵:"我说的'中学为体','体'的涵义已不是指精神指导原则,而是指文化的民族主体性,即在一种文化中,

---

① 方克立:《略论现代新儒家之得失》,《现代新儒学与中国现代化》,第 47—48 页。
② 方克立:《"马魂、中体、西用":中国文化发展的现实道路》,《中国文化的综合创新之路》,第 314 页。
③ 方克立:《探索中、西、马三"学"的综合创新之道》,《中国文化的综合创新之路》,第 327 页。

它的运作主体、生命主体、创造主体和接受主体到底是什么;'中学'已不是清末'中体西用'论者所讲的'中国之伦常名教'或'尧舜禹汤文武周孔之道',也不是现代经济学家所讲的'中国化的发展着的马克思主义',而是指有着数千年历史传承的,经过近现代变革和转型的,走向未来、走向世界的活的中国文化生命整体。只有中国文化生命整体才能够作为自强不息、变化日新的'创造主体'和厚德载物、有容乃大的'接受主体',某一阶段、某种形态、某个流派的中国文化都不足以担当此任。"①包括现代新儒家在内的"中体西用"论者,都是把"中体"归结为形而上之"道"即某种不变的精神指导原则,如"中国之伦常名教"(冯桂芬)、"尧舜禹汤文武周孔之道"(薛福成)、"盖万世不变者,孔子之道也"(王韬),而以"西人器数之学"、"诸国富强之术"等等为"辅"、为"末"、为"用"、为"卫道"之具。贺麟先生提出"以儒家精神为体,以西洋文化为用"的口号,仍然袭取了这种"中体西用"的思路。张之洞在《劝学篇》中开宗明义说:"今日时局,惟以激发忠爱,讲求富强,尊朝廷、卫社稷为第一义。"(《劝学篇·同心》)毫不掩饰地说出了提倡"中体西用"论的政治目的,充分暴露了这种理论的保守主义实质。而方先生讲的"中学为体","正是在否定了晚清'中体西用'论的保守主义意涵的前提下,而突出地强调了其肯定民族文化主体性的意义"②。因为在他看来,作为运作主体、生命主体、创造主体和接受主体的"中学"或中国文化,不是指某种万世不变的精神指导原则,也不是指某一阶段、某个流派、某种学说或教义的特定中国文化形态,而是指有着数千年历史传承的,经过近现代变革和转型的,走向未来、走向世界的自强不息、变化日新、厚德载物、有容乃大的活的中国文化生命整体。这种视野是持保守主义立场的"中体西用"论者所不可比拟的,他对民族文化主体性的论证也比现代新儒家要深刻得多和有现实说服力得多。

---

① 方克立:《关于文化的体用问题》,《中国文化的综合创新之路》,第247页。
② 方克立:《"马魂、中体、西用":中国文化发展的现实道路》,《中国文化的综合创新之路》,第316页。

　　方先生认为,在当代中国文化建设中,"中体"实居于联结中、西、马三种文化资源、形成综合创新之统一体的关键地位。"因为马克思主义和西方文化都必须为中国文化所接受,成为现代中国文化的一个有机组成部分,才能在三大思潮对立互动和中国的新文化建设中起作用。"①马克思主义只有被"中体"接受才能在"新统"中起到先进文化的引领、指导和"灵魂"作用,西方文化和其他民族文化中有价值的东西只有被"中体"接受才能起到为我所用的"他山之石"的作用。作为主体文化或母体文化的中国文化也只有在"马魂、中体、西用"良性互动、综合创新中才能转换出适合于社会主义时代需要的新形态,这种新形态的中国特色社会主义文化也仍然是中国文化。关于"马魂、中体、西用"之所以能相资为用、有机统一的学理根据,方先生坦言是"受到王船山讲'形而上者谓之道,形而下者谓之器,统之乎一形'(《周易外传》卷五)的启发"。在他看来,"按照王船山'道器无易体'、'统之乎一形'的理论,统一形上与形下的那个'形'也就是统一道与器的'物之体'",因此可以说"作为主体文化的中国文化,它实际上就是统一'形而上之道'(马克思主义)和'形而下之器'(科技等现代西学)的那个'形'"②,"这样'魂'('道')、'体'('形')、'用'('器')三者就有机地连结、统一起来了"③。这一说明格外值得我们重视,如果说"马魂"和"西用"都必须统之乎"中体"之"形"的话,那么,"中体"在三者之中处于关键的中心地位就是显而易见的了。因此,我认为方先生的基本观点可以说是一种在"以中为体"即充分肯定中国文化主体性前提下而致力于"马魂、中体、西用"良性互动、综合创新的文化主张。这一文化主张既不简单蔑弃自身的文化传统,亦"决不允许用传统来拖住我们的前进步伐"④,既一贯凸显了马克思主义的思想指导地位,

① 方克立:《"马魂、中体、西用":中国文化发展的现实道路》,《中国文化的综合创新之路》,第315页。
② 方克立:《"马魂、中体、西用":中国文化发展的现实道路》,《中国文化的综合创新之路》,第315页。
③ 方克立:《关于文化的体用问题》,《中国文化的综合创新之路》,第256页。
④ 方克立:《要重视对现代新儒家的研究》,《现代新儒学与中国现代化》,第15页。

又充分肯定了中国文化的主体性,既坚持借鉴、吸收一切外来优秀文化为我所用的开放性原则,更注重主体文化不断开拓进取的创新品格和能力,从而将社会主义先进文化的前进方向、中国文化的主体性和对外来文化的开放立场综贯、统一、融合为了一个有机的整体。

方先生曾多次指出,中国现当代文化发展的现实道路选择,"它的实质内容就是要解决中、西、马三种文化传统、三大文化思潮的关系问题,其核心是马克思主义与中国文化的关系问题"[①]。这与张岱年先生关于"文化综合创新的核心是马克思主义与中国文化的优秀传统的综合"的看法是完全一致的。明确了中国文化的主体地位之后,在这里需要解决的实际上主要是马克思主义的指导地位与中国文化的主体地位之相容性问题。有的新儒家学者企图把二者对立起来,说什么"中国文化……在马克思主义派那儿,是没有原则意义、没有体的层位的,其体是马列"[②]。方先生指出这种说法是不符合实际的,且有混淆概念之嫌。因为在一定意义上说,马克思主义与中国文化都具有"体"的优位性,不过一个是主导性之"体"(也可称之为"魂"),一个是主体性之"体",二者不能混同。方先生还指出,不能把马克思主义与中国文化之间的关系简单地说成是一种体用关系。"从字面上看,在'古为今用'的意义上可以说当代先进文化马克思主义是'体',中国传统文化是'用';在'洋为中用'的意义上也可以说中国文化是'体',被接受的外来文化马克思主义是'用'。如果这种孤立的、单义的'马体中用'和'中体马用'命题都能成立的话,那么就难免重蹈'道体器用'与'器体道用''相为体用'之覆辙,更加放大了传统体用思维方式灵活多义的负面效应。"因此他认为,"马克思主义与中国文化之间主要是一种相需关系,而不是体用关系,'古为今

---

① 方克立:《"马魂、中体、西用":中国文化发展的现实道路》,《中国文化的综合创新之路》,第310页。
② 方克立:《"马魂、中体、西用":中国文化发展的现实道路》,《中国文化的综合创新之路》,第311页。

用'、'洋为中用'也可以从相需的意义上来理解"。① 他还具体考察了中国特色社会主义文化中"马魂"与"中体"的相需关系,强调指出"'魂'与'体'谁也离不开谁,二者是相互依存、相辅相成、相得益彰的关系",并据此提出了"强魂健体、魂体相依方能成大用"的著名命题,深刻阐明了"魂""体""用"三者统一的辩证法②。

"五四"新文化运动至今已百年,中国社会和中国文化发展道路选择之争始终没有停止过,三大思潮对立互动的基本格局一直延续到今天,不过表现形式更加复杂多样、错综交集而已。相对于"全盘西化""复兴儒学""中体西用""西体中用"等文化主张,"马魂、中体、西用"论不但以其坚持马克思主义指导地位的鲜明立场而与中国特色社会主义制度、发展道路、理论体系高度契合,而且更以"中学为体"的高度民族文化自觉而在自强不息、变化日新、厚德载物、有容乃大的五千年中华文明中扎下了深厚根基,体现了时代先进性与民族主体性的高度统一,成为当今中国得到最广泛认同也是最具有现实性的一种文化选择。有的论者只见其一不见其二,因此对"马魂、中体、西用"论缺乏全面、科学、准确的认识。本文着重从人们相对忽略的后一方面加以补充阐述和发挥,希望此论能够得到更多人的认同和全面理解,让它在建设中国特色社会主义文化强国的实践中发挥更有力的正确舆论导向作用。

五、小结

从"三大思潮对立互动"说到"马魂中体西用"论,可以看出方先生近三十年来学术研究和理论思考的重点一直是在中国现当代思想文化领域。他不回避现实的矛盾和思想论争,旗帜鲜明地表达了一个中国马克思主义者的儒学观和文化主张,在思想多元、交锋激烈的学术界起到了

---

① 方克立:《探索中、西、马三"学"的综合创新之道》,《中国文化的综合创新之路》,第328页。
② 方克立:《当代中国文化的"魂"、"体"、"用"关系》,《中国文化的综合创新之路》,第378、381页。

非常正面的舆论导向作用。我以为,方先生评蒋庆文最后所说的那段话可以作为他一以贯之的儒学观和文化主张的代表:

> 我们认为,作为前现代的意识形态的儒学,绝不可能在建设社会主义现代化国家的中国全面复兴,重新取得它在历史上曾经有过的正统或"独尊"地位,但并不说对儒学要全面否定和抛弃,它在21世纪的中国文化格局中没有自己应有的地位。恰恰相反,我们在指出儒学的本质是封建意识形态的同时,又高度评价它作为中国传统文化的重要组成部分,包含着大量的人类智慧成果,并已融入中华民族精神,深刻地影响和塑造着每一个中国人,维系着社会的长期稳定和有序发展的巨大历史功能和精神力量,认为今天中国的一切发展都离不开传统的基础,包括马克思主义能在中国落户、生根、发芽、开花、结果,都离不开传统文化的基础;正确开掘和利用儒学的精神资源对于中国和世界的未来发展都有重要意义,当然也要防止它可能产生的负面作用。我赞成这样一种看法,儒学在21世纪的发展前景将会好于它命运多舛的20世纪。这是因为,在经过了深刻的社会转型和价值转换之后,人们对儒学不适应现代社会生活的弊端和完全断弃传统对国家民族所造成的危殆均有了痛切的认识与感受,正反两个方面的经验教训可以帮助人们对儒学有一个比较全面正确的认识。放弃了重新取得正统地位、"独尊"地位或"文法"地位的奢望的儒学将成为21世纪多元文化中的重要的一元,以其特有的人文价值为合理的人类文化建构作出其他文明所不可替代的贡献。在中国大陆,以马克思主义为指导的有中国特色的社会主义文化建设,十分强调继承和弘扬包括儒学在内的中国传统文化精华,同时也要吸收世界文明的一切优秀成果,这一文化方针的特点是"古为今用,洋为中用,批判继承,综合创新"。处理好马克思主义和"国学"、"西学"三者的关系仍然是21世纪中国文化建设的中心主题。我们和"儒学复兴"论者的分歧不在于要不要重视儒学,要不

要研究儒学,要不要继承和弘扬儒家文化精华,而在于怎样认识儒学的本质,用什么标准来区分儒学中的精华和糟粕,在今日能否全面"复兴儒学",让它在未来中国文化和世界文化格局中居于正统或主导地位。当然,这样提出问题本身就是对蒋庆所说的儒学的"神圣性"、"普遍性"、"永恒性"的亵渎。如果说儒学在历史上曾经起过准宗教的作用的话,那么我们在今天绝对不能赞成把儒学重新变成宗教。①

在上述引文中,方先生对自己的儒学观和文化主张作了全面而清晰的阐述,在今天重述和阐扬方先生的这一儒学观和文化主张,不仅能使我们站在马克思主义理论立场上认清历史上儒学的本质及其现代命运,而且具有更为重要的现实指导意义,使我们能够认清当今主张全面"复兴儒学"、"重建儒教"和"立儒教为国教"等观点的意识形态本质,乃至能够在与其他各种学术文化思潮进行交流对话和对立互动中坚持信念、辨明方向和道路,具有更加坚定的理论自信和文化自信。孔子曾论三代之礼相因而损益之道,诚如杨向奎先生所言,"孔子是善于承继文化遗产的人",他"所谓'因'即继承,所谓'损益'即损其糟粕而益以精华,这是承继遗产或者吸取外来文化的最好方案",而且,"任何时候,任何地区,对于古与外的文化都不能'全盘接受',近百年来的历史更可以说明这一点,'全盘西化'、'全盘×化'或者是'复古'的口号,都是非历史主义的,因为历史在发展,幼年的衣冠不可能加在成人身上!但这不是抛弃历史,也不是排斥外来文化,孔子是最善于学习历史的人,他能够在历史的学习中得到有益的东西"。② 而方先生的上述儒学观和文化主张正好向我们展现了一个中国马克思主义者在承继文化遗产和吸取外来文化方面所能提出的最佳方案,即面对现代三大思潮对立互动的现实思想格局,力主"马魂、中体、西用"良性互动、综合创新。因为历史赋予了我们建设中

① 方克立:《评大陆新儒家"复兴儒学"的纲领》,《现代新儒学与中国现代化》,第 441—442 页。
② 杨向奎:《宗周社会与礼乐文明》(修订本),人民出版社 1997 年版,第 381—382 页。

国特色社会主义新文化的崭新使命,历史在发展,儒学传统的旧衣冠不可能一成不变地加在我们身上。中国马克思主义者是最善于学习和吸取古今中外一切优秀文明成果的人,包括儒学传统在内,我们同样乐于从对它的学习中得到有益的东西①。但学习不仅仅是因袭继承,而必须加以损益,损去儒学传统之糟粕而益之以马克思主义与西方文化之精华,通过"马魂、中体、西用"的良性互动,实现综合创新以建设中国特色社会主义新文化的伟大目标。

---

① 关于中国文化的优良传统,特别是"和而不同"作为一种文化观的意义和价值,"天人合一"与中国古代的生态智慧,中华文化的精华与精神以及儒学的精华等,近年来方先生都有深刻的论述和精到的阐释。参见《中国文化的综合创新之路》一书中所收相关论文。

研古阐今求实　铸魂立体明用

——方克立先生学术思想述要

卢　兴①

方克立先生 1938 年 6 月 28 日出生于湖南省湘潭县。1962 年毕业于中国人民大学哲学系并留校任教,1973 年调入南开大学哲学系任教,历任助教(1973—1979)、讲师(1979—1981)、副教授(1981—1984)、教授(1984—)。1990 年 1 月至 1994 年 2 月,任南开大学研究生院副院长。1994 年 2 月至 2000 年 8 月任中国社会科学院研究生院院长。2006 年 8 月当选为中国社会科学院学部委员,2015 年 5 月退休。2020 年 4 月 21 日因病不治,溘然长逝。

方先生的学术兼职有:天津市社会科学联合会副主席(1985—1994),北京市学位委员会副主任委员(1994—2002),国际中国哲学会(ISCP)会长(2000—2001),中国哲学史学会会长(2004—2009),中华炎黄文化研究会常务副会长(2001—2011),中国科学技术大学人文与社会科学学院院长(2000—2003),湘潭大学湘学研究所所长(2002—2007),国务院学位委员会第二届(1985—1991)、第三届(1992—2002)、第四届(2003—2013)哲学评议组成员,"七五""八五""九五"国家社科基金哲学

---

① 作者简介:卢兴,南开大学中国哲学研究中心主任、哲学院教授。
　　本文删减稿发表于中国社会科学院哲学研究所编《中国哲学年鉴(2022)》,哲学研究杂志社 2022 年版。这里是论文的完整版。

学科评审组成员,马克思主义理论研究和建设工程首席专家,全国高等教育自学考试指导委员会哲学专业委员会委员,全国博士后管理委员会哲学专家组成员等。

方先生于 1985 年被评为天津市劳动模范,1988 年获"国家级有突出贡献中青年专家"称号,享受国务院政府特殊津贴。1995 年,方先生与李锦全先生主编的"现代新儒学研究丛书"荣获第九届中国图书奖;1999 年,方先生主编的《中国哲学与辩证唯物主义》入选第七届中宣部精神文明建设"五个一工程";2000 年,先生的专著《现代新儒学与中国现代化》荣获中国社会科学院研究生院优秀科研成果著作类一等奖。2019 年荣获南开大学首批"杰出校友"称号,同年入选"新中国 70 周年百名湖湘人物"。

一、学术探索之路

方克立先生于 1944 年起在湖南农村小学堂、武汉大学附小读小学,1950 年起在武昌实验中学读中学。

1956 年考入中国人民大学哲学系,所学的专业是"辩证唯物主义和历史唯物主义"。入学后在老师的带领下认真阅读了一系列马克思主义经典著作,打下了扎实的马克思主义哲学的理论功底。1959—1960 学年,他休学在家,读到郭沫若的《十批判书》《青铜时代》等史学著作受到很大启发:作为一个将在中国从事哲学工作的人,为什么不把主要精力放到研究、整理本国的哲学遗产上去,使其在现时代放出新的光彩呢?接着他又花了两个多月时间,初读了一遍侯外庐等人合著的《中国思想通史》,更深切地感受到了中国哲学之内涵丰富、博大精深。此后,方先生的学习和研究兴趣逐渐转到中国哲学史方面来,而且终生都受到郭沫若、侯外庐的唯物史观的研究方法的影响。[1] 当时人大中国哲学教研团

---

[1] 参见《方克立荐书》,收入三思工作室编:《博导书榜:影响中国社会科学院博导的五种书》,中国社会科学出版社 2004 年版,第 64 页;收入《方克立论著集》第五卷,第 397—398 页。

队由石峻、杨宪邦先生领导,还包括李燄、孙长江、尹明等中青年教师,方先生在大学期间跟着这些老师系统地学习了中国哲学史的基本知识,遗憾之处是石公未能给他所在的年级开课。

1962 年 10 月,方先生毕业后留在中国人民大学中国哲学史教研室任教,主要任务就是给石峻先生做助教。1963—1964 学年,石公给人大哲学系四年级学生开中国哲学通史课,方先生等人在课后给学生做辅导,同时随堂听课,跟石公又系统学了一遍中国哲学史,弥补了大学期间的遗憾。方先生认真汲取前辈大家的学术养分,进一步增强了古典文献阅读能力和哲学理论分析能力,为日后开展教学科研工作奠定了基础。[①]

1964—1965 年,方先生与人大师生一起去湖南参加了两期农村社会主义教育("四清")运动,1969—1972 年又到江西省余江县中国人民大学"五七"干校劳动锻炼三年。为了解决与家属两地分居的问题,他于 1973年 1 月调入南开大学哲学系任助教。直到改革开放之后,方先生才能够全身心地投入教学科研和学科建设中来。

方先生在南开大学开展中国哲学通史教学工作的同时,也承担了教研室分配的科研选题"《实践论》与中国哲学史上的知行学说"。他的研究成果后来经反复修改,形成了《中国哲学史上的知行观》一书,1982 年由人民出版社出版。1984 年天津市举办首届哲学社会科学优秀成果评奖,该书荣获专著类一等奖。正当此时,中哲史界出现了一股"范畴研究"的热潮,方先生的这本书因此也被视为改革开放以来出版的第一本中国哲学范畴研究专著,有"报春花"之誉。基于出色的学术研究成果,他成为学术界颇有名气的中青年专家,职称晋升也很顺利:1979 年 6 月晋升为讲师,1981 年 4 月晋升为副教授,1984 年 8 月被教育部特批为教授、博士生导师(当年全国哲学界只有 5 人)。1986 年,48 岁的方先生当选为第三届全国中国哲学史学会副会长。

[①] 参见方克立:《缅怀恩师石峻先生》,收入中国人民大学哲学院中国哲学教研室编:《石峻文脉》,华夏出版社 2012 年版;收入《方克立论著集》第五卷。

  1986 年 3 月 27 日,方先生在国家教委召开的"七五"科研规划咨询会上作了题为《要重视对现代新儒家的研究》的发言,在这个发言中已经对"现代新儒学"思潮的产生背景、概念界定、代表人物和思想主张有了清晰的梳理,并明确亮出了马克思主义的研究立场。同年 11 月,方先生和中山大学李锦全先生共同主持的"现代新儒学思潮研究"课题①被确立为国家哲学社会科学"七五"规划重点研究课题,1992 年又被列为"八五"规划重点研究课题。他们领导一个由 20 余名中青年学者组成的课题组,进行了颇为活跃而又十分扎实的研究工作,在十年间完成的系列研究成果包括《现代新儒学研究论集(一)(二)》(中国社会科学出版社,1989、1991 年),"现代新儒学辑要丛书"14 种(中国广播电视出版社,1992、1995、1996 年),《现代新儒家学案》三卷(中国社会科学出版社,1995 年),"现代新儒学研究丛书"("专题研究系列"9 种,辽宁大学出版社,1992—1995 年;"专人研究系列"6 种,天津人民出版社,1993—2004 年),《现代新儒家人物与著作》(南开大学出版社,1995 年)等,共计 30 余册。方先生的论文集《现代新儒学与中国现代化》也于 1997 年由天津人民出版社出版,这本论文集是他十年来从事现代新儒学研究的成果集结,具有重要的学术史意义。

  在国家课题的带动之下,从 80 年代中期至整个 90 年代,"现代新儒学"一直居于学术研究的"显学"位置,在这一研究中许多中青年学者也脱颖而出。可以说,方先生所开启的这项研究,在中国大陆开拓了一个重要的学术领域,培养了一批学术新人。作为这项研究的倡导者和组织者,方先生对于现代新儒学的概念界定、基本特征、发展阶段、代表人物、得失评价、研究方法和目标等重要理论课题作出了许多至今仍具有典范

---

① 1986 年课题申报立项时,课题组使用的是"现代新儒家思潮研究"的名称,国家哲学社会科学规划办批准立项的批件上也是这个名称;后来课题组内部有成员提出,既然要研究的是"五四"以来的一个学术流派、一种社会文化思潮,就不如把课题名称改为"现代新儒学思潮研究"。方克立和李锦全两位先生慨然接受了这个意见,在后续的课题进展中特别是国家社科"八五"规划立项申报中,将课题名称调整为"现代新儒学思潮研究"。

意义的论述。同时,他还注重总结反思这项研究中出现的各种倾向,及时作出立场鲜明的回应,力图使这一研究沿着正确方向深入下去。

1994年2月,方先生赴京担任中国社会科学院研究生院院长,同时依然受聘为南开大学哲学系的兼职博导,继续招收、指导博士研究生直到2011年。在处理繁重的行政工作的同时,方先生依然保持着思想家的敏锐和学者的勤勉,发表了许多重要的研究成果,将对中国文化未来走向的思考不断推向深入。

1994年5月,方先生主编的《中国哲学大辞典》由中国社会科学出版社出版。这部辞典全书180余万字,由近百位专家撰稿,从选目、撰写、修改到最后完稿成书,历时八载。其最大特点在于系统性、权威性和实用性。内容包括对中国历代重要哲学派别、哲学家、哲学著作、哲学学说、概念、范畴、命题的精要介绍和解说。全书包容了哲学的若干分支学科,增设了中国逻辑思想史、中国伦理思想史、中国宗教思想史、中国美学史等方面的条目,突出中国哲学专科辞典的特色。每个词条解释都选择学术界的定论,或综合各家之说,尽量全面地提供有关资料,力避偏颇。因此,本辞典被誉为"开展中国哲学理论体系性研究的奠基之作"①。

同一个月,由张岱年先生和方克立先生主编的《中国文化概论》一书由北京师范大学出版社出版。本书是在国家教委指导下集体编著的高等学校通用教材,由全国高校近20位专家撰稿。方先生参与了大纲拟定、章节分工、文字审读以及统稿润色。全书分为三编:上编总体介绍了中国文化的历史地理环境、经济基础、社会政治结构、发展历程、文化融合与交汇;中编具体介绍了中国语言文字和典籍、古代科学技术、教育、文学、艺术、史学、伦理道德、宗教、哲学;下编概括了中国传统文化的类型和特点、基本精神、价值系统以及向近代的转变,最终落脚于"建设社会主义的中国新文化"。值得关注的是本书的最后一章之最后一节,鲜明地以"古为今用、洋为中用、批判继承、综合创新——建设有中国特色

---

① 哲理:《〈中国哲学大辞典〉简介》,《哲学研究》1993年第4期。

社会主义新文化的方针和道路"为题并予以展开,将中国马克思主义的"综合创新"文化观正式写入了国家级教材。本教材在使用十年之后,吸取各方意见,出版了修订版(北京师范大学出版社 2004 年 1 月出版)。此后,方先生还主编了《教师用书》(北京师范大学出版社 2010 年 2 月出版),形成了完整的教材体系。

1998 年 8 月,方先生主编的《中国哲学与辩证唯物主义》一书由高等教育出版社出版。本书是在李岚清同志指导下,作为高等学校马克思主义哲学教学参考用书,由教育部组织集体编写的。该书首次运用中国哲学史上的大量材料,从哲学基本问题、世界统一原理、普遍联系和发展原理、知行观、社会历史观、人生价值观等方面,说明中国传统哲学中丰富的朴素唯物主义和辩证法思想与辩证唯物主义有许多相似或相通之处。[1] 同时本书也指出,只有马克思主义哲学的传入,才使中国哲学实现了真正革命性的变革,具体表现在:从朴素唯物主义到现代唯物主义,从自发辩证法到自觉辩证法,从直观反映论到能动的革命的反映论,从传统历史观到唯物史观,从圣贤君子人格到全面发展的新人。[2] 本书的出版,激发了师生对中国传统哲学精华的兴趣,推动了高等学校马克思主义哲学课程的教学改革,促进了马克思主义哲学研究与中国哲学研究相结合。该书曾获第七届"五个一工程"一本好书奖。

新世纪伊始,方先生在卸任中国社科院研究生院院长之际,还组织举办了一次大型的国际学术会议。经过一年多紧张的筹备工作,2001 年 7 月 21—24 日,由中国社会科学院研究生院、国际中国哲学会和中国哲学史学会联合主办的第十二届国际中国哲学大会在北京召开,本届大会的主题是"中国哲学与 21 世纪文明走向",来自 14 个国家和地区的 300 名学者出席会议,共提交学术论文 250 余篇。此次大会是国际中国哲学会成立以来召开的规模最大的一次国际学术会议。作为国际中国哲学

---

[1] 参见方克立主编:《中国哲学与辩证唯物主义》,高等教育出版社 1998 年版,第 2 页。
[2] 参见方克立主编:《中国哲学与辩证唯物主义》,第 216—218 页。

会的会长,方先生担任本届大会的主席,并在开幕式上致辞。会议期间,在方先生的主持下,国际中国哲学会在组织建设上进行了创会以来最重要的一次改革,并相应地修改学会章程。会后,会议论文编为四卷论文集《21世纪中国哲学走向》《中国传统哲学的现代诠释》《中西会通与中国哲学的近现代转换》《中国哲学和21世纪文明走向》,2003年由商务印书馆出版。

方先生的学术成就在全国中国哲学史界得到了公认。1999年2月,他被推选为第五届中国哲学史学会常务副会长;2004年6月,被推选为第六届中国哲学史学会会长;2009年1月、2013年4月受聘为第七届、第八届中国哲学史学会名誉会长。

方先生晚年受聘为中宣部"马克思主义理论研究和建设工程"重点教材首席专家,主持编写和修订了《中国哲学史》教材(人民出版社与高等教育出版社2012年第一版、2021年第二版)。这部教材自觉以马克思主义理论指导,以思维和存在这一哲学基本问题来梳理中国哲学各个时期的重要思想家的思想或思想流派,以社会存在决定社会意识的原理揭示哲学思想背后的深层原因。本书将中国哲学的发展历程分为四个时期,即先秦、秦汉至隋唐、宋至清中叶、晚清至1949年的近代。本教材力图说明,中国哲学史是中华民族几千年来的哲学智慧发展史,集中展现了中国文化的精神内核。

总体而言,方克立先生的思想创获与学术贡献对近40年来的中国哲学学科的发展和思想文化界产生了重要影响。20世纪80年代,他与前辈学者一起率先倡导中国哲学范畴和范畴史研究,深刻地影响了此后中国哲学史学科的研究范式和教材编写。他开创了中国大陆"现代新儒学"研究的新领域,作为国家社科规划重点课题的主持人,把握引导课题组研究方向,其研究成果在海内外学界产生了巨大而深远的影响。他界定了中国现代思想史上中国马克思主义派、自由主义西化派、文化保守主义派"三大思潮"既对立又互动的格局,这一研究框架得到海内外学界公认。90年代以来,他反思中国当代文化保守主义思潮,对以"复兴儒学"为旗帜的

"大陆新儒家"进行了学术概括,并从马克思主义的立场对其展开学理批判。他较早提出了马克思主义哲学与中国革命建设具体实践、中国哲学文化优良传统之间的"两个相结合",总结了 20 世纪马克思主义哲学中国化的学术成就,并自觉承续这一学术传统予以创造性的推进。他提出了"马魂中体西用"论,对中国当代文化的发展方向展开前瞻性思考,将马克思主义"综合创新"文化观推进到一个新阶段。此外,他还关注、支持和倡导湘学研究、中医哲学研究、船山哲学研究、张申府张岱年思想研究、冯契思想研究等多个学术领域,多有前瞻性、指导性的研究成果问世。

方克立先生一生笔耕不辍、著述等身,出版有《中国哲学史上的知行观》《现代新儒学与中国现代化》《中国社会科学院学术委员文库·方克立文集》《中国文化的综合创新之路》《方克立序跋集》《新世纪的文化思考》等专著,主编有"现代新儒学研究丛书""20 世纪中国哲学与文化研究丛书""20 世纪中国学术论辩书系·哲学卷"等丛书,《从孔夫子到孙中山——中国哲学小史》《二十世纪中国哲学》《湘学史》《走向二十一世纪的中国文化》等十余部著作和会议论文集,《中国哲学大辞典》《中国哲学史论文索引》等工具书,以及《中国哲学名著选读》《中国文化概论》《中国哲学与辩证唯物主义》《中国哲学史》等多部国家级教材。

二、主要学术贡献

方克立先生在中国哲学史、中国现代思想文化史、马克思主义哲学中国化等多个领域做出了原创性的贡献。这里限于篇幅,仅举其荦荦大端,归纳为以下六个方面予以概述。①

1. 中国哲学史研究方法论的自觉

20 世纪 60 年代初期,大陆的中国哲学史研究者已经自觉地用马克

---

① 这部分内容的写作参考曹娟:《方克立教授学术思想述要》,《高校理论战线》2003 年第 5 期;林存光:《一个中国马克思主义者的儒学观与文化主张——方克立先生学术思想述评》,《海岱学刊》2015 年第 2 期;张允熠:《广大之处有精微 中庸道里见高明——方克立学术思想研究》,《学术界》2021 年第 8 期。

思主义立场、方法来分析古代哲学文本,《周易》中的辩证法思想成为学界探讨的热点,前辈学者如冯友兰、任继愈、沈瓞民、李景春等人都发表了相关研究成果。但是,当时还是大学生的方克立先生敏锐地发现,以上学者的研究中都存在着一种"援传解经、经传不分"的倾向,即混淆《易经》与《易传》这两个相差七八百年的文本,在思想解释中忽视了两者的时代性差异。他用笔名"方蠡"撰写了《研究〈周易〉不能援〈传〉于〈经〉》一文,发表于1962年3月16日的《光明日报》上。文中指出:"我们在研究《周易》的哲学思想时,把《经》和《传》严格区分开来是十分必要的,只有把它们分别放在自己的时代中,分别解剖它们的哲学体系,才能认清《易经》和《易传》哲学的本来面目,为研究中国古代哲学发展的规律解开一个重要的纽结。"①同年9月14日,李景春先生在《光明日报》上回应以《研究〈周易〉哲学应当以〈传〉解〈经〉》一文,对自己的立场予以辩护。这场讨论在表面上是《周易》经传的关系问题,而在更深层指向哲学史研究中的方法论的问题,就是今人在用现代语言去阐释古代哲学思想时,如何坚持历史主义的观点和方法,避免把古人现代化,警惕把马克思主义哲学的基本原理生硬地挂在古人名下。方蠡在回应文章中指出,李景春的研究方法和结论都不科学,"引导人们不去进行实事求是的科学研究,而是满足于把马克思主义的现成公式、概念、范畴,简单地比附在古代哲学上面"。这种做法至少造成两种严重的后果:"第一,歪曲和破坏了古代哲学的历史面貌,为探索古代哲学发展的规律性造成很大的困难。""第二,把马克思主义哲学的基本原理挂在古人名下,把它们说成是'古已有之',这就根本抹杀了马克思主义哲学的产生在哲学上所发生的革命变革的意义。"②

---

① 方蠡:《研究〈周易〉不能援〈传〉于〈经〉》,原载《光明日报》1962年3月16日;收入《中国社会科学院学术委员文库·方先生文集》,上海辞书出版社2005年版,第7页;收入《方克立论著集》第二卷,中国社会科学出版社2022年版,第8页。
② 方蠡:《坚持哲学史中的严格的历史性》,原载《哲学研究》1963年第3期;收入《中国社会科学院学术委员文库·方先生文集》,第13—14页;收入《方克立论著集》第二卷,第16页。

　　这场讨论引起了学术界的关注,《哲学研究》1963 年第 1 期发表了东方明题为《哲学史工作中的一种极其有害的方法》的"学术评论",批评李景春在《周易》研究中的错误做法。该刊从 1963 年第 2 期开始特设"关于研究《周易》的方法论的讨论"专栏,陆续发表了李景春、冯友兰、任继愈、阎长贵等学者的讨论文章。方蠡在第 3 期发表《坚持哲学史中的严格的历史性》一文,举出 15 条资料证据,说明在李景春的《周易哲学及其辩证法因素》一书中确实存在着把古代思想现代化、把马克思主义的基本原理挂在古人名下的倾向,并就这个问题从哲学史方法论的角度提出了四点原则性的意见:"第一,在分析古代哲学思想时,应该从直接占有的可靠材料出发,从古人的思想实际出发;不要把最初的萌芽的东西夸大成为完善的成熟的东西,把可能由之引申和推衍出来的结论和论断强加给古代思想。第二,在运用现代的哲学语言去解说古代哲学思想的时候,应该力求全面准确,不要随便把古代的哲学范畴'意译'为不恰当的现代语言,把现代哲学命题任意附会在古代哲学思想上面。第三,研究古代哲学思想,切切忌讳的是望文生义、无中生有的方法。这种方法会为所谓'抽象继承法'大开方便之门,而其直接后果是歪曲历史的本来面貌(伪造历史),糟蹋祖国的哲学遗产。第四,用马克思主义的历史主义原则来评价古代哲学家,既不随便非难古人没有提供出他们所不可能提供的思想,也不盲目颂扬古人,把古人所不可能提供的思想硬挂在他们的名下。"[1]这场讨论以李景春在《哲学研究》1963 年第 5 期发表《怎样解决本质的分歧》一文而告终,但相关问题的讨论依然继续。

　　前述《哲学研究》开设的"关于《周易》研究的方法论的讨论"专栏,进一步扩大为"哲学史方法论的讨论"专栏。方先生在该刊 1963 年第 4 期又发表《关于孔子"仁"的研究中的一个方法论问题——与冯友兰先生商榷》一文。他反对冯友兰先生把孔子的"仁"抽象化,从超阶级性的"普遍

----

① 方蠡:《坚持哲学史中的严格的历史性》,原载《哲学研究》1963 年第 3 期;收入《中国社会科学院学术委员文库·方先生文集》,第 23—24 页;收入《方克立论著集》第二卷,第 26—27 页。

性形式"来肯定"仁"的进步性的观点,指出孔子的"仁"是一个具体的历史的概念,必然有其时代的内容并反映一定阶级的利益。[①] 冯友兰先生在该刊 1963 年第 5 期回应以《方克立同志和我的分歧》一文。方先生又在该刊 1963 年第 6 期、1964 年第 1 期先后发表了《实质的分歧是什么?——答冯友兰先生》和《无产阶级思想也具有普遍性形式吗?》两篇文章,就上述问题继续进行讨论。方先生进一步从马克思恩格斯的原本论述出发,批评冯先生在 1957 年提出来的"抽象继承法"不是科学的马克思主义的哲学史研究方法。

今日回观六十年前的这场争论,论辩双方的方法、观点和论据等不免带有深刻的时代烙印。但不可否认的是,这场论争始终限制在学术讨论的范围内,而没有扩大为政治批判和人身攻击,在那个时代难能可贵。这场论争所揭示出的中国哲学史研究的方法论问题,是一个具有学术价值的真问题,关于这一问题的思考和讨论,在其后的中国哲学学科发展历程中得以深化。当时初出茅庐的方先生,以扎实的学识、敏锐的眼光、犀利的文字,向世人展现出非凡的学术潜力。

2. 中国哲学范畴研究的开拓

60 年代在学术界崭露头角的方先生,受到政治运动的干扰,他的学术工作中断了十余年。80 年代初,他以中国哲学范畴研究开始重新活跃于学术界。

当时,张岱年、冯契、庞朴、萧萐父、汤一介、陈俊民等学者都在推动中国哲学范畴研究,形成一股颇有影响的"范畴热",方先生凭借对"知行观"的独立研究在客观上已身处于学界前沿。1981 年 10 月,在杭州召开的全国宋明理学讨论会上,他配合中国社会科学杂志社组织了一次关于中国哲学范畴研究的专题研讨会,他用笔名"岳华"写的会议纪要发表在该刊 1982 年第 1 期。同年 3 月,他的《中国哲学史上的知行观》一书由人

[①] 方克立:《关于孔子"仁"的研究中的一个方法论问题——与冯友兰先生商榷》,原载《哲学研究》1963 年第 4 期;收入《中国社会科学院学术委员文库·方克立文集》,第 41 页;收入《方克立论著集》第二卷,第 43 页。

民出版社出版,该书是改革开放以来国内出版的第一本中国哲学范畴研究专著。接着他又在《人民日报》《中国社会科学》等报刊上陆续发表了《开展中国哲学史范畴的研究》《中国哲学范畴研究的现实意义》《论中国哲学中的体用范畴》《中国哲学范畴研究的鸿篇巨制——唐君毅〈中国哲学原论〉评介》等文章。他主编的《中国哲学大辞典》也以范畴词条数量众多、内容翔实为一大特点。1982 年方先生在南开大学首先招收培养了一批"中国哲学范畴研究"方向的研究生。次年 11 月,方先生与汤一介、陈俊民等学者共同发起,在西安召开了全国第一次中国哲学范畴讨论会,他带着五名研究生出席会议并且都发表了论文①,南开大学哲学系也成为开展中国哲学范畴研究的重镇之一。

方先生在中国哲学范畴研究方面的主要学术贡献表现在以下四方面。

(1) 阐明了开展中国哲学范畴研究的意义和指导思想

方先生指出,80 年代初的"范畴热",是中国哲学史研究思想解放的内在要求,起因于一些哲学史工作者不满足于过去那种"列传体""四大块""两军对战"的简单化的哲学史研究模式,力图探索一条通过哲学范畴史的研究,来揭示人类认识发展的一般进程、各民族理论思维的特点和诸哲学系统的深层逻辑结构的新路。这一研究的终极目的不仅是哲学的繁荣和哲学史学科的科学化建设,而且也是为提高全民族的思想素质、促进思维方式的现代化服务。② 方先生强调,开展中国哲学范畴研究必须以马克思主义为指导,马克思主义经典作家指明了哲学史是通过范畴的演进表现出来的"整个认识的历史",主张科学地研究哲学史,就要梳理哲学史上范畴的形成和发展演变、范畴之间的联系和转化,并揭示它们的逻辑关系。同时,对中国传统哲学范畴进行真正科学的研究,不

---

① 本次会议的论文编为《中国哲学范畴集》,人民出版社 1985 年 8 月出版。
② 方克立:《中国哲学范畴研究的鸿篇巨制——唐君毅〈中国哲学原论〉评介》,原载《中国哲学史研究》1989 年第 3 期;收入《现代新儒学与中国现代化》,天津人民出版社 1997 年版,第 328 页;收入《方克立论著集》第三卷,第 249 页。

仅可以丰富马克思主义哲学(辩证逻辑)的内容,而且可以为马克思主义哲学的中国化探索道路。毛泽东对"知行""矛盾""事物""实事求是"等中国传统哲学范畴、命题的批判继承和改造,就给我们提供了用适当的民族形式来宣传和发展马克思主义哲学的榜样。用中华民族理论思维发展的规律和经验教训,丰富和发展马克思主义哲学,是中国哲学史工作者的责任。①

(2) 揭示了中国哲学范畴研究的方法论原则

方先生指出,在中国哲学史研究工作中,对照和学习、借鉴西方哲学史是很必要的,开展中西哲学概念、范畴的比较研究也是一件极有意义的工作。一方面,东西方哲学提出的问题有共同性,使用的概念、范畴也有许多本质上相同或相似之处。另一方面,中国哲学和西方哲学在语言表达形式上又有很大的差异,由于历史传统和哲学思想发展的具体道路不同,两者所包括的内容和涵义也不可能完全相同。因此,我们在研究中国传统哲学范畴的时候,就不宜拿西方哲学范畴去生搬硬套,而必须具体考察它们的本来涵义及其发展演变,找出和西方相类范畴的同与异。只有科学的比较研究才是认识中西哲学范畴的共性和个性的有效方法。②

(3) 系统研究了中国哲学史上的"知行"范畴

方先生在《中国哲学史上的知行观》一书中,以毛泽东在《实践论》中所阐明的"辩证唯物论的知行统一观"为指导,系统地清理了中国哲学史中的"知行"范畴,全面考察了中国历代哲学家关于知行难易、知行先后、知行轻重、知行分合等问题的辩论,特别对宋元明清时期发展到比较成熟阶段的各种具有典型形态的知行学说,作了细致的分析研究。这本书着重从认识论的角度,清理中国古代和近代的哲学家们在知识的来源、

---

① 参见方克立:《中国哲学范畴研究的现实意义》,原载《求索》1984 年第 2 期;收入《中国社会科学院学术委员文库·方克立文集》,第 81 页;收入《方克立论著集》第二卷,第 159 页。

② 方克立:《开展中国哲学史范畴的研究》,原载《人民日报》1982 年 9 月 3 日;收入《中国社会科学院学术委员文库·方克立文集》,第 76 页;收入《方克立论著集》第二卷,第 154 页。

求知的方法和途径、真理的标准等问题上的各种观点和理论，展现出传统哲学中的知行学说的丰富内容。方先生指出，《实践论》所阐明的"辩证唯物论的知行统一观"，就其回答的问题来说，和传统哲学有着十分密切的联系，它是深深地植根于我国传统哲学的土壤中的。[1]

方先生在研究中意识到，从孔子开始，中国哲学史上的知行问题，既有其一般认识论的意义，又有其特殊的伦理学的意义。在中国古代哲人看来，"求知"和"为圣"是统一的，求知方法往往也是道德修养的方法。因此他强调在研究古代知行观时要分清以上两重意义，认识两者的区别和联系，不要把古人讲的"知和行"同现代人讲的"认识和实践"简单地画等号，也不要以为古人是讲道德上的知和行，就否定它有一般认识论的意义。[2] 抹煞知行范畴的认识论意义，势必贬低中国传统哲学的价值及其在世界哲学史中的重要地位。

（4）具体考察了中国哲学的"体用"和"道器"范畴

在具体的范畴研究中，方先生于 1984 年发表了《论中国哲学中的体用范畴》一文，全面考察了中国哲学史上的"体用"范畴的由来、涵义以及体用观上的哲学斗争，指出体用范畴的主要涵义有二：一是本体（实体）与其作用、功能、属性的关系，二是本体（本质）与现象的关系。他对这两种涵义的区别和联系作了详细的辨析，以同一个哲学家（如王夫之）有时讲"器体道用"，有时又讲"道体器用"为例说明区分清楚两种涵义是正确把握中国古代体用思维模式的关键。通过细致的梳理，方先生得出结论：体用范畴是中国哲学发展的产物，从"体""用"二字的出现，到形成一对有确定涵义的哲学范畴，有一个历史发展的过程；体用范畴产生和发展的根源在于社会实践；体用范畴鲜明地表现了中华民族理论思维方式

---

[1] 方克立：《中国哲学史上的知行观》重印前言，人民出版社 1982 年版，第 5 页；收入《方克立论著集》第一卷，第 5 页。
[2] 参见方克立：《中国哲学史上的知行观》，第 23 页；收入《方克立论著集》第一卷，第 23—24 页。

的特点;有体有用、体用统一是对客观世界的某种真实关系的反映。① 另外,在此前写作的《王船山道器论浅析》一文中,方先生从"规律和事物""本体和现象""一般和个别"三层含义上,结合翔实的文献阐析了王夫之哲学中"道器"范畴的主要内容和理论成就,指出它是一个内容十分丰富、思想深刻精湛的完整的唯物主义本体论学说,是基于前辈唯物主义者反对唯心主义本体论的长期斗争,通过王夫之的创造性的理论活动而建立起来的。②

　　方克立先生在 80 年代初期所从事的中国哲学范畴研究,主动呼应并积极推动了当时中国哲学史学科研究范式的转换,在学界产生了深远的影响。先生关于"体用"范畴的研究,为他日后思考中国文化问题奠定了学术基础。在先生的学思历程中,"文化体用"问题一直是他长期关注的问题,对"体用"范畴两种涵义的深刻认识,也是他处理复杂文化问题的概念工具。

　　3. 现代新儒学研究的开展③

　　方克立先生是中国大陆现代新儒学研究的开启者和领导者。我们可以根据 1997 年 11 月专题论文集《现代新儒学与中国现代化》一书的出版为界,将他的现代新儒学研究划分为前后两个阶段:前期的主要工作是主持"现代新儒学思潮研究"重大课题,着意于引领课题组的立场方向,回应来自各方的批评意见,内容上以现代新儒家前三代人物为研究对象,以对这一思潮的宏观把握为研究重点;后期则聚焦于新兴的"大陆新儒学",重视其文化主张和政治诉求,自觉从马克思主义的立场对其展

---

① 方克立:《论中国哲学中的体用范畴》,原载《中国社会科学》1984 年第 5 期;收入《中国社会科学院学术委员文库·方克立文集》,第 108—109 页;收入《方克立论著集》第二卷,第 186—188 页。

② 方克立:《王船山道器论浅析》,删节稿原载《王船山学术思想讨论集》,湖南人民出版社 1985 年版;全文收入《中国社会科学院学术委员文库·方克立文集》,第 139—140 页;收入《方克立论著集》第二卷,第 433 页。

③ 这一部分的写作参考卢兴:《开拓新域引领方向——方克立先生与中国大陆的现代新儒学研究》,收入张允熠编:《方克立学术思想研讨选辑》,人民出版社 2022 年版,第 232—261 页。

开学理批评。这两个阶段是前后相继、内在统一的,如果说前一阶段是在"20世纪中国文化三大思潮之对立互动"的视域中开展的思想史研究,那么后一阶段就是依据马克思主义的"综合创新"文化观所进行的社会思潮批判。

(1) 现代新儒学研究的理论开拓

综合来看,方先生前期现代新儒学研究的主要学术创见体现在以下四个方面。[①]

① 清晰地界定了"现代新儒学"的概念

方先生关于"现代新儒学(家)"的界定经历了一个逐步完善的过程。早在1986年课题立项之前,他就对这一学派下过一个较为全面的定义[②],这个定义可以说是中国大陆首次对"现代新儒家"这一学派的思想意旨、主要特征、理论取向进行了学术概括,并将其从儒学发展史的角度与先秦儒学、宋明新儒学区分开来。尽管此前港台、海外学者做了类似工作,但往往受限于师承学统,在研究的系统性和客观性上有所不足。此后方先生对这个定义逐步完善,1987年、1991年写作的文章分别在此前的基础上有所增益。[③]

最为详尽的定义在1991年写作的《〈现代新儒学研究丛书〉主编的话》一文中:"所谓现代新儒学,是指'五四'以来,在强烈的民族文化危机意识的刺激下,一部分以承续中国文化之慧命自任的知识分子,力图恢复儒家传统的本体和主导地位,重建宋明理学的'伦理精神象征',并以此为基础来吸纳、融合、会通西学,建构起一种'继往开来''中体西用'式

[①] 曹娟在《以马克思主义为生命的学问——方克立教授学术思想述要》一文中,将方先生在现代新儒学研究方面的主要学术观点归纳为九个方面:(1)概念界定;(2)基本特征;(3)发展阶段;(4)两个路向;(5)得失评价;(6)理论困限;(7)关于"儒家资本主义";(8)意识形态特征;(9)研究态度。这篇文章的概括非常全面,本文仅择其中重要的内容加以阐发。

[②] 方克立:《要重视对现代新儒家的研究》,原载《天津社会科学》1986年第5期;收入《现代新儒学与中国现代化》,第4页;收入《方克立论著集》第三卷,第5页。

[③] 参见方克立先生1987年12月28日在中国现代哲学史首届全国学术讨论会上的发言《关于现代新儒家研究的几个问题》,原载《天津社会科学》1988年第4期;收入《现代新儒学与中国现代化》,第19页;收入《方克立论著集》第三卷,第16页。

的思想体系,以谋求中国文化和中国社会的现实出路。它主要是一种哲学和文化思潮,同时也包含着社会政治的内容。作为中国现代文化保守主义的主流派,70 年来已有三代人薪火相传,形成了自己的学脉和传统,至今仍有一定的势力和影响。在中国现当代思想史上(就包括港澳台在内的整个中国而言),现代新儒学可以说是与马克思主义、自由主义的西化派鼎立的三大思潮之一,很有必要对它进行深入的研究。"①这个定义有五方面的新意蕴:其一,将原定义的"本世纪 20 年代"改为"五四以来",突出了现代新儒学思潮的产生与"五四"新文化运动的关系,将其作为"五四"以来中国文化三大思潮之文化保守主义的主流派,从"三大思潮对立互动"的格局下来定位这一思潮。其二,突出了现代新儒家所具有的"民族文化危机意识"和"承续中国文化之慧命"的使命感,及其重建宋明理学之"伦理精神象征"②的致思取向。其三,指出现代新儒家所建构的思想体系在基本架构上是"返本开新""中体西用"式的。其四,指出现代新儒家作为一个学派有很强的生命力,已有明晰可辨的三代人前后传承薪火,形成了一个希尔斯所讲的"实质性传统"③。其五,指出现代新儒学思潮在哲学立场和文化主张之外,还具有社会政治的诉求,这实际上揭示了这一思潮的意识形态特征。

② 超越了师承、门户之见,从文化思潮的宏观视野来认定"现代新儒家"的代表人物

在 1986 年的会上发言中,方先生初步列举了现代新儒家的三代人物:第一代有梁漱溟、张君劢、冯友兰、贺麟、熊十力,第二代有唐君毅、牟宗三、徐复观、方东美,第三代有杜维明、刘述先。课题立项之后,课题组于 1987 年 9 月 9 日—12 日在安徽宣州召开了第一次小型学术研讨会暨

① 方克立、李锦全:《〈现代新儒学研究丛书〉主编的话》,原文写作于 1991 年 12 月 10 日;后收入《现代新儒学与中国现代化》,第 448 页;收入《方克立论著集》第六卷,第 63 页。
② "伦理精神象征"(ethicospiritual symbolism)是美籍华裔学者张灏的用语,见《新儒家与当代中国的思想危机》,林镇国译,收入周阳山等编《近代中国思想人物论:保守主义》,台北时报文化出版公司 1980 年版,第 370 页。
③ [美]爱德华·希尔斯:《论传统》,傅铿、吕乐译,上海人民出版社 1991 年版,第 21 页。

工作协调会,13 个单位的 17 位代表参加了会议。在会上,代表们关于现代新儒家的代表人物展开了热烈讨论,最终意见趋于一致,认定梁漱溟、张君劢、熊十力、冯友兰、贺麟、钱穆、方东美、唐君毅、牟宗三、徐复观 10 人为这一思潮的主要代表人物。[①] 其后,课题组又增加了马一浮以及第三代新儒家杜维明、刘述先、成中英、余英时等人作为研究对象,成为学界最广义的现代新儒家 15 人名单。

　　关于这个名单,大陆老一辈学者一开始表达了不同意见,如张岱年先生不赞成将梁漱溟、熊十力、冯友兰和贺麟先生说成是"新儒家",涂又光先生则对"现代新儒家"的概念提出了四条批评意见,并且反对将乃师冯友兰先生归入此派。面对以上质疑的声音,方先生坚持己见,并对自己的学术观点进一步阐明:"大陆学者主要是把现代新儒学当作一个思潮和学派来研究,把它放在现代中国社会和思想文化发展的总的联系和关系中,来考察它的实质、社会作用和发展趋势。我们是采取广义理解的'现代新儒学'和'现代新儒家'概念,即超越了现代新儒家学者的师承、门户之见,把在现代条件下重新肯定儒家的价值系统,力图恢复儒学传统的本体或主导地位,并以此为基础来吸纳、融合、会通西学,以谋求中国社会和中国文化的现实出路的那些学者,都看作是现代的新儒家。这一点和港台、海外的新儒学研究有很大的不同。"[②]关于冯友兰的评价,方先生先后写作两篇文章予以专论,先生指出:"冯先生在写'贞元六书'的时候,确有继承儒家道统的意思,因而成为现代新儒家的一个重要代表人物。晚年写作《中国哲学史新编》时,他明确说已经没有这个意思了。"[③]"大陆学者是从学术史的角度,认为冯友兰在抗战时期创立'新理

[①] 参见李宗桂:《"现代新儒家思潮研究"的由来和宣州会议的争鸣》,载《现代新儒学研究论集(一)》,中国社会科学出版社 1989 年版,第 335 页。

[②] 方克立:《现代新儒学研究在中国》,原载《中国哲学的继承与创新——石峻教授 80 华诞纪念论文集》,中国人民大学出版社 1997 年版;收入《现代新儒学与中国现代化》,第 257—258 页;收入《方克立论著集》第三卷,第 198—199 页。

[③] 方克立:《冯友兰与中国哲学现代化》,原载《中国文化研究》1994 年夏之卷;收入《现代新儒学与中国现代化》,第 324 页;收入《方克立论著集》第三卷,第 276 页。

学'哲学体系,既然是一客观存在的思想史实,并且已经发生影响,就应该客观地衡定它在中国现代新儒学思潮发展史上的地位;冯先生解放后转变学术立场是另一回事。"①先生以学术史的客观事实立论,将新中国成立前冯友兰的"新理学"体系作为现代新儒学发展的重要代表,这说明先生遴选"现代新儒学"思潮的代表人物,是对"学"不对"人"的,因此经得起时间的检验。

随着课题组研究的深入,一些前辈学者改变了原来的看法。张岱年先生在看到课题组相关成果之后说:"我现在认为,'五四'以后确实形成了一个新儒家学派,这个学派的形成和发展有一个过程。"②"在现在看来,儒学的第三期发展不仅可能,已成为历史事实了。30年代以至80年代,确有一批学者可以称为现代新儒家。"③这说明,课题组的研究成果促使大陆学界重视且正视现代新儒学思潮的存在。

③ 全面总结了现代新儒学的基本特征,客观地评价其理论得失

方先生在1987年将现代新儒学的基本特征归纳为五个方面。④1988年,他从"儒家性""新儒家性"和"现代性"三个方面更为简练地概括了这一思潮的基本特征:"第一,它是现代中国的'儒家',就必然具有尊孔崇儒,以儒家学说为中国文化的正统和主干,以继承儒家'道统'、弘扬儒家学术为己任等儒家的一般共同特征;第二,它是现代中国的'新儒家',即主要是继承和发扬了宋明理学的精神,以儒家心性之学为其所要接引的'源头活水',强调以'内圣'驭'外王',表现出明显的泛道德主义的倾向;第三,它具有区别于先秦儒家和宋明新儒家的'现代'特征,这就是'援西学入儒',一方面认同传统儒学,一方面适应现代新潮,走融合中

---

① 方克立:《全面评价冯友兰》,原载《哲学研究》1997年第12期;收入《中国社会科学院学术委员文库·方克立文集》,第384页;收入《方克立论著集》第三卷,第314页。

② 张岱年:《关于新儒学研究的信》,《哲学研究》1990年第6期。

③ 张岱年:《现代新儒家思想的展示——评介〈当代新儒学八大家集〉》,写于1994年10月23日。收入《张岱年全集》第八卷,河北人民出版社1996年版,第435页。

④ 方克立:《关于现代新儒家研究的几个问题》,收入《现代新儒学与中国现代化》,第19—22页;收入《方克立论著集》第三卷,第16—18页。

西、'返本开新'的特殊道路。"①

在同一篇文章中,方先生还指出,从文化心态和思维取向的角度来审视,现代新儒家的思想性格突出地表现在以下几个方面:(1)民族本位的文化立场;(2)中体西用的基本态度;(3)道德形上的哲学追求;(4)推重直觉的思维方式。② 以上对现代新儒学四方面文化心态的揭示,也内在包含着评价和批判的立场。在1988年新加坡的学术会议上,先生指出,现代新儒家如果不能克服"中体西用"的态度和泛道德主义的倾向,其作用和影响就会受到极大的限制。③

同时,方先生对现代新儒家的思想贡献也做了积极的肯定。他高度评价了现代新儒家为解决传统和现代化的关系问题,特别是在传统哲学现代化与西方哲学中国化方面所做的探索和贡献,认为"在现代中国的各种思想潮流中,除了马克思主义,比较具有继往开来意义、在理论上有一定创造性、影响较大而且生命力较长久的,唯有现代新儒家。这是一个很值得研究的现象,其原因恐怕在于它比西化派和顽固守旧派都更好地解决了传统和现代的关系问题"。④ 他进一步指出,现代新儒家"其根本精神不在于复古,而是企图以此畅通民族文化生命的本源大流,使之不至于割断和失坠,保存中华民族文化的主体性"。"就对民族文化传统有强烈的自我意识,对发扬民族精神、复兴中华文明有高度的责任感,坚决反对宣扬民族虚无主义、文化投降主义的'全盘西化'论这一点来说,现代新儒家的功绩是不可抹煞的。"⑤"他们对如何承继和创造性地转化

---

① 方克立:《现代新儒学的产生、发展及其基本特征》,原载《实事求是》1998年第6期;收入《现代新儒学与中国现代化》,第41—42页;收入《方克立论著集》第三卷,第34页。

② 参见方克立:《现代新儒学的产生、发展及其基本特征》,收入《现代新儒学与中国现代化》,第42—45页;收入《方克立论著集》第三卷,第34—37页。

③ 方克立:《略论现代新儒家之得失》,收入《现代新儒学与中国现代化》,第53页;收入《方克立论著集》第三卷,第43页。

④ 方克立:《关于现代新儒家研究的几个问题》,收入《现代新儒学与中国现代化》,第25页;收入《方克立论著集》第三卷,第21页。

⑤ 方克立:《现代新儒学与中国现代化》,原载《南开学报》1989年第4期;收入论文集《现代新儒学与中国现代化》,第71—72页;收入《方克立论著集》第三卷,第56页。

儒家传统,如何引介西方近代的科学与民主,如何建设有浓厚的中国特色的现代文化,都作了一些有益的探索,提出了一些值得重视的意见。例如,现代新儒家强调传统道德文明、人文价值的弘扬和重建,对于克服片面发展工具理性、唯科学主义盛行所造成的人生意义的失落和危机,自有补偏救弊之功。"[1]

④ 阐明了课题组研究现代新儒学的立场、视角和方法

首先,课题组的研究立场是鲜明的马克思主义的立场。

作为课题组的负责人,他特别强调中国大陆开展现代新儒学研究必须坚持马克思主义的立场,他鲜明地指出:"在我们看来,要对现代新儒学这种思想文化现象做出正确的历史说明和进行科学的理论分析,离开马克思主义的历史唯物论和辩证唯物论是根本不可能的。"[2]1995 年 8 月在一次学术研讨会上,方先生面对着数十位海内外学者,在大会发言中恳切地说:"正如有些真诚的儒者是把儒学当作自己的'生命的学问'并且身体力行之一样,对于我和许多与我同辈的中国大陆学者来说,马克思主义也早已成为我们的'生命的学问',成为我们观察、处理问题的世界观和方法论,成为我们人生信仰的归趋和奉以行止的生活实践原则。"[3]

其次,研究视角是"三大思潮对立互动"的思想格局。

在现代新儒学研究中,方先生力图把现代新儒学思潮放在 20 世纪中国思想文化发展的总体格局中来考察,"三大思潮对立互动"说就是他在认识中国现代各派思想走向及其相互关系时提出的。在他看来,"研究现代新儒学不能离开这样一个总体的思想背景,不能离开中国现当代的其他思潮来孤立地进行研究,特别是在考察儒学的现代命运和未来前

---

① 关东:《现代新儒学研究的回顾与展望——访方克立教授》,原载《哲学研究》1990 年第 3 期;收入《现代新儒学与中国现代化》,第 583 页;收入《方克立论著集》第三卷,第 464 页。
② 方克立:《现代新儒学与中国现代化》自序,第 3 页;收入《方克立论著集》第六卷,第 99 页。
③ 转引自李翔海:《现代新儒学研究的回省与展望——写在〈现代新儒学与中国现代化〉出版之际》,《南开学报》1998 年第 5 期。

景时,不能不同时关涉着马克思主义在中国的传播和发展及其未来命运问题。"①

"三大思潮对立互动"的论断既是先生在从事现代新儒学研究过程中逐渐产生、发展、完善的理论框架,同时也是一种宽广的思想视野,以此来指导课题组的现代新儒学研究,将新儒学思潮置于 20 世纪思想史的宏观脉络中予以审视,从思想史的层面揭示其对于中国现代化的态度、贡献及问题。这种宏阔视野较之于单纯从事现代新儒学个案的专精研究更能显示出这一思想的理论实质和历史意义。

再次,研究方法是"同情地了解,客观地评价,批判地超越"。

方先生对课题组的研究始终强调两个原则:"一是要详细占有资料,准确理解原意,这是实事求是地进行科学研究的基础和前提;二是要运用马克思主义的立场、观点和方法,对现代新儒学进行一分为二的分析评论,既不盲目崇扬,也不抹煞它的贡献和历史地位。"②1992 年,方先生与台湾学者叶海烟交谈时,将大陆学者研究现代新儒学的心态概括为:"同情地了解,客观地评价,批判地超越。"先生对这三句话的具体内涵进行了解释。所谓"同情地了解"是指,大陆研究者在开始接触现代新儒家的著作时,对于他们坚持民族本位的文化立场和护持和承续中华文化慧命的热忱,产生共鸣和敬佩之情。现代新儒学被称为"生命的学问",强调时代的悲情和存在的感受,没有同情地理解的态度,没有很强的历史文化意识,是很难把握其思想义理之真髓的。正确的了解是科学的研究的起点,要做到"入乎其内",才能窥其堂奥。所谓"客观地评价"是指,我们把现代新儒学作为科学研究的对象。必须实事求是地、全面地去分析和评价它,而不能以主观感情的好恶为尺度,要做到"出乎其外",才能揭

---

① 方克立:《马克思主义与中国传统文化的关系问题》,原载《毛泽东思想研究》1993 年第 3 期;收入《现代新儒学与中国现代化》,第 501 页;本文原题为《〈中国马克思主义哲学七十年〉序》,收入《方克立论著集》第六卷,第 21 页。

② 方克立、李锦全:《〈现代新儒学研究丛书〉主编的话》,收入《现代新儒学与中国现代化》,第451 页;收入《方克立论著集》第六卷,第 65 页。

示其真正的学术意义。所谓"批判地超越"是指,在全面研究、系统了解的基础上,对现代新儒学理论之是非得失有了客观的合乎实际的结论,我们就应该站得更高些,要做到"超乎其上",才能克服新儒学理论的局限性,指出中国哲学和中国文化发展的正确方向。方先生指出,这三句话也可以说是我们认识和研究现代新儒学的三个阶段,所达到的三种境界或层次。三句话要联系起来作为一个整体,才能反映我们对待现代新儒学的基本态度,孤立强调某一句话则难免要出偏差。①

（2）对大陆新儒家的学术批评

在十多年的现代新儒学研究中,始终伴随着十分激烈的思想交锋和话语权争夺。方先生"一开始就意识到此一课题研究有着学术思想史和现实思想斗争两个方面的重要意义"②。作为课题组的负责人,他并不回避一些难免发生的思想论争,并将来自各方的批评意见视为积极因素,是对他所秉持的马克思主义立场的磨砺和考验。批评主要来自新儒家方面,同时也有个别来自"左"的方面的批评。港台新儒家的批评集中到一点,就是不满意大陆学者的现代新儒学研究强调要以马克思主义为指导。继而新兴的"大陆新儒家"也指责马克思主义是一种"先定原则"和"门户之见",把"大陆马列派"和"西方自由派"捆在一起来批评;个别标榜"理性分析"的大陆新儒家则以超意识形态的姿态,指责大陆马列派的现代新儒学研究仍然纠缠在"唯物唯心""姓社姓资"两个老问题上。为了回答来自各个方面的批评,方先生专门写了《现代新儒学研究的自我回省》《现代新儒学的意识形态特征》《评大陆新儒家推出的两本书》《评大陆新儒家"复兴儒学"的纲领》等文章,在论战中进一步阐明自己的观点,旗帜鲜明地坚持了马克思主义的学术立场。

20世纪90年代,在中国大陆出现了一股文化保守主义思潮,形形色

---

① 参见方克立:《现代新儒学研究的自我回省——敬答诸位批评者》,原载《南开学报》1993年第2期;收入《现代新儒学与中国现代化》,第207—209页;收入《方克立论著集》第三卷,第159—160页。
② 方克立:《现代新儒学与中国现代化》自序,第2页;收入《方克立论著集》第六卷,第99页。

色的"大陆新儒家"起了重要的推波助澜的作用。方先生不仅敏锐地看到了这一点,率先在报刊上发表《评第二次文化热的"话语转换"》《要注意研究 90 年代出现的文化保守主义思潮》等文章,用马克思主义观点对这种思想文化现象进行了全面的分析,详尽列举了这种文化保守主义思潮的主要表现:回归传统、反思和批判激进主义、过分偏袒和钟爱近现代文化保守主义、宣扬唯心主义历史观和世界观、批判现代化、主张以大众文化消解主流意识形态等。①

在一系列论战的文章中,方先生明确了自己与大陆新儒家的根本分歧"不在于要不要重视儒学,要不要研究儒学,要不要继承和弘扬儒家文化精华,而在于怎样认识儒学的本质,用什么标准来区分儒学中的精华和糟粕,在今日能否全面'复兴儒学',让它在未来中国文化和世界文化格局中居于正统或主导地位"。② 同时,方先生鲜明地亮出了马克思主义立场的儒学研究者的立场:"在儒学与新儒学研究中还坚持全面的、辩证的观点,既要讲儒学作为一种文化传统,它积淀着我们民族的智慧,蕴含着深厚的人文精神,是我们建设现代精神文明非常宝贵的、不可或缺的传统思想资源;另一方面,我们也不能回避儒学作为我国封建社会长期占统治地位的意识形态这个基本事实,要用正确的观点去说明它的功能和本质,它产生和消解的历史过程。"③他非常强调在儒学研究立场上坚持"继承"与"批判"两方面的统一,既对儒学在历史上的积极作用充分肯定,也直面其作为意识形态的历史局限性,在哲学的基本问题上要讲清辨明,不能出于研究者个人的情感好恶而避短就长。这就是先生所讲的

---

① 参见方克立:《要注意研究 90 年代出现的文化保守主义思潮》,原载《高校理论战线》1996 年 2 期;收入《现代新儒学与中国现代化》,第 524—534 页;收入《方克立论著集》第三卷,第 345—353 页。

② 方克立:《评大陆新儒家"复兴儒学"的纲领》,原载《晋阳学刊》1997 年第 4 期;收入《现代新儒学与中国现代化》,第 442 页;收入《方克立论著集》第三卷,第 388 页。

③ 方克立:《世纪之交儒学研究的若干观察与感受》,原载张世保编《大陆新儒学评论》,线装书局 2007 年版;收入《中国文化的综合创新之路》,中国社会科学出版社 2012 年版,第 414 页;收入《方克立论著集》第三卷,第 396—397 页。

"客观地评价"的要义,也是他一生奉行不移的学术立场。

　　进入 21 世纪以来,大陆的文化保守主义思潮进一步抬头,2004 年(甲申)被称为"文化保守主义年",思想文化界发生了一系列事件,其中最具象征意义的是 7 月大陆新儒家代表人物在贵阳"阳明精舍会讲"中集体亮相。次年 9 月,方先生在给第七届当代新儒学国际学术会议组委会的信中指出,以"阳明精舍会讲"为标志,大陆新儒学已进入了大陆新生代新儒家唱主角的阶段,他将其称为"现代新儒学运动的第四个阶段"或者说"第四代新儒家(即大陆新生代新儒家)"。[①] 同时,先生还比较了大陆新儒学与港台新儒学,揭示了前者的两个新动向:其一是从"心性儒学"走向"政治儒学",其二是从"复兴儒学"走向"复兴儒教"。二者都表现为从精神学理层面向实践操作层面、从个人修养领域向公共生活领域的大力推进,力图积极实现儒学转化政治、转化现实社会的功能。[②] 思想史的演进正合乎他所总结的那样,大陆新儒学最初作为一种文化思潮登上台面,但随着时代的发展,在内外诸方面因素的作用之下,其政治诉求更加明显。多年来,方先生对这股思潮的政治诉求保持着警惕性,不断撰文予以批判。2007 年,他在回答《马克思主义研究》记者的提问时,指明了大陆新儒学具有"崇儒反马"的意识形态新特征,即与中国大陆的主导意识形态马克思主义相对立。[③] 2013 年,方先生在一次讲课中,更为全面总结了大陆新儒学五个方面的特征:崇儒反马、以儒代马,复古更化、逆历史潮流而动,主张私有化经济,主张"文化民族主义",在哲学上

---

① 方克立:《甲申之年的文化反思——关于大陆新儒学问题的三封信》之二《致郭齐勇、吴根友》,本文原题为《关于当前文化问题的三封信》,载《中国社会科学院咨询委员会辑刊》第 2 辑[2005],社会科学文献出版社 2006 年版;收入《中国文化的综合创新之路》,第 433 页;收入《方克立论著集》第三卷,第 410 页。
② 方克立:《甲申之年的文化反思——关于大陆新儒学问题的三封信》之二《致郭齐勇、吴根友》,收入《中国文化的综合创新之路》,第 433 页;收入《方克立论著集》第三卷,第 411 页。
③ 方克立:《大陆新儒学的马克思主义分析》,原载《马克思主义研究》2007 年第 5 期;收入《中国文化的综合创新之路》,第 449 页;收入《方克立论著集》第三卷,第 492 页。

露骨地宣扬唯心史观。① 他特别强调,"崇儒反马是大陆新儒学的本质特征,那么,一些崇儒而不反马,至少是不公开反对主流意识形态的儒学研究者、儒学信从者,就不能把他们归到'大陆新儒学(家)'的阵营中去"。② 可见,在先生那里,"大陆新儒家"与"大陆新儒学"都是在批判的意义上使用的,是一个狭义的概念,主要着眼于这个学派的政治诉求和意识形态特征。

在更广泛的当代儒学研究界,除了"崇儒反马"的观点,还有主张"马儒结合"的一派,其中有一种观点抽象地谈论"马克思主义儒学化"和"儒学马克思主义化",认为二者是同一个过程。方先生认为这种观点并不可取,他指出:"马克思主义与儒学有相容相通之处,并不能否定二者还各有其本质的规定性,不能抹煞二者之间的本质区别和界线。马克思主义中国化不等于马克思主义儒学化,马克思主义要是儒学化了它就不是马克思主义了,就失去了其本真面目。同样,儒学也不可能马克思主义化。用马克思主义观点研究儒学是分析儒学,解构儒学,取其精华,古为今用,同时也要批判其中的封建主义糟粕。大概不能把这叫作儒学马克思主义化。"③方先生明确指出,马克思主义与儒学的关系是主导意识与支援意识的关系④,强调要从古今关系立论,从坚持先进文化的前进方向立论,强调立足现实,顺应历史发展规律,而又不割断历史,将有价值的历史资源转化为支援意识,古为今用。

在数十年的现代新儒学研究中,在与各派学者的思想交锋中,方克立先生形成了一套系统的马克思主义儒学研究方法论,其核心在于:同

① 参见方克立:《当代中国大陆新儒学思潮评析》,原载张世保、谢青松编:《大陆新儒学评论(2017卷)》,中国社会科学出版社2018年版;收入《新世纪的文化思考》,南开大学出版社2019年版,第255—263页;收入《方克立论著集》第三卷,第427—437页。
② 参见方克立:《当代中国大陆新儒学思潮评析》,收入《新世纪的文化思考》,第257页;收入《方克立论著集》第三卷,第429页。
③ 方克立:《关于马克思主义与儒学关系的三点看法》,原载《高校理论战线》2008年第11期,收入《中国文化的综合创新之路》,第473页;收入《方克立论著集》第四卷,第492页。
④ 方克立:《关于马克思主义与儒学关系的三点看法》,收入《中国文化的综合创新之路》,第471页;收入《方克立论著集》第四卷,第236页。

情地理解儒学的思想内涵,客观地评价儒学在历史上的积极意义及其消极影响,以"马魂中体西用"的新文化观对其进行批判地超越。

4. 现代中国文化思潮的厘定

在西方政治学界,学者往往以"激进主义""自由主义""保守主义"的三分法来划分19世纪以来的政治派别和意识形态,这种划分着眼于经验性的描述,而并非规范性的逻辑分类。西方学者艾恺、史华慈等人在研究中国近现代思想史时,将"保守主义"的概念移植到文化的意义上使用,以区别于政治上的守旧倾向。在80年代中国思想界的"文化热"中,各种思潮竟相登场,流派纷呈、观点各异,这就对理论工作者提出了不能回避的宏大问题:如何理解20世纪中国思想史的基本格局? 如何看待当下各种思潮之间的相互关系? 如何把握未来中国文化的发展方向? 方克立先生作为80年代视野开阔、思维敏锐的中年学者,基于独立的思考,对这些问题给出了自己的回答,这就是后来被海内外学界所公认的"三大思潮对立互动"说。

1988年8月,在新加坡召开的"儒学发展的问题及前景"学术讨论会上,方先生在大会发言中,首次把现代新儒家看成是足以与中国的马克思主义派、自由主义的西化派"鼎足为三"的一个重要思想派别。[1] 次年,方先生进一步完善了"三大思潮"的说法,并且注意到三者之间的复杂关系,他指出:"如果以走出中世纪、实现现代化为标志来界定近现代思想,那么在'五四'以来的中国思想史上,有三个派别均属于这一范畴,而且它们反映着当今世界发展潮流和国内阶级力量的对比,70年来虽互有消长但都有不衰的生命力,相互之间展开了错综复杂的思想斗争,有时也有局部的一致、联盟关系。这三派就是中国的马克思主义者、自由主义的西化派和现代新儒家。"[2]

---

[1] 方克立:《略论现代新儒家之得失》,收入《现代新儒学与中国现代化》,第46页;收入《方克立论著集》第三卷,第38页。

[2] 方克立:《现代新儒学与中国现代化》,收入论文集《现代新儒学与中国现代化》,第67页;收入《方克立论著集》第三卷,第53页。

　　细致分析不难发现，方先生提出的"三大思潮对立互动"说，与西方政治学意义上的"激进主义/自由主义/保守主义"的三分架构有本质的区别。其一，方先生特别强调三大思潮的区分是就文化立场而言的，与政治立场上"激进"或"保守"没有对应关系。他将"文化保守主义"同拒斥变革、固守现状的"社会政治保守主义"相区别，将前者界定为"指那种立足于传统文化，力图融会古今，也有选择地吸纳外来文化，以适应时代需要的思想倾向或思想派别。他们在政治上可以很进步、很革命，甚至十分激进，但是对待民族文化传统却很谨慎、很保守，温情脉脉，谨守先业，唯恐'弃我故常'"。① 其二，方先生并没有沿袭海外学者使用的"文化激进主义"和"文化自由主义"的概念，而是代之以更为符合中国现代思想史实际的概念。海外学者在研究中国问题时经常用"激进主义"来指称社会主义、马克思主义派别，其中往往包含了贬义，甚至将中国社会政治的种种问题归咎于近代思想史不断激进化的结果。② 方先生不赞成将中国的马克思主义派简单归为"激进主义"，尤其是在文化观上，"五四"时期，早期马克思主义派的陈独秀、李大钊与自由主义派的胡适、吴稚晖等人都激烈地批判传统文化，其都可以称为"文化激进主义"，但马克思主义派后来的发展，逐渐转变了对传统文化的单一批判立场，提出了"古为今用，洋为中用"的辩证态度，最终形成了"批判继承、综合创新"的新文化观。而在批判传统文化的激进性上，自由主义西化派走得更远、持续更久。有鉴于此，在讨论中国现代文化思潮和流派问题上，"中国马克思主义派"和"自由主义西化派"的概念更加具体、更加准确。其三，方先生将现代新儒家视为中国现代文化保守主义的主流派。中国现代文化保守主义的派别纷繁、人物众多，比如 20 世纪初以康有为、陈焕章为代表的"孔教派"，章太炎、刘师培为代表的"国粹派"，20 年代以杜亚泉为代

<hr />

① 方克立:《现代新儒学与中国现代化》，收入论文集《现代新儒学与中国现代化》，第 67 页；收入《方克立论著集》第三卷，第 53 页。
② 参见余英时:《中国近代思想史上的激进与保守》，收入氏著《现代儒学的回顾与展望》，生活·读书·新知三联书店 2004 年版。

表的"东方文化派"，以吴宓、梅光迪为代表的"学衡派"，30 年代的"中国本位文化派"等等。但是方先生着眼于思想流派在中国文化史上的真实影响力，以此观之，传承时间最长亦最有创造力和生命力的，当属现代新儒家学派，正是在这个意义上，这一派别被视为中国现代文化保守主义的主流派。① 由此可见，方先生所归纳的"中国现代三大思潮"绝非"西方政治思潮三分法"的翻版，而是建基于对中国现代思想史的实际考察，每个概念的提出都经过深思熟虑，体现出具体性和适用性。

综合方先生多年来对"三大思潮对立互动"的论述，可以看到这一学说包含了以下三方面具体意蕴。

首先，该学说揭示了三大思潮所面对的共同问题是"中国现代化"，各自的主张都具有文化启蒙的性质。方先生颇为重视美国学者史华慈所说的三大思潮"在许多共同观念的同一架构里运作"②的观点。他进一步指出："三派思想从起源来说就有许多共同点：他们所思考和企图解决的大体上都是如何对待传统、如何引介西方、如何建设中国的新文化等问题；他们都带有强烈的民族主义情绪，救亡图存、振兴中华成为共同的压倒一切的中心主题；他们都向西方寻求真理，但又都想避免西方文明发展所暴露出来的种种矛盾和严重缺点；他们都希望中国走出中世纪，迈向现代化，在思想上都具有文化启蒙的性质和特点。不过三派所选择的具体道路和所表现的方式不同，它们在同一层面上所形成的紧张和冲突，事实上对推动上述问题的解决有非常积极的作用。"③

其次，该学说指出三大思潮之间在现代化道路的选择上存在着差异，这造成了三者之间的对立和斗争。方先生指出，马克思主义者坚持

---

① 参见方克立：《现代新儒学研究在中国》，收入《现代新儒学与中国现代化》，第 248 页；收入《方克立论著集》第三卷，第 191 页。

② ［美］史华慈：《论保守主义》，林镇国译，收入周阳山编《近代中国思想人物论——保守主义》，第 20 页。

③ 方克立：《展望儒学的未来前景必须正视的两个问题》，原载《天津社会科学》1991 年第 1 期，收入《现代新儒学与中国现代化》，第 187—188 页；收入《方克立论著集》第三卷，第 143—144 页。

社会主义现代化的方向和道路,并在实践探索中把"中国特色"放到了越来越重要的地位;自由主义者主张照搬照抄西方经验,走西方工业文明即西方资本主义发达国家曾经走过的老路;现代新儒家则批判了"现代化即等于西化"的口号,向往一条东方式工业文明即"儒家资本主义"的道路。① 方先生还撰文回顾了"五四"以来的中国现代思想史,从 20 年代的"问题与主义论战""科学与玄学论战""东西文化论战"、40 年代马克思主义对"新理学""新心学"的批评、50 年代大陆学界对胡适和梁漱溟的批判运动、60 年代台湾的西化派与传统派论战,直到 80 年代的文化大讨论,近百年来发生过的一次次思想文化论战,基本上都是在中国的马克思主义派、自由主义的西化派和现代新儒家这三派之间展开的。方先生认为当下的文化思潮格局仍旧如此,"大陆、港台和海外的中国学界(特别是华裔思想界)越来越联系成为一个整体,三大思潮互相冲撞激荡,既有斗争又有联合,形成内外交织、色彩斑斓的思想斗争画面。从根本上说来,它们代表着当今世界上三种现代化模式的不同选择和冲突"。②

再次,该学说指出三大思潮之间的关系不仅有冲突和紧张的一面,也有互补和互动的一面,在论战中也互相影响、互相吸摄、互相渗透,甚至取得局部的一致和共识。1989 年 7 月,海外新儒家代表人物杜维明在一篇文章中提出:"中国未来的希望乃在于马列、西化和传统儒家三者健康的互动,三项资源形成良性循环。"③1990 年 6 月,另一位新儒家学者刘述先在香港《明报》的一篇文章也有类似提法。④ 1990 年 12 月,方先生在澳门儒学国际研讨会上发表《展望儒学的未来前景必须正视的两个问题》一文,其中肯定杜维明、刘述先等人的"互动"说是一种"从中国现代思想实际出发的很有识见的提法",较之于那些固执儒家"道统"观念、

① 方克立:《略论现代新儒家之得失》,收入《现代新儒学与中国现代化》,第 46 页;收入《方克立论著集》第三卷,第 38 页。
② 参见方克立:《现代新儒学与中国现代化》,收入论文集《现代新儒学与中国现代化》,第 68—69 页;收入《方克立论著集》第三卷,第 54—55 页。
③ 杜维明文刊于台湾《当代》杂志第 39 期,1989 年 7 月。
④ 刘述先文刊于香港《明报》1990 年 6 月 4 日。

排斥其他思想学说的"正统派新儒家",心态更加健康、开放。这是大陆学者对"互动"说的首次明确肯定,同时他也说明在三派怎样"互动"、何谓"良性循环"问题上与杜、刘的看法并不完全一致。①方先生强调三派思想经过交流会通,可能在一些问题上取得某些共识。举例而言,对待历史遗产的批判继承的方针,是马克思主义者20世纪30年代最先明确提出来的,而经过了半个多世纪的互动,到了80年代,无论是杜维明、刘述先等新儒家,还是林毓生、韦政通等自由主义者,以及傅伟勋等关心中国文化发展的学者,都在讲"批判地继承"和"创造地转化(发展)",把这当作不言而喻的真理。这就是在对待传统的问题上达成了某种共识,各派都不赞成彻底抛弃传统和无批判地固守传统两种极端态度,而是要分析、批判、选择、创造,使传统的资源重新具有活力。②

5. 马克思主义哲学中国化的推进

在三大思潮的格局中,方克立先生自觉认同于中国马克思主义派,始终坚定地站在马克思主义立场上,接续张岱年、冯契等思想家所开创的学术传统,并进一步推进马克思主义哲学的中国化事业。他曾明确表示:"关于马克思主义哲学中国化的问题,它与中国传统哲学和文化的关系问题,它在中国未来新文化中的地位问题,也一直是我近年来最感兴趣的课题之一。"③这种学术兴趣可以追溯到他大学时代关于中国哲学史研究方法的争论,一直延续到他晚年的文化思考,可谓贯穿一生的问题意识。在他看来,"马克思主义哲学的中国化"是百年来三大思潮互动、中西哲学会通所产生的最伟大成果④,构成了20世纪中国哲学的"主潮"

---

① 参见方克立:《展望儒学的未来前景必须正视的两个问题》,收入《现代新儒学与中国现代化》,第184页;收入《方克立论著集》第三卷,第141页。

② 参见方克立:《展望儒学的未来前景必须正视的两个问题》,收入《现代新儒学与中国现代化》,第188页;收入《方克立论著集》第三卷,第144页。

③ 方克立:《马克思主义与中国传统文化的关系问题》,收入《现代新儒学与中国现代化》,第501页;本文原题为《〈中国马克思主义哲学七十年〉序》,收入《方克立论著集》第六卷,第21页。

④ 方克立:《20世纪中国哲学的宏观审视》,收入《现代新儒学与中国现代化》,第543页;收入《方克立论著集》第四卷,第35页。

或"主旋律"①。

概言之,方克立先生关于马克思主义哲学中国化的理论贡献体现在以下三方面。

第一,方先生较早将马克思主义哲学中国化的内涵概括为"两个相结合"。早在 1987 年 12 月,他在中国现代哲学史首届全国学术讨论会上的发言中就提到:"马克思主义哲学也有一个中国化的问题,它要和中国革命与建设的具体实践相结合,也要和中国哲学优良传统相结合,在内容和形式上都成为真正是中国化的马克思主义。"②1993 年 8 月,他在国际中国哲学会第八届年会上的发言中进一步具体阐释了"两个结合"的提法:"马克思主义哲学之所以具有如此巨大的威力,不仅在于它的普遍真理性,更主要的在于它能够同中国革命和建设的具体实际相结合,同中国哲学和文化的优良传统相结合。几代中国马克思主义哲学家都十分注意在这两个'结合'上下功夫,努力推进马克思主义哲学的中国化,使之在中国生根、发芽、开花、结果,使之成为中国近现代哲学传统中的一个重要组成部分。20 世纪中国的马克思主义哲学运动,在两个'结合'上有许多宝贵的经验教训,是最值得认真总结、认真研究的一个课题。"③此后他多次提及"两个相结合"的说法,并强调这是马克思主义哲学中国化的必然途径。④ 1993 年 12 月,张岱年先生在一篇文章中也同样提到了"两个相结合":"在政治上,马克思主义必须与中国革命实际相

---

① 方克立:《张岱年与 20 世纪中国哲学》,原载《中国社会科学》2005 年第 2 期;收入《中国文化的综合创新之路》,第 211 页;收入《方克立论著集》第六卷,第 163 页。

② 方克立:《关于新儒学研究的几个问题》,原载《天津社会科学》1988 年第 4 期;收入《现代新儒学与中国现代化》,第 32 页;收入《方克立论著集》第三卷,第 26 页。

③ 方克立:《20 世纪中国哲学的宏观审视》,收入《现代新儒学与中国现代化》,第 543 页;收入《方克立论著集》第四卷,第 35 页。

④ 方克立:《张岱年在 20 世纪中国哲学史上应有之地位》,原载《中国社会科学院学术委员会辑刊》第一辑[2004],社会科学文献出版社 2005 年版;收入《中国文化的综合创新之路》,第 190 页;收入《方克立论著集》第四卷,第 143 页。

结合。在文化方面,马克思主义应与中国优秀传统相结合。"①张岱年先生的这种提法,从政治和文化两方面明确了马克思主义哲学中国化的内涵,是对方克立先生 80 年代"两个相结合"的提法的呼应。在这个意义上,"两个相结合"可以看作两位先生对于马克思主义哲学中国化的共识。

第二,方先生自觉以"马克思主义哲学与中国文化传统相结合"为终生职志。方先生积极推动马克思主义哲学中国化的进程,主要努力重心在第二个"相结合"。他在 2010 年的访谈中自述:"可以说,如何把马克思主义的革命和科学精神与中国哲学和文化精华相结合是我的终生职志。我写的东西都是在朝着这个方向努力,我也是这样教育自己的学生的。"②方先生作为一位教育战线的学者,主要致力于从文化层面发展马克思主义哲学;同时作为一位中国哲学史领域的专家,更为重视挖掘中国传统哲学中的思想精华,为马克思主义哲学在中国文化中培养根基。他通过研究指出,中国传统哲学在马克思主义哲学的形成过程中作出了重要的贡献,构成了马克思主义哲学形成的重要的思想资源。方先生非常赞同英国科学史家李约瑟提出的"辩证唯物主义渊源于中国"的观点,指出尽管古代先哲提出的"阴阳""五行""气一元论"等唯物主义思想和"生生不已""物生有两""相反相成"等辩证观念还带有明显的直观性、朴素性,但是这些思想由耶稣会士介绍到西欧并间接成为马克思主义的重要理论来源;经过马克思主义的科学改造之后,源于中国的辩证唯物主义又回到中国,并成为主流指导思想。在他看来,正是这种"渊承关系"使得马克思主义在传入中国后被普遍接受,并且转化为一种实践性的行动指南。③

---

① 张岱年:《论中国文化的新统》,写于 1993 年 12 月 14 日,原载《中国文化研究》1994 年第 2 期;收入《张岱年全集》第七卷,第 451 页。

② 方克立:《探索中、西、马三"学"的综合创新之道》,原载《马克思主义研究》2010 年 12 期;收入《中国文化的综合创新之路》,第 326 页;收入《方克立论著集》第四卷,第 498 页。

③ 参见方克立:《应该重视李约瑟的真知灼见》,原载《传统文化与现代化》1998 年第 1 期;收入《方克立文集》,第 455—460 页;收入《方克立论著集》第四卷,第 266—272 页。

第三,方先生全面总结了20世纪马克思主义哲学中国化的理论成就。他从政治和文化两个层面进行了总结,实际上对中国马克思主义哲学划分了"实践派"和"学院派"两大派别,并进一步总结各派的理论贡献:"回顾20世纪马克思主义中国化的历程,我形成了这样一个基本看法:马克思主义(科学社会主义)与中国革命、建设、改革实践相结合,产生了两个伟大的理论成果,一个是毛泽东的新民主主义论,一个是邓小平的中国特色社会主义理论。马克思主义哲学与中国哲学、文化传统相结合,产生了两个探索性的创新理论成果,一个是张岱年的'天人新论',一个是冯契的'智慧'学说。前者大纲初具,未能最后完成,后者则建立了一个较为完备的史论结合的哲学体系。"[1]"实践派"的代表主要是无产阶级革命家,而"学院派"的代表则是高校中的学者和思想家。前一方面,毛泽东同志的《实践论》和《矛盾论》是把马克思主义哲学和中国传统哲学相结合的成功典范;后一方面,张岱年先生在20世纪40年代建构的"天人新论"哲学体系,被认为是创建学术形态的马克思主义哲学的一次重要尝试,冯契先生在下半世纪完成的"智慧说三篇",是学术形态的马克思主义哲学新的理论体系建构,这两者都从学理层面对马克思主义哲学进行了拓展性研究和创新性发展,并在话语形式上表现出更多的中国特色和中国气派。

方先生本人的文化省思和哲学建构也是承续着中国马克思主义学院派的学术传统继续前行,继承张岱年、冯契等前辈学者的创造性工作,整合马、中、西三方思想资源,对马克思主义哲学中国化和中国文化的前途开展创造性的探索。

6. 中国文化发展道路的探索

方克立先生毕生的思考最终指向于一个根本问题,即"中国文化的当代建构和未来走向",他对这一问题沉思30余年,自觉继承和发展了

---

[1] 方克立:《冯契研究与冯契学派——兼论当代中国的学术学派》,原载《哲学分析》2014年第6期;收入《新世纪的文化思考》,第304页;收入《方克立论著集》第四卷,第386页。

张岱年先生的"综合创新"文化观,并进一步提出了"马魂中体西用"作为中国文化发展的历史归结和现实道路。可以说,"马魂中体西用"说是先生的晚年定论,是其一生学术思想的归结之处。

在学派归属上,方先生自觉认同于张申府、张岱年两先生所开创的"综合创新派"。20世纪30年代,张申府提出"孔子、列宁、罗素三流合一"①,张岱年提出"将唯物、理想、解析综合于一"②;40年代张岱年提出了"兼和"思想作为最高价值准则,将其概念的内涵界定为"兼赅众异而得其平衡""富有日新而一以贯之"③,为其"综合的创造"文化观奠定了哲学基础;80年代张岱年系统提出了"文化综合创新论",主张"在马克思列宁主义原则的指导下,以社会主义的价值观来综合中西文化之所长而创新中国文化"④。

方先生是张岱年先生"文化综合创新论"的坚定支持者和积极阐扬者,他自述30年来对"综合创新"文化观的理解与把握,可以分为两个阶段。⑤ 前一个阶段可以称之为"照着张岱年先生讲"。1990年,方先生将"综合创新论"作为中国马克思主义派的文化理论的代表观点,并用"古为今用,洋为中用,批判继承,综合创新"四句话⑥对其加以概括,指出这种文化观以马克思主义的全面的历史的观点,对古今中西问题做了科学的解决。此后,他大力弘扬和宣传这种文化主张,将其作为未来中国文化发展的正确方向和现实道路,在一次访谈中,他指出"综合创新"文化观是"20世纪文化讨论中,心态最健康、最有前瞻性,可以说是带有总结

① 张申府:《家常话》,《张申府文集》第3卷,河北人民出版社2005年版,第434页。
② 张岱年:《哲学上一个可能的综合》,《张岱年全集》第一卷,河北人民出版社1996年版,第262页。
③ 张岱年:《天人五论·品德论》,《张岱年全集》第三卷,第220页。
④ 张岱年:《综合、创新,建立社会主义新文化》,《张岱年全集》第六卷,第253—254页。
⑤ 参见方克立:《擎旗引领综合创新路——纪念张岱年先生〈综合,创新,建立社会主义新文化〉一文发表30周年》,原载《张申府张岱年研究集刊》第4辑,河北人民出版社2018年版;收入《新世纪的文化思考》,第350—351页;收入《方克立论著集》第四卷,第442—443页。
⑥ 关东:《现代新儒学研究的回顾与展望——访方克立教授》,收入《现代新儒学与中国现代化》,第585页;收入《方克立论著集》第三卷,第465—466页。

性的一种看法"①。后一个阶段可以称为"接着张岱年先生讲"。2006
年,方先生用"马学为魂,中学为体,西学为用,三流合一,综合创新"五句
话②对"综合创新"论予以发展,正式提出了"马魂中体西用"论,此后不断
充实完善,在学界产生了重大影响。

其实,方先生对文化的"体用"问题思考已久,相关文字有案可稽。
前文已及,早在 1982 年写作的《王船山道器论浅析》和 1984 年发表的
《论中国哲学中的体用范畴》中,方先生对"体用"范畴进行了系统的考
察,特别指出了王夫之的"道体器用"和"器体道用"代表了中国古代体用
范畴的两种涵义。他于 1987 年发表的《评"中体西用"和"西体中用"》专
门探讨文化的体用问题,指出"西体中用"论与"中体西用"论表面上针锋
相对,但在思维结构并无二致,二者都陷入了中西对立、体用二元的思维
模式。因此中国社会主义新文化建设的方针必须抛弃这种的僵固思维
模式,同时只能以马克思主义为指导思想,作为区分精华和糟粕的标准,
批判地继承民族文化遗产和吸取外来文化。③ 可以看到,本文在探讨文
化问题时表现出"讳言体用"的态度,自觉跳出"体用二元"的思维模式。
1988 年在《略论现代新儒家之得失》一文中,他专门论述了文化的民族主
体性问题,首次提出"接受主体"这个概念,指出"马克思主义作为一种外
来文化,要在中国生根发展,不能没有中国文化这个接受主体。在肯定
民族文化主体性这一点上,马克思主义和现代新儒家并没有根本的分
歧"。④ 1996 年发表的《评大陆新儒家推出的两本书》中,他尝试提出一
个新的看法:"如果说,体用范畴已为中国人所习用,一定要把中国社会

①《深化对"综合创新"文化观的研究——访方克立教授》,原载《哲学动态》2002 年第 4 期;收入
  《中国文化的综合创新之路》,第 170 页;收入《方克立论著集》第四卷,第 481 页。
② 方克立:《关于文化体用问题》,原载《社会科学战线》2006 年第 4 期;收入《中国文化的综合创新
  之路》,第 255 页;收入《方克立论著集》第四卷,第 202 页。
③ 方克立:《评"中体西用"和"西体中用"》,原载《哲学研究》1987 年第 9 期;收入《现代新儒学与
  中国现代化》,第 474、475 页;收入《方克立论著集》第四卷,第 11—12 页。
④ 方克立:《略论现代新儒家之得失》,收入《现代新儒学与中国现代化》,第 48 页;收入《方克立论
  著集》第三卷,第 39 页。

主义新文化建设方针套进一个体用模式的话,我认为首先应对'体'、'用'概念明确界定,从文化发展的源泉、动力和创造主体的角度来确立'体'的优先地位,那么或许可以说是'以中国社会主义现代化建设实践为体,而以古今中外的优秀文化为用'。"①在本文中,我们看到方先生讨论文化问题的态度已由之前的"讳言体用"转变为"慎言体用",强调在使用之前必须对传统体用概念作明确界定。此后,方先生进一步深化了相关思考,尤其是在读到了张岱年先生的《试谈文化的体用问题》《文化体用简析》两篇文章之后,增强了理论自信,正确地理解和运用"体用"模式来讨论文化问题。

2006 年 4 月 20 日方先生在给刘鄂培、朱汉民教授的会议贺信中,创造性地将张岱年先生的文化观概括为"马魂、中体、西用"论,并对其具体内涵给予了细致的阐释。同年在与陆信礼讨论的两封邮件中,他进一步阐发了这一新说的概念来源、文献根据、思想轨迹、核心关切等问题,并回应了学界的一些质疑之声。以上三封信集成为《关于文化的体用问题》一文公开发表,成为"马魂中体西用"论产生的原初文献。此后,方先生不断深化相关思考,在论文写作、会议发言、刊物访谈、著述序跋中逐步丰富和发展了这一学说,使之成为中国当代马克思主义文化理论中具有代表性的一派系统论说。

具体分析可见,方克立先生所提出的"马魂中体西用"论包含以下几方面理论要点。

第一,在精神意旨上,该学说以创造社会主义新文化为根本指向,全面衡定了中国当代社会三方文化资源,凸显了马克思主义的指导地位。

在提出这一学说之际,方先生就对其具体内涵进行了清晰地界定,他指出:"马学为魂"即以马克思主义和社会主义的思想体系为指导原则;"中学为体"即以有着数千年历史积淀的自强不息、变化日新、厚德载

---

① 方克立:《评大陆新儒家推出的两本书——〈理性与生命〉〔1〕、〔2〕》,原载《晋阳学刊》1996 年第 3 期;收入《现代新儒学与中国现代化》,第 408 页;收入《方克立论著集》第三卷,第 363 页。

物、有容乃大的中华民族文化为运作主体、生命主体、创造主体和接受主体;"西学为用"即以西方文化和其他民族文化中的一切积极成果、合理成分为学习、借鉴的对象。① 在 2017 年的一次访谈中,方先生对这一学说的基本理论内涵作了更为简洁的概括:"'马学为魂'是第一要义,'中学为体'是中心环节,'西学为用'体现了当代中国文化的全方位开放品格。"②

关于为什么要坚持以马克思主义为指导,方先生从学理上分两点予以论证:"一是马克思主义作为科学的世界观和方法论,对于我们认识世界和改造世界具有指导意义;二是坚持无产阶级只有解放全人类才能解放自己的价值立场,在价值观上就优于、高于一切传统的思想体系。马克思主义是我们时代的真理和良心,所以能够成为当代中国文化之'魂'。"③而"马学为魂"也正是中国马克思主义文化派的根本立场,是否承认这一点是本派学者区别于其他两派的根本标志,同时也是双方认识分歧和思想论争的焦点所在,甚至体现了"文化领导权"的争夺。在这个意义上,方先生特别强调"马魂"作为整个文化论说的第一要义。

第二,在思维模式上,该学说以"魂体用"三元模式取代了"体用"二元模式,在同一文化系统中更合理地安顿了马、中、西三"学"的地位。

方先生指出,由于中国古代"体用"范畴的多义性,在讨论文化问题时沿用者两个范畴往往会才造成"体用殊绝""牛体马用"的弊病,因此有必要对其加以改造和补充。他对比考察了近代以来的各种"X 体 X 用"的文化纲领,指出这些纲领都只处理了两种文化或两派学说的关系,而

---

① 参见方克立:《关于文化体用问题》,收入《中国文化的综合创新之路》,第 244 页;收入《方克立论著集》第四卷,第 192 页。

② 张小平、杨俊峰:《"马魂中体西用"与文化体用问题纵横谈——访中国社会科学院学部委员方克立教授》,原载《马克思主义研究》2017 年第 5 期;收入谢青松编《马魂中体西用——当代中国文化的理论自觉》,人民出版社 2019 年版,第 136 页。

③ 方克立:《"马魂、中体、西用"论的由来、涵义及理论意义》,原载谢青松编《马魂中体西用——当代中国文化的现实道路》,人民出版社 2015 年版;收入《新世纪的文化思考》,第 178 页;收入《方克立论著集》第四卷,第 277 页。

对于现代中国"三大思潮对立互动"的文化格局缺乏概括力,因此必须在"体""用"二元之外增加一元。这时,方先生借鉴了日本近代的"和魂洋才"论,引进与"体"同义的"魂"这个概念,强调在一个文化体系中,必须有一个精神指导原则,要发挥先进文化的引领作用。方先生强调,这里的"魂""体""用"三个概念都限定在"学"或文化的意义上使用,把马、中、西三学的关系看作是"魂""体""用"的关系,既是对传统的文化体用观的继承和坚持,又是对它的变通和发展。引进作为精神指导原则的"魂"这个概念,实际上取代了文化体用观中"体"的涵义("道体器用"之"体"),而用"体"("器体道用"之"体")这个概念来表现文化的民族主体性,这样既避免了"体"这个概念的含混性,也将文化体用观与关于民族主体性的论述结合起来。①

第三,在理论创造上,该学说区分了"主导性之体"与"主体性之体",揭示了马克思主义与中国文化之间的"魂体相依相需"的关系,鲜明地凸显了民族文化主体性地位。

方先生坦言,"马魂中体西用"论在提法上受到经济学家杨承训教授的启发②,但关于"中体"的理解不同于他所讲的"中国化马克思主义",是指"有着数千年历史传承的,经过近现代变革和转型的,走向未来、走向世界的活的中国文化生命整体"③。在思维模式上,方先生深受王夫之的"形而上者谓之道,形而下者谓之器,统之乎一形"④思路的影响,所讲的"魂""体""用"的关系对应于船山的"道""形""器"的关系,正如船山以"形"来统合"道"与"器",方先生以"中体"来统合"马魂"与"西用",使三

① 参见方克立:《关于文化体用问题》,收入《中国文化的综合创新之路》,第 247、246 页;收入《方克立论著集》第四卷,第 194 页。
② 杨承训最早使用了"马学为魂,中学为体,西学为用"的提法,并进一步解释所讲的"马学"是马克思主义,"中学"是中国化发展着的马克思主义,"西学"是西方经济学。参见氏著《中国经济学的发展方向》,《人民日报》2004 年 11 月 25 日第 9 版。
③ 方克立:《关于文化体用问题》,收入《中国文化的综合创新之路》,第 247 页;收入《方克立论著集》第四卷,第 195 页。
④ 王夫之:《周易外传》卷五,《船山全书》第一卷,岳麓书社 2011 年版,第 1029 页。

者成为一个有机的整体。① 由此可见"中体"在整个学说中"中心环节"的地位。

在文化体用观上,张岱年先生把马克思主义和中国文化都置于"体"的地位。对此方先生表示赞同,但同时强调两个"体"的含义并不相同,对此他在 2010 年的一次访谈中区分了"主导性之体"与"主体性之体":马克思主义是主导性之"体",而中国文化是主体性之"体",二者发挥的作用和功能不同。② 具体而言,中国文化的主体性体现在它既是中华文明生生不息的"生命主体"、中华民族盛德大业的"运作主体"、中国文化革故鼎新的"创造主体",同时又是消化吸收外来文化的有容乃大的"接受主体"。"四个主体"的讲法也是方先生的独得之见。他特别强调,这里所讲的作为四个主体的"中学",不是万古不变的精神指导原则,也不是某一阶段、某个流派、某种学说的特定文化形态,而是具有时空普遍性、价值包容性和历史连续性的"中国文化生命整体"。因此在"中学为体"这一命题的具体所指上,方先生的理解与文化保守主义的理解显示出本质的差别,正如林存光教授所指出的,"方先生的这种视野是持保守主义立场的'中体西用'论者所不可比拟的,他对民族文化主体性的论证也比现代新儒家要深刻得多和有现实说服力得多"。③

方先生指出,在"马魂、中体、西用"三者的关系中,最重要、最核心的,也最引人关注的是"马魂"与"中体"的关系,由于两者都是"体"的地位,所以不能把它们套进某一个固定不变的体用模式中,它们之间不是

---

① 参见方克立:《关于文化体用问题》,收入《中国文化的综合创新之路》,第 256 页;收入《方克立论著集》第四卷,第 203 页。
② 方克立:《探索中、西、马三"学"的综合创新之道》,收入《中国文化的综合创新之路》,第 327 页;收入《方克立论著集》第四卷,第 499 页。
③ 林存光:《一个中国马克思主义者的儒学观与文化主张——方克立先生学术思想述评》,《海岱学刊》2015 年第 2 期,齐鲁书社 2015 年版,第 130 页。

体用关系,而是一种相需关系①,是"相互依存、相辅相成、相得益彰的关系"②,他将这种关系概括为"魂体相依"。所以要促进马克思主义与中国民族文化相结合,就不能用"谁决定谁"、重体轻用的思维方式来简单化地处理二者的关系。③ 只有强"魂"健"体"才能充分发挥社会主义先进文化引领风尚、教育人民、服务社会、推动发展的作用。方先生后来把这个意思简练地概括为:"强魂健体、魂体相依方能成大用。"④

第四,在文化心态上,该学说秉承"兼和"的辩证法在多元中寻求统一,表现出对人类所创造的一切优秀思想文化成果的开放和包容。

方先生对张岱年先生所提出的"兼和"思想给予了高度评价,指出其在形式上是对中国传统"贵和""日新"思想的继承和发展,以典型的中国风格的民族语言表述出来,在实质上以对立统一为内在精神和价值标准,是唯物辩证法的中国化。⑤ 方先生将"兼和"作为价值指向和普遍方法,他本人自觉继承"兼和"的辩证法,并在文化讨论中创造性地加以运用。他在 2017 年的一次访谈中讲到:"中国马克思主义派怎样实现文化上的综合创新呢? 在我看来,其最本质的特征就是要按照'兼赅众异而得其平衡'的'兼和'的思路,把作为文化资源的中、西、马三'学'科学合理地整合起来,实质上是把马克思主义的指导思想地位、中国文化的主体地位和西方文化(外来文化)的'他山之石'地位三者有机结合起来,辩证统一起来,'坐集千古之智',创造具有博大气象又有中国特色的社会

---

① 方克立:《探索中、西、马三"学"的综合创新之道》,收入《中国文化的综合创新之路》,第 328 页;收入《方克立论著集》第四卷,第 500 页。

② 方克立:《中国共产党的文化自觉是中华民族之福》,原载《马克思主义研究》2011 年 12 期;收入《中国文化的综合创新之路》,第 356 页;收入《方克立论著集》第四卷,第 304 页。

③ 张小平、杨俊峰:《"马魂中体西用"与文化体用问题纵横谈》,收入谢青松编《马魂中体西用——当代中国文化的理论自觉》,第 137 页。

④ 方克立:《当代中国文化的"魂"、"体"、"用"关系》,原载《中国社会科学院研究生院学报》2012 年 1 期;收入《中国文化的综合创新之路》,第 381 页;收入《方克立论著集》第四卷,第 340 页。

⑤ 方克立:《学习张岱年先生的"兼和"思想与品格》,原载《北京日报》2009 年 6 月 15 日;收入《中国文化的综合创新之路》,第 298 页;收入《方克立论著集》第四卷,第 248 页。

主义新文化。"①

方先生指出，"西学为用"对于作为指导原则的"马魂"来说，它是"应事之方术"，即原则的具体应用；而对于作为接受主体的"中体"来说，它是为我所用的"他山之石"。"用"并不限于西方文化，而是指其他民族文化或外域文化中的一切对主体文化有学习、借鉴价值的东西。② 他常引用方以智的名言"坐集千古之智，折中其间"来形容"马魂中体西用"论对古今中外文化成果的全面开放态度，他把外来优秀文化比作可以攻玉的"他山之石"，强调坚持"以我为主、洋为中用"的原则，运用马克思主义的批判分析方法进行科学的取舍，博采众长为我所用。③ 他还论述了主导思想与开放心态之间相互促进的关系："马克思主义的一元主导地位越明确、越巩固，就越能以开放的胸襟吸收传统文化和外来文化的精华为我所用，综合创新，与时俱进。"④

综上所述，方克立先生晚年所提出的"马魂中体西用"论接续和深化了张岱年先生的"综合创新"文化观，面对百年来中国现代文化三大思潮对立互动格局，回应 21 世纪以来各派的观点和挑战，探索新时代中国文化发展的理论建构和现实道路。这一学说坚持了马克思主义的主导地位，改造了中国传统哲学"体用"范畴，挺立起中华民族文化主体性，展现出兼和多元、开放包容的气魄，代表了 21 世纪中国马克思主义文化理论的新境界。该学说同时作为当代中国主导学术范式，在哲学社会科学各个领域得以运用，展现出更为普遍的方法论意义。

---

① 张小平、杨俊峰：《"马魂中体西用"与文化体用问题纵横谈》，收入谢青松编《马魂中体西用——当代中国文化的理论自觉》，第 126 页。
② 参见方克立：《关于文化体用问题》，收入《中国文化的综合创新之路》，第 247—248 页；收入《方克立论著集》第四卷，第 195 页。
③ 参见方克立《铸马学之魂立中学之体明西学之用》，原载《理论与现代化》2017 年第 3 期；收入《新世纪的文化思考》，第 335 页；收入《方克立论著集》第四卷，第 430 页。
④ 方克立：《关于马克思主义与儒学关系的三点看法》，收入《中国文化的综合创新之路》，第 471 页；收入《方克立论著集》第四卷，第 236 页。

本文将方克立先生毕生的学问宗旨概括为"研古阐今求实、铸魂立体明用"。前半句是先生的研究领域和治学特色："研古"是讲中国古代哲学范畴的研究，"阐今"是讲现代新儒学研究和"三大思潮对立互动"说，"求实"是先生所奉行的"平实"的为人为学品格。后半句是讲先生的独得之见和晚年定论，即"马魂中体西用"论，先生在2016年的一次讲话的标题即为"铸马学之魂，立中学之体，明西学之用"。在中国当代学术史上，方克立先生作为矢志不渝的马克思主义理论捍卫者、覃思不倦的中国文化前途探索者、中立不倚的中华传统哲学研究者，为后世留下了丰厚的学术遗产，值得我们深入研习和领会。

三、立德授业育英才①

方克立先生不仅是一位思想深邃的学者，同时也是一位卓有成就的教育家、一位可亲可敬的师长。他自1962年毕业留校任教至2011年结束指导博士生，从事中国哲学和文化的教学育人工作近半个世纪。自1982年以来，方先生先后培养了硕士研究生15人、博士研究生41人，合作博士后2人，他们现在大多是所在高校的教学科研骨干。受业者中还有来自德国、日本、韩国的留学生和访问学者。

概括而言，方克立先生的教育思想和育人实践主要体现在以下四个方面。

1. "崇尚平实、不慕浮华"的为人治学品格

"平实"二字是方先生一生做人、做学问和写文章的经验总结，也是他指导学生的基本要求，同时这也是他身上所体现出的人格气象和学问境界。

方先生非常推崇著名史学家韩儒林先生所讲的"板凳要坐十年冷，文章不写半句空"的治学格言，强调要树立不畏艰难、刻苦攻读、勤于思

---

① 本部分的写作参考陆信礼：《方克立先生教育教学思想述要》，收入张允熠编：《方克立学术思想研讨选辑》。

考、实事求是、不发空论的优良学风。同时，他也引用郑板桥的《竹石》诗句"咬定青山不放松，立根原在破岩中，千磨万击还坚劲，任尔东西南北风"来强调学者人格的重要性。方先生认为，这种治学、为人的品格，卑之无甚高论，无非"平实"二字。这两个字是他从前辈的学风和文风中反复体贴出来的。他总结在学术上取得成就或许有天才的因素，但主要靠后天自身的勤奋努力，"从平实中能看到他们高尚的人格和深邃的思想，这可能是一条切近而致远的成才道路"。① 他解释说："做学问是一件很艰苦的事情，需要踏踏实实，进行创造性的劳动。书要一本一本地读，问题要一个一个地深入思考，文章要一句一句、一节一节地往下写，都是硬功夫，一点也偷懒偷巧不得。……俗话说'文如其人'，学风和文风可以体现一个人的做人风范。"他对学生讲道："我当然希望你们中间能够出天才，在学术上取得非凡的成就，但包括我在内的大多数人都不是什么'天才'，能做出一点成绩来主要靠勤奋。所以我还是讲一句老话：做人、做学问和写文章，能够做到'平实'二字就很不错了。平实不是平庸，它并不抹杀创造性，创造性的成果也要以平常之心实事求是地表现出来。"②

概言之，方先生所讲的"平实"有以下几层要义：其一是"学行一致"，强调学风、文风、人格三者相统一，反对重文轻德、才高行薄；其二是"存平常心"，正确看待先天才情在学术创新中的作用，反对恃才傲物、玩弄光景；其三是"勤奋努力"，脚踏实地下真功夫，反对弄虚作假、投机取巧。我们研读方先生的文字、亲身感受他的为人处世，特别能够体会"平实"二字在他身上绝不是一个抽象的概念和理论，而是真实生命的具体呈现。先生培养的第一届硕士生周可真在回忆文章中写道："南开的三年，

---

① 参见张天行：《方克立：为人治学崇平实》，载《学问有道——学部委员访谈录》（上），第 14 页；收入《方克立论著集》第五卷，第 411 页。

② 方克立：《与研究生谈读书、治学和做人》，载中国社会科学院老专家协会编《学问人生——中国社会科学院名家谈》（下），高等教育出版社 2007 年版，第 389—390 页；收入《方克立论著集》第五卷，第 411 页。

导师方克立先生的为人和治学风范,对我产生了深刻而久远的影响,使我懂得了为人与治学的一致性道理,并从他那里学到了'平实'二字,亦即:做人要平实,学问要平实,文章也要平实。'平'者,心平而不气盛;'实'者,实在而不虚妄。唯心平,方能物来顺应;唯实在,始能取信于人。'平实'二字,实在是我终身可以行之的要道。"①

2. "学行并重、德业双修"的修己育人原则

早在 1982 年,方先生在南开大学开始带硕士生时就提出了"学行并重、德业双修"作为根本的育人原则。② 他指出,这一原则鲜明地体现出中国传统哲学"成德之教""为己之学"的思想精髓,不仅是对青年学子的一般要求,而且对于中国哲学专业研究生而言有特别的意义,是其立身处世、读书治学的根本要求。他指出,这种重行的"学行统一"思想,无疑属于中国哲学中的优秀部分,历来对于造就那些具有"脊梁"品格的中国知识分子都起了重要的作用。他告诫新入校的博士生:"我们学习中国哲学,不仅要在道理上懂得它,而且要诚心服膺,化为自己的血脉,变成内在的德性,随时随地体现在自己的行动上,做一个言行一致、学行统一的人。这样人们才认为你是一个真懂中国哲学的学者。"③

20 世纪 90 年代中期以后,方先生进一步总结育人经验,更加强化了"德"与"行"的重要性,提出了"三分学问,七分做人"的讲法,于"学问"与"做人"两端之间强调重心明显地向后者倾斜。他指出:"做中国传统学问也要强调做人,不仅学问做得好,首先做人得做得好。中国哲学是'为己之学',而不仅仅是'口耳之学',要真正学到中国哲学的精华应该体验

---

① 周可真:《新起点》,载栾贵川主编《博士生谈自己》,黑龙江人民出版社 1998 年版,第 7 页。
② 张天行:《方克立:为人治学崇平实》,载《学问有道——学部委员访谈录》(上),第 13 页;收入《方克立论著集》第五卷,第 441 页。
③ 方克立:《与研究生谈读书、治学和做人》,载《学问人生》(下),第 387 页;收入《方克立论著集》第五卷,第 408 页。

到这一点。"①因此,向"做人"一端的倾斜符合中国哲学"德教为先""行有余力,则以学文"的重行精神,"在今天利益竞争十分激烈的时代,做人要有一个基本的准则,对青年适当加强'义以为上'、'天下己任'的君子人格教育是很有必要的"。②

3. "夯实基础、把握前沿"的人才培养方针

20 世纪 70 年代,南开大学哲学系中国哲学学科的力量非常薄弱。恢复学术自由的方先生首先面临专业课教学的任务。当时,系里抽调两位资深教师参与由武汉大学、中山大学等九校共同编写的中国哲学史教材,这样,本系的专业课教学任务就全落在还是助教的方先生一人身上。1978—1979 学年,他全身心投在教学上,连续授课 150 学时,给 76 级工农兵学员完整地讲授了一遍中国哲学通史。那时,他的夫人在人大读研究生,儿子正上南开附小,他得一面备课教学,同时还要照顾孩子的生活起居,日子过得非常清苦。改革开放后首次开中哲史课,没有现成的教材,方先生就只能自编讲义,边写边讲、边讲边写,每周都要写出一讲来,从先秦一直讲到孙中山,最后第 42 讲是总结"中国哲学的特色"。他在开这门课时,教研室新留校的年轻教师都全程听课、认真记录,校外也有不少人慕名而来,教室里座无虚席。1980 年 1 月 7 日,《南开大学报》专门刊登了他讲课的照片,还发表了题为《这样的教学,我们最欢迎》的表彰文章。③ 方先生在南开期间,先后给本科生讲授"中国哲学通史""中国哲学名著选读"课程,给研究生讲授"马克思主义哲学史观和方法论""中国哲学史史料学""中国哲学范畴研究""现代新儒学研究""20 世纪中国

---

① 该文为方先生接受中央电视台《东方之子》栏目组的采访(1997 年 5 月 28 日播出),载时间、张光途主编:《精神的田园——东方之子访谈录·文化学人卷》,华夏出版社 2000 年版,第 116—117 页;收入《方克立论著集》第五卷,第 441 页。

② 张天行:《方克立:为人治学崇平实》,载《学问有道——学部委员访谈录》(上),第 14 页;收入《方克立论著集》第五卷,第 441 页。

③ 参见林红、李卓整理:《三十八载勤耕耘,桃李芬芳满园春——访方克立教授》,原载南开大学哲学院院庆图册《难忘的岁月——纪念南开大学哲学系(院)重建五十周年(1962—2012)》,2012 年 10 月;收入《新世纪的文化思考》,第 389 页;收入《方克立论著集》第五卷,第 507 页。

文化思潮"等课程,①可以说都是吃功夫、费力气的专业主干课程,对此方先生在备课和讲课上都一丝不苟,给学生们留下了深刻印象。

　　方先生在课程教学和人才培养中特别重视对哲学原著的阅读。他指出,学习和研究中国哲学史,必须经过"粗知""入门"和"深研"三个阶段。在"入门"阶段,"只有接触原著,才能直接听到古代哲学家的心声,对他们的思想有一番真切的了解。不阅读原著是永远也不可能'入门'的。"②在"深研"阶段,研究者必须基本功扎实打好以下两个方面的基本功,并且善于把这两者结合起来:"一是要全面地详细地占有资料,学会并且熟练地运用搜集和鉴别、审查史料的方法,去伪存真,去粗取精,在大量真实可靠的资料的基础上,才有可能引出合乎实际的结论来;二是要有坚实的马克思主义理论根底,有正确的哲学史观,善于用马克思主义的科学世界观和方法论,去分析历史上复杂的思想斗争现象,找出其中本质的规律来,而不为现象所迷惑。"③在80年代初,方先生与李兰芝老师合作编著《中国哲学名著选读》教材,针对本科原著类课程教学,精选了50篇古代哲学文献予以介绍、注释和分析,便于初学者顺利地读懂原著、把握要旨。④ 对于中国哲学专业的硕士生,他要求第一学年至少要精读《论语》《孟子》《老子》《庄子・内篇》《周易》五本书,这些著作有的请老师专门讲授,有的是布置适当的注释本和参考书让学生自学。为了帮助研究生掌握精义,他还邀请学界前辈和知名专家来校给学生精讲原著,如请杨柳桥先生讲《周易》、请张岱年先生讲《正蒙》、请石峻先生讲《肇论》、请卢育三先生讲《老子》、请方立天先生讲《华严金师子章》、请蒙

---

① 参见曹娟:《方克立教授学术思想述要》,《中国社会科学院学术委员文库・方先生文集》代序,第1页。

② 方克立:《〈从孔夫子到孙中山〉引言》,原载方克立主编:《从孔夫子到孙中山——中国哲学小史》,中国青年出版社1984年版;收入《方克立序跋集》,当代中国出版社2016年版,第5页;收入《方克立论著集》第六卷,第7页。

③ 方克立:《〈从孔夫子到孙中山〉引言》,收入《方克立序跋集》,第6页;收入《方克立论著集》第六卷,第8页。

④ 方克立、李兰芝编著:《中国哲学名著选读》,南开大学出版社1996年版。

培元先生讲《北溪字义》等等。他强调对于中国哲学专业研究生来说,读哲学原典、直接领会先哲的思想是最重要的,这是最基本的专业训练和积累,自己研读原典的理解和心得是最真切有用的,别人的研究成果、第二手资料都只能作为参考和借鉴。①

方先生对学生的培养也特别关注学界动态,带领、推荐学生参加各种学术会议,参与各类课题科研实践,使之拓宽海内外学术视野、把握最新的学术动态。比如前文提到的 1983 年在西安召开的全国第一次中国哲学范畴讨论会,他带着五名研究生出席会议并且都发表了论文,当时参加会议的都是国内知名学者,与会的青年学者不多,南开研究生在会上格外引人注意。会后结集出版的论文集《中国哲学范畴集》,17 篇文章中只有 3 篇青年的作品,南开研究生的就占了 2 篇。② 1986 年"现代新儒学思潮研究"课题组成立后,方先生指导的博士生大都选择"现代新儒学"这一学术新领域作为研究选题,他们在学期间就参与到国家级课题的研究中,发表了很多原创性的研究成果,借助高端科研平台站在了学术研究的最前沿,他们中的很多人后来成为中国哲学界的知名学者。

方先生执教南开时期组织的学术交流活动,既有"走出去的",也有"请进来的"。在请国内名家授课之外,他还曾邀请杜维明、成中英、傅伟勋、唐力权、李绍崑、池田知久、魏格林(德)等海外知名学者,陈鼓应、李震等台湾知名学者来校访问和讲学,介绍国外和港台中国哲学研究的近况与前沿成果,大大开阔了研究生们的眼界。他甚至还邀请研究西方哲学范畴史的专家江西师大谢庆绵教授来校给中哲研究生讲课,帮助他们通过中西比较深化哲学范畴研究。这些"请进来"的学术交流活动,活跃了南开中国哲学学科的学术氛围,给研究生们留下了终生难忘的印象。

对于具有学术潜力的人才,方先生及时发现、认真指导、积极推荐,

① 参见方克立:《与研究生谈读书、治学和做人》,载《学问人生》(下),第 383 页;收入《方克立论著集》第五卷,第 402 页。
② 参见林红、李卓整理:《三十八载勤耕耘,桃李芬芳满园春——访方克立教授》,收入《新世纪的文化思考》,第 392 页;收入《方克立论著集》第五卷,第 510 页。

积极创造成才条件。在 1985 年全国第一个教师节之际,《高教战线》的记者对先生做了专题采访,其中讲到:"方克立在短短几年里培养出一大批从事中国哲学史研究的高质量的专门人才,这里灌注了他的大量心血,确有不少可贵的经验。……方克立不仅有识才之眼、爱才之心,还有一般人缺乏的容才之量,育才之法。"①多年来,方克立先生在南开大学和中国社会科学院培养了为数众多的研究生,他们在中国哲学和马克思主义理论等领域中辛勤耕耘,现在已然成长为国内相关领域研究队伍的中坚力量,其中一些人已成为卓有建树的知名学者。

4."建设梯队、凸显特色"的学科建设思路

在南开大学哲学系任教期间,尽管方先生个人在科研、教学和行政工作上做出了突出的成绩,但他晚年自述"我在南开的工作,主要还是用力在建设和发展中国哲学学科上"。② 在方先生的主持下,成立了南开大学中国哲学研究室,更明确地服务于科研需要;南开大学在 1982 年获批了中国哲学专业硕士点,1986 年获批了中国哲学专业博士点,这是该学科建设发展史上具有标志性意义的两件大事。博士点申报成功后,招收培养研究生和所有课程开设、论文指导的工作都落在方先生一人身上,多年来他为这个学科的建设发展和人才培养呕心沥血、殚精竭虑。1993年,以方先生为学科带头人的南开大学中国哲学学科被评为天津市首批重点学科。赴京工作后,方先生继续在南开大学招收、指导博士研究生,直到 2011 年最后一名博士生毕业。在南开的三十八年中,他先后培养了 29 名博士、15 名硕士,使南开大学中国哲学学科成为全国重镇。退休之后,方先生依旧时刻关心着该学科的发展方向和队伍建设,多次和主管校领导、院领导沟通,为学科发展争取资源。他临终前留下遗嘱,将所有藏书赠予南开大学哲学院,以资后学研习之用。方先生是南开大学中

---

① 高湛:《乐在开拓研究、教书育人中——记南开大学中国哲学研究室主任方克立》,《高教战线》1985 年第 9 期;收入《方克立论著集》第五卷,第 458 页。

② 参见林红、李卓整理:《三十八载勤耕耘,桃李芬芳满园春——访方克立教授》,收入《新世纪的文化思考》,第 393 页;收入《方克立论著集》第五卷,第 512 页。

国哲学学科名副其实的开创者和领导者,他所开启的中国哲学范畴研究、现代新儒学研究、20世纪中国文化思潮研究等领域也成为这一学科的学术传统,持续至今。

在担任中国社会科学院研究生院院长期间,方先生面对着繁重而琐碎的行政管理工作,表现出非凡的规划协调和处事用人能力。面对接手时刚刚恢复招生的研究生院存在的管理体制不顺、办学规模局限、办公经费拮据等重重困难,他从以下三方面开展工作:一是把握正确的办学方向,随时牢记培养社会主义事业的合格接班人这个历史责任;二是以提高培养质量为中心,认真抓从招生、学位课程规范化、教学大纲与教材建设、阅读指导、科研训练、社会实践到论文答辩、学位授予等各个环节,维护和提升该院研究生的品牌声誉;三是多渠道筹集经费,改善办学条件。在他的领导下,经过各方共同努力,研究生院终于走出低谷,进入了一个平稳发展的新时期。①

作为爱岗敬业的哲学教师和身正学高的哲学教育家,方克立先生在半个世纪的教学科研实践中,逐渐总结出一套独具特色的教育思想与行之有效的育人经验,开创了一个全国知名的中国哲学专业学科点,培养了一批学有所成的中国哲学研究者,探索了一条本土化研究生教育管理新路,推动了改革开放以来我国的哲学教育事业的发展。

---

① 参见张天行:《方克立:为人治学崇平实》,载《学问有道——学部委员访谈录》(上),第13页;收入《方克立论著集》第五卷,第440—441页。

一位哲人的知与行

——《方克立论著集》读后

张小平①

    2023 年 4 月,在方克立先生仙逝三周年之际,中国社会科学出版社推出《方克立论著集》(全七卷),这是对方先生最好的纪念。《方克立论著集》收录了自 1962 年至 2020 年间的专著、论文、书信、序跋、演讲稿,包括已刊和未刊文字,是目前为止搜集比较齐全的方先生文存。全七卷包括:第一卷《中国哲学史上的知行观》,第二卷《中国哲学论稿》,第三卷《现代新儒学研究》,第四卷《马魂中体西用论》,第五卷《忆往与教育》,第六卷《序跋·书评》,第七卷《书信·附录》。全七卷呈现了方先生鲜明的思想特征、治学风格和教育实践,内容丰富,脉络清晰,是方先生留给我们的宝贵精神财富。笔者以为,这套书的出版非常有必要、有价值、有意义,因为方先生孜孜不倦所思考和所要解决的问题,依然是我们今天所要面对和所要解决的时代课题。拜读先生的论著,强烈感受到作为一位做出重要贡献、有过重要影响的哲人,他的理论探索与实践活动,他的知与行,对于新时代增强文化自觉、坚定文化自信乃至如何建设中华民族现代文明,都具有重要的理论和现实意义。

---

① 作者简介:张小平,中国社会科学院马克思主义研究院研究员,中国社会科学院大学马克思主义学院教授。
    本文发表于中国社会科学网〔社科书评〕2023 年 10 月 31 日,同日光明网转载。

一、与时代同呼吸

方先生在《为人治学崇平实》中讲：作为一个社会的人，没有正确的政治观点就等于没有灵魂。一个人要"先立乎其大者"，就是首先要树立正确的世界观、人生观和价值观，即确立人生意义和所从事工作的基本立足点。只有把个人的命运与国家、民族的前途命运联系在一起，人生才有意义。因此，方先生治学不是在象牙塔里做学问，而是从青年时代起就把自己的学术方向与国家发展的需要、与时代提出的课题紧紧联系在一起。

作为新中国培养的新一代知识分子，方先生不仅将马克思主义作为终身坚持的信念，而且传承了中国传统士人的道德追求，具有强烈的责任感和使命感。他的论著，无论是研究"范畴论""知行观"，还是研究"现代新儒家""大陆新儒家""综合创新""马魂中体西用"，都从一个侧面折射出时代的发展脉搏。他积极参与20世纪八九十年代的文化讨论、回应21世纪初中国哲学"合法性"质疑，在多元多样多变的文化思潮中，立潮头发时代之先声，体现了改革开放40多年来中国哲学学科建设的发展历程，而在这个历程中，方先生是参与者、见证者和有力的推动者。虽然方先生的人生道路并不平坦，但他真正接受了马克思主义世界观、人生观和价值观，确立了正确的立场、观点和方法，始终坚持自己选择的人生和学术道路不曾动摇，他的学术工作与教育实践始终与时代同呼吸。方先生主持的多项研究成果荣获国家级奖项，先生本人曾获得"天津市劳动模范"等多项荣誉称号，在海内外学界享有很高的声誉。

二、自觉传承马克思主义"综合创新"派的文化主张

在第五卷中，方先生有一组怀念前辈的文章，他对张岱年、任继愈、侯外庐、石峻、萧前、冯契等前辈所开创的坚持马克思主义立场观点方法研究中国历史、哲学、文化的学术成就给予高度概括和评价，他本人自觉传承了这一脉的治学方向。方先生把"五四"后的中国三大文化思潮，归

纳为自由主义的"全盘西化"派、保守主义的"儒学复兴"派和马克思主义的"综合创新"派。作为追随者和弘扬者,方先生大力阐扬以张岱年先生为代表的中国马克思主义"综合创新"派的文化观,并首次将其概括为"古为今用,洋为中用,批判继承,综合创新"四句话,成为中国马克思主义文化派的旗帜和口号。方先生与他前辈一样,是一个十分真诚的马克思主义学者,但绝不是一个教条主义者。在《永远的师长》《我所认识的任继愈先生》《缅怀恩师石峻先生》等文章中,他反复阐述,要将马克思主义的普遍原理与中国哲学的具体实际相结合,同时,研究中国哲学不能闭门造车、闭关自守,而要放眼世界,注意吸收外国哲学的先进成果,进行中西比较研究,提高中国哲学的理论水平。方先生认为,中国哲学走向世界、走向未来、走向现代化是不可改变的历史发展必然趋势。

三、重视挖掘中华优秀传统文化中的精华

方先生是现代新儒学研究的倡导者和推动者。"现代新儒学思潮研究"作为国家社科基金"七五"和"八五"规划的重点项目,方先生领导该课题组十年,带动培养了一大批优秀的中青年学者,出版了系列研究成果,在海内外影响都很大。第三卷《现代新儒学研究》反映了方先生的研究立场、方法、原则以及取得的研究成果。方先生始终坚持以马克思主义的立场、观点和方法为指导思想,对现代新儒家进行一分为二的分析和评论,并将其置于五四以来三大思潮对立互动的基本格局中来研究。方先生提出的"同情地了解、客观地评价、批判地超越"三句话,不仅是针对现代新儒家研究的方针,实际上也是一个完整的思想史研究的方针。方先生对"同情地了解"阐发较多,他讲:我们对本民族的历史文化,有一种发自生命根处的依赖感、根源感和认同感,中国人永远需要到它那里去寻找自己的文化根源和民族身份认同,到它那里去汲取智慧和力量。"同情地了解"是要求我们"坚持严格的历史性"态度,不以今人的标准去要求古人,不用现代的思想去改铸古代的思想,力图还思想史以历史的本来面目。我们一方面要掌握科学的世界观和方法论,同时对民族文化

的优秀传统要有深厚感情,常存敬畏之心,唯恐其中的精华没有得到很好的继承和弘扬,成为先哲的不肖子孙。今天再读方先生的相关论述,尤感意味深长!

方先生始终坚持马克思主义者对待传统文化的扬弃态度,坚持取其精华,弃其糟粕,批判继承,综合创新的原则。在第二卷中,有一组关于中华传统文化的创造性转化与创新性发展的文章,如《关于儒学的精华》《儒学给人智慧》《"天人合一"与中国古代的生态智慧》《"文明以止":中华文化的精华与精神》《"和而不同":作为一种文化观的意义和价值》等文,方先生着力挖掘包括儒家在内的中华优秀传统文化中的精华,不仅从宏观的层面加以概括提取,而且从微观的层面剖析了"和而不同""天人合一""文明以止"思想中的深层次精华,不仅指出其运用于现代社会的积极作用,同时也指出其历史局限性,为我们树立了一个辩证扬弃的典范,提供了具有普遍意义的方法论原则。方先生数十年来治学的主要目标,就是力图把马克思主义哲学与中国哲学优秀传统相结合,在这两个研究领域寻找"结合点",让中国哲学为人类文明做出更大的贡献。他与张岱年先生共同主编《中国文化概论》和《中国哲学与辩证唯物主义》两本全国高校通用教材,力图贯彻马克思主义与中国哲学及文化精华相结合的指导思想,对促进马克思主义哲学与中国哲学的比较研究和二者相结合的研究,起到了积极的推动作用。《中国哲学与辩证唯物主义》荣获中宣部第七届"五个一工程"一本好书奖。方先生对马克思主义与中国哲学优秀传统相结合的探索成果,对于今天更好地坚持"第二个结合"以及巩固文化主体性,具有宝贵的价值和启示。

四、准确定位马、中、西三者关系

方先生是一位坚持用马克思主义观点创造性地研究中国哲学、中国文化的著名学者。为了解决中、西、马三"学"在中国现当代文化中的地位和相互关系问题,方先生在对文化体用问题以及对民族主体性问题的深入思考基础上,于2006年提出"马学为魂,中学为体,西学为用,三流合一,综合创新"的新概括,即"马魂中体西用"论。方先生反复说明:"马魂中体西用"论是接着张岱年先生的"综合创新"论讲的,是对"综合创新"论的继承、发展和深化,二者都是中国马克思主义"综合创新"文化派在百年探索中所取得的阶段性成果。但是,方先生在"接着讲"的过程中有自己的创造和发展,他把马克思主义综合创新文化观发展到一个新阶段。

中国马克思主义派怎样实现文化上的综合创新呢?方先生认为,把作为文化资源的中、西、马三"学"科学合理地整合起来,把马克思主义的指导思想地位、中国文化的主体地位和西方文化的"他山之石"地位三者有机结合起来,辩证统一起来,创造具有博大气象又有中国特色的社会主义新文化,这是百年中国文化发展的正道。"马魂中体西用"论最突出的特点就是强化了民族文化的主体性,超越了传统体用二元的思维模式,形成"魂、体、用"三元模式,铸马学之魂,立中学之体,明西学之用,为解决马中西三者有机结合的问题提供了新的思维范式,具有方法论意义。第四卷《马魂中体西用论》集中反映了方先生晚年对马中西三者关系的定位思考,从中也能清楚了解方先生与张岱年先生二人思想的继承和发展关系。"马魂中体西用"论蕴含的创新观点对于今天建设新时代的新文化,依然是宝贵的思想资源。

五、聚天下英才而教之

方先生不是坐而论道者,而是终生从事教育工作的教育实践者、一位教育家。他先后在中国人民大学、南开大学、中国社会科学院研究生院从事教学工作五十余年,把自己主要定位于一名教师,以教书育人为乐事,把教书育人放在第一位。在第七卷的书信中,有一大部分收录的是方先生给弟子们以及慕名求教的青年们的书信。在第六卷序跋部分,也有一大部分是为弟子们以及学界晚辈所写。读这些书信及序跋,强烈地感受到方先生是一位热心教导和扶持青年的导师。先生不只是对自己的学生,对于那些慕名前来求教的青年才俊同样给予鼓励提携。正如方先生所言："我一生以弘扬中国文化、培养青年学生为己任。聚天下英才而教之乃平生最大乐事。"他不仅是一位出色的哲学家，也是一位目光远大的教育家，留下了很多甘做"人梯"奖掖后学的佳话。

方先生的教育思想，体现在第五卷的教育部分，其中最著名的是为培养学术英才而提出"学行并重，德业双修"的育人原则，要求把教书与育人很好地结合起来，把做人与做学问很好地统一起来，真正做到知行合一、德业双馨。方先生早年对中国哲学史上知行观的研究为"学行并重，德业双修"的教育思想提供了学理的根据。在长达数十年的教育工作实践中，方先生不断总结经验教训、不断发展和深化教育理念，主要体现在对"行"的重要性、优先性和"学至于行之而止矣"（《荀子》）的最高权威性有了进一步的认识。这表现在两个方面：一是在学识与德行的关系问题上，提出了"三分学问，七分做人"的明显向"行"倾斜的看法；二是在"由行得知，因知进行，以行验知，知行并进"的知行关系诸环节中，格外突出了"以行验知"的重要性，强调知与不知、知行是否"合一"，都要靠"行"来检验。知与行是人类特有的两种能动性，我们的任务不只是要认识和解释世界，问题在于改变世界。在《与研究生谈读书、治学和做人》这篇文章中，方先生讲到他自己在多年的研究生教育工作实践中的切身体会，说明认识有一个发展深化的过程。他说，古今的伪儒、"假道学"都是以言行不一、知行脱节为特征的，中国教育思想与哲学思想的密切联系，最重要的榫接点就是知行观。方先生的教育思想体现为从重"知"的知行合一说向重"行"的知行合一说倾斜的特点。

以上文字，笔者秉承方先生"为人治学崇平实"的品格，尽量用平实的语言阐述方先生论著中所体现的知与行。由于认识水平及篇幅所限，难免挂一漏万，愿抛砖引玉，共勉！

方克立先生对现代新儒学研究开展的贡献
——以《方克立论著集》为中心的回忆与反思

李维武①

　　方克立先生的人生事业和学术成就,包含了不同方面的内容,中国社会科学出版社 2023 年出版的七卷本《方克立论著集》,已经对这些内容作了具体的全面展现。但要说到方老师持续时间最久、取得成果最多、产生影响最大的学术业绩,还是在于他对现代新儒学研究开展的贡献。方老师的这一研究工作,实也包含了多方面的内容:首先在于 20 世纪 80 年代对现代新儒学研究的开创,其次在于自那时以来对现代新儒学研究的进一步拓展和深化,而且还包括近 30 年来对中国大陆新儒学的关注和批判。现在的人们把"领军人物"的称谓用得很滥,以致用得往往名不符实;但如果把这个称谓用在方老师身上,以概括和表达他对现代新儒学研究开展所起的作用和所处的地位,我感到确实是名副其实的。在这里,我想根据《方克立论著集》的文献资料,结合自己的亲身经历和体会,从哲学史的反思意义上,来谈谈方老师对于现代新儒学研究开展的贡献。

---

① 作者简介:李维武,武汉大学哲学学院教授。

一、率先提出"要重视对现代新儒家的研究"

自20世纪80年代以来,随着中国大陆思想空间的逐渐开放,中国文化问题成为中国大陆学术界关注和探讨的热点。以此为导引,中国大陆学术界开始对现代新儒学代表人物梁漱溟、熊十力、冯友兰进行个案性研究,对台湾、香港地区现代新儒学的开展也有了最初的了解和接触。但将现代新儒学作为20世纪中国重要学术思潮进行整体性研究,特别是将1949年后台港新儒学开展也纳入这一研究中来,则是尚未有研究者做过的工作;即使是在当时的台港学术界,也没有人开展过系统的现代新儒学研究。

方老师是一个具有敏锐的学术洞察力和学术判断力的学者,首先发现了这一学术空白点,抓住了这一学术空白点,果断地将其转化为学术突破点,率先提出"要重视对现代新儒家的研究"[①]。1986年3月,方老师在国家教委"七五"科研规划咨询会上就此问题作了专门发言,对于现代新儒学的背景、性质、历史、特质以及现代新儒学研究的内涵、目标和意义,作了较系统的阐发。他指出:"从历史上说,现代新儒家就是在中西文化冲突中,为了回答中国向何处去,中国要不要实现现代化和怎样实现现代化的问题而产生的一个学术思想派别。"[②]然而,"现代新儒家作为本世纪(指20世纪——引者注)中国学术思想战线上重要的思想流派之一,我们过去对它没有做过系统的深入的研究,甚至缺乏基本的了解。对'五四'以来的前期'新儒家'思想,研究成果已属寥寥;对50年代以后在港台掀起的儒学复兴运动,现代新儒家的新的更重要的发展阶段,它的主要代表人物及其论著,国内人士更鲜有所知,也极少正面接触和思想交锋。以至今天人家的一些思想观点传播、渗透进来,哪怕是在五六

[①] 方克立:《要重视对现代新儒家的研究》,载《方克立论著集》第三卷,中国社会科学出版社2023年版,第3页。

[②] 方克立:《要重视对现代新儒家的研究》,载《方克立论著集》第三卷,第4页。

十年代泛滥的东西,我们都觉得很新鲜,有的人还把它当作新发明奉献给国内读者。其实,只要翻一翻现代新儒家的前辈们在解放前出版的著作,我们就很容易发现,这些思想观点有许多并不'新',不过是老调重弹或改头换面而已。我们吃亏在于不太了解过去的历史情况,也不了解最近 30 年来港台和海外学术思想界的情况,所以难免认识不清。在当前的文化讨论中,在日益频繁的国内外学术交流活动中,许多同志都深深感到,目前的这种状况亟待改变。"①因此,"我们要重视和加强对现代新儒家的研究,弄清它产生的时代背景和发展的诸阶段,对其主要代表人物的思想和著作,用马克思主义观点进行实事求是的分析和评论,并且一定要把它放到中国现代思想斗争的总的潮流中来考察"。② 经过方老师的这一番论证,就明确地提出了开展现代新儒学研究的必要性、重要性和可行性,使这一研究工作从提出之初就具有了明晰而切实的理论根据和思想指导。

由于方老师提出的"要重视对现代新儒家的研究",具有明晰而切实的理论根据和思想指导,因而这一主张很快得到了有关方面和有关人士的重视和支持。也就在这一年 11 月,他和李锦全先生共同申报的"现代新儒家思潮研究"课题,作为国家哲学社会科学"七五"规划重点项目得以批准。这一课题的立项,使现代新儒学研究的开展获得了必要的条件和空间,成为中国大陆学术界开启现代新儒学研究的标志。

二、现代新儒家思潮研究课题组的成立

在"现代新儒家思潮研究"课题作为国家哲学社会科学"七五"规划重点项目获得批准后,方老师对如何开展课题研究作了更全面、更深入的思考,力求利用课题立项的条件和空间开拓出 20 世纪中国学术研究的一个新领域。正是这样,方老师以课题立项为契机,于 1987 年建立全

---

① 方克立:《要重视对现代新儒家的研究》,载《方克立论著集》第三卷,第 4—5 页。
② 方克立:《要重视对现代新儒家的研究》,载《方克立论著集》第三卷,第 5 页。

国性的课题组,集中国内的一批中青年学者来开拓这一学术领域。这就有了方老师和李老师领导的现代新儒家思潮研究课题组的成立。武汉大学哲学系有三位青年教师——郭齐勇兄、田文军兄和我,受方老师邀请参加了课题组。我有幸从一开始就成为课题组成员,由此追随方老师和李老师参与了课题组的主要活动。

1987年9月,课题组在安徽宣州举办了第一次小型学术讨论会暨工作协调会,武汉大学就我一人参加了这次会议。这次会议的缘起和讨论内容,李宗桂兄撰写了会议综述《"现代新儒家思潮研究"的由来和宣州会议的争鸣》,作了相当详细的介绍。这篇综述收录在方老师和李老师主编的《现代新儒学研究论集》第一辑中,使今天的人们还能清楚地了解30多年前宣州会议的具体情况,看到课题组是怎样最初起步的。

会议结束时,方老师专门找我谈话,提出让齐勇兄和我具体负责《现代新儒学研究论集》第一辑的编辑工作,这成了我参加课题组后接受的第一个任务。这本论文集由中国社会科学出版社于1989年出版。方老师撰写了《出版说明》,强调了开展现代新儒学研究的意义,指出这本论文集正是课题组开展这一研究的第一批成果。他动情地写道:"一批热爱祖国的历史文化、关心人类的前途命运、学有根柢、富有探索精神的中青年学者积极地投入了这项研究工作。他们拿出的第一批思考和研究的成果,就是奉献于读者面前的这本论集的各篇论文。它们可能还不十分成熟和完善,各篇论文所取的研究角度、研究方法、理论观点甚至情感态度也不尽一致,但都是诚实劳动和大胆探索的结果,各有新意,富于启发性,希望能引起读者的共鸣,以推动对现代新儒学的进一步深入研究和学术讨论。"①方老师所写的《出版说明》没有署名,倒是论文集版权页上的责任编辑栏署的是齐勇兄和我的名字。我们两人与这家出版社没有一点联系,这都是方老师运作的结果。从那时起,我就在方老师和李老师指导下开展现代新儒学研究,把方老师和李老师视为自己的老师。

---

① 方克立:《〈现代新儒学研究论集〉出版说明》,载《方克立论著集》第六卷,第19—20页。

以现代新儒家思潮研究课题组成立为起点,方老师推动、组织和指导了中国大陆学术界的现代新儒学研究,成为这一项开拓性学术工作的领军人物。课题组自成立起,前后实际活动近十年时间,取得了一大批有影响的学术成果,对现代新儒学研究开展发挥了重要的骨干作用。甚至可以说,这十年间中国大陆学术界的现代新儒学研究,实际上是以课题组成员作为主体力量的。这一点,方老师在 20 世纪 90 年代中期的一些学术会议上曾多次谈到,认为"有组织的集体研究是大陆学术界独有的优势"[1]。

三、现代新儒家思潮研究课题组开展研究工作的特点

方老师和李老师领导课题组开展现代新儒学研究,尽管集中了来自四面八方的中青年学者,各个学者都有自己的学术经历、学术背景和学术风格,但经过两位先生的指导和协调,课题组的研究工作又从总体上体现出大体的一致性,形成了鲜明的特点。20 世纪 90 年代中期,方老师就曾指出这一点,认为:"大陆的新儒学研究,由于一开始就组织了一个得到国家社科规划确认和国家社科基金资助的课题组,所以能够进行有组织、有计划、有统一宗旨、有分工合作的集体研究,规模大,进展快,出成果较多,很快造成一定的声势,带动和促进了全国范围内的现代新儒学研究,在港台、海外也产生了较大影响。"[2]

对于现代新儒家思潮研究课题组开展研究工作的特点,我根据自己的亲身体会,曾在后来作过多次哲学史意义的反思,认为有三点最为突出、十分关键,尤其值得回顾和总结。

首先,课题组开展现代新儒学研究的一个特点,是重视"先立乎其大者",从总体上对现代新儒学作出把握。这一特点在宣州会议上即鲜明地体现出来。诚如宗桂兄在宣州会议综述《"现代新儒家思潮研究"的由

---

[1] 方克立:《现代新儒学研究在中国》,载《方克立论著集》第三卷,第 199 页。
[2] 方克立:《现代新儒学研究在中国》,载《方克立论著集》第三卷,第 199 页。

来和宣州会议的争鸣》中所记:"会议着重从宏观上对现代新儒家的内涵、思想特征、学术贡献、历史作用、代表人物、形成原因、现代新儒家思潮的发展阶段以及研究这一课题的方法论等问题,展开了广泛热烈而又气氛融洽的讨论。"①如对于现代新儒家的定义,与会者的意见就不尽一致;而经过充分讨论,得出了一个基本的看法。方老师对此有过专门的说明:"学术界对现代新儒家的定义、标准、范围的看法是很不一致的,有的甚至大相径庭。不把这个问题讨论清楚,作为一个统一课题的研究工作就无法开展,至少在我们课题组内应该有一个基本上一致的意见。经过讨论,我们得到了初步的共识,即认为:现代新儒家是产生于本世纪(指 20 世纪——引者注)20 年代、至今仍有一定生命力的,以接续儒家'道统'、复兴儒学为己任,以服膺宋明理学(特别是儒家心性之学)为主要特征,力图以儒家学说为主体为本位,来吸纳、融合、会通西学,以寻求中国现代化道路的一个学术思想流派,也可以说是一种文化思潮。"②对于这一界定,方老师又进一步分解为五个方面进行了说明:一是从学脉传承来说,现代新儒家是现代中国的儒家,具有尊孔崇儒、以儒家学说为中国文化的正统和主干、以继承儒家道统和弘扬儒家学术为己任等儒家的一般基本特征;二是尊崇宋明理学是现代新儒家的共同精神取向;三是从时代特征来看,现代新儒家区别于先秦儒家亦区别于宋明新儒家,它生活在 20 世纪的中国,深切地感受到西方文化的挑战和中国面临着迫切的现代化问题,其对应现实的方法是力图以儒家思想为主体为本位,来吸取、融合、改造西方近现代的思想文化,力图找到一条使传统中国通向现代化的较平稳的道路;四是从时间界限来说,现代新儒家思潮产生于 20 世纪 20 年代初,是对于新文化运动激烈反传统的一种保守的回应,也代表了中国传统哲学力图适应现代、走向世界的一种努力;五是现代新儒家是现代中国的一个重要学术流派,是一种广泛的文化思潮,

---

① 李宗桂:《"现代新儒家思潮研究"的由来和宣州会议的争鸣》,载《现代新儒学研究论集》第 1 辑,中国社会科学出版社 1989 年版,第 334 页。
② 方克立:《关于现代新儒家研究的几个问题》,载《方克立论著集》第三卷,第 16 页。

而不仅仅是一种哲学思潮。这样一来，就通过讨论从总体上对现代新儒学作出了把握，为课题组进一步开展现代新儒学研究确立了一个总的理解框架。

其次，课题组开展现代新儒学研究的另一个特点，是重视由个案研究入手，以对现代新儒学代表性人物的生平梳理、史料搜集、目录编纂、思想探讨为基础和开端，逐步地推进研究工作的拓展和深化。在宣州会议上，经过与会者讨论，确定了一个现代新儒学代表性人物名单，有梁漱溟、张君劢、熊十力、冯友兰、贺麟、钱穆、方东美、唐君毅、牟宗三、徐复观等十人。会后，这个名单又先后有所扩大，先是增加了马一浮，后又增加了杜维明、刘述先、余英时、成中英等四人。这个名单，是针对当时划分现代新儒家阵营的各种不同主张，方老师自立权衡、自主选择来确定的。方老师说："他们中的马一浮、方东美、余英时、成中英等人，能否归属于现代新儒家的范畴，学术界一直有不同看法。"①为了化解这一众说纷纭的难题，方老师提出了"广义理解的现代新儒家概念"，指出："界定现代新儒家的标准，主要不能看师承出身，也不能看本人声明，而是要看他的思想、言论、著作所表现的基本学术立场。现代新儒家不仅是中国文化本位论者，而且是儒学复兴论者、儒学现代化论者，即认为儒学在中国文化中居于主导或核心的地位，以继承、阐扬传统儒学中所包含的哲学和人生智慧为职志，并通过吸纳、融合、会通西学来使它取得现代形态，以期在现在和将来的中国文化中继续保持主导地位。这是从现代新儒家的共同本质特征立论，而不考虑其内部差异和门派之争，可以说是属于广义理解的现代新儒家概念。"②这个名单的确定，所依据的正是方老师提出的"广义理解的现代新儒家概念"，基本上涵盖了现代新儒学的三代学者。根据这个名单，课题组成员进行了大致的分工，其中一些成员着重研究某个代表性人物。武汉大学参加课题组的三人，齐勇兄承担了熊

---

① 方克立：《〈现代新儒学辑要丛书〉总序》，载《方克立论著集》第六卷，第 61 页。
② 方克立：《现代新儒学的发展历程》，载《方克立论著集》第三卷，第 110 页。

十力研究,文军兄承担了冯友兰研究,我则承担了徐复观研究。这种以分工合作形式开展的个案性研究,具有很强的学术性,不仅有力地深化了现代新儒学研究的开展,而且使承担这些个案研究的学者成了某一方面的专家。随着现代新儒学研究的深入,方老师提出的"广义理解的现代新儒家概念"的合理性逐渐显示出来。那些当初存在争议的研究对象,今天看来已无大的歧义,都被视为现代新儒学代表性人物,而受到重视和研究。

再次,课题组开展现代新儒学研究的再一个特点,是在开展这些代表性人物的个案研究时,借鉴了中国古代学术史研究重视学案编撰的传统,首先从编撰《现代新儒家学案》入手。对于这部学案的编撰,方老师在全书《前言》中有过说明:"本书是'现代新儒家思潮研究'课题组在'七五'期间完成的一项主要工程。它采取我国传统史学的'学案'体例,力图为读者了解和研究现代新儒学的产生和发展,其主要代表人物的生平和学术思想,提供一套比较完整而系统的资料。"[1]根据宣州会议确定的名单,再加上马一浮,共有 11 个现代新儒学代表性人物入选学案,以一人一案的形式,共设立 11 个学案。按照方老师和李老师的规划,每个学案由三个部分组成:一是案主的学术思想评传,"既要联系时代特点,扼要介绍案主的生平事迹和学术活动,又要运用马克思主义的立场、观点和方法,对其学术思想作出初步的实事求是的分析和评论"[2];二是案主的新儒学思想资料选辑,"是在通读案主的全部论著、把握其学术宗旨的基础上,直接从原著中纂要钩玄、精心挑选和编排起来的,是帮助读者真切地了解案主的学术思想的第一手资料"[3];三是案主的论著编年目录,"收进了案主公开发表和出版的全部中、外文著作、论文、译著、杂著和书信的篇目,按时代先后编年排列。欲对其思想进行全面、深入、彻底地研

---

① 方克立:《〈现代新儒家学案〉前言》,载《方克立论著集》第六卷,第 88 页。
② 方克立:《〈现代新儒家学案〉前言》,载《方克立论著集》第六卷,第 88 页。
③ 方克立:《〈现代新儒家学案〉前言》,载《方克立论著集》第六卷,第 88—89 页。

究的读者,可以循此找到全部或主要资料的线索"①。这些学案实则可分可合,分则成为这些现代新儒学代表性人物的独立学案,合则呈现出现代新儒学史开展的主要线索和基本环节。正如开篇的《内容提要》所说:"本书将为了解和研究现代新儒学的产生和发展,其主要代表人物的生平和学术思想,提供较完整和系统的资料,起到学术思想史和学术思想史料选编的双重作用。"因此,方老师和李老师主编的三卷本《现代新儒家学案》,由中国社会科学出版社于 1995 年出版后,对推动现代新儒学研究起了多方面的积极作用。

这样一来,方老师和李老师带领课题组开辟了一条独特的研究路径:从确立现代新儒学研究的总的理解框架出发,先从有选择的个案研究入手,来开展对现代新儒学思潮研究;而对每一个案的研究,又从案主文献的梳理入手;而对案主文献的梳理,又从文献目录的编次入手。这一带有朴学风格的治学方法,把哲学史、思想史、学术史、文献学、目录学多学科研究融为一体,与当时通行的治学方法表现出很大的不同,使我们这些中青年学者受到了一次前所未有的从事哲学史和思想史人物个案研究的严格训练,逐渐摸索到了从事哲学史和思想史人物个案研究的门径。所以,我总是感到参加课题组是一次十分难得的学习机会,总是感谢方老师和李老师使自己得到了一次严格的学术训练。

四、现代新儒家思潮研究课题组与徐复观研究的开展

20 世纪 80 年代后期,是我从事中国哲学研究的一个转折期,治学的兴奋点开始由中国古代哲学转向 20 世纪中国哲学;参加方老师和李老师领导的现代新儒家思潮研究课题组,对于我转向 20 世纪中国哲学研究产生了直接的影响。这种影响在于:不仅使我看到了现代新儒学思潮之于 20 世纪中国哲学研究的重要性,而且使徐复观研究成了我开展 20 世纪中国哲学研究的重要个案。

---

① 方克立:《〈现代新儒家学案〉前言》,载《方克立论著集》第六卷,第 89 页。

徐复观是 1949 年随国民党败退到台湾后才转入学术界的。由于海峡两岸的长期隔绝,中国大陆学术界在 20 世纪 80 年代以前,并不知道徐复观已经由蒋介石的高级幕僚变成了台湾、香港地区现代新儒学的代表性人物。直到进入 20 世纪 80 年代,徐复观其人其学才开始为中国大陆学术界渐渐了解。方老师是中国大陆学术界最早提出要重视研究徐复观现代新儒学思想的学者。1986 年 3 月,方老师在国家教委"七五"科研规划咨询会上提出"要重视对现代新儒家的研究"时,就指出台湾、香港地区的"唐君毅、牟宗三、徐复观、方东美等人,他们可以说是现代新儒家的第二代"①,对其人其学进行研究应当是开展现代新儒家研究的应有之义。这就使得徐复观的名字,能够出现在宣州会议所确定的现代新儒学代表性人物十人名单上。

也正是自宣州会议起,由于课题组的分工,我承担了徐复观研究的任务。武汉大学参加课题组三人中,齐勇兄承担熊十力研究,文军兄承担冯友兰研究,是因为他们的硕士学位论文就是这方面的研究,已经有了比较好的基础;而我与他们不同,在此之前并没有徐复观研究的基础,只是因为徐复观是湖北籍的现代新儒学代表性人物,方老师和李老师认为最好由一位湖北学者来承担对他的研究,这样徐复观研究的任务就交给我了。宗桂兄原来也想承担徐复观研究,看到我同意承担徐复观研究任务后就放弃了原来的计划,后来又把课题组的有关徐复观资料都转交给我;那些写有"课题组"字样的书籍,至今还在我的书架上放着,使我总感到还要把方老师和李老师交给我的任务继续下去。

在我接受这个任务的时候,不仅我自己对于徐复观其人其学缺乏全面深入的了解,而且严格意义上的徐复观研究在中国大陆学术界也尚未展开。这使得我的徐复观研究,在起步之初面临很大困难。在方老师和李老师的指导下,我摸索到进入徐复观研究的门径,这就是以编纂《现代新儒家学案》中的《徐复观学案》为起点,首先从徐复观著作目录编纂入

---

① 方克立:《要重视对现代新儒家的研究》,载《方克立论著集》第三卷,第 8 页。

手,进而把文献清理与思想研究结合起来,扎扎实实启动和推进徐复观研究。1989 年 12 月,我利用到北京搜集博士学位论文资料的机会,在北京图书馆(即现在的国家图书馆)查阅了全部《民主评论》及台港报刊索引,做了几百张资料卡片,终于编出了徐复观论著编年目录。这一目录学性质的工作,不仅解决了当时徐复观研究最为困难的问题,而且使我了解了徐复观著述和思想的来龙去脉,使得《徐复观学案》能够按时保质完成,也使得我的徐复观研究有了很好的基础和开端。

从那以后至于今天,我一直致力徐复观研究,不论是在文献整理方面,还是在思想研究方面,都取得了一批成果:在文献整理方面,编了《中国人文精神之阐扬——徐复观新儒学论著辑要》(中国广播电视出版社 1996 年出版)和五卷本《徐复观文集》(湖北人民出版社 2002 年出版,2009 年出版修订本);在思想研究方面,撰写了专著《徐复观学术思想评传》(北京图书馆出版社 2001 年出版)和《徐复观》(云南教育出版社 2008 年出版,陕西师范大学出版社 2017 年重新出版),发表了一批关于徐复观和现代新儒学研究的论文。最近十年间,我又根据新出现的文献和新开展的研究,完成了一部新的更具历史感和思想性的《徐复观评传》,这部新著即将由湖北人民出版社出版,只是深感遗憾,已经无法再呈送方老师指教了。我深深感到,如果说我开展的徐复观研究能够有所开拓、有所成绩、有所影响的话,那都是与主持课题组的两位先生的鼓励、支持和指导分不开的。这种学术上的收益,是在一般课题组中难以获得的。

1995 年和 2003 年,我两次在武汉大学筹备和主持了海峡两岸徐复观思想研讨会,以推动中国大陆学术界的徐复观研究。方老师和李老师对会议甚为支持:方老师出席了两次研讨会,在会上作了重要讲话;李老师则出席了 2003 年的研讨会,还提交了专论徐复观的论文。值得指出的是,方老师在两次徐复观思想研讨会上的讲话,并没有把着重点放在徐复观其人其学上,而是放在对现代新儒学研究的总体性评论上,因此对现代新儒学研究具有指导性意义。下面即对方老师两次发言要点及文献保存情况,作一说明。

1995年,方老师在第一次徐复观思想研讨会上的发言,题为《中国大陆现代新儒学思潮研究的回顾与展望》,没有形成专门的论文。在我写的这次会议综述《徐复观思想与现代新儒学发展学术讨论会纪略》第三部分"观点"中,以《中国大陆现代新儒学研究的特点》为题,保留了方老师的发言要点。方老师在发言中指出,中国大陆现代新儒学研究开展近十年来,呈现出五个特点;他对于这五个特点,一一作了说明。方老师在会上所论,与他的《现代新儒学研究在中国》一文中最后一节《大陆现代新儒学研究的特点和新近的思想动向》有关内容大体相同,这篇文章已收入《方克立论著集》第三卷。这篇《徐复观思想与现代新儒学发展学术讨论会纪略》,署名"韦维",收录在由我编的《徐复观与中国文化》一书中。该书是这次研讨会的论文集,由湖北人民出版社1997年出版。

2003年,方老师在第二次徐复观思想研讨会上的发言,修订成《世纪之交儒学研究的若干观察与感受》一文,收入《方克立论著集》第三卷。方老师在发言的开头即谈道:"我参加了1995年也是在武汉大学召开的第一次徐复观思想研讨会,时隔8年,在同一个地方召开第二次研讨会,两次会议就有一个比较,与会者也会有一些不同的感受。另外,我也愿意借此机会谈谈对世纪之交儒学研究的一些新的发展趋势的观察与理解。"①方老师着重谈了"在儒学和新儒学研究中,多元化的趋势是不可避免的"②问题,指出:"我个人的观察和感受是,上个世纪(指20世纪——引者注)90年代,大陆的新儒学研究队伍在分化,港台新儒家的队伍也在分化,这两个分化好像都有向着相反的方向发展的迹象。我们要关注这些重要的思想文化现象,认真分析研究,整体地了解和把握中国当代思想发展的走向。"③方老师特别谈到了自第一次徐复观思想研讨会以来课题组的两次分化,感慨地说:"我们做了10年现代新儒学研究。没想到课题还没有结项,就分化出了两派'大陆新儒家',使我们原来的研究计

---

① 方克立:《世纪之交儒学研究的若干观察与感受》,载《方克立论著集》第三卷,第389页。
② 方克立:《世纪之交儒学研究的若干观察与感受》,载《方克立论著集》第三卷,第399页。
③ 方克立:《世纪之交儒学研究的若干观察与感受》,载《方克立论著集》第三卷,第399页。

划不可能全面完成。国家社科基金课题后来虽然结项了,但结项成果并不完整,其中不能不包含着遗憾。"①以后的人们以现代新儒家思潮研究课题组作为研究对象时,课题组在两次徐复观思想研讨会之间的分化将是不可绕过的环节。而方老师在第二次徐复观思想研讨会上的发言,尤其具有重要的史料价值。

五、方老师对中国大陆新儒学的关注与批判

方老师是一位坚定的马克思主义学者。坚持以马克思主义为指导开展现代新儒学研究,是他从一开始就确立和坚持的不可动摇的基本原则。正是这样,自课题组成立时起,方老师就反复强调现代新儒学研究的意识形态导向。在宗桂兄的宣州会议综述《"现代新儒家思潮研究"的由来和宣州会议的争鸣》中,就对此有明确的记录:"会议对本课题研究的方法论问题,也进行了讨论。方克立、李锦全强调指出,研究现代新儒家思潮,应以马克思主义为指导,用历史唯物主义的态度,实事求是地进行科学研究。既不无原则地苟同,也不无根据地批评。在此前提下,可以采用多种方法进行研究。"②

即使是在国外参加学术会议,方老师也是旗帜鲜明地标示自己开展现代新儒学研究的马克思主义立场。如 1996 年 5 月,方老师在日本京都"中国哲学研究的现状及对 21 世纪的展望"研讨会上的发言中,就强调:"大陆学者的新儒学研究,是自觉地以马克思主义的立场、观点、方法为指导,力图在掌握大量原始资料的基础上,对现代新儒学进行一分为二的实事求是的分析评论,所以表现出相当平实、客观、公允,虽不同意新儒家的一些基本观点,但是也能对他们有同情的了解,决不抹煞其成就和贡献。"③他还谈道:"在交流中,也有个别港台学者要求我们放弃马

① 方克立:《世纪之交儒学研究的若干观察与感受》,载《方克立论著集》第三卷,第 395 页。
② 李宗桂:《"现代新儒家思潮研究"的由来和宣州会议的争鸣》,载《现代新儒学研究论集》第 1 辑,第 338—339 页。
③ 方克立:《现代新儒学研究在中国》,载《方克立论著集》第三卷,第 199 页。

克思主义的立场、观点和方法,完全认同新儒学,我们则明确表示做不到。"①

然而20世纪与21世纪之交文化保守主义的再度兴起,使中国大陆学术界的现代新儒学研究出现了复杂的局面,中国大陆新儒学作为一个思潮开始萌生和发展,课题组内也出现了思想分化。这种与现代新儒学研究相联系的意识形态动向,从发生之初就引起了方老师的警觉和关注。1993年,课题组印发了题为《现代新儒学的意识形态特征——兼论马克思主义与现代新儒学的对立互动关系》的内部参考资料,其中就有蒋庆1989年在台湾《鹅湖》月刊上发表的《中国大陆复兴儒学的现实意义及其面临的问题》一文。对于这篇文章,方老师甚为重视,称之为"大陆新儒家'复兴儒学'的纲领"②,旗帜鲜明地开展了批判。方老师已经敏锐地感觉到:"当今中国的思想文化界,在'文化保守主义话语'盛行的氛围下,'复兴儒学'的思潮大有滋长蔓延之势"③,因此他对蒋庆文章的批判,实际上不是对一个人一篇文章的批判,而是对一个思潮的批判。

进入21世纪后,方老师进一步强调要重视开展对大陆新儒学的研究和批判。2005年9月,第七届当代新儒学国际学术会议在武汉大学举办。方老师因身体原因未能出席会议,而在9月1日致会议主持者的信中,谈了自己关于现代新儒学研究的看法,指出:"中国的现代新儒学运动,从'五四'至今已有三代人薪火相传,大体上经历了三个发展阶段。我认为以甲申(2004)年7月贵阳阳明精舍儒学会讲(或谓'中国文化保守主义峰会')为标志,它已进入了以蒋庆、康晓光、盛洪、陈明等人为代表的大陆新生代新儒家唱主角的阶段,或者说进入了整个现代新儒学运动的第四个阶段。因此我建议在继续推进对前三代新儒家思想研究之同时,还要开始重视对第四代新儒家(即大陆新生代新儒家)所倡导的'大陆新儒学'的研究,这一研究对儒学和新儒学的未来发展可能具有更

① 方克立:《现代新儒学研究在中国》,载《方克立论著集》第三卷,第198页。
② 方克立:《评大陆新儒家"复兴儒学"的纲领》,载《方克立论著集》第三卷,第372页。
③ 方克立:《评大陆新儒家"复兴儒学"的纲领》,载《方克立论著集》第三卷,第373页。

加重要的现实意义。"①方老师十分关注这封信的反响。就在当天,他在给我的信中说:"我因去年以来健康状况不佳,暑期澳洲的会议没有去,这次武汉的新儒学会议也不打算参加了。齐勇要我写一封贺信,我在此信中同时谈了一点对新儒学研究的看法,不知会引起什么反响?现寄上一份请指示。"②方老师给我的这封信不长,但他关注致这次会议主持者信的反响的心情,却鲜明地跃然纸上。上述两信都已收入《方克立论著集》,可以联系起来读。

方老师的这封信引起了很大反响。其中一种有代表性的看法,就是认为方老师提出的要重视研究以蒋庆、康晓光、盛洪、陈明等人为代表的大陆新儒学,是过分抬举了他们,拔高了他们的历史地位。方老师不同意这种看法,进一步阐发自己的观点,强调自己"是从中国现代新儒学运动发展史的角度来考虑这个问题的"③,指出:"进入新世纪以来,港台、海外新儒学还在继续发展,但其基本格局、气象、规模已定,不可能有什么新的突破性进展了。新儒学归根到底是要解决中国的发展前途问题,中国文化的发展前途问题,考虑问题不能不以日渐强盛的中国内地为主体,为中心。在上个世纪(指 20 世纪——引者注)90 年代以来极其宽松的思想环境下,经港台新儒学'反哺'和十多年酝酿准备,大陆新儒学已渐成气候,其代表人物提出了一整套'儒化中国'的理论、方针、原则和策略,比港台新儒学显得更有创造性,也具有更强的意识形态性和现实针对性,实已成为当今中国保守主义的中心话语,成为一面政治和文化旗帜。所以我认为,中国的现代新儒学运动已进入大陆新生代新儒家唱主角的阶段,并相应地提出了现代新儒学研究的新课题和新任务。"④

---

① 方克立:《甲申之年的文化反思——关于大陆新儒学问题的三封信》,载《方克立论著集》第三卷,第 410 页。
② 方克立:《致李维武等二十三通》,载《方克立论著集》第七卷,第 109—110 页。
③ 方克立:《甲申之年的文化反思——关于大陆新儒学问题的三封信》,载《方克立论著集》第三卷,第 417 页。
④ 方克立:《甲申之年的文化反思——关于大陆新儒学问题的三封信》,载《方克立论著集》第三卷,第 417 页。

　　尽管这个时候赞成方老师主张者已经大大减少，开展这一工作也困难重重，但方老师还是竭力组织起新的研究队伍，使这一工作得以开展起来。这就有了先后结集出版的三辑《大陆新儒学评论》，其中前两辑由张世保编，第三辑由张世保和谢青松编。这三辑《大陆新儒学评论》，集中反映了进入21世纪以来，方老师带领团队在现代新儒学研究中的新开拓。在《方克立论著集》中，收录了多封给张世保的信，专门论及《大陆新儒学评论》的编辑及其影响。在2016年8月14日致张世保的信中，方老师就对《大陆新儒学评论》前两辑的意义作了很高评价，对《大陆新儒学评论》第三辑的编辑方针作了明确规划。他指出："大陆新儒家的势力越来越大，其崇儒反马、复古更化、儒化中国的目的也愈益明确。这些年评论大陆新儒学的文章也有一些，但站在马克思主义理论立场上写的有战斗力的批评文章不多，有些文章是站在自由主义立场写的，也有港台新儒家的评论和大陆崇儒不反马派学者的评论。现在看来，你编的两辑《大陆新儒学评论》，在当今中国的意识形态斗争中，至今还是坚持马克思主义理论立场'守土有责'的最有价值的历史性文献。为了扩大它的影响，我建议你接着编辑出版第三辑。第一辑出版于2007年3月，第二辑出版于2009年3月。明年3月，也就是辑刊创刊十周年之际，争取把第三辑推出来。第三辑隔了七八年，情况有较大变化。就评论对象来说，要以大陆新儒家领袖人物为主，他们都是典型的崇儒反马派。就收入文章的性质来说，要以马克思主义派学者写的评论文章为主，自由派和儒家中左派写的有水平、有力度的评论文章，也可少量酌情收入。"①尽管方老师指导下的大陆新儒学研究，包括三辑《大陆新儒学评论》，带有较浓厚的意识形态色彩，但同样具有不可低估的学术价值，这也是方老师对现代新儒学研究的重要贡献。我曾建议世保，将这三辑《大陆新儒学评论》组成一套书，找一出版社用统一规格重新出版，以便于流传、扩大影响，可惜至今未能实现。

---

① 方克立：《致张世保等十一通》，载《方克立论著集》第七卷，第263—264页。

六、《方克立论著集》昭示方老师对现代新儒学研究开展的贡献

方老师对于现代新儒学研究开展付出了巨大的努力,作出了重要的贡献,具有积极的价值。然而,由于这一研究具有鲜明的时代性,包含了明确的批判性,不仅与当代中国思想世界中的不同思潮相互激荡纠结,而且在一些方面带有较浓厚的意识形态色彩,因此这些努力、贡献和价值不易为今天的人们所认识和理解,往往受到遮蔽、误读和曲解,甚至出现了严重的变形。

这里仅举一个例子:在 2020 年 6 月 10 日出版的《中华读书报》上,刊出一篇一位文学史家写的题名《罗门求学记》的回忆文章,其中谈到方老师对他的帮助,十分感谢,说了不少好话;但接着又尊敬地把方老师称为"当代大陆新儒家代表性人物",说成是"尊神级的人物"。这就对方老师的人生和学问作了一个根本性的漫画式变形,其荒谬性真是令人目瞪口呆!我不知这是作者的失误所致,还是编辑的错改造成的,但这毕竟典型地反映了当今中国思想世界的一个值得关注的现象:在一些人的心目中,做坚定的马克思主义学者是不足为道的,而成为当代大陆新儒家代表性人物则是无上荣耀的。一位对方老师怀有敬意和感恩的学者尚且如此,那就不用说一般人是如何来理解和评价方老师了。由此而来的对方老师的遮蔽、误读和曲解,可以说是难以避免的。

因此,我感到现在十分有必要对方老师、对他的现代新儒学研究乃至对他和李老师领导的现代新儒家思潮研究课题组,进行历史主义的实事求是的深入研究,以还原其今天的人们往往搞不清楚的真相,以昭示其在 20 世纪和 21 世纪中国哲学史上和中国思想史上的贡献和价值。正是这样,从哲学史的反思意义上看,《方克立论著集》的编辑和出版,以充分的文献资料昭示方老师对现代新儒学研究开展的贡献,因而有着宝贵的史料意义和重要的学术价值。

传统文化与现代化
——方克立先生的现代新儒学观

李振纲[①]

接到南开大学哲学院卢兴教授发来关于举办"中国文化的现代格局与未来走向——方克立先生学术思想暨《方克立论著集》出版研讨会"的邀请函，从书柜中翻出二十多年前方先生送我的那本《现代新儒学与中国现代化》(天津人民出版社,1997年第1版)一书,重温大作,感慨良多! 多年向方先生请教的往事及方先生的音容笑貌,犹在眼前。触景生情,决定就此书谈谈个人对方克立先生现代新儒学观之浅见,诚表对先生的缅怀与思念。

一、方克立与"现代新儒学研究"

从20世纪初的东西文化论争到80年代的"文化热",中国现代思想文化史上这样两个相隔半个多世纪的历史场景尽管具有不同的时代背景、历史人物、叙事范式,但其中却贯穿着一个基本的思想主题,即中国传统文化与现代化的关系问题。这一问题更为具体、更为现实的思想内涵或实质应该是谋求中华民族复兴的中国现代化运动应该选择什么样的道路,以何种文化样式构建中华民族的现代社会组织、制度设施和生活方式。围绕这一思想主题,"五四"新文化运动时期及其后的30、40年

---

① 作者简介:李振纲,河北大学哲学与社会学学院教授,河北美术学院老庄文化研究中心主任。

代曾形成三种文化势力或三种不同的回应方式，即自由主义、现代新儒家（新传统主义）和马克思主义。三家既有论战交锋，也有兼容互动，构成现代思想文化史上的一道靓丽的风景。"现代新儒家"或"现代新儒学"思潮，这本来属于中国新民主主义革命时期中国大陆思想文化界、新中国成立后又活跃于港台地区及欧美个别华裔学者中的一种"往事"，对中国现代社会变革、社会实践的影响力也十分有限，除少数文化界学人外，社会大众对其代表人物、活动范围、思想宗旨知道得也很有限。随着"文化大革命"特殊时期的结束与改革开放新时期的到来，传统文化与现代化的关系问题又以"文化热"的方式引发广泛的社会关切及国人的关注、热议，"现代新儒家"或"现代新儒学"也应运成为中国当代学术史、思想文化史上一个"显学式"的存在，其标志之一是"现代新儒学研究"国家社科规划重大课题的确立，课题规划和组织实施的领军人物即方克立先生。

《现代新儒学与中国现代化》一书是方先生领军"现代新儒学研究"课题后近十年间所写的相关论文的结集。该书内容大体分为四组文章，集中反映了方克立先生的现代新儒学观。第一组是关于现代新儒学研究的综论性文章，包括《要重视现代新儒家的研究》《关于现代新儒家研究的几个问题》《现代新儒学产生、发展及其基本特征》《现代新儒学对传统儒学的继承、开新及其理论困境》《现代新儒学的意识形态特征》等，按照时间先后排列，大体上反映了现代新儒学研究的基本进展情况，也反映出方先生个人对现代新儒学认识从抽象到具体的深化过程。第二组属于对现代新儒家代表人及其思想、著作的个案研究性文章。这组文章中有两篇论战性文章，即《评大陆新儒家推出的两本书——〈理性与生命〉〔1〕〔2〕》《评大陆新儒家"复兴儒学"的纲领》，方先生特别强调说："其中最后两篇是为了回答两位大陆新儒家学者1995年8月在武昌'徐复观研讨会'上对我的批评，阐明我们之间的思想分歧所在而于近期写成的，也属于个案研究性质。"①第三组包括为《现代新儒学辑要丛书》《现代

---

① 方克立：《现代新儒学与中国现代化》自序，天津人民出版社1997年版，第5页。

新儒学研究丛书》撰写的"总序"和"主编的话"和为《孔子大辞典》撰写的有关现代新儒家的词条,如《现代新儒家》《儒学第三期发展》《儒家资本主义》等。第四组文章,是近十年来作者参与文化讨论的文章,如《评"中体西用"和"西体中用"》《大力宣传我们的文化主张——"综合创新"论》《马克思主义与中国传统文化的关系问题》等,围绕中国文化发展方向、方针、方法,"中心意思是阐扬'综合创新'的文化观,批评文化保守主义和文化激进主义"①。

《现代新儒学与中国现代化》一书中的四组文章,内容上虽有所侧重,但有一点是十分突出且一以贯之的,那就是始终坚持马克思主义文化观这一不变的活的灵魂。方先生说:"在本世纪以来诸多文化派别和文化观点中,我比较倾心于张岱年先生倡导的'综合创新'论,认为'古为今用,洋为中用,批判继承,综合创新'四句话可以简要概括马克思主义文化观的本质,也是最适合中国国情,代表了中国文化发展的正确方向。"②方先生自始至终为现代新儒学研究课题组提出两点要求:"一是要详细占有资料,准确理解原意,这是实事求是地进行科学研究的基础和前提;二是要运用马克思主义的立场、观点和方法,对现代新儒学进行一分为二的分析评论,既不盲目崇扬,也不抹煞它的贡献和历史地位。"③这一基本立场为大陆现代新儒学研究提供了基本遵循,引领了正确方向。

二、现代新儒学的特征、贡献与困境

一般说来,"现代新儒家"这个概念本身就显现出它作为一个学派在理论上的一些基本特征,譬如(1)它是现代中国的"儒家",就必然具有尊孔崇儒,以儒家学说为中国文化的正统或主干的道统观。(2)宋明理学,相对于先秦孔孟儒学及汉唐儒学,曾被现代学人称作"新儒学",则"现代

① 方克立:《现代新儒学与中国现代化》自序,第5页。
② 方克立:《现代新儒学与中国现代化》自序,第4页。
③ 方克立:《现代新儒学与中国现代化》,第451页。

新儒学"显然是对宋明新儒学的进一步发展。现代新儒家强调发扬宋明理学的精神,以儒家心性论为"内圣"根源,开启现代科学、民主"新外王"之路径。(3)此种"返本开新"以谋求中西会通、传统文化现代化的思维模式,带有明显的泛道德主义倾向。这样概括现代新儒学当然是可以的。方先生在《现代新儒学的产生、发展及其基本特征》,对现代新儒学的这些特质从文化心态和思维取向上概括为四个特征,即其一,"民族本位的文化立场";其二,"中体西用的基本态度";其三,"道德形上学的哲学追求";其四,"推重直觉的思维方式"。①

关于现代新儒家的贡献与困境,可将方先生的观点归结为这样几个方面:

其一,现代新儒家民族本位的文化立场有得也有失。方先生认为,现代新儒家主张"复兴儒家文化",呼唤"儒学第三期发展",其根本精神不同于顽固的复古主义,二是要畅通民族文化生命的大源大流,使之不至于隔断和失坠;据此他们坚决反对各种形式的民族虚无主义和"全盘西化"论。就这一点来说,现代新儒家的功绩是不可抹煞的。但是,现代新儒家又指责五四运动反传统造成了民族文化认同的危机,认为它的严重后果之一是马列主义乘虚而入,这种外来的马列主义与中国文化传统是根本不相容的。方先生认为"这至少是一种误解",他说:"马克思主义对中国文化的优良传统,不但不是敌视和对立的,而且力求与它相结合,否则它就不能在中国生根。我们从李大钊、瞿秋白、毛泽东、周恩来、刘少奇、邓小平这些中国的马克思主义者身上都可以看到将马克思主义和中国传统相结合的努力。"②

其二,"中体西用"的文化心态和"泛道德主义"价值取向。对此,方先生也有深刻的反省和独到的批评。他不否认现代新儒家文化观在"体"和"用"的内涵上已不同于洋务派的文化体用观念,但根本上依旧没

---

① 方克立:《现代新儒学与中国现代化》,第42—45页。
② 方克立:《现代新儒学与中国现代化》,第47—48页。

有摆脱"中国精神文明优越论"的局限性。方先生说:"现代新儒家学者具有强烈的民族文化意识值得称道,然而盲目的民族自大心理和过度的华夏优越感却应该抛弃,否则就会阻碍我们取虚心学习其他民族的一切优秀文化成果(包括其'体'和'用')",又说:"泛道德主义的倾向曾经限制了儒家哲学在自然观、认识论、逻辑学等方面的开拓发展。……把人的一切活动的价值取向伦理化,在要求人的个性特征和创造精神全面发展的新时代,这显然是一种缺乏'现代化'精神的落后的思想学说。"[1]

其三,"旧内圣"开不出"新外王"。方先生认为,现代新儒家在理论上遇到的最大的难题,就是如何说明长期为封建统治阶级服务、并作为封建官方意识形态的儒家思想,在现代社会依然有其存在的根据。它和产生于近代资本主义社会、属于完全不同的价值系统、以科学和民主为标志的近代文化如何能够相容,并从自身中"开出"后者来。为规避这一难题,现代新儒家大体想出两种说法,"其一是把儒家思想的基本精神和实质,脱离开一定的具体历史时代,也不从属于某一个特定的阶级或民族,变成一个抽象的精神实体,永恒不变的'常道',这就是所谓'仁心'。……其二是采取'古已有之'的惯用手法,认为科学、民主等并不是西方人的专利,它们早已包含在中国古老的儒学传统中"[2]。现代新儒家也知道这种说法难以让人信服,于是挖空心思杜撰种种新奇的概念命题来搪塞。方先生批评说,这些除了暴露其唯心、独断和牵强、比附等理论弱点外,并不能帮助他们解决内在难题。

其四,要正视"儒家资本主义"的经验与挑战。20 世纪 80 年代以后,现代新儒家的新一代中有人开始从另一角度去理解阐述儒学复兴的现实意义。他们根据日本,韩国,新加坡,中国香港、台湾所谓"工业东亚"或"亚洲五小龙"二十年来经济迅速崛起的事实,认为它给开启了一条"儒家资本主义"现代化模式。此种现代化模式不仅对德国宗教社会学

---

[1] 方克立:《现代新儒学与中国现代化》,第 52 页,第 52—53 页。
[2] 方克立:《现代新儒学与中国现代化》,第 51 页。

家韦伯在《新教伦理与资本主义精神》中提出的资本主义只能在而欧美基督教文化圈中产生的单一的现代化模式提出了质疑,也为亚洲包括中国的现代化道路开启了前景。其代表人物是杜维明先生①。"工业东亚"崛起为我国的现代化建设提供了一些值得借鉴的成功经验,在某种意义上也对我们党的社会主义初级阶段理论提出了严峻的挑战!作为国家重大课题"现代新儒学研究"负责人,方先生不能不做出理论上的回应。方先生的回应可以主要归结为两点:(1)工业东亚经济崛起的原因"不能仅从思想上去解释,把它归结为儒家伦理价值观的积极作用。……促成这些国家和地区经济发展的原因是多方面的,除了同一定历史文化有关,更重要的是由于它们利用了特定的国际环境和国际资本的支持,发挥了有利的地理条件的优势,实行了适合本地情况的经济发展战略和政策,善于借鉴和消化外国技术,提高生产效率等"。②(2)工业东亚的经验是,工业化、现代化进程中不是完全抛弃,而是注意保存那些带有民族特色的传统价值,使之与现代化生产和经济管理方式相适应,力求有机结合。"工业东亚的经验说明现代化有共同的规律和进程,但在各个国家可以采取不同的发展模式,有别于西方的独特的'东亚发展模式'的出现,加深了人们对文化多元论的认识。"③把东亚模式简单归结为"儒家资本主义"是一种倒因为果的狭隘的文化归因主义。

三、中国文化与现代化的未来愿景

方先生在《现代新儒学辑要丛书·总序》中强调,研究现代新儒学的目的,不仅是对"五四"以来中国思想文化论争的历史和现状有一个清晰的了解,做一种简单的是非评判,更重要的是通过总结历史经验,探索一

---

① 见杜维明:《儒学第三期发展的前景问题》《从世界思潮的几个侧面看儒学研究的新动向》《儒家伦理与东亚企业精神》《儒家伦理的现代意义》,收入杜维明著、岳华编:《儒家传统的现代转化——杜维明新儒学论著辑要》,中国广播电视出版社 1992 年版。
② 方克立:《现代新儒学与中国现代化》,第 85—86 页。
③ 方克立:《现代新儒学与中国现代化》,第 89 页。

条更有效的、更切实可行的中国文化和中国社会现代化的道路。所以"马克思主义指导地位和社会主义的方向不可动摇,怎样更好地结合中国的国情,更好地利用我们传统的资源,怎样更好地吸收别的国家现代化成功的经验和域外一切先进的思想文化,使中国的社会主义新文化成为包容性最大的、最富有民族特色和最能体现时代精神的文化,则是一个需要认真探索的问题"。① 基于上述研究目的,方先生在回顾、反省、总结 20 世纪 20、30 年代文化论争的基础上,立足于 80 年代改革开放的社会实践,提出用马克思主义统摄"三学互动"与"综合创新"的文化发展战略构想。20 世纪 30 年代张岱年就提出"创造的综合"的主张,既反对东方文化优越论,也反对全盘西化论,主张兼取中西文化之长而创造新的中国文化。在 80 年代的文化讨论中,张岱年结合新的时代特点和需要,发表了许多文章、讲话和论著,大力阐扬综合创新之义,积极宣传这种重要的主张,如《中国文化的发展道路——论文化的综合与创新》《文化发展的辩证法》《中国文化的改造与复兴》《文化发展的自觉设计》《中西文化之会通》《中国文化优秀传统的生命力》等②。方先生"三学互动"的"综合创新"及晚年"马魂中体西用"说是张岱年文化综合创新论的继承、弘扬和发展。

展望中国文化与现代化的前景,方先生说:"中国文化的未来发展,必然要扬弃和超越现代新儒家及其'劲敌'全盘西化派,同时吸收他们思想中的合理因素,对于民族文化和外来文化,都要从中国社会主义现代化建设的实际需要出发,审慎地选择,历史地科学地分析,批判地继承和扬弃,走综合创新的道路。中华优秀文明和包括马克思主义在内的世界先进文明的最佳结合将给这个古老的国家带来新的生机。"③在三学互动的综合创新中,方先生在强调马克思主义主导地位的同时,也十分重视对现代新儒学的分析、综合、吸收。他指出:"现代新儒家对中西哲学思

① 方克立:《现代新儒学与中国现代化》,第 446 页。
② 收入张岱年《文化论》(当代学者自选集),河北教育出版社 1996 年版。
③ 方克立:《现代新儒学与中国现代化》,第 90 页。

维方式之异有比较清晰的认识,而世界哲学的未来发展总是趋向于中西融合,理智的和直觉的、科学实证的和道德人本的互补。显然,在这种综合中,现代新儒家哲学将要被克服,同时它作为一个重要方面,一种重要因素被保留。"①

　　写到此处,还有几句话似乎不能不说,那就是方克立先生——一个湖南人特有的倔强、担当及外柔内刚的真性情。主持国家社会科学重大课题"现代新儒学研究",对方先生个人及事业具有双重作用。一方面,近十年如一日,自强不息,兢兢业业,带动课题研究团队完成了一系列重要成果,培养了一批在当时中国哲学史界很有成就的中青年学者,这自然也成就了方先生在中国现当代学术史上的影响和地位。另一方面,厚德载物,如履薄冰,有难以言表的苦楚艰辛! 面对"现代新儒家"——时间上贯穿从新民主主义到新中国社会主义建设时期、改革开放新时期,空间上横跨大陆、港台、欧美——这样一个带有不同时代、不同社会制度、不同政治立场、不同文化信仰的特殊的研究对象,需要在学术性与意识形态性的复杂而紧张的张力中做出冷静考量与独立判决,没有深厚的学术涵养和坚毅的求真勇气是断断不能胜任其事的。这在收入《现代新儒学与中国现代化》书中第二组文章中的两篇回应批评者的论战性文章中可见一斑,其中隐约可见方先生不盲信权威、不苟合名流、不沽名钓誉、不计较流言的倔强、担当及外柔内刚的真性情。这一点十分可贵!一时间,有人说其"左",有人又担心其"右"。殊不知,上世80、90年代,改革开放的现代化事业在步履蹒跚中探索的特定时期,虽说是学术研究上无禁区,但意识形态上又有我党的规矩和纪律。方先生作为学者兼领导干部于一身的社会角色,马克思主义的学术立场异常坚定! 知我者说我心忧,不知我者说我何求,我想《诗》中先哲的精神境界,用在方先生身上也是恰当的。由于积劳成疾,方先生离开了他所热爱的事业、亲人、朋友,但他的精神长存!

---

① 方克立:《现代新儒学与中国现代化》,第50页。

方克立与现代新儒家

徐庆文[1]

提到方克立先生，必然就会涉及现代新儒家。2020 年 4 月 21 日，方克立先生逝世。学术界学人以及有关儒学团体纷纷悼念与缅怀方克立先生，缅怀的内容也都提到方克立先生对现代新儒家的贡献。方克立与现代新儒家究竟有什么样的关联？方克立对现代新儒家以及中国 20 世纪思想的影响有哪些，在这些缅怀的文字中似乎没有说详细，有必要进一步仔细的梳理。

一、主持"现代新儒家思潮研究"课题，让对立的"绝学"成为"显学"

1986 年，由方克立、李锦全主持的"现代新儒家思潮研究"课题被列入国家哲学社会科学"七五"规划重点项目。方克立在谈到此课题的态度和方法时，强调了要老老实实地做搜集、整理资料的基础工作；以马克思主义的立场、观点、方法为指导；重视现代新儒家为解决传统和现代化关系的探索和贡献；客观、科学地分析和评价。[2] 本来，一个国家课题的立项并不能说明什么问题，毕竟每年立项的国家课题方方面面，数量庞

---

① 作者简介：徐庆文，山东大学儒学高等研究院教授。
② 参见方克立：《关于现代新儒家研究的几个问题》，《天津社会科学》1988 年第 4 期。

大。然而,"现代新儒家思潮研究"项目在主持人的策划、运作下,几乎是重写了 20 世纪的儒学发展史,确定了 20 世纪儒学发展的主要脉络。从某种意义上说,这一课题的立项,无论是在时间点上,还是在中国马克思主义发展史上,抑或是儒学的传承上,都有着特殊的意义。

第一,"现代新儒家思潮研究"课题的重要突破,是抛开"先见"①,"同情地理解"作为马克思主义对立面的现代新儒家。众所周知,中国马克思主义从诞生之日起,就以激进之姿态呈现出与中国传统文化的异质取向。中国马克思主义者接受马克思主义后,认为马克思主义是自足的思想体系,可以"根本解决"(李大钊语)社会发展中的一切问题,非马克思主义的思想是错误的,要用马克思主义的观点加以纠正。这就无形中形成了一种"先见"。作为传统文化主流的儒家思想,显然与外来的马克思主义存在巨大差异,也必然成为马克思主义者"纠正"的重点目标。"马克思主义从传入中国的那天起,它的主要论敌就是儒学余绪。"②在中国马克思主义的唯物史观视野里,儒学就是已经过时的,是封建的,是倒退的,是阻碍现代社会发展的。儒家思想是中国封建社会意识形态的代表,已经不适合中国现代社会。陈独秀的《孔子之道与现代生活》奠定了这一基调。中国马克思主义者的这一"先见",使 20 世纪的大部分时间中,中国马克思主义者与文化保守主义者处于一种互盲互斥的状态。现代新儒家思潮作为 20 世纪文化保守主义最有活力的典型代表,成为中国马克思主义者拒斥的重点。科玄论战中,陈独秀就指出张君劢的人生观"未曾敲过社会科学的门"③,李大钊、瞿秋白批判张君劢的人生观"玄虚"无定,不可测度。梁漱溟《东西文化及其哲学》出版,瞿秋白指出梁漱溟"欲望、肉欲为社会现象的根本""其实是唯心论"④;熊十力《新唯识论》

---

① "先见"一语,方克立曾用来表述港台学者对大陆兴起现代新儒学研究的担忧。其实,20 世纪以来,中国马克思主义者对传统文化尤其是现代新儒家的态度,是典型的"先见"。
② 张允熠:《中国文化与马克思主义》,山西教育出版社 1999 年版,第 234 页。
③ 陈独秀:《答适之》,转引自张君劢等:《科学与人生观》,黄山书社 2008 年版,第 26 页。
④《瞿秋白文集》(政治理论篇),人民出版社 1988 年版,第 2 卷第 594 页。

出版,杜国庠、周谷城等认为,熊十力否认物质宇宙的存在,认为宇宙间的一切事物都是"空无",都是"诈现",都是人们的"妄执",这从根本上否定了科学、知识的价值;冯友兰《新理学》出版后,陈家康指出其"蔽于离而不知合,蔽于理而不知物"①,杜国庠指出其"属于玄学一类""僭称中国哲学之精神"②。事实上,这些中国马克思主义者们对现代新儒家的批判,明显带着唯物史观的"先见",并没有深入到现代新儒家的思想内部,甚至没有完全理解其思想,只要不符合唯物史观,就用唯物史观进行批判。中国马克思主义与现代新儒家处于一种全面对立的拒斥状态。80年代后,中国马克思主义虽然尝试着改变儒家思想的拒斥态度,但习惯性的批判思维仍然决定着中国马克思主义对儒学的范式。1985年匡亚明著的《孔子评传》,提出对孔子思想实行"三分法",不难品味出马克思主义者的"先见"。

作为马克思主义者,方克立始终坚持马克思主义的理想信念,而且在其学术文章以及与学人的论辩中维护自己的原则和立场。20世纪60年代,方克立与冯友兰关于"普遍性形式"问题进行辩论,方克立站在马克思主义立场批判冯友兰的普遍性形式原则,指出冯友兰虽然借用马克思主义的普遍性形式原则,在思想深处仍然是"新理学"的方法,并指出全面、客观评价冯友兰很有必要③。方克立一直坚持着马克思主义立场的操守,但又不囿于教条化的马克思主义。他要突破大陆新儒家指责的"先见原则"和"门户之见"④,"我们研究现代新儒学的目的,决不只是简单地把它作为批判对象。马克思主义不是狭隘的宗派,它不怕申明自己的理论立场,也不拒斥一切积极的、进步的、合理的思想和观念"⑤。可以说,方克立的这种态度,为马克思主义与儒学从对立到对话、互动迈出了

① 陈家康:《物与理》,《群众》1943年第8卷。
② 《杜国庠文集》,人民出版社1962年版,第414页。
③ 方克立:《全面评价冯友兰》,《哲学研究》1997年第12期。
④ 方克立:《现代新儒学与中国现代化·序》,长春出版社2008年版。
⑤ 关东:《现代新儒学研究的回顾与展望——访方克立教授》,《哲学研究》1990年第3期。

关键性的一步。

怎样抛开"先见"? 方克立提出研究现代新儒家要"入乎其内"。"正确的了解是科学研究的起点,要能'入乎其内',才能窥其堂奥"①。尽管方克立也强调课题要以马克思主义作为指导,但这个指导更多的是"实事求是"原则了。"要详细占有资料,准确理解原意,这是实事求是地进行科学研究的基础和前提"②,"我们的工作必须从最基础的资料收集整理做起"③。课题组集中国内各大学和研究所,整理出版了《现代新儒家学案》《现代新儒学辑要》等,《现代新儒家学案》《现代新儒学辑要》虽然有编者的主观判断和选取视角,但总体上是以现代新儒家人物的第一手资料呈现的,没有加任何评判。学人了解现代新儒学思想,大多是从这些原始资料当中获取的。从某种意义上说,正是这种收集原始资料的研究成果兴起了现代新儒学研究的热潮。

与"入乎其内"的方法相对应,方克立谈到对待现代新儒学的心态时提出"同情地理解",并为"同情地理解"做了解释,认为要对现代新儒学思潮在西化泛滥、民族文化生存困顿时,"为护持和承续中华文化之慧命"产生"共鸣"和"敬佩之情",并从情感共鸣中找到共识④。"同情地理解",就是要理解现代新儒学对中国现代化道路的探索,理解他们"畅通民族文化生命"的努力,理解"援西学入儒""返本开新"的哲学理路⑤。这些"同情地理解"中,少了批判的印迹,少了将现代新儒学看成"反面教材"角色的因素,多了对儒家思想智慧的肯定、包容和借鉴,为马克思主义与儒学的对话互动打下基础。

第二,"现代新儒家思潮研究"课题的立项,标志着儒学研究由"批判继承"转向儒学传承本身。

---

① 方克立:《现代新儒学研究的自我回省——敬答诸位批评者》,《南开学报》1993 年第 2 期。
② 方克立:《现代新儒学与中国现代化·序》,长春出版社 2008 年版。
③ 方克立:《关于现代新儒家研究的几个问题》,《天津社会科学》1988 年第 4 期。
④ 方克立:《现代新儒学研究的自我回省——敬答诸位批评者》,《南开学报》1993 年第 2 期。
⑤ 方克立:《现代新儒学与中国现代化》,长春出版社 2008 年版,第 28—29 页。

　　自近代以来,儒学如何传承和发展始终是中国知识分子所关注的问题。进入 20 世纪,儒学变成了无所依附的"游魂",其发展可谓是举步维艰。五四运动后,反孔、批孔成为一种常态。特别是中国马克思主义,反孔、批孔成为宣传和播撒马克思主义同步进行的重要工作,而且大有借助批孔之势提升马克思主义的影响力。尽管在马克思主义中国化时期也提出"剔除其封建性的糟粕,吸收其民主性的精华"①的原则,但落实到执行层面就完全是"剔除",没有"吸收"。儒学成为与马克思主义相对立的"反面教材",供批判、反对、鞭挞。从五四运动的"打倒孔家店",到"文化大革命"的"批林批孔"运动,都呈现这一特点。而儒学本身的传承和发展问题,始终没有走入中国马克思主义的视野。即使是改革开放后,中国马克思主义改变了与文化保守主义的互盲互斥的态度,但只是将儒学从批判、反对的对象,转换成客观评价的对象。改革开放后,中国马克思主义开始反省苏联式的马克思主义的教条,突破马克思主义是自满自足的思想体系,汲取各种思想的精华。儒家思想作为中华民族文化的主体,走入了中国马克思主义的视野。对孔子及其思想的再认识、再评价成为学界的热点。1979 年张岱年提出"对于孔子进行科学的实事求是的讨论""全面地客观地评论孔子"②,成为当时孔子研究的标准和方法。然而,这种准则和方法仍然没有关注儒学本身的传承和发展,只是通过评价孔子及其思想供马克思主义吸收其精华。

　　"现代新儒家思潮研究"课题的立项,从某种意义上说是中国马克思主义从关注儒家思想如何继承转变为儒学的传承与发展。现代新儒学的使命就是在儒学发展非常有限的空间中"重建儒家的价值系统",以儒家的价值系统重构中国文化。现代新儒学成员以儒家的第三期自许,标榜他们是继宋明儒学之后儒学的正宗传人。将研究的触角伸向这样一个领域,本身就是对儒家思想传承和发展的关心。这是中国马克思主义

① 《毛泽东选集》第二卷,人民出版社 1991 年版,第 708 页。
② 张岱年:《孔子哲学解析》,中国孔子基金会学术委员会编:《近四十年来孔子研究论文选编》,齐鲁书社 1988 年版,第 422 页。

自产生以来首次对儒学的传承给予积极的回应,而不是将其作为历史来"剔除""吸取"。尽管方克立也强调以马克思主义为指导,但研究者的精力还是转向了现代新儒学怎样传承儒家思想方面,并在很大程度上认同现代新儒学对儒家思想传承的理路。事实上,课题立项后,在 80 年代末到 90 年代,"现代新儒学从断顿 30 多年的'绝学'变成名噪一时的'显学'"①,其如何传承儒家思想绝对是学者们研究中最聚焦的成果,这与课题组开始关注现代新儒学对儒家思想的传承有着直接关系。或者可以说,正因为课题组关注现代新儒学对儒家思想的传承,才造就了现代新儒学研究的繁荣。我们不难发现,90 年代的现代新儒学研究中,马克思主义的立场、观点、方法逐渐式微,"同情地理解"成分逐渐增强,对现代新儒学观点的认同系数增大。这与课题立项,儒学研究转向关注儒家思想本身不无关系。

二、圈定现代新儒家学派成员,挖掘出一批传承儒家思想的学人

"现代新儒家思潮研究"课题立项后,哪些学人属于这一思潮,课题组成员相当纠结。当时对于现代新儒家思潮的理解是非常有争议的。现代新儒学是一种思潮,思潮只是意味着一定时期、一定地域的思想趋势或倾向,而不是学术观点的一致。具体到现代新儒学思潮,思潮内部学人只是具有相同的研究理路和致思取向,但他们的学术关注点和理论建构方式以及呈现的成果显然不同。这就为如何把握这样一种思潮增添了难度。

方克立显然十分在意现代新儒家思潮的分歧,这直接观关系到"现代新儒家思潮研究"课题研究的内容、方法以及成果的权威。方克立总结了当时现代新儒家研究的代表观点,如李泽厚将熊十力、梁漱溟、冯友兰、牟宗三看作是现代新儒家最典型的代表,刘述先将熊十力、方东美、唐君毅、牟宗三作为主要论述对象,张岱年认为将梁漱溟、熊十力、冯友

① 方克立:《现代新儒学与中国现代化》,长春出版社 2008 年版,第 149 页。

兰、贺麟作为现代新儒家是"不妥当"的，甚至有的学者上溯到康有为[①]。这些大相径庭的观点不进行厘定，课题组就无法开展工作。课题组经过讨论，给现代新儒家下了一个精准而且是权威的定义："现代新儒家是产生于本世纪 20 年代，至今仍有一定生命力的，以接续儒家'道统'、复兴儒学为己任，以服膺宋明理学（特别是儒家心性之学）为主要特征，力图以儒家学说为主体为本位，来吸纳、融合、会通西学，以寻求中国现代化道路一个学术思想流派，也可以说是一种文化思潮。"[②]根据此定义，课题组确定梁漱溟、张君劢、熊十力、冯友兰、贺麟、钱穆、方东美、唐君毅、牟宗三、徐复观十人为现代新儒家"重点研究对象"，其后，又吸纳蔡仁厚的建议，将马一浮列入"重点研究对象"[③]。"后来在编《现代新儒学论著辑要丛书》时，又加上了杜维明、成中英、刘述先、余英时四位。"[④]方克立主持的课题中，共有 15 位现代新儒家人物。

对于"现代新儒家思潮研究"课题选定的 15 名现代新儒家人物，学术界也不是完全认可。余英时就公开称自己不是新儒家，他的老师钱穆也与现代新儒家的"学术取向以及对儒学传统的认识都格格不入，'离则双美，合则两伤'，这句话用在钱先生和新儒家的关系上面真是再恰当不过了"[⑤]。马一浮被公认为儒家，但归类于现代新儒家中有牵强之嫌，也因此，课题组开始时并没有将其纳入。"贺麟的儒学贡献不足以成'家'""冯友兰主观上欲成就新儒家，然而其理论基点不在儒家。"[⑥]最有争议的是第三代现代新儒家代表人物，方克立曾经提供一份大名单：杜维明、刘述先、余英时、成中英、霍韬晦、唐端正、李杜、黄振华、蔡仁厚、王邦雄、曾昭旭、杨祖汉、高柏园、岑溢成、袁保新、郑志明、李明辉、林安梧、刘国强、冯耀明等，但对于哪些人能代表第三代现代新儒家，可以说是见仁见智，

① 方克立：《关于现代新儒家研究的几个问题》，《天津社会科学》1988 年第 4 期。
② 方克立：《关于现代新儒家研究的几个问题》，《天津社会科学》1988 年第 4 期。
③ 方克立：《现代新儒学研究的自我回省——敬答诸位批评者》，《南开学报》1993 年第 2 期。
④ 颜炳罡：《生命的底色》，山东友谊出版社 2005 年版，第 164 页。
⑤ 余英时：《钱穆与新儒家》，《中国文化》1992 年第 1 期。
⑥ 颜炳罡：《生命的底色》，山东友谊出版社 2005 年版，第 164 页。

"认识的差异就相当大"①。但是,我们不能因为课题组圈定的现代新儒家代表人物得不到学术界的广泛认同就否定它的权威。事实上,"现代新儒家思潮研究"课题是国家规划项目,课题负责人又是此方面研究的代表性人物,课题组"集中了一批热爱祖国的历史文化、学有根柢、富有探索精神的中青年学者,他们分布在南北各地的十几所大学和科研机构"②。可以说,"现代新儒家思潮研究"课题是权威学者主持、权威专业队伍谋划及写作的权威项目。这样一个举全国专业研究力量来做的项目,对于现代新儒家思潮研究来说,那就是方向、标志、典范。所以,课题立项后,"一年来,关于现代新儒家的研究已经引起学术界的普遍关注和重视,见诸报刊的论文不下十数篇"③,并很快成为文化讨论的一个热点,不仅在内地,也在港台、海外"产生强烈反响和引起极大关注"。20 世纪90 年代直到今天的现代新儒家研究,都没有脱离开课题组圈定的代表人物,这与课题的权威直接相关。

既然课题具有如此强大的权威,那么课题组圈定的人物也理所当然地就成为代表或标志。课题组最早圈定的 11 位代表人物中,梁漱溟、冯友兰、熊十力曾经是中国马克思主义所批判的资产阶级哲学,是供批判的对象,学术界虽然对他们比较熟悉,但他们的著作、观点等关注、理解的并不多,只把他们的观点作为"唯心主义哲学"加以批判;张君劢、贺麟、马一浮、钱穆、方东美、唐君毅、牟宗三、徐复观等"国内人士更鲜有所知"。如果不是现代新儒家成为学术界的热点,这一思潮的代表人物恐怕不会有多少人知道,甚至关注。从这一点上说,"现代新儒家思潮研究"课题炒热了其代表人物。课题组将谁列入代表人物行列,谁就会成为学术界研究的热点。应该承认,课题组圈定代表人物是谨慎和深思熟虑的,所圈定人物也当得起代表,这些人物因其本身的学术成就,即使不列入现代新儒家代表人物,也会随着改革开放的深入,被学术界挖掘出

① 方克立:《第三代新儒家掠影》,《文史哲》1989 年第 3 期。
② 关东:《现代新儒学研究的回顾与展望——访方克立教授》,《哲学研究》1990 年第 3 期。
③ 方克立:《关于现代新儒家研究的几个问题》,《天津社会科学》1988 年第 4 期

来,只是时间早晚和关注度的高低的问题。像梁漱溟、熊十力、冯友兰、钱穆、方东美、唐君毅、牟宗三、徐复观等,他们思想的影响迟早会被学术界关注。但张君劢、贺麟、马一浮等,如果不列入现代新儒家代表人物之中,是否能成为学术界研究的热点,就不确定了。张君劢尽管挑起"科玄论战",但他的主要思想是 20 世纪后半期,影响力度要小于牟宗三、唐君毅等;贺麟只有一篇《儒家思想的新开展》,提出"新心学",他的研究范围不在儒家;马一浮尽管学问广博,学养深厚,但儒学创新的程度并不高,如果不被列入现代新儒家代表人物,学术界对他的关注可能要大打折扣。

三、精确定位,确定了 20 世纪思想史的发展脉络

20 世纪 90 年代,方克立提出了中国现代思想史上自由主义西化派、文化保守主义和中国马克思主义三大思潮对立互动的思想格局,得到学术界的公认。

五四运动后,中国思想界形成了三大思潮:自由主义西化派、文化保守主义和中国马克思主义。方克立参照西方学者用"激进主义""自由主义""保守主义"三分法划分思想派别的做法,认为中国现代思想史中也存在着三大思潮,中国马克思主义被攻击为激进主义,自由主义是指以胡适、吴稚晖等人为代表的西化派,保守主义指以维护传统为特征的思想倾向的思潮。三大思潮均为中国文化的发展设计出各自的愿景,但相互之间主张又不相同,甚至迥异,三大思潮互相攻讦,鼎足而三,主导着 20 世纪上半期的主要思想论战。"所谓三派互动,就是指的这种既相互对立又相互联结的复杂的思想变动格局和动态平衡结构。"①三大思潮"反映着当今世界发展潮流和国内阶级力量的对比,70 年来虽互有消长但都有不衰的生命力,相互之间展开了错综复杂的思想斗争"②。

---

① 张允熠:《中国文化与马克思主义》,山西教育出版社 1999 年版,第 234 页。
② 方克立:《现代新儒学与中国现代化》,《南开学报》1989 年第 4 期。

对于三大思潮中的文化保守主义，方克立认为"最有势力和影响的，传承时间最长的，也最有创造性活力和生命力的，就是我们所说的现代新儒家学派，它可以说是中国现代文化保守主义的主流派"①。后来，又直接用现代新儒家来取代文化保守主义，使三大思潮变成中国马克思主义、自由主义西化派和现代新儒家。这一变化是非常精确的。方克立列举了文化保守主义派别，认为 20 世纪的文化保守主义有"以康有为为代表的孔教派，以章太炎、刘师培为代表的国粹派，20 年代以吴宓、梅光迪为代表的学衡派，30 年代的'中国本位文化'派"②。但是，这些派别在 20 世纪的思想论战中影响并不大。孔教派活跃于 20 世纪早期，特别是 1912 年、1913 年在全国兴起了孔教运动，开创了"儒学最走红的时期"（庞朴语），但迅速被新文化运动给打压下去，其后就变成了"老朽""封建遗老"了，虽然不断发声，但再也没有兴起风浪，五四运动后更是销声匿迹了。国粹派主要影响在新文化运动之前，辛亥革命头几年，国粹派"以国粹激动种性"为号召，以"昌明国学、保存国粹"为宗旨，在抵制盲目西化倾向，改变学术风气等方面，起了积极作用，但新文化运动，国粹派的观点成了旧文化的代表，国粹派的代表人物分崩离析，在新文化建设的浪潮中声音微弱，与主流渐行渐远。学衡派与新文化运动时空疏离，标榜"昌明国粹、融化新知""无偏无党、不激不随"的宗旨，却被新文化运动的主干称为"复古"，受到他们质疑，"虽然自称为'衡'，而本身的秤星尚且未曾钉好，更何论于他所衡的轻重是非"③，"《学衡》的议论，大概是反对文学革命的尾声了。我可以大胆说，文学革命已过了讨论的时期，反对党已经破产了"④，在这些主流干将的不屑与鄙视中，没有得到主流学界的正视。"中国本位文化"派只是呼应国民政府的"新生活运动"而昙花一现。只有现代新儒家，他们自诞生之日起，几乎参与了 20 世纪前半

① 方克立：《现代新儒学与中国现代化》，长春出版社 2008 年版，第 146 页。
② 方克立：《现代新儒学与中国现代化》，长春出版社 2008 年版，第 146 页。
③ 鲁迅：《估〈学衡〉》，《鲁迅全集》第一卷，人民文学出版社 1982 年版，第 377 页。
④ 胡适：《五十年来中国之文学》，《胡适文集（第二卷）》，花城出版社 2013 年版，第 86 页。

期的每一次思想论战,支撑着文化保守主义的门面。科玄论战,是由现代新儒家引发并深度参与的,"玄学派的立场实际上就是现代新儒家的立场"①;科学派是自由主义西化派的观点,丁文江、胡适、吴稚晖等是科学派的主力;马克思主义者陈独秀、瞿秋白、邓中夏在论战开始后对双方进行了批评,"科玄两派分别为马克思主义哲学的中国化和现代新儒家的兴起提供了思想史背景"②。20世纪20、30年代的东西文化论战,是由自由主义西化派引发和主导的,东方文化派的主将即是梁漱溟,《东西文化及其哲学》奠定了现代新儒家的致思取向;胡适、陈序经等人则明确提出"全盘西化"的文化主张;李大钊、瞿秋白等提出理想的文明"灵(指东方精神文明)肉(西方物质文明)一致之文明"③。20世纪30年代,现代新儒家与中国马克思主义进行了一场唯物辩证法论战,现代新儒家以牟宗三、张君劢为代表,指责马克思主义不懂逻辑,以辩证逻辑代替形式逻辑;中国马克思主义以胡绳、李达、艾思奇为代表,强调世界观与方法论的统一、自然观与社会历史观的统一。40年代,现代新儒家创造了"新理学""新心学"体系,胡绳、杜国庠等批评他们是唯心主义哲学。新中国成立后,中国马克思主义清算胡适的资产阶级思想和梁漱溟等的封建思想,并要求冯友兰、贺麟、梁漱溟等人对自己过去所坚持的思想进行分析、批判,向马克思主义靠拢;牟宗三、张君劢则在港台对《矛盾论》《实践论》和辩证唯物主义进行驳难。"三大思潮互相冲撞激荡,既有斗争又有联合,形成内外交织、色彩斑斓的思想斗争画面"④。

如果说,方克立勾勒出三大思潮论战为思想史的主脉络,使中国现代思想史更加明晰的话,那么以现代新儒家取代文化保守主义作为三大思潮之一,则是使三大思潮的论战更加聚焦,有助于更加精准的把握思想史,同时也凸显了中国本土文化的地位,为儒学的现代转化提供了路

---

① 方克立:《现代新儒学与中国现代化》,《南开学报》1989年第4期。
② 何中华:《"科玄论战"与20世纪中国哲学走向》,《文史哲》1998年第2期。
③《李大钊文集》上卷,人民出版社1984年版,第184页。
④ 方克立:《现代新儒学与中国现代化》,《南开学报》1989年第4期。

径。这一点,关注的学者虽少,却不容忽略。

四、余论:以怎样的态度与现代新儒家实现对话与互动

本来,方克立主持"现代新儒学思潮"课题,将现代新儒家由不为人知的"绝学"变成"显学",并以现代新儒家为文化保守主义的代表,重构20世纪中国思想史,实现马克思主义与现代新儒家的对话与互动,应该得到学界的认同尊重,特别是现代新儒家学人的尊崇。但是,方克立在主张马克思主义与现代新儒家对话和互动中,在学者中间也有一些不同的声音,主要是方克立一再强调的现代新儒家的意识形态特征。这反映出一个问题,马克思主义者应该以怎样的态度与现代新儒家实现对话与互动?

所谓的对话互动,一般是指两种或几种势力大体相当的不同思想,为了取得一致性成果所进行的交流、融合的活动。对话互动的前提是平等对待各方,求同存异。方克立曾经在多次会议和文章中强调,研究现代新儒家要以马克思主义的立场、观点、方法为指导,既要重视他们为解决传统和现代化关系问题所作的探索和贡献,也不能过高地估计它在现当代思想史上的地位和作用;既不把它神圣化,也不抹煞它的历史地位。这本身并没有问题。他对"认同新儒学的倾向""抱着宗教徒般的热忱,以捍卫儒学和新儒学为自觉的历程承担和终生职志"的课题组成员罗义俊多次笔伐,学者也能理解,毕竟作为课题组成员的罗义俊思想偏离课题组宗旨,方克立作为课题负责人是必须纠偏的,否则,课题将无法进行。他对蒋庆的"大陆新儒家"复兴儒学的政治宣言和思想纲领进行无情的批驳,也得到同行的认可,对于蒋庆等的"大陆新儒学""以儒代马"的思想和行为,不仅是方克立,许多学者都口诛笔伐。但方克立强调"现代新儒学的意识形态特征",强调现代新儒家"存在着尖锐的现实意识形态"[①],这引起

---

① 方克立曾多次指责牟宗三动辄辱骂马列主义是"魔道",摆出不共戴天的姿势,认为这样是不可能进行"健康互动"的。

了学者的质疑。有的学者认为方克立"搞意识形态斗争";有的学者指出大陆学者的现代新儒家研究是搞"统战"把戏,是"打着儒家反儒家"的"红儒家";有的学者认为方克立"对现代新儒家的腐蚀性警惕不够"①。似乎,方克立的现代新儒家思想研究有一种两面不讨好的感觉。一方面强调要以马克思主义的立场、观点、方法为指导研究现代新儒家思想,一方面又要与现代新儒家进行对话与互动。这多多少少让人感觉出是一种矛盾,至少会让对方感觉到对他们不够尊重。所以,许多学者感受到方克立对现代新儒家(甚至是整个儒学)的"冷",他与现代新儒家的对话互动不是在"求同",而是在"求异"。

其实,方克立作为一名知识分子,有其时代的特点。许纪霖对 20 世纪的中国知识分子有很深入的研究,他认为方克立这一代知识分子"生于 1930—1945 年之间,其知识底色受到《联共(布)党史》影响极大,带有浓郁的意识形态色彩","这代人在马克思主义的框架中致力于学术研究,一直试图建立马克思主义的学术规范"②。这也说明了方克立为何一再强调坚持马克思主义的立场、观点、方法的原因。

但无论如何,既然要实现马克思主义与现代新儒家的对话互动,双方就应该求同存异,尊重对方,理解对方。我们无意也无资格指责方克立对现代新儒家的态度,只是想从三大思潮的错综关系中汲取实现对话与互动的经验。事实上,后来的许多学者包括课题组成员,还是反省了方克立对现代新儒家的"冷"的态度,并引以为戒,他们"有意回避和新儒家有明显冲突的一些敏感的政治意识形态问题","尽量减少政治色彩",对现代新儒家研究表现出"客观、平实、公正、宽容、理智"的态度;而现代新儒家传人虽然不赞成马克思主义,但也认为中国的未来希望乃在于马列、西化和传统儒家人文思想三者的健康互动。这些无论是对于中国马克思主义的发展,还是现代新儒家的发展,都不无裨益。

---

① 方克立:《现代新儒学研究的自我回省——敬答诸位批评者》,《南开学报》1993 年第 2 期。
② 《许纪霖自选集》,广西师范大学出版社 1999 年版,第 4 页。

方克立先生的冯友兰研究述评

高秀昌①

方克立先生(1938—2020)是中国当代著名的哲学家、哲学史家和教育家。冯友兰先生(1895—1990)是20世纪中国著名的哲学家、哲学史家和教育家。方先生和冯先生最初的学术交际发生在1963—1964年。当时,已经成为中国人民大学哲学系青年教师的方先生,围绕中国哲学史研究方法论问题,连续发表三篇文章,与冯先生展开了学术争论;而冯先生也撰文回应方先生的质疑。1980年代中后期和1990年代初,方先生撰写了三十多篇研究现代新儒家(学)论文,其中有不少文章谈到冯友兰及其哲学。1990年代中期,方先生撰写《冯友兰与中国哲学现代化》和《全面评价冯友兰》两篇文章,集中论述冯先生其人其学及其得失。此外,方先生在一些序跋以及给师友的书信中,也对冯先生及其哲学有所论及。从总体上说,方先生对冯友兰及其哲学的持续研究与评价,既体现出冯先生对方先生一生从事中国哲学研究的积极而重要的影响,同时也可以看出方先生自青年时期起,就具有不盲从学术权威的独立的学术态度和求真精神。正是这样一种敢于质疑、批评的学术精神,使得方先生在中国哲学史和中国哲学的研究中,不仅能够自始至终坚守马克思主

---

① 作者简介:高秀昌,西南大学哲学系教授。

义,而且还能在 1980 年代学术回归常态后,自觉坚持宽容、同情理解的学术态度和治学方法,进而提出独具特色的"马魂、中体、西用"论,成就了自己的一家之言。

一

1956 年,方克立先生考入中国人民大学哲学系,开始了"辩证唯物主义和历史唯物主义"专业的学习。入学前,方先生就从他的父亲方壮猷先生(1902—1970)那里受到了马克思主义唯物史观的影响;入学后,他在老师们的引领下,更加自觉、主动研读马克思主义经典著作以及郭沫若先生的《十批判书》《青铜时代》等史学著作和侯外庐先生等人合著的《中国思想通史》,打下了马克思主义理论的扎实功底。自此始,方先生不仅学习、研究马克思主义,而且自觉接受、信奉马克思主义,逐步确立起马克思主义的世界观,并运用马克思主义的立场、观点和方法从事中国哲学史的研究与教学工作。

1962 年,方先生在《研究〈周易〉不能援〈传〉于〈经〉》一文中,针对冯友兰先生《〈易经〉的哲学思想》一文中的关于"《易经》的哲学思想是朴素唯物主义"和"这种深化式的对于自然界的理解,就是唯物主义世界观的胚胎"的观点提出质疑。随后他又撰写了三篇评冯文章,即《关于孔子"仁"的研究中的一个方法论问题》(《哲学研究》1963 年第 4 期)、《实质的分歧是什么?》(《哲学研究》1963 年第 6 期)和《无产阶级思想也具有"普遍性形式"吗?》(《哲学研究》1964 年第 1 期),围绕孔子"仁"的思想、哲学遗产继承、抽象继承法、思想的"普遍性形式"以及无产阶级思想是否也具有"普遍性形式"等问题进行了辩论。总体看来,方先生是站在马克思主义的立场上,从社会存在决定社会意识的根本原理出发,运用马克思列宁主义的具体历史分析和阶级分析方法,批判冯先生"超历史超阶级的抽象分析方法",认为这是"非科学的、形而上学的抽象方法",进而指出与"马克思列宁主义的批判地继承哲学遗产的方针同抽象继承的方针"是根本对立的,与"马克思列宁主义的具体历史分析和阶级分析方法同超历史超阶级的抽象分析方法"是根本对立的。[1]

　　同时,冯友兰先生也撰写《方克立同志和我的意见分歧》(《哲学研究》1963 年第 5 期)一文回应方先生的质疑。冯先生说,方先生跟他的观点有三点基本的相近之处,而分歧主要在于对马克思、恩格斯《德意志意识形态》关于"普遍性形式的思想"有不同的了解和认识。对此,冯先生再次援引马克思、恩格斯原文,阐述了他所理解的"普遍性形式的思想"。在文章的结尾处,冯先生说,关于"讲孔子的'仁'所使用方法""运用不够熟练","有些个别的提法也不够准确,甚至是错误的","但是我的一些主要论点,如上面所说的,我还没有发现有修改的必要"[2]。这表明,冯先生在承认自己对马克思主义及中国哲学有某些不准确的理解和看法的同时,仍然坚守自己的学术观点,而不认同流行的某些观点和看法。

　　总括而言,这一时期,方先生和冯先生对有关问题的学术争论,主要是围绕对马克思恩格斯经典著作的不同理解以及中国哲学遗产继承的方法论展开的,其实质可以归结为理论立场之争。方先生的学术立场是正统的马克思主义学术立场,而冯先生的学术立场则是被多数学者认定、冯先生自己有时也主动承认的资产阶级学术立场。正是因为立场的不同,方先生和冯先生对于中国哲学遗产的继承以及如何研究中国哲学等问题有不同的见解和观点。需要说明的是,冯先生自解放前撰写两卷本《中国哲学史》起,中经 20 世纪 40 年代创立新理学哲学体系,后至新中国成立后,他对马克思主义的唯物史观都有自己独到的认识和理解,并且他的理解主要是学术的理解,而不是意识形态的理解。由此出发可以看出,方先生对冯先生所作的马克思主义式的批判,确有不相应之处。这是方先生 1990 年代后也承认的,因此是需要加以说明的。

二

　　1980 年代初,方克立先生参与了中国哲学范畴的研究与讨论;1980

---

① 方克立:《方克立论著集》第二卷,中国社会科学出版社 2023 年版,第 28—47 页。
② 冯友兰:《三松堂全集》第十三卷,河南人民出版社 2001 年版,第 224 页。

年代中后期他又倡导和组织了现代新儒家(学)研究。在现代新儒家
(学)研究中,方先生没有专门写评冯的文章,但在他的多篇文章中,对冯
先生其人其学仍有或长或短的评论。方先生在《要重视对现代新儒家的
研究》一文中,对现代新儒家有一个清楚的界定:现代新儒家是在 20 世
纪 20 年代产生的以接续儒家"道统"为己任,以服膺宋明儒学为主要特
征,力图用儒家学说融合、会通西学以谋求现代化的一个学术思想流
派。① 又说:"它表面上很'全面''公正',实质上还是属于中体西用
派……它所维护的是儒家伦理本位和心性之学的唯心主义传统,所会通
的也是现代西方的各种资产阶级唯心主义哲学,从柏格森的生命哲学到
新实在论、新黑格尔主义等等。"②

方先生把 1949 年以前的冯先生作为第一代现代新儒家的代表人
物。方先生指出:"冯友兰在抗战时期写出了《新理学》等'贞元六书',公
开声明他的新理学是'接着'宋明理学讲的,而不是'照着'宋明理学讲
的。它的'新'就在于用西方的新实在论来改铸宋明理学,重造一个新形
上学的系统。"③不过,在方先生看来,新中国成立后的冯先生就不是现代
新儒家了。此时的冯先生,和梁漱溟先生、贺麟先生、熊十力先生一样,
在思想上都有不同程度的转变,他们都拥护社会主义,并不同程度地接
受马克思主义,就冯先生来说,他已经开始用马克思主义观点重写中国
哲学史。可以说,此时的他们都已经不再是典型的现代新儒家代表
人物。④

在《关于现代新儒家研究的几个问题》一文中,方先生强调以马克思
主义的立场、观点、方法为指导研究、评价现代新儒家。他指出:"明确现
代新儒家在中国现代资产阶级哲学中的主线或主潮的地位,对于深入开

---

① 方克立:《方克立论著集》第三卷,中国社会科学出版社 2023 年版,第 5 页。
② 方克立:《方克立论著集》第三卷,中国社会科学出版社 2023 年版,第 6 页。
③ 方克立:《方克立论著集》第三卷,中国社会科学出版社 2023 年版,第 7 页。
④ 方克立:《方克立论著集》第三卷,中国社会科学出版社 2023 年版,第 7—8 页。

展中国现代哲学史的研究是具有重要意义的。"①不过,方先生同时也指出,要摆脱过去那种从根本上违背马克思主义辩证法精神的简单僵化的哲学史研究模式,倡导多层次、多角度、多方法、多途径,力争做到客观、全面。为此,方先生提出,要重视现代新儒家为解决传统与现代化关系问题所作的探索和贡献。尽管方先生不赞同冯先生客观唯心主义的新理学体系,但是他特别指出冯先生所采用的新实在论的逻辑分析方法,使中国哲学在很大程度上克服了中国传统哲学缺乏严密的逻辑论证和形式系统的弱点。方先生认为,新理学"是融合中西哲学的一次成功的尝试,无论在内容上还是在形式上,都超越了传统哲学,取得了现代哲学的属性"②。

在《现代新儒学与中国现代化》一文中,方先生指出,作为文化保守主义主流的现代新儒家,不应该被完全看成是复古主义,而应该看到它也有适应现代社会需要的一面,不应忽视和抹杀它的"现代"性格或"现代"特征。③

在《现代新儒学的发展历程》这篇长文中,方先生既强调冯先生是"理性主义新儒家"的代表,又强调冯先生是中国现代新儒家的重镇。④方先生指出,冯先生 20 世纪三四十年代"制造了一个庞大的'新理学'哲学体系",且自命为继承了正统中国哲学的精神;但在方先生看来,在讨论中国哲学范畴的时候,冯先生和程朱理学一样,割裂了共相和殊相、一般和个别的关系,主张"理在事先""理在事上",因此这一体系是客观唯心主义的,也是错误的。⑤ 另外,方先生还对冯先生《新原人》提出的人生四境界说(该说在现代新儒学的人生哲学中颇有典型意义)和《新知言》提出的"正的方法"(知性的逻辑分析方法)和"负的方法"(直觉主义的方

---

① 方克立:《方克立论著集》第三卷,中国社会科学出版社 2023 年版,第 22 页。
② 方克立:《方克立论著集》第三卷,中国社会科学出版社 2023 年版,第 26 页。
③ 方克立:《方克立论著集》第三卷,中国社会科学出版社 2023 年版,第 60 页。
④ 方克立:《方克立论著集》第三卷,中国社会科学出版社 2023 年版,第 81 页。
⑤ 方克立:《方克立论著集》第三卷,中国社会科学出版社 2023 年版,第 82 页。

法)给予充分的肯定,并再次为冯先生属于现代新儒家进行辩护。

在《现代新儒学发展的逻辑与趋向》一文中,方先生继续申论冯先生新理学的理性主义特征,认为"在现代新儒学的发展中,冯友兰哲学最早以理性主义特质而引起广泛的关注","新理学的根本特点正表现为对儒家哲学的理性重建",并强调冯先生在中国现代哲学中的地位和贡献:新理学"在儒学从概念范畴到整体体系的理性重建中所取的理论成就,不仅前无古人,而且也足以垂范后学"①。

这里,方先生不仅指出了冯先生的理论贡献,而且对冯先生援引西方理性主义的逻辑分析方法而实现中国哲学的创新与发展给予充分肯定。这一时期,方先生对冯先生及冯学的研究与评价,既保留了一贯的意识形态的马克思主义的学术立场,运用阶级分析方法揭示冯先生新理学和现代新儒学的实质,同时肯定它们的学术贡献与价值。

三

1990 年代,方克立先生撰写了两篇评冯文章:《冯友兰与中国哲学现代化》《全面评价冯友兰》。前文是方先生 1993 年 6 月 21 日在台湾"中国哲学在中国历史的回顾与展望"研讨会上的报告论文,发表在《中国文化研究》1994 年夏之卷。方先生在该文一开始就指出:"冯友兰的哲学道路可以说是 20 世纪中国哲学的一个缩影。"②关于冯先生其人及其思想多变的特点,方先生指出,要"予以较多宽容的理解",并主张对冯先生"为中国哲学现代化所作出的努力给予客观的正面的评价"③。方先生从"阐旧邦以辅新命,余平生志事盖在斯矣"、对中国哲学精神之执着地维护、引进西方的理性主义和逻辑分析方法、中西哲学结合的新阶段、对未来世界哲学的展望几个方面,对冯友兰其人其学作了较为全面的阐释,其

---

① 方克立:《方克立论著集》第三卷,中国社会科学出版社 2023 年版,第 180 页。
② 方克立:《方克立论著集》第三卷,中国社会科学出版社 2023 年版,第 267 页。
③ 方克立:《方克立论著集》第三卷,中国社会科学出版社 2023 年版,第 267 页。

中他着重论述了冯友兰哲学的成就和贡献。方先生在文章的结尾处专门强调:"冯友兰虽然是 20 世纪中国的一个大哲学家,然而我们对他的认识和评价也必须一分为二。本文着重论述了冯先生哲学的成就和贡献,而批评地反省其缺失与局限,不是这篇短文的主要任务。"①

1995 年是冯先生诞辰 100 周年。12 月 19 日,方先生在北京"中西哲学与文化的融合与创新——纪念冯友兰先生诞辰一百周年国际学术研讨会"闭幕式上,作了题为《全面评价冯友兰》的发言,该文发表在《哲学研究》1997 年第 12 期。方先生在发言中认为,针对冯先生这样一个比较复杂的历史人物,应该"用发展的观点和历史进步的眼光"来对冯先生其人及其思想作出"全面的、客观公允的、实事求是的评价"②。

方先生首先回顾了 60 年代初和冯先生讨论思想的"普遍性形式"等问题。方先生指出,当时的冯先生的主观愿望是想用马克思主义哲学的立场、观点和方法研究中国哲学史,但是由于冯先生并没有真正放弃他的新理学的立场,他在 1950—1960 年代讲"抽象继承法"和思想的"普遍性形式"时,还是存在着只注重抽象的"共相"、一般,而不顾"殊相"和个别、具体的矛盾。在方先生看来,"全面地、客观地评价冯先生这个时期的哲学思想","指出这一矛盾还是很有必要的"③。

针对港台、海外学者对冯先生的尖锐批评甚至人身攻击,方先生明确指出"这是不公正的",他主张:"我们应该从中国大陆的政治现实和知识分子的实际处境出发,对冯友兰以及和他同样处境的老一辈知识分子以更多同情的了解,以更加宽容的态度来对待他们的思想矛盾和'尴尬'。"④方先生说,应当区分冯先生创立的新理学在现代新儒学发展史上的地位和冯先生解放后学术立场的转变。从一定的意义上说,这是方先生为冯先生所作的积极辩护,也是方先生提出"全面评价冯友兰"的用意

---

① 方克立:《方克立论著集》第三卷,中国社会科学出版社 2023 年版,第 279 页。
② 方克立:《方克立论著集》第三卷,中国社会科学出版社 2023 年版,第 311 页。
③ 方克立:《方克立论著集》第三卷,中国社会科学出版社 2023 年版,第 312 页。
④ 方克立:《方克立论著集》第三卷,中国社会科学出版社 2023 年版,第 313 页。

所在。

在方先生看来,冯先生解放后转变哲学立场,自觉认同并努力学习马克思主义,力图为马克思主义中国化作出自己的贡献,这是冯友兰思想的一大进步。[①] 而冯先生在向唯物主义转变的过程中存在的某些不彻底的问题,也是事实,不必为其掩过饰非。

关于七卷本《中国哲学史新编》和两卷本《中国哲学史》的关系问题,方先生认为,这两部书在哲学史观和方法论上是有本质区别的:《中国哲学史新编》"总的来说是以马克思主义的立场、观点、方法为指导来写的"[②]。

关于冯先生晚年是否重新回到了"贞元六书""新理学"的"冯友兰现象"问题,方先生明确说,自己不太同意这种观点。并指出:"冯先生的晚年回归,决不是全面回归新儒学,全面回归'贞元六书',全面回归他前期的'新理学'哲学体系,而只能说是一定程度地回归,部分地回归。"在方先生看来,冯先生晚年自称是打通了儒释道和中西哲学,也就是说,在冯先生的思想里,古今中外都打通了,当然也包含马克思主义哲学。方先生认为,冯先生已经"把人类认识史上一切好的东西都吸收包容到马克思主义哲学中来",因此可以说,冯先生"已经没有继承儒家道统、再回到过去当新儒家的意思,说他回归儒家已经没有意义"[③]。

关于冯先生把马克思主义辩证法、毛泽东思想归结为"仇必仇到底"的斗争哲学,方先生认为这是冯先生的一种误解。因为在方先生看来,马克思主义的辩证法是包含着"共存""斗争""融合"三项内容,而不能仅仅理解为只讲斗争的斗争哲学。由此出发,方先生指出,冯先生学习马克思主义哲学四十年,最后得出这样的结论,是叫人遗憾的。[④] 方先生还对以冯先生为代表崇尚"和为贵""仇必和而解"的调和哲学,进行了

---

① 方克立:《方克立论著集》第三卷,中国社会科学出版社 2023 年版,第 316 页。
② 方克立:《方克立论著集》第三卷,中国社会科学出版社 2023 年版,第 317 页。
③ 方克立:《方克立论著集》第三卷,中国社会科学出版社 2023 年版,第 317—318 页。
④ 方克立:《方克立论著集》第三卷,中国社会科学出版社 2023 年版,第 319—320 页。

批判。

在这篇文章的最后,方先生对"冯友兰现象"所包含的多项内容进行了分析,并指出:"冯友兰现象非常复杂,对它进行研究和评价都不能简单化,所以我主张要'全面评价冯友兰'。"①

1990年代尤其是2000年以后,方克立先生发表多篇文章,致力于从多层面、多角度系统阐释张岱年先生的"综合创新"文化观,并在此基础上提出了"马魂、中体、西用"论,把马克思主义的"综合创新"文化观推进到一个崭新的阶段。方先生曾在《综合创新之路的探索与前瞻》一文中,从"综合创新"文化观出发,将冯先生看成是哲学与文化上走综合创新之路的典型个案。方先生指出:"冯先生一生致力于中西哲学互相阐明、互相补充、互相融合的工作,晚年归宗于马克思主义哲学。""晚年冯友兰自认为已经进入了这样一种境界,就是把儒释道、中西马都打通了,人类历史上一切好的东西都吸收到马克思主义中来了。"方先生说,冯友兰和张岱年、冯契、张世英等哲学家都是非常自觉地走中西马"三流合一"、综合创新之路的。② 不过,方先生也指出,虽然冯先生走的也是"综合创新"之路,但他不属于马克思主义的"综合创新"派。因为马克思主义综合创新派"坚持马克思主义为主导,为统帅,为灵魂,为世界观和方法论的基础",而冯先生解放前的"新理学"尽管也具有张申府先生所说的"三流合一"的特点,但显然不能归为马克思主义学派。③ 可以看出,方先生是将解放前的冯先生归为新儒家,而将解放后的冯先生归为文化保守主义的"左翼",即"在肯定儒学和传统文化价值的基础上,不但不反马克思主义,而且能在一定程度上接纳马克思主义和社会主义……"④

方先生晚年依据"马魂、中体、西用"论,对冯学作出新的评论:"冯友兰的两卷本《中国哲学史》和新理学哲学体系,都是以他在美国接受的新

---

① 方克立:《方克立论著集》第三卷,中国社会科学出版社2023年版,第321页。
② 方克立:《方克立论著集》第四卷,中国社会科学出版社2023年版,第214页。
③ 方克立:《方克立论著集》第七卷,中国社会科学出版社2023年版,第183页。
④ 方克立:《方克立论著集》第七卷,中国社会科学出版社2023年版,第258页。

实在论为'魂'、为根本原则;而以中国正统哲学(程朱理学)为'体',二者实现了一种实质的结合,即所谓'魂体相依'。他也曾受到唯物史观的影响,但在他那里不过是一种'用'而已。"①

方克立先生一生学习马克思主义,信奉马克思主义,坚守马克思主义,是一个忠实的马克思主义者。他自青年时代起,就自觉地运用马克思主义的立场、观点、方法从事中国哲学的教学与研究,直至晚年始终没有改变。在对冯友兰及其哲学的研究和评价上,方先生一贯坚持鲜明的马克思主义理论立场。按照方先生晚年提出的当代中国马克思主义学派左翼、中翼、右翼的划分,方先生自己应该属于"中翼"。"中翼即持中的观点是体现在党中央推行的路线、方针、政策中的当代中国马克思主义,以及与党中央保持一致的学术理论界、文化艺术界、新闻出版界的主流观点。"②如果按照某些学者所区分的作为"政治意识形态的马克思主义"和"学术中的马克思主义",方先生自己所持守的马克思主义应该是二者兼而有之(方先生在他的文章中曾引述过"主流派马克思主义"与"学院派马克思主义"或"书斋里的马克思主义"的说法③)。1960年代,方先生主要从主流意识形态的马克思主义出发,根据社会存在决定社会意识的根本原理,运用阶级分析方法,对冯先生所理解的孔子关于"仁"的思想、马克思关于思想的"普遍性形式"以及冯先生的"抽象继承法"进行了分析与批判。方先生与冯先生一系列观点之争,虽然也有相当的学理成分,但主要表现为马克思主义与非马克思主义的理论立场之争,诚如方先生后来反思的,其中也有简单化的成分。1980年代尤其是1990年代以后,随着改革开放、思想解放和学术界的拨乱反正,中国哲学史研究逐步摆脱简单化、教条化、意识形态化而回归学术本位。具体到对冯先生其人其学的研究和评价上,方先生持更为理性、客观的态度,不仅同

---

① 方克立:《方克立论著集》第七卷,中国社会科学出版社2023年版,第193页。
② 方克立:《方克立论著集》第七卷,中国社会科学出版社2023年版,第242、258页。
③ 方克立:《方克立论著集》第四卷,中国社会科学出版社2023年版,第155页。

情地理解冯先生,还针对海内外某些学者的人身攻击为冯先生进行辩护;充分肯定作为现代新儒家的冯先生一生为中国哲学的创新与发展、中国哲学现代化所作出的重要贡献,同时又指出其新理学的唯心主义实质;冯先生解放后虽然认同并接受了马克思主义哲学,但始终不是一个马克思主义者。方先生晚年从自己的"马魂、中体、西用"论出发对冯友兰哲学的评价,既平实又富有新意。鉴于理论立场和研究方法的不同,方先生在对冯先生其人其学的研究与评价上,也存着一些值得商榷之处。这也是需要加以说明的。

方克立先生的儒学观举要

——超越现代新儒家的视角

吴　倩[①]

　　方克立先生是当代中国著名哲学家、哲学史家,在中国哲学范畴研究、现代新儒学研究、当代文化思潮研究、马克思主义中国化研究、湘学研究等领域享有盛誉。本文尝试探讨方克立先生对儒学传统的总体研判,谨从方克立先生儒学观的三个要点探析其与现代新儒家的儒学观之区别。我们认为,方克立先生虽然首倡并主导了大陆学界的现代新儒学研究,但方先生对儒学传统的总体研判与现代新儒家之论断存在许多重要区别,具体展现在儒学传统的积极面相与消极面相、儒学传统的应然理想与实践现实、儒学传统与现实社会之关系三个问题上。在此基础上,我们尝试探讨方克立先生的儒学研究对于当代儒学研究之启示。

一、儒学传统的积极面相与消极面相

　　学界对于儒学传统的总体评价存在诸多观点,在研判儒学传统的积极意义与消极意义时,我们需要合理区分儒学传统的不同方面。在这一问题上,方克立先生主张将"作为封建意识形态的儒学思想体系"与"作

① 作者简介:吴倩,天津师范大学政治与行政学院教授。基金项目:国家社会科学基金重点项目"从宋明儒家乡治实践看国家与社会的互动"(23AZZ012)。

为民族文化传统的儒学思想资源"分疏开来①。在 2003 年武汉大学召开
的"徐复观与 20 世纪儒学发展"学术研讨会闭幕式上,方先生再次强调
"既要讲儒学作为一种文化传统,它积淀着我们民族的智慧,蕴含着深厚
的人文精神,是我们建设现代精神文明非常宝贵的、不可或缺的传统思
想资源;另一方面我们社会思潮研究也不能回避儒学作为我国封建社会
长期占统治地位的意识形态这个基本事实,要用正确的观点说明它的功
能和本质,它产生和消解的历史过程"。② 在现阶段,弘扬优秀传统文化、
坚定文化自信的呼声日益高涨,我们更有必要谨慎对待那些笼统肯定儒
学甚至全盘复古的研究倾向,对儒学传统做好具体细致的分疏工作。
2005 年 9 月 20 日,在给李宗桂、杨海文的信中,方先生讲道:"我们一贯
主张对儒学要一分为二:对于作为封建意识形态的儒学,即直接为维护、
巩固封建经济基础和宗法专制统治秩序服务的那些东西,如'三纲六纪'
等等,决不可能让它在现时代全面'复兴',而是需要继续深入批判的封
建主义的重要内容;对于作为中华文化载体的儒学,则要把它当作人类
知识宝库的重要组成部分和民族文化的瑰宝倍加珍惜,精心保护,深入
研究,批判继承,综合创新,使之成为建设中国特色社会主义先进文化的
重要思想资源。"③在之后的《关于马克思主义与儒学关系的三点看法》
中,方先生更为明确地强调,"把作为封建意识形态的儒学与作为中华文
化重要载体的儒学区别开来,对后者也要进行具体分析"。④ 在这里方先
生强调明确区分"作为封建意识形态的儒学"和"作为中华文化载体的儒
学"。此后在《关于儒学的精华》一文的"作者附记"中,方先生对上述观
点进行了更明确的展开。"我历来主张:对儒学要作一分为二的分析和
评价,既要看到它是在中国长期封建社会中占统治地位的意识形态,是

① 方克立:《在"儒学与世界文明"国际学术会议上的总结发言》,《方克立论著集》第四卷,北京:
中国社会科学出版社 2023 版,第 63 页。
② 方克立:《世纪之交儒学研究的若干观察与感受》,《方克立论著集》第三卷,第 396—397 页。
③ 方克立:《甲申之年的文化反思——关于大陆新儒学问题的三封信》,《方克立论著集》第三
卷,第 416—417 页。
④ 方克立:《关于马克思主义与儒学关系的三点看法》,《方克立论著集》第四卷,第 235 页。

为那个时代的经济基础、社会关系和政治制度服务的，从总体上来说已不适合今天社会的需要；又要看到它作为中华文化的重要载体，其中包含着我们民族认识宇宙、社会、人生的许多根源性的智慧，有些是能够'与当代社会相适应、与现代文明相协调的'，经过批判改造和创造性的转换，这些内容是可以作为古为今用的历史资源，融化到中国特色社会主义新文化中去的。"①方先生的这段论述，对于如何"一分为二"看待儒学做出了充分说明。他明确强调作为封建统治阶级意识形态、服务于古代经济基础、社会关系和政治制度的"儒学总体"是不适合现代要求的，但"儒学总体"中又包含着我们民族认识宇宙、社会、人生的根源性智慧，那些能与当代社会相适应、与现代文明相协调的部分可以创造性转化。应当注意的是，方先生在这里强调的是对同一个儒学传统的两种面相的评价，而不是把儒学传统简单地划分为积极部分与消极部分两块内容。换句话说，方先生的"一分为二"是对儒学传统之历史作用进行评价时的"一分为二"，是儒学传统的两种面相，而不是把儒学传统"一分为二"地简单切分为积极、消极两个部分。

陆信礼教授曾经讲到，方先生对于儒学研究的"一分为二"与现代新儒学的"一分为二"是根本不同的。后者是"把作为整体的儒学分为两部分，积极（正面）的部分和消极（负面）的部分。方先生讲的'一分为二'与这两种观点实不相同，它是指从整体上把握儒学的两种角度，所谓的二分实为一体，'作为封建意识形态的儒学'同时也是'作为中华文化载体的儒学'，并非将儒学分为'封建意识形态'与'中华文化载体'两部分"。②这种分疏提醒我们注意，方先生对两种儒学的论断并不是把儒学传统一剖为二地简单切分为"精华部分"与"糟粕部分"，亦不是把儒学传统从两个层面划分为学术思考、成德之教的"应然思想意义上的儒学"与封建经济、专制制度的"实然现实意义上的儒学"。他是把儒学传统作为一个整

① 方克立：《关于儒学的精华》，《方克立论著集》第二卷，第 392 页。
② 陆信礼：《试论方克立的马克思主义儒学观》，《思想理论教育导刊》2016 年第 2 期。

体来考虑的。方先生的儒学研判,既关注儒学在中国历史上长期作为封建经济、专制政治的主流思想,不仅在实践上而且在观念上都有为专制政治奠基、保驾护航的面相;又关注它超越古代专制现实之反思性、批判性维度,具有体现人类本性、优良政治生活之普遍原则的面相。可以认为,这两个面相不是儒学传统中一切为二的两个部分,而是同一个儒学整体在历史上扮演的两种角色。进一步地,当儒学这两种角色落实到对儒学基本内容的分析时,"对应于封建意识形态的那部分内容"与"对应于传统文化载体的那部分内容"很可能并不是泾渭分明,从而可以简简单单划为两块,进而直接抛弃前者、吸收后者的。毋宁说,这两部分具有诸多重叠交叉。即便是在方先生较为肯定的"对应于传统文化载体的那部分内容",细致甄别出代表封建社会存在的诸要素,剖析出体现人类智慧精神之共识的一些看法,并衡之以现代文明的发展要求与当今中国社会的具体情况,进行新时代的文化建构,这亦是一个十分复杂、远未完成的历史任务。

关联于现代儒学研究的诸多争论,方先生认为在此任务中的一个重要问题是:我们是否可以承认儒学具有脱离开封建经济、专制政治的一种"观念的普遍性"意义上的永恒价值?

方先生进一步点明,这个问题在根本上关乎对儒学本质的判断。"对于儒学的现代命运的两种截然相反的观点,并不在于对儒学的当前处境的不同现象描述和经验概括,也不完全在于思想方法上的形而上学片面性,而是在于对儒学的本质认识不同,对'什么是儒学''什么是儒学的真精神''什么是儒学的本质'这些最基本的问题看法未能取得一致。"[1]进而,就儒学本质来说,现代新儒学的观点大多把"观念的普遍性"意义上的应然理想视为儒学本质。方先生就此发问,"作为哲学、宗教、伦理学说的儒学,同社会经济基础的联系虽然没有政治、法律思想那么直接,难道不也是一定社会存在的反映,……把它们从'封建意识形态'

---

[1] 方克立:《展望儒学的未来前景必须正视的两个问题》,《方克立论著集》第三卷,第136页。

中分疏出来是可能的吗?"①方先生的发问提醒我们注意,那种把"哲学意义上的儒学"直接阐释为"思想的应然"以区别于古代专制政治之"实践的实然",进而使"哲学意义上的儒学"脱离"封建意识形态"范围、摆脱封建经济基础之"社会存在"负累的做法是值得商榷的。这实质上是现代哲学界用"应然——实然"或哲学学科之"超越的形上——经验的形下"概念强行扩大了"哲学意义上的儒学"与"政治法律意义上的儒学"之分歧,替换了此前在"社会存在决定社会意识"的马克思主义立场上把儒家哲学、宗教、政治、法律等统归于社会意识的观点。既然哲学、宗教具有超越于"封建意识形态"的"应然真理"意义上的普遍价值,因此哲学、宗教意义上的儒学也就具有了一种脱离专制政治等"封建意识形态"与封建经济等"封建社会存在"的、"观念的普遍性"意义上的永恒价值。

对于现代新儒学的上述做法,方先生是明确反对的。现代新儒家在此问题上的典型表述诸如"理想境界极其高远,现实极其丑陋",或是"应然的道德理想完美无缺,现实实践中被统治者利用因而走向扭曲的实践"等观点是可能进一步商榷的。商榷的依据在于,应然理想、观念的普遍性意义上的儒学亦有负面部分,实然实践、具体的现实性意义上的儒学亦非一无是处,我们对于儒学传统这两部分的具体分疏、精准研判远未完成。

在"主要是哲学意义上的儒学"之评价问题上,方先生认为,儒学之所以能够在漫长历史中被接纳为专制政治的指导思想并长期保持主导地位,它就必定在思想根源上具有与封建经济、专制政治相应的一些核心要素。他讲到,"在封建社会里,儒学提供了一整套维护封建经济政治制度的思想观点和理论学说,它渗透到社会生活的每一个角落,然而其不变的核心却始终是纲常名教。儒学的本质正是由其自身这一相对稳定的具有根本意义的内容所决定的"。方先生认为,儒学的本质是纲常名教,这正是儒学在古代专制社会长期占据指导地位的思想内核。因

---

① 方克立:《展望儒学的未来前景必须正视的两个问题》,《方克立论著集》第三卷,第138页。

此,"无论是从发生学的意义来说,还是从其实质内涵和功能作用来说,儒学作为'封建意识形态'的性质和地位都是不容置疑的"。在此基础上,那种把儒学传统主要阐释为哲学、宗教思想以与政治法律实践脱钩,进而在"应然的价值理想"意义上肯定其价值,认为古代中国只是把"理论之应当"意义上正确的儒学思想落实不力、在"现实之实然"的实践中走了弯路的观点是值得进一步反思的。这种反思应当在通盘考虑儒学与其发生、发展的古代社会政治经济历程实际的基础上审慎展开。方先生也曾明确指出,儒学本质的讨论最后可能要归结到历史观,"是思想决定历史的进程还是社会存在决定社会意识? 一种思想学说的本质是从思想自身去找,还是要用它所反映的社会存在的内容来说明?"①方先生的研究提醒我们思考:儒学研究或是任何一种历史观念、历史制度、历史实践的研究在根本上恐怕很难背离历史唯物主义的基本立场。那种剥离了历史上的经济政治实际等社会存在而抽象谈论观念之绝对普遍性的立场是有偏颇的。因此我们认为,抽象肯定传统儒学之"观念的普遍性"的观点是值得商榷的。

二、儒学传统的应然理想与实践现实

在传统儒学基本内容的分疏之后需要追问的另一个问题是,"还有没有一个超离于这种封建意识形态之上和之外的'儒家传统'?"正如现代新儒学的主流学者所坚持的那样,"他把'意识形态'概念仅仅和政治画等号,而把哲学、宗教、伦理等内容都排除在社会意识形态之外,也就是说把它们非意识形态化,那么哲学、宗教等等就变成了一些超阶级、超历史时代的精神原则,'主要是宗教性的哲学'的儒学自然就具有了永恒的价值和意义"。方先生强调指出,"这种把哲学非意识形态化,将哲学和政治完全分割开来的观点是很难成立的"。我们认为,方先生的观点是敏锐而中肯的。在此基础上,方先生认为,"作为封建意识形态的儒

---

① 方克立:《展望儒学的未来前景必须正视的两个问题》,《方克立论著集》第三卷,第 141 页。

学,是一个包括哲学、宗教、伦理、法律、政治、教育、文艺等多种形式多方面内容的庞大思想体系,它们共同的基本功能和作用就是维护封建制度的存在和协调发展,相互间既区别又联系,互相配合起来形成一种广泛影响社会的强大精神力量。不能设想离开这些儒家学说的基本内容另外还有一个什么'儒家传统'。"[1]也就是说,现实存在的儒学传统是一个整体。正如前文已经论及的,我们很难对它进行"应然之理念"与"实然之现实",或"精华部分"与"糟粕部分"的简单划分。如果我们在考察儒学的历史发展时,把视野从中国古代哲学扩大到历史学、政治学、社会学、法学等一系列受传统儒学滋养的各学科的历史实践(诸如政治制度史、古代法律史、社会思想史等),我们会发现儒学确实不仅仅局限于应然理念,而是早已日益丰富地现实化为一整套经济政治制度与治国实践、法律礼俗。即便作为哲学理念的儒学也与外在的制度、实践存在着难以隔绝的根本联系,而很难像理想主义立场的哲学家构想的那样剥离于历史实践,获得一种纯粹、普遍、完满、神圣的永恒价值。[2] 由此反观现代新儒家的儒学研究,应该说那种局限于"观念之应当"的儒学研判是较为狭隘的。进而,以"观念之应当"作为全部儒学基本精神以肯定其超越历史、超越实践、超越时代的永恒价值的观点是值得商榷的。

进一步地,方先生指出,"他所利用的儒学中的资源,已经不是反映其本质特征的'三纲五常'那一套,而主要是能够和现代民主制度沾点边儿或至少是不直接发生冲突的那些东西。它实际上是主张用现代民主制度来代替传统儒学所极力维护的封建等级制度"。方先生认为在此意义上甚至可以说,现代新儒家是对传统儒学的否定,"因此在一定意义上说现代新儒家是对传统儒学的否定,它们是两种根本不同的意识形态"。[3] 由于努力回避儒学作为古代专制社会主流思想而与古代政治制

---

① 方克立:《展望儒学的未来前景必须正视的两个问题》,《方克立论著集》第三卷,第139页。
② 参看社会学领域费孝通关于"差序格局"的相关研究、瞿同祖关于"法律儒家化"的相关研究,历史学领域冯尔康、常建华等人关于儒家文化与明清宗族的相关研究,等等。
③ 方克立:《展望儒学的未来前景必须正视的两个问题》,《方克立论著集》第三卷,第142页。

度、社会结构紧密关联的那一面相,现代新儒学在政治哲学上的理论选择只能是否弃儒学曾经花费大量精力规导的古代政治实践,转而肯定儒学精神理念中与现代民主能够相融的部分精神理念。这种做法带来两个后果:一方面,它规避了五四以来学界推崇现代民主、批判专制政治进而连带否弃儒学的不利影响,使儒学扭转了在近代变局中面对现代化声浪遭到全盘否弃的历史命运;另一方面,正所谓"成也萧何、败也萧何",这种出于无奈的理论选择也大大缩小了儒学的视域。虽然它在哲学意义上挽救了儒学,却也一定程度上折损了儒学的本来面目,导致现代儒学过分凸显精神理念层面而偏安于哲学一隅。我们看到儒学的现代发展主要以中国哲学的面貌出现,主要致力于传统观念的细致爬梳或现代哲学意义上的本体论、人性论等体系建构,从而日益远离中国社会的广阔实践尤其是当代中国治国理政的政治实践,这种"后效"不能不说在很大程度上与现代新儒学的理论选择相关。

不过客观地讲,现代新儒学的儒学建构并不是全然忽视政治社会维度,而是以政治哲学探讨为载体进行思想文化理念方面的耕耘。我们看到从第一代新儒家熊十力、钱穆到港台新儒家牟宗三、徐复观都进行了政治哲学的理论探索。就熊牟一系新儒家学者的政治哲学而言,他们肯定古代儒学之政治理念具有完备的合理性,认为其"理念之应当"是完满无瑕的。传统社会的专制政治现实只不过是这种"应然的价值理想"在封建社会的实践中出了问题。进而,古代政治实践的偏颇不仅把古代中国导向专制落后,而且使儒学之"应然"的价值理想受到专制政治的荼毒而扭曲了精神生命,未能充分彰显其合理内涵。因而,儒家价值理想只要在现代民主社会结合自由民主制度完满地实践出来,就一定能够成就一个完美的理想世界。职是之故,新儒家学者十分寄望于儒家价值理想与现代民主实践的结合,期望在现代社会开出一种理想的政治实践。我们看到,新儒家政治哲学的这种思路与方先生对它的研判是基本一致的。应当说,新儒家学者的传统忧思与护持传统文化生命的苦心确实值得感佩,但这种想法亦需要结合传统儒学发展的历史真实进一步地进行反思。我们不能仅仅因为观念之普遍性意义上的应然就把古代专制政治的现实实践不假思索地加以超越。同为新儒家学者的梁漱溟曾经这样评价熊十力的哲学观点,"其论断事情,总是既把局面之所以落到如此,归咎于人们的主观思想或行动上……又且把局面之可能翻过来如彼,亦取决于主观方面"。[1]"熊先生缘何有此失败?这就为他癖好哲学这把戏。……从来空想空谈不成学问;真学问总是产生在那些为了解决实际问题而有的实践中,而又来指导其实践的。在东方古书中被看作是哲学的那些说话,正是古人们从其反躬向内的一种实践活动而来,要皆有其所指说的事实在……你只对着古书望文生义去讲,并不能确知其所说究是些什么。……东方各家之学莫不有其反己之真实功夫为学说所自出,离开此等真实功夫而谈其思想理论,便成空谈乱谈,万万要不得。"[2]林毓生亦反省过现代新儒学的根本问题在于"本思想文化以解决一切问题"。应当说,梁漱溟、林毓生的评价是一针见血、颇有见地的。我们不能因为思想自身的逻辑就把政治实践的历史一笔勾销。历史上发生的政治实践是历史进程、思想发展历程中真实存在的过去,不能单纯依据主观思辨的逻辑判定其发生错了就加以否定。更不应根据"应然理想"直接给思想史勾画出其他可能,甚至认为只有这种"符合理论应当的可能性"才是唯一真实的现实。这在一定程度上可以说是以主观取代客观,是过于自信的"道德的理想主义",或曰"良知的傲慢"。

不过,方先生也同时肯定,现代新儒家和传统儒家有一个重要的精神上的相通之处是"道统"观念,"现代新儒家解释说,他们所要传承和实现的'道',和孔孟之'道'、宋明理学之'道'('理')是同一个东西,它是永恒天道和人性的体现,'天不变道亦不变'。在确立儒学的'常道'性格、以儒家'道统'的继承人自居这一点上,他们是地地道道的现代儒家"。[3]确实,现代新儒家在道统意义上、在肯定天道的超越性意义上继承了传

① 梁漱溟:《读熊某各书书后》,《梁漱溟全集》第七卷,山东人民出版社2011版,第741页。
② 梁漱溟:《读熊某各书书后》,《梁漱溟全集》第七卷,第756—757页。
③ 方克立:《展望儒学的未来前景必须正视的两个问题》,《方克立论著集》第三卷,第142页。

统儒家的精神内核。或许在此认识之下,如何处理儒家道统意义上的天道之超越内核与其在专制政治实践中呈现的思想内涵之关系是问题讨论的重点。应该在何种视野、何种理解框架下全面看待儒学这两种角色以及相应的两种思想内涵?这是值得进一步探讨的问题。全面看待儒学的两种角色、两种意涵有助于我们恰当定位现代新儒学思潮在中国现代哲学史中的位置。

在上述认识基础上,方先生这样评价现代新儒学研究:"现代新儒学只是现代中国的三大思潮之一,而且显然不占主流地位,对它作实事求是的科学研究和评价是必要的,但是却不能过高地估计它在中国现当代思想史上的地位和作用。西化思潮显然比'复兴儒学'的思潮要强大得多,因为现代化是时代发展的趋势,而现代化又往往是与'西化'联系在一起的。中国越是开放,社会越是进步,域外的特别是西方的东西肯定会进来得越多。然而,决定中国现当代历史进程的一种最重要的'西方'思潮却是马克思主义,由于它不仅总结和继承了西方文明发展的成果,而且善于和中国传统文化之精华,和中国革命与建设的具体实际相结合,所以才具有'改朝换代'、改天换地的巨大威力,它理所当然地成了中国现代三大思潮之主潮。"①进一步地,就儒学的未来发展而言,方先生阐明了他不同于现代新儒学的判断。"在预计它的未来前景时,我们不认为它有重新成为中国的主导思想,以至成为人类走向未来的'唯一的定盘针'的可能。但认为它的一些思想富有积极合理的价值,是人类思想史上的宝贵财富,对今后中国和世界文明的发展仍将有重要的影响。"②

可以说,方先生对现代新儒学的研究、评价在"同情的了解"基础上确实贯彻了马克思主义之历史唯物主义的基本立场,做到了"客观的评价"与"批判的超越"。

---

① 方克立:《〈中国马克思主义哲学七十年〉序》,《方克立论著集》第六卷,第21页。
② 方克立:《展望儒学的未来前景必须正视的两个问题》,《方克立论著集》第三卷,第140—141页。

三、儒学传统与现实社会之关系

在儒学研究者的研究态度方面，方先生点明了十分重要的一点。他讲到，"现代新儒家要在这方面做出自己的特殊贡献，就必须克服自身的一些根本限制，在与其他思潮的互动中表现出更加健全的心态，否则贡献出来的也不可能是这种思想的真正精华。……现代新儒家经常抱怨人家不能以平等地位来看待它，对马列'入主中国'和西化狂风劲吹十分不满，但是他们自己却固执'道统'观念，表现出强烈的续统意识，自居'正统'，认为唯有儒学才是神圣天道的体现，而把别的思想学说都看作是异端邪说、旁门左道，以孟子'辟杨墨'的态度排拒之"。① 应当说，这种评价是比较中肯的。现代中国思想文化的繁荣发展必将是各种立场的文化思潮在平等相待基础上交流碰撞的结果。在此意义上，不仅现代中国哲学应当"同情的了解"儒学和现代新儒学，儒学研究者亦应当"同情的了解"马克思主义和现代中国哲学的马克思主义派。李翔海老师曾经转述方先生的话："正像新儒家是以儒学作为自己'生命的学问'，因而将他内化为自己基本的理论取向一样，马克思主义对于不少内地的新儒学研究者来说，也是作为'生命的学问'而内化为研究新儒学的基本理论立场、观点和方法。""内地学者对马克思主义的坚持绝不能归结为是要搞意识形态的斗争，而是因为它是生命的学问。"② 在此立场上进一步地问，我们今天的儒学研究者，对于当代中国以马克思主义为主导的一整套制度体系和实践现实能否视而不见呢？方先生的回答是不能，至少马克思主义立场的儒学研究者应当尽自己的努力，沟通儒学与马克思主义这两大思想传统。作为一个马克思主义立场的儒学研究者，方先生认为，"儒家人文主义不是现代新儒家的私有财产，而是中华民族和全人类共同的

---

① 方克立：《展望儒学的未来前景必须正视的两个问题》，《方克立论著集》第三卷，第 146 页。
② 李翔海：《现代新儒学研究的回省与展望——写在〈现代新儒学与中国现代化〉出版之际》，《南开学报》1998 年第 5 期。

财富。马克思主义者也十分重视研究儒家的人文思想,注意吸收其中的合理因素。中国的马克思主义者应该在这方面做出杰出的工作,其成绩应该不逊于现代新儒家。他们是儒学中糟粕的最彻底的批判者,也应该是其中精华的最坚决的继承者。"[1]因此,马克思主义传统与儒学传统应该展开深度对话。方先生正是基于这种问题意识,反复强调研究儒学与马克思主义关系的必要性。他的思考集中指向以下问题:"儒学是在中国两千年封建社会中长期占统治地位的意识形态。马克思主义是当今中国的主导意识形态。二者在同一个国度里先后居于主导意识形态的地位,它们之间有没有关系呢? 是什么关系呢?"[2]我们思考儒家传统的现代转化应当积极思考马克思主义与儒学的内在会通之道。

正是基于上述考虑,方先生十分肯定毛泽东的马克思主义中国化思想是具有民族形式的马克思主义,认为它堪称一个马克思主义者在马克思主义与儒学会通问题上的自觉探索与伟大创获。不过,在儒学研究领域,做出类似思考的人还不多,声音也比较微弱。在此背景下,方先生早年进行的知行观研究、范畴研究正是为了回应毛泽东的实践论。可以说方先生作为一个中国哲学研究者从理论上回应、发展了毛泽东这种真正具有民族形式的马克思主义的思考路向。纵观近年来中国政治学、社会学本土化的理论思考,我们看到社会科学界不断深挖中国特色社会主义的制度探索与实践经验,亦打破了此前奉西方式民主制度为现代民主之唯一理路的倾向。社会科学界在"中国式民主"的问题意识下侧重探讨中国共产党领导下凸显政府作用、"以人民为中心"、"全过程民主"、德法并重的制度实践与传统中国式的注重集体、以民为本、选贤任能、注重德治等治理智慧的内在关联。上述研究应当说是在马克思主义中国化的问题意识下结合几十年中国特色社会主义政治实践持续探索的理论成果。在此意义上,我们更应当以对历史传统负责、对今日实践负责的社

① 方克立:《展望儒学的未来前景必须正视的两个问题》,《方克立论著集》第三卷,第146页。
② 方克立:《关于马克思主义与儒学关系的三点看法》,《方克立论著集》第四卷,第235页。

会关切与治学精神来细致分疏儒家规导传统政治的实践智慧。我们认为,儒学研究者应该在曲学阿世与愤世嫉俗这两种态度之外,积极面对中国化马克思主义的治国实践和本土化社会科学的蓬勃探索,贡献出自己基于文化传统的有力回应。方先生曾经强调,"注意研究马克思主义与儒学的相容相通问题。这是当前中国思想界的主流"。① 应该说这种想法是高瞻远瞩、很有见地的。

综上而言,方克立先生的儒学观在儒学传统的积极面相与消极面相、应然理想与实然现实、儒学与现实社会关系研究三方面表现出与现代新儒学不同的理论立场,可以说是一以贯之地坚持了马克思主义和历史唯物主义的基本立场。这些思考体现了一个马克思主义立场的儒学研究者的理论坚守和治学真诚,亦对当代中国的文化研究和儒家传统的现代发展带来了有益启迪。

---

① 方克立:《关于马克思主义与儒学关系的三点看法》,《方克立论著集》第四卷,第 236 页。

方克立论王船山的知行观
——以《中国哲学史上的知行观》为中心

王　蕊①

　　方克立先生作为湖南籍中国哲学史家,对故乡的历代哲学家怀有深深的敬意,特别推重王船山对中国哲学发展的重要贡献,对王船山其人其学进行了多方面多视角的研究和阐发。早在 20 世纪 80 年代初,他即在《中国哲学史上的知行观》一书中,从中国马克思主义早期启蒙说出发,立于古今递嬗之间对王船山的知行观进行了深入而细致的探讨,揭示了王船山知行观的致思特点、思想内涵和历史影响,这成为他研究和阐发王船山其人其学的开端。40 多年后,重读方克立的旧著,仍能感触到思想的深刻和理论的力度,获得诸多的启迪。

一、在父亲方壮猷的影响下关注王船山

　　方克立的父亲方壮猷,是深受近代湖湘学风以及梁启超影响的著名历史学家。他对王船山其人其学的重视,后来直接影响了方克立。

　　方壮猷,字欣安,一字阆元,1902 年出生于湖南省湘潭县十四都环山乡。对于方壮猷而言,湘潭县不仅是孕育他自然生命的出生地,更是孕育他文化生命的精神故园。早在公元 1130 年,胡安国、胡宏父子就在湘

---

① 作者简介:王蕊,武汉大学哲学学院博士研究生。

潭县的碧泉书院创立了湖湘学派,这一学派发展到近代更是形成了以曾国藩等人为主要代表的近代湖湘学。方壮猷自出生时起,便浸润在浓厚的近代湖湘学风之中。凭借其故乡的地缘优势,方壮猷在少年时就有幸接触到曾国藩等人的遗书。方壮猷的挚友吴其昌曾在为其写的小传中指出:"方君字闿元,一字欣盦,湘潭人。幼生长于潭邑南鄙之都昌镇。其地与湘乡之荷塘都比邻。荷塘都者,曾文正公之汤沐地也。故君生平学养得力于曾、罗、胡、左诸贤者独多。少入家塾,受群经卒业。民国五年,入邑之振铎高小,始习近世普通科学,然已即浏览曾、罗、胡、左诸贤之遗书,论其世,学其为人,慨然思振其流风,欲有所建白。"①根据吴其昌的描述,15 岁的方壮猷便已得曾、罗、胡、左之学养,并立下继承和发展他们遗风的志向。如此,曾国藩等人重视王船山的这一精神传统②,自然也影响到了方壮猷。正是受近代湖湘学的直接影响,方壮猷才得以重视王船山。

方壮猷对于王船山的重视,还受到了他的老师梁启超的影响。梁启超早在湖南长沙时务学堂与谭嗣同等进步青年从事维新运动时,便已经关注到王船山;20 多年后,他对明清之际学术史进行了专门研究,在《清代学术概论》和《中国近三百年学术史》中都论及王船山的重要贡献。在《清代学术概论》一书中,梁启超指出:"衡阳王夫之,生于南荒……感于明学之极敝而生反动,欲挽明以返诸宋……其治学方法,已渐开科学的精神……其《读通鉴论》、《宋论》往往有新解,为近代学子所喜诵习。尤能为深沉之思以撢绎名理,其《张子正蒙注》、《老子衍》、《庄子解》,皆覃精之作,盖欲自创一派哲学而未成也"③;在《中国近三百年学术史》中,他

---

① 引自方克立《方壮猷先生年谱》,《方克立论著集》第五卷,中国社会科学出版社 2023 年版,第 25 页。

② 关于近代湖湘学的发展,黄守愚曾指出它的一个特征,即近代湖湘学形成了一种推崇王船山的新传统,他说:"近现代湖南人率先推举王船山为精神领袖。陶澍、邓显鹤、魏源、唐鉴、胡林翼、曾国藩、左宗棠……杨昌济等世代相继地尊崇王船山,创造了一种新传统。"黄守愚:《王船山语要》,民主与建设出版社 2019 年版,序第 2 页。

③ 梁启超:《清代学术概论》,《饮冰室合集》专集第 9 册,中华书局 2015 年版,第 6781 页。

又说:"简单说:一、他(指王船山——引者注)认'生理体'为实有。二、认宇宙本体和生理体合一。三、这个实体即人人能思虑之心……依我很粗浅的窥测,船山哲学要点大略如此。若所测不甚错,那么,我敢说他是为宋明哲学辟一新路。"①方壮猷作为清华大学国学研究院的首届研究生,自考入国学院后便在梁启超的直接指导下进行学习,深受梁启超的思想影响。方克立在《方壮猷先生年谱》一文中说:"先生(指方壮猷——引者注)青年时代喜好文学,但在清华研究院学习期间,受梁、王二导师的影响较深,从梁治中国文化史,从王治边疆史地。他后来专攻东方民族史和开设中国史学史等课程,都与这个时期所受教育不无关系。"②就读于清华国学院期间,方壮猷是在梁启超的直接指导下进行中国文化史的研究的。梁启超对于王船山的这种关注,便通过中国文化史特别是清代学术史③的教学直接影响到方壮猷。

方壮猷对于王船山的关注,直接影响了方克立。方克立是方壮猷四个孩子中比较独特的一个,他不仅是兄妹四人中唯一一个出生于湖南湘潭县的,而且还是兄妹四人中唯一一个从事哲学工作的。基于这种独特性,方克立更易受到其父亲方壮猷的影响,在谈话、文章、书信中方克立也多次忆及父亲对自己的学术影响。如他所言:"我出生于知识分子家庭,在知识和教养方面自然要受到家庭的影响。"④即使是身体抱恙,晚年的方克立仍不忘追忆和祭奠父母,他在 2019 年农历新年写给李维武和何萍的回信中说:"我去年 9 月冠心病复发,医生说年岁太大,肾功能又不好,不给做冠脉造影和介入手术了,只好吃药保守治疗……明年春夏

---

① 梁启超:《中国近三百年学术史》,《饮冰室合集》专集第 17 册,中华书局 2015 年版,第 8882 页。

② 方克立:《方壮猷先生年谱》,《方克立论著集》第五卷,中国社会科学出版社 2023 年版,第 22 页。

③ 夏晓虹在《梁启超与吴其昌》一文中指出梁启超在清华国学院任教期间的教学方向,她说:"王国维、梁启超、赵元任、陈寅恪四大导师先后到校任教。各位教授有不同的指导范围,如梁启超负责诸子、中国佛教史、宋元明学术史、清代学术史与中国文学诸学科。"见吴其昌:《梁启超传》,百花文艺出版社 2004 年版,前言第 2—3 页。

④ 方克立:《方壮猷先生年谱》,《方克立论著集》第五卷,第 80 页。

之际是先父母辞世 50 周年,我希望届时能回武汉一趟,到九峰山公墓去扫一次墓。"[1]方克立的这番话也从侧面说明他终其一生都在感恩父母之养育和教导。

正是这样,方克立在走上中国哲学道路后,十分重视王船山其人其学。《中国哲学史上的知行观》一书,是方克立研究中国哲学的第一部专著,也是他研究王船山其人其学的开端。该本书第六章第二节"王夫之",对王船山的知行观进行了深入而细致的分析,从早期启蒙说的视域出发揭示出了王船山知行观的致思特点、思想内涵和历史影响。在这之后,方克立又发表《船山学的回顾与展望》《关于建立和发展船山学问题》《王船山道器论浅析》《王船山:从古代湘学过渡到近代湘学的关键人物》诸文,对王船山研究作出了新的推进。下面,即以《中国哲学史上的知行观》为中心,对方克立的王船山的知行观研究作一梳理和评价,由此来看他对王船山其人其学的探讨及其贡献。

二、从早期启蒙说视域阐发王船山的知行观

王船山生活和求索的明清之际,是一个什么样的时代? 这个时代给予了王船山以怎样的影响? 这是方克立在《中国哲学史上的知行观》一书中,研究王船山的知行观时首先阐明的问题。在这个问题上,他选择了"早期启蒙说"作为研究王船山的视域。之所以用这一视域来进行研究,是由这一学说的时代发展以及方克立的哲学思考决定的。

"早期启蒙说"产生于新文化运动后期,这一学说最早是由梁启超所提出的。梁启超之所以提出"早期启蒙说",有一个重要的契机,即他在第一次世界大战后的游欧经历。旅欧之后的梁启超在心境上发生了改变,由以往对西方文化的推崇,转为对中国文化的重新认肯。在《清代学术概论》一书中,梁启超特别肯定了中国明清之际的文化,提出了"早期

---

[1] 方克立:《致李维武等二十三通》,《方克立论著集》第七卷,中国社会科学出版社 2023 年版,第 111 页。

启蒙说"的主张,认为中国的近代性因素早在明清之际就已经开始孕育,中国的现代性并非全是鸦片战争影响的结果。到 20 世纪 30 年代,随着中国马克思主义哲学和中国马克思主义历史学的深入发展,由梁启超所开创的"早期启蒙说"在中国马克思主义者那里获得了进一步的发展,从而形成了"中国马克思主义早期启蒙说"。"中国马克思主义早期启蒙说"主张以马克思主义哲学为指导,从明清之际的早期启蒙思潮中找寻能够接引马克思主义哲学的思想因素,从而使马克思主义哲学和中国思想传统结合起来。自张岱年于 1936 年在《国闻周报》上发表《哲学上一个可能的综合》开始,经范寿康、吕振羽、侯外庐、萧萐父等人前后相续近 50 年的不懈努力和探索①,"中国马克思主义早期启蒙说"取得了一系列的重要成果,并在 20 世纪 80 年代初产生了很大的影响。方克立的《中国哲学史上的知行观》一书出版于 1982 年,这一时期正是"中国马克思主义早期启蒙说"产生重要影响的时期。为了开展马克思主义哲学指导下的中国传统知行观研究,进而促成马克思主义哲学与中国传统知行观的结合,方克立在开展王船山知行观研究时,特别采用了这一视域。

沿着张岱年等人开拓的"中国马克思主义早期启蒙说",方克立将王船山视为重要的早期启蒙哲学家,他说:"明清之际,中国社会和思想发展都处于一个剧烈变动的时期。封建社会已经进入晚期,它的各种弊病充分暴露出来,社会阶级矛盾和民族矛盾错综复杂地交织在一起。由于时代的刺激和历史的觉醒而兴起的一代启蒙思潮,反映当时社会经济发展的客观要求,在爱国主义的政治实践中,提出了一系列革新政治和革新思想文化的进步主张,表现为对封建专制主义制度和传统思想的强烈抗争,在以后二百年的思想界中产生过巨大影响。这一新思潮的著名的

---

① 张岱年、范寿康、吕振羽、侯外庐和萧萐父等人对"中国马克思主义早期启蒙说"的贡献,详见李维武《早期启蒙说的历史演变和萧萐父先生的思想贡献》一文,《武汉大学学报》(哲学社会科学版)2010 年第 1 期。

哲学代表就是王夫之。"①

　　将王船山置于"中国马克思主义早期启蒙说"的视域中进行研究,这是张岱年、吕振羽、侯外庐、萧萐父以及方克立研究王船山的共同点,从这一方面而言,方克立主要是继承了张岱年等人的学说。但是除了继承,方克立还做出了不同于张岱年等人的新贡献。比如张岱年在阐发王船山的哲学思想时,对其宇宙论、知识论、方法论和人生论等方面都进行了考察,认为"王船山、颜习斋、戴东原在宇宙论都讲唯气或唯器;在知识论及方法论,都重经验及知识之物的基础;在人生论,都讲践形,有为"②;又如侯外庐在阐发王船山形式知识上解放的哲学时强调:"以哲学而论,王船山的宇宙论,认识论,历史哲学,人类性论,其烂然卓识,超过前人"③;再如萧萐父在 20 世纪 60 年代写作的两篇论文《王夫之哲学思想初探》和《浅论王夫之的历史哲学》,则在马克思主义哲学的框架下,对王船山的本体论、认识论和人类史观的新内容进行全面的阐发。与这些学者不同,方克立则从中国哲学史上知行观的源流入手,在古今之间深入探讨王船山的知行观。他以"能与所"、"致知之途"、"行先知后"、"行可兼知"、"知行相资以为用"、知行"并进而有功"等内容为基础,对王船山的唯物主义知行观进行了细致而深入的研究,揭示出王船山的知行观所具有的一般认识论的意义;阐发了王船山的知行观所包含的认识的来源、认识的过程以及认识的检验标准等内容;论述了王船山的知行观对于魏源、孙中山、毛泽东的知行观的影响。

　　可以说,从"早期启蒙说"的视域出发,对王船山的知行观作出深入而细致的阐发,是方克立对王船山研究做出的新贡献。

---

① 方克立:《中国哲学史上的知行观》,《方克立论著集》第一卷,中国社会科学出版社 2023 年版,第 243 页。

② 张岱年:《哲学上一个可能的综合》,《张岱年全集》第一卷,河北人民出版社 1996 年版,第 273 页。

③ 侯外庐:《近代中国思想学说史》上册,生活书店 1947 年版,第 388 页。

三、揭示王船山知行观的致思特点

王船山作为早期启蒙哲学家,他的知行观与以往中国哲学家的知行观相比,又显示出怎样的致思特点呢? 这是方克立在《中国哲学史上的知行观》一书中研究王船山的知行观时要进一步阐明的问题。在这个问题上,他强调了王船山的知行观所具有的一般认识论意义。在当时,学界存在一种观点,认为中国哲学没有认识论。对于这种观点,方克立在《中国哲学史上的知行观》一书中进行了分析并表明了自己的立场,他说:"中国哲学史上的知行问题,既有其一般认识论的意义,又有其特殊的伦理学的意义。在中国古代哲人,'求知'和'为圣'是统一的,求知方法往往也是道德修养的方法。和伦理道德紧密联系在一起,是中国古代哲学的一大特点,也是中国古代知行学说的显著特点。有人因此认为中国哲学是'伦理型'的,没有系统的认识论和逻辑学,把传统哲学中的知行问题基本上看作是一个伦理道德问题,否认或贬低它的认识论意义。我是不同意这种看法的。本书强调要分清两重意义,认识他们的区别和联系,'不要把古人讲的知和行同现代人讲的认识和实践简单地画等号,也不要以为古人是讲道德上的知和行,就否定它有一般认识论的意义'……不承认知行问题本质上是一个认识论问题,势必贬低中国传统哲学的价值及其在世界哲学史中的重要地位。"①方克立认为,中国古代知行观有混杂"求知"与"为圣"的特点,而偏执一方,仅强调中国传统哲学中伦理意义的知行观,是人们误解"中国哲学没有认识论"的原因所在。由此出发,方克立主张辨析中国传统知行观中存在着的"求知"与"为圣"的双重意义,并强调知行问题在本质上属于认识论的问题。

方克立对于中国古代知行观特点的概括,也同样适应于王船山的知行观。他对王船山知行观的致思特点进行剖析,指出:"王夫之还和宋明道学家一样,区分所谓'道心'和'人心'。他把道心叫作'仁义之心',指

---

① 方克立:《中国哲学史上的知行观》,《方克立论著集》第一卷,重印前言第5页。

人的道德意识;把人心叫作'知觉运动之心',指人的一般意识活动。他认为'仁义之心'是天所赋予的,比'知觉运动之心'更根本,人的一般知觉和思维活动是依赖于道德意识的"①;"宋明以来的道学家们谈论知行问题,总是把这个认识论问题和道德修养问题混淆在一起,王夫之也没有摆脱这种传统的影响"②。在他看来,王船山知行观具有"求知"与"为圣"的双重意义,但是在两种意义中,他更强调王船山知行观所包含的一般认识论的意义。后来,方克立在《中国大百科全书》中讲"知行"这个词条的时候,更加明确地表述了自己看待王船山知行学说的这种倾向。他说,知与行是"中国哲学的一对重要范畴。知指知识、知觉、思想、认识;行指行为、行动、践履、实践。古人讨论知行问题,多从道德意识和道德行为的关系立论,但也包含着一般认识论意义。直到明清之际的王夫之,特别是近代的孙中山,才逐渐赋予知行以比较纯粹的认识论意义"。③方克立的这一观点后来在学界中产生影响,李维武在其文章中表达了与方克立一致的意见,他认为王船山是中国知行观古今之变的枢纽、承上启下的关键,因为"只有到了王夫之,才开始主要在认识论意义上、而不是在伦理学意义上讲知行关系问题"④。

为揭示王船山知行观的一般认识论意义,方克立在研究王船山知行观时,特别重视其中的"能"与"所"这一对范畴,并率先思考了王船山对"能"与"所"关系的分析。他认为:一方面,王船山主张"能"与"所"这对范畴是相互区别的;另一方面,王船山还主张"所"为第一性的,"能"为第二性的。在"能"与"所"关系的两个方面中,方克立更为重视第一个方面。因为对"能"与"所"范畴进行区分,是王船山知行观具有认识论意义的重要前提,与混淆"能"与"所"而以"能"为"所"的伦理意义的知行观区

---

① 方克立:《中国哲学史上的知行观》,《方克立论著集》第一卷,第279页。
② 方克立:《中国哲学史上的知行观》,《方克立论著集》第一卷,第282页。
③ 方克立:《方克立论著集》第二卷,中国社会科学出版社2023年版,第227页。
④ 李维武:《毛泽东"实践论"的创立与20世纪上半叶中国认识论的开展》,《武汉大学学报》(哲学社会科学版)2020年第4期,第15页。

别开来。

在《中国哲学史上的知行观》一书中,方克立首先肯定王船山对"能"与"所"范畴进行的区分,并揭示出这对范畴所具有的"主观"与"客观"的意谓,他说:"'能'即能知,指认识主体;'所'即所知,指认识对象。王夫之把认识主体和认识对象加以区别是对的。"①其次,方克立又从内外之别对"能"与"所"、"主观"与"客观"做了更为详尽的说明,表达了客观对象在外而主观认识能力在内的一般认识论原则,他说:"关于'能'与'所'的区分,王夫之提出了'所不在内'和'能不在外'的原则,肯定认识是主体的活动,认识对象是离开主体而客观独立存在的。他说:'所著于人伦物理之中,能取诸耳目心思之用。所不在内,故心如太虚,有感而皆应;能不在外,故为仁由己,反己而必诚。'(《尚书引义·召诰无逸》)所即认识的对象是在身外的自然现象和社会关系之中,而不在人的主观意识之内;能即主观认识能力则表现为人的感觉和思维活动,它是在内而不在外,'心如太虚',主观只能反映客观而不能创造客观。"②方克立重视王船山在"能""所"问题上做出的这种区分,他认为王船山的这一主张对主观唯心主义试图以主观吞没客观,从而抽象发挥人的主观能动性的伦理意义的知行观进行了有力的批判。

在区分"能"与"所"、"主观"与"客观"的基础上,方克立还进一步分析了王船山对"知"与"行"的理解。关于"知",他指出:"王夫之提出了'因所以发能''能必副其所',即客观决定主观、主观必须符合客观的明确的唯物主义反映论原则。他认为,客观对象虽然是'俟用者',但主观认识作用毕竟是由客观对象引起的;主观认识虽然可以作用于客观对象('用乎体'),但它必须和客观对象相符合,它不过是客观对象的副本。"③关于"行",他说:"至于'行'的范畴,他(指王船山——引者注)有时讲得比较宽泛,如说'乃讲求之中,力其讲求之事,则亦有行矣'。这是把用力

① 方克立:《中国哲学史上的知行观》,《方克立论著集》第一卷,第245—246页。
② 方克立:《中国哲学史上的知行观》,《方克立论著集》第一卷,第247页。
③ 方克立:《中国哲学史上的知行观》,《方克立论著集》第一卷,第247页。

做某一件事情,凡有所用力,都叫做'行'。这是广义的行。在他那里,行的主要意义还是指一般的应事接物的活动……除了学弈棋的例子外,他还常举饮食为例……王夫之认定,只有吃过梅子的人才知道梅子味美……道路的险夷只有旅行者才能真正知道。"①方克立认为,王船山将"知"视为主观认识对于外部世界的反映,将"行"视为"身心尝试"的感性的物质实践活动,无论是王船山所言的"知"还是"行",它们都承认并指向了外部世界的存在,所以王船山的知行观与那种只在主观意识范围内讲"知"与"行"的伦理意义的知行观相比,已经具有了一般认识论的意义。

为了批判宋明道学的唯心主义知行观,方克立还强调了王船山在"能""所"问题上所坚持的唯物主义立场,他指出:"王夫之也用传统哲学中的'体''用'范畴来说明能所关系,但是批判了佛教的颠倒理论,重新赋予它以唯物主义的意义。"②方克立肯定王船山对"能""所"范畴进行的这种解读,认为这为王船山的唯物主义知行观奠定了基础,他说:"王夫之对主观和客观关系的明确的唯物主义回答,奠定了他的知行学说的理论基础,使它从认识论的根本问题上就同一切唯心主义知行观鲜明地对立起来。往后,在感觉和思维、认识和实践等一系列认识论问题上,他的回答都依据了在这个问题上所持的唯物主义立场。"③

四、阐发王船山知行观的思想内涵

方克立在《中国哲学史上的知行观》一书中,在揭示王船山知行观的致思特点,强调其中所包含的一般认识论意义后,又进一步从认识论入手阐明王船山的知行观的思想内涵。

对于知行观的内涵,方克立主张以《实践论》为准衡,从认识论诸问

---

① 方克立:《中国哲学史上的知行观》,《方克立论著集》第一卷,第260—261页。
② 方克立:《中国哲学史上的知行观》,《方克立论著集》第一卷,第246页。
③ 方克立:《中国哲学史上的知行观》,《方克立论著集》第一卷,第249—250页。

题来作出阐明,反对将知行问题仅仅理解为狭义的认识与实践的关系问题。他指出:"研究这个题目(指中国哲学史上的知行观,引者注)的目的是:以毛泽东的《实践论》为指导思想,系统地清理中国哲学史上的知行问题"①;"广义地说,知行问题就是整个认识论,包括认识的本质、认识的源泉和动力、认识发展过程、检验认识真理性的标准等问题,毛泽东的《实践论》,副标题为'论认识和实践的关系——知和行的关系',内容却是'辩证唯物论的全部认识论'。所以,我们考虑,研究中国哲学史上的知行问题,不能把范围限制得太狭小,不能只是字面上讲到知行关系的才研究,而必须涉及认识论的所有重要问题。"②因此,他主张将认识的来源、发展过程以及检验标准等问题都视为知行观的重要内容。方克立还指出,虽然中西方的认识论涉及不同的研究方法,但是也包含了同样的内容,他说:"西方的认识论学说同当时的数学和实验科学的研究方法有较密切的联系,中国的知行学说则更多地和德行修养方法联系在一起,这是它们不同的地方;但是,它们共同地都要解决认识的来源、致知的方法和途径、真理的标准等问题,这又是没有区别的。"③以《实践论》为指导,并结合中西认识论之比较,方克立主张从知识的来源、认识的过程以及认识检验标准这三方面来阐发王船山的知行观的思想内涵。

关于知识的来源问题,方克立认为王船山的知行观将实践视为知识的来源,将实践所促成的主观与客观的相互作用、相互结合视为知识形成的必要条件。他说,王船山"不仅指出,人类知识的形成有待于耳目心思和客观事物的接触,而且认为人们是在行中去接触事物而有所感、有得于心的,行是知的基础和来源"④。这一结论,是他通过总结王船山的"行先知后""能必副其所""因所以发能"等学说得出来的。一方面,他指出,王船山已经意识到无论是程朱的"知先行后"还是王阳明的"知行合

① 方克立:《中国哲学史上的知行观》,《方克立论著集》第一卷,重印前言,第1页。
② 方克立:《中国哲学史上的知行观》,《方克立论著集》第一卷,重印前言,第3页。
③ 方克立:《中国哲学史上的知行观》,《方克立论著集》第一卷,第310页。
④ 方克立:《中国哲学史上的知行观》,《方克立论著集》第一卷,第261页。

一",都是脱离了人的实践来谈认识,将知识看成了主观自生、先天固有的,故而提出"行先知后"说,将实践纳入到人的认识活动中,并将其视为知识的基础和来源。另一方面,他又指出,王船山批判了佛教"消所以入能,而谓能为所"的主观唯心主义认识论,提出了"能必副其所""因所以发能"的观点,从而将知识看成是人的主观认识能力对于客观的外部世界的反映。从王船山"行先知后""能必副其所""因所以发能"的观点出发,方克立揭示出王船山在知识来源问题上所坚持的以实践为基础的唯物主义反映论的立场。对于王船山将"实践"视为知识的来源这一观点,他还特别做了总结,指出:"这就在一定程度上克服了旧唯物主义认识论的直观性的缺陷,当然他并不可能懂得'革命的实践'的意义。"①这样,方克立在肯定王船山在知识来源问题上做出的贡献外,还强调了他对"实践"认识的不足,即王船山仅仅将"实践"理解为抽象的个人活动、理想化了的圣人行为,而不将其视为"社会实践"。

关于认识的过程,方克立特别强调了王船山知行观中所包含的关于认识过程的辩证法。首先,关于"知"和"行"的辩证关系,方克立认为王船山在批判朱熹、王阳明一类儒者的形而上学的观点时,展开了关于知行关系的辩证法。他指出:王船山认为无论是程朱一派割裂知行关系,在知行之间立一划然之次序,还是王阳明混淆知行关系、以知而代行,都未能把握到知行之间的对立统一关系。与之不同,王船山的知行观则把握到了知行的区别和联系,这具体体现在王船山提出的"知行相资以为用"等观点中。方克立指出,王船山的"知行相资以为用",包含了知行相分的前提,这是因为王船山认为"知"和"行"各有功效才能相互作用;而王船山的"资于异者乃和同而起功",则又说明了王船山也注意到了知行之间的相互联结。方克立还指出,王船山虽然区分"知"与"行",但并不将两者视为并列的关系,他说,王船山认为"在知和行的矛盾统一体中,

---

① 方克立:《中国哲学史上的知行观》,《方克立论著集》第一卷,第261页。

行是矛盾的主要方面,行是二者统一的基础"①。其次,关于"知"中的感性认识和理性认识的辩证关系,方克立指出:"对于耳目和心官的互相依赖,感觉和思维的区别和联系,王夫之都有明确的论述,可以说他在一定程度上看到了认识过程的辩证法。"②关于两者的区别,他指出,王船山认为感觉认识是人们接触外物获得的自外而内的第一次性的东西,是关于事物的现象的、局部的认识,而理性认识是经过精神思维的分析与综合而获得的关于事物的本质的、全体的认识,是比感性认识更高的认识阶段。关于两者的联系,他指出:王船山认为感性认识的形成要发挥精神思维的能动作用,而理性认识则需要耳目闻见所提供的感性材料。他认为,王船山对感性认识和理性认识的辩证关系作出的说明,对于流俗的经验主义和毫无根据的主观空想都做出了批判。

关于认识的检验标准问题,方克立指出王船山的学说中已经包含了实践为检验认识真理性的标准这一观点。他认为,王船山的这一观点,通过其主张的"知无迹,能者知之迹"以及"行可有知之效"的思想体现出来。一方面,他指出,为了批判唯心主义者"尊知贱能"的知行观,王船山提出了"知无迹,能者知之迹"的观点,主张无行迹的主观认识必须要经过有行迹的物质实践活动的检验。方克立认为,王船山所言"能者知之迹也"这句话,包含着实践是检验认识的尺度的深刻思想。另一个方面,他还认为,为了完整的表述"行可兼知,而知不可兼行"的观点,王船山提出了"知必以行为功""行也者,不以知为功""行可有知之效""知焉未可以收行之效"等观点,在阐释"行可有知之效"这一观点时,王船山表达了实践是检验认识真理性的标准的这一思想。方克立指出:"王夫之说:'行于君民、亲友、喜怒、哀乐之间,得而信,失而疑,道乃益明,是行可有知之效也。'……判断是否把握了事物之理的标准,不在于自称'预知',也不在于'心度之明',而在于'身试其中'或'身历'之得失。这些都是

---

① 方克立:《中国哲学史上的知行观》,《方克立论著集》第一卷,第271页。
② 方克立:《中国哲学史上的知行观》,《方克立论著集》第一卷,第250页。

说,实践有检验认识的作用,这就是'行可有知之效'的含意。"①

从知识的来源、认识的发展过程以及认识的检验标准等方面来阐发王船山知行观的思想内涵时,方克立已经描绘出了王船山知行观中所包含的"行——知——行"的一般的认识过程,他说,王船山"认为知和行的对立统一表现为一个'由知而知所行,由行而行则知之'的循环往复、无穷发展的过程,这个思想是相当深刻的"。② 方克立由此认为,王船山的知行学说达到了我国古典哲学中朴素唯物主义知行观的最高峰。

五、凸显王船山知行观对近代知行观的影响

在《中国哲学史上的知行观》一书中,方克立在揭示了王船山知行观的致思特点、思想内涵后,还专门探讨了王船山知行观对近代知行观的影响。他认为,由王船山知行观所开启的一般意义的认识论及其唯物主义的立场,影响了近代以来的魏源、孙中山和毛泽东,使他们在知行观的问题上都采纳了与王船山一致的立场。

魏源是鸦片战争前后,"睁眼看世界"的思想先驱之一,他的"经世致用"之说以及"师夷长技以制夷"等变法革新的主张,在一定程度上起到了开社会思想之新风的作用,而他从明清之际进步思想家那里继承来的"经世致用"之说,更是影响到了他的朴素唯物主义知行观。因魏源与王船山一样主张"经世致用"并且同为湖湘学派的代表,所以在研究魏源的知行观时,方克立特别将其与王船山知行观进行了比较,并着重强调了他们在知行观问题上的前后相继的关系。方克立认为,魏源的知行观承继了王船山认识论意义的知行观。关于"知",他指出:"关于真知的来源,魏源总结性地指出:'无他,亲历诸身而已。'就是说,只有亲身接触事物,获得感性经验,才能叫作真知"③;关于"行",他指出:"魏源认为'樵夫

① 方克立:《中国哲学史上的知行观》,《方克立论著集》第一卷,第 269—270 页。
② 方克立:《中国哲学史上的知行观》,《方克立论著集》第一卷,第 275 页。
③ 方克立:《中国哲学史上的知行观》,《方克立论著集》第一卷,第 316 页。

之一足''估客之一瞥''庖丁之一啜'远胜于那些从地图上知山、从传闻中知海、从菜谱里知味的人们。"①方克立强调魏源的"知"是对山、海、味等客观事物的反映,魏源的"行"则是樵夫、估客、庖丁对山、海、味等客观事物的作用,所以,无论是魏源的"知"还是"行",它们都承认客观事物的存在,都是一种对象性的活动。因此,方克立认为,与那种仅仅在主观意识范围内讲"知""行"的伦理意义的知行观相比,魏源的知行观更具有一般认识论的意义。方克立又指出,魏源的知行观也同王船山一样,坚持了唯物主义的立场。他说:"魏源继承了王夫之、颜元等人的唯物主义认识路线,反对方东树之流重新鼓噪的程朱学派的知先行后说。他明确地说:'及之而后知,履之而后艰,乌有不行而能知者乎?'……他用大量实例说明了行先知后、知识来源于亲身经历和直接感性经验的道理。"②这是说,魏源知行观的唯物主义立场得自他在知识来源问题上所坚持的"行先知后"说,方克立肯定魏源的"行先知后"说,并将其视为魏源唯物主义知行学说中最有价值的部分。方克立还指出,与王船山的知行观一样,魏源也未把握到"行"所具有的"社会实践"的意义,他说:"从理论上说,他(指魏源,引者注)的朴素唯物主义知行观并没有超过王夫之和颜元的水平,他对'行'的了解也还局限于个人的生活经验。"③

孙中山是我国近代民主革命的先行者,为了论证正确革命理论的极端重要性,他在 20 世纪的第二个十年提出了"知难行易"说。方克立高度肯定孙中山的这一学说,他说:"中国近代资产阶级在认识论领域达到的最高理论成果是孙中山的知难行易说。这一学说的提出,标志着对中国封建时代传统的知行观念的真正突破,而赋予它以近代民主和科学的崭新内容。在中国哲学史上,知行问题完全摆脱宗教和道德论的纠缠,被当作纯粹的认识论问题来自觉地加以探讨,这确乎是第一次。因此,

① 方克立:《中国哲学史上的知行观》,《方克立论著集》第一卷,第 316 页。
② 方克立:《中国哲学史上的知行观》,《方克立论著集》第一卷,第 315 页。
③ 方克立:《中国哲学史上的知行观》,《方克立论著集》第一卷,第 320 页。

183

它的意义可以说是划时代的。"①方克立之所以用"划时代的意义"来评价孙中山的"知难行易"说,是因为孙中山在知行观的问题上真正实现了"求知"与"为圣"的分离,从而建立起了具有纯粹认识论意义的知行观。在认识论的框架下讲知行观,可以说是孙中山知行观对王船山知行观的继承。方克立认为,孙中山的"知难行易"说同王船山的知行观一样,都将"知"与"行"指向了客观世界。关于"知",他指出:"孙中山不止一次地说过,人们要求得对于客观世界的正确认识,必须通过科学的观察和实验"②;关于"行",他指出:"孙中山把生徒之习练、科学家之试验、探索家之探索、伟人杰士之冒险等个人的活动了解为'行'的主要内容。这种实践观虽然有很大的局限性,但是却超过了一切封建时代的知行学说,因为它不再把'行'局限于道德方面的践履笃行,而是包括了广泛的内容。其中主要有两个方面:一是科学的观察和实验,二是资产阶级的革命实践。"③方克立认为,由于孙中山将"知"与"行"视为对客观世界包括自然界和社会存在的认识和改造,所以孙中山的知行观已经成为认识论意义的知行观。方克立肯定孙中山的"知难行易"说,不仅是因为其知行观具有一般认识论的意义,还因为其在知行观的问题上,坚持了与王船山一样的唯物主义的立场。方克立说:"为了论证行易知难的道理,孙中山在《孙文学说》一书中,以及在其他的讲演和文章中,'不惮其烦、连篇累牍'地列举了大量实例……即以行先知后证行易知难。所以,我们可以说,行先知后是实际上蕴涵于知难行易说中的一个基本内容,是它的合理内核。肯定行在先,知在后,行是知的基础和来源,正是唯物主义知行观的本质所在。孙中山的知难行易说即建立在这一唯物主义的基础之上。"④方克立肯定孙中山的"知难行易"说在认识论问题上作出的贡献,但也不对其知行观作过高估计。他在肯定孙中山知行观的同时,还特别指出了

---

① 方克立:《中国哲学史上的知行观》,《方克立论著集》第一卷,第 345 页。
② 方克立:《中国哲学史上的知行观》,《方克立论著集》第一卷,第 360 页。
③ 方克立:《中国哲学史上的知行观》,《方克立论著集》第一卷,第 360 页。
④ 方克立:《中国哲学史上的知行观》,《方克立论著集》第一卷,第 351—352 页。

其知行观对"行"的理解的局限性,方克立认为孙中山所言之"行"与王船山、魏源的"行"一样,都不是具有社会性、历史性的活动,都与科学的社会实践有着根本区别。

毛泽东是湖南湘潭人,他的"一生与船山的关系是密切而深刻的"①。在《中国哲学史上的知行观》一书中,方克立以《实践论》作为中国哲学史上知行问题的科学总结,并未直接说明毛泽东与王船山在知行问题上的联系;但比较书中的有关论述,这种联系实是清晰可见的。方克立认为,毛泽东的《实践论》继承并超越了王船山的认识论意义的知行观。关于"知",他指出:"毛泽东同志在《实践论》中,坚决驳斥了认识来源问题上的唯心主义先验论,同时克服了旧唯物主义认识论的直观性的缺点,指出人的正确认识只能从社会实践中来,只有在改造客观世界的斗争中,人的感觉器官才能同外界事物相接触,客观对象才能反映到头脑中来。"②关于"行"即实践,他指出,毛泽东的《实践论》主张"实践是客观的物质的活动,是社会的历史的活动,是千百万人民群众能动地改造世界的活动,所以,它认为:'人类的生产活动是最基本的实践活动,是决定其他一切活动的东西。'除了生产活动,社会实践还包括阶级斗争、政治生活、科学实验和文化艺术活动等多种形式"③。方克立认为,毛泽东的《实践论》在讲"知"时,特别强调了客观事物对于人的认识的根源性,在讲"行"时,则特别强调了实践是一种"客观物质性"的活动,他的"知"不是某种先验的理想原则或道德原则,"行"也不是脱离了现实斗争的修身养性的活动。因此,毛泽东《实践论》中的知行观,不同于唯心主义者伦理意义上的知行观,而具有一般认识论的意义。正是这样,《实践论》对知行关系作出了最为科学的总结。他说:"毛泽东同志还依据马克思主义认识论的基本原理,对人类认识运动的总规律,即知行关系的唯物辩证法作了科学的概括和总结,他指出:'通过实践而发现真理,又通过实践

① 王兴国:《毛泽东与船山学社和船山学》,《船山学刊》2021年第4期,第1页。
② 方克立:《中国哲学史上的知行观》,《方克立论著集》第一卷,第394页。
③ 方克立:《中国哲学史上的知行观》,《方克立论著集》第一卷,第393页。

而证实真理和发展真理。从感性认识而能动地发展到理性认识,又从理性认识而能动地指导革命实践,改造主观世界和改造客观世界。实践、认识、再实践、再认识,这种形式,循环往复以至无穷,而实践和认识之每一循环的内容,都比较地进到了高一级的程度。这就是辩证唯物论的全部认识论,这就是辩证唯物论的知行统一观。'(《实践论》)"①

从魏源到孙中山、毛泽东,方克立不仅指出了他们对王船山知行观的继承,而且揭示了他们对王船山知行观的深化和超越。三者相比较,魏源在继承上相对多一些,孙中山和毛泽东则更体现出深化和超越,特别是具体体现在他们对"行"的理解上。孙中山的知行观,更新了王船山所讲的"行"的内容,提出了"科学实验以及革命活动"这两种新的实践内容。毛泽东则对"行"作出了最为科学的说明,不仅明确了"社会实践"的多种形式,还明确了"社会实践"的主体即人民群众。方克立强调只有毛泽东的《实践论》真正克服了王船山知行观的局限性从而对知行关系作出了最为科学的说明。

六、结语

从早期启蒙说的视域出发,方克立不仅揭示出王船山知行观由伦理意义向一般认识论意义转变的致思取向,而且还以《实践论》为准衡明确了王船山知行观的思想内涵、揭示出王船山知行观在认识论问题上所坚持的唯物主义立场,并由此详细地分析魏源、孙中山和毛泽东三人的知行观,肯定了他们对王船山知行观的继承、深化和超越。这些都是方克立对王船山知行观研究的新贡献。

方克立对王船山知行观的以上研究是值得肯定的,但是,在王船山知行观的研究上,方克立也存在着一定的局限性,即他仅仅揭示了王船山认识论中涉及的从实践出发由无知到知的这一认识过程。由于他对王船山"成性"即"为圣"的思想不甚重视,这导致他建构的王船山认识论

---

① 方克立:《中国哲学史上的知行观》,《方克立论著集》第一卷,第400页。

没有"由实践达智慧"的过程。在笔者看来,这种局限性主要是由方克立的问题意识决定的,为了反驳"中国哲学没有认识论"这一论断,方克立致力于区分王船山知行观中所包含的"求知"与"为圣"的内容,只讲"求知"而不讲"为圣",事实上,"求知"与"为圣"是可以在实践的基础上结合起来的。将王船山知行观中的"求知"与"为圣"混杂的观点重新统一于实践,不仅可以为王船山认识论中遗留的先验的"德性之知"找到物质基础,而且还可以赋予马克思主义的辩证唯物主义认识论的中国特色。

综创论的本体与大众化

刘仲林[1]

张岱年先生著名的"综合创新论"（以下简称"综创论"）是在"五四"新文化运动推动、中西哲学比较研究中提出的，开创了 20 世纪中国新哲学理论建设新方向。作为中国哲学现代化的一条探索大道，20 世纪 80 年代的"综合创新论"是在 30 年代"综合创造论"基础之上的进一步发展，具有鲜明的新时代特征。

方克立先生深入研究中西哲学发展史和评析当代文化思潮，阐扬并发展张岱年先生的"综创论"，创造性地提出了"马学为魂，中学为体，西学为用，三流合一，综合创新"的核心理念与思想，对"综创学派"的理论建设与深入发展做出了突出贡献，成为"综创学派"第二代学者中最重要的代表之一。

一、个人与张岱年、方克立两位老师的"综合创新"情缘

笔者是南开大学哲学院的首届研究生，读的是科技哲学专业，1981 年毕业。1990 年与大连理工大学王前一起，首次到张岱年先生家中拜访。1992 年又作为北京大学哲学系访问学者到北大研习，其后近 10 年

---

① 作者简介：刘仲林，中国科学技术大学、澳门科技大学教授。

一直受张先生教诲。期间,曾在张先生指导下通读《张岱年全集》(八卷本),并以向张老师请教的师生对话文体,发表了系列探讨综创论"起、承、转、合"发展史的论文。1999年笔者出版由《新精神》《新认识》《新思维》三卷组成的"古道今梦"丛书,张先生亲自作序,指出丛书以"创"作为核心范畴,融入中华文化内核。认为"创"是现代精神的标志,较"仁"更能体现人的本质,由此提出了将"仁学"等传统思想转化提升为"创学"的新观点。张先生的序,特别是对"创学"内涵的肯定和精练概括,使笔者深受鼓舞。序的全文曾在《光明日报》发表。

新世纪伊始,笔者调入中国科学技术大学人文与社会科学学院,当时方克立先生任首任院长,张允熠教授任副院长。笔者作为一位研究"综创论"的南开毕业学子,得到方先生热情关怀和指导。特别是2010年在中科大各级领导大力支持下,与安徽省图书馆合作,由笔者主持,创办了以"综创论"思想为指导、面向百姓大众普及的"中华文化大学"(由大学堂与大学网组成)。这是一所向社会各界人士、平民百姓全面开放的"综创论"实践大学。新华社、人民网、中国科学报及安徽地方报纸等媒体都做过大量报道,其中新华社和安徽媒体报道的吴天雄老工人92岁上"大学"的新闻,反响热烈,还被编入中学考试试题,影响广泛。"中华文化大学"有两位学术顾问,即方克立学部委员和杨叔子院士,两位知名学者一文一理,给予中华文化大学成长多方面指导。方先生在中华文化大学堂开学典礼贺信中说:

> 欣闻中华文化大学堂成立,不仅在学校师生中,而且和安徽省图书馆等单位合作,面向普通大众广泛传播中华文化的精神和思想,这是一个创举,我确实感到非常高兴。我希望你们所走的这条科技与人文相结合的道路能够越走越宽广,参与中华文化研习的师生及大众越来越多,让张岱年、钱学森等老一辈中国哲学家和科学家的遗愿早日变成现实。祝中华文化大学堂与时俱进,越办越兴旺!

两位顾问贺信在 400 多来宾和学员参加的开学典礼上宣读,受到全场热烈鼓掌欢迎。笔者曾主编《亲证中国哲学大智慧》,该书从 3000 多学子实践悟道体会中选择 111 位同学的体会发表,由中国科大出版社出版。方先生亲自撰写书序,给予热情鼓励和支持。该书序已经入选方先生文集。

二、综合创新论的本体探讨

2023 年 10 月 12 日笔者接受《中国社会科学报》记者吴楠采访,就中华传统文化创造性转化、创新性发展发表看法。笔者表示:在哲学本体论、认识论、价值论、境界论四大板块中,新的认识论和价值论建构是实现中华优秀传统文化创造性转化、创新性发展的突破口,本体论和境界论则是其博大精深的拓展空间。"着力赓续中华文脉、推动中华优秀传统文化创造性转化和创新性发展"要以跨学科视野,抓住价值观和思维方式变革的核心问题,从中华传统的"儒释道"之学,向富有新时代精神的"创造"之学跨越。"中华文化与现代科学文化的融合,是中华优秀传统文化创造性转化和创新性发展过程中一个绕不开的议题。如果把中西文化、诸子百家、科学技术都视为人类'创造'的结晶,则中华文化将不再是与现代科学隔阂的传统文化,而是迈向以创造为核心的生机勃勃、充满创新活力的中华'创学'新文化!"

五四新文化以来,中国新哲学本体论建构有三大重要探索指向:

1. 新儒学本体论

新文化运动以来,新儒家名人辈出,比较有代表性的:熊十力、牟宗三等的心本论,如:《新唯识论》等;冯友兰的理本论,如《新理学》等;李泽厚的情本论,如:《该中国哲学登场了》等。近些年,陈来教授提出并论证"仁本论"思想,如《仁学本体论》等。仁学本体论是以"仁"统摄儒家的各种形上学观念,将"仁"发展为一本体的思想,或发展为一仁的本体论。陈来在评价 20 世纪代表性的新儒家观点基础上,以"仁学"为本根,将儒家的伦理之仁与生生之仁结合,综合概括为"仁学本体论"。

2. 易学本体论

由海外学者成中英教授等系统提出,以"易学"为本根,将生生之易与现代中西哲学思想结合,论证了"易学本体论"。传统认为易有不易,变易和简易三个基本特征,成教授增加了"交易"与"和易"两义,分别诠释为:生生源发、变易多元、秩序自然、交易互补、和谐相成。与仁学本体论思想聚焦《论语》不同,易学本体论焦点是《周易》,特别是《易传》思想。

成教授指出:对易的本体的透视必须兼及易与不易两个向度,二者皆是无穷尽和不可执着的。简易具有万物秩序化与变化规律的意思,因而也就具有宇宙本体论的含义。交易则是建立在世界的动态性、多元性和机体性基础上,是以有无相通以形成事物的完整性和可发展性,同时也形成新的共同发展的可能性并创造新的事物。和易是其核心意义与目标,体现了易哲学发展的价值。

3. 创学本体论

总的说,以上仁学本体、易学本体两大类本体论,均属于现代新儒家观点。其观点注意吸收西方近现代哲学和中国五四以来新文化的创造观,对推动中国新哲学理论深化发展有重要而积极的意义。其不足,是没有突破泛儒学本体论思潮局限。

突破儒家学派局限,在《易传》生生思想基础上跃迁升华,转化出具有本体论意义的创造观,探索"综创论"理论与实践,开辟与现代新儒家不同道路的先驱者,是张岱年先生。

张岱年说:"世界是富有而日新的,万物生生不息。生即是创造,生生即不断出现新事物。"又说:"人之作用在于自觉参加于宇宙创造大流中,而赞助自然的创造。于人,乃得宇宙之自觉。"在这里,张先生直截了当地把"生"解读为"创造",宇宙是一个"创造"大流,人的作用在于参加宇宙创造大流中,由此,乃得"宇宙"之自觉。这是一种"综创论"视野下的"天人合一"创造论。

人是自然的一部分,所以人的创造就是天的创造。人从创造中来,又回到创造中去,达到人性自觉和天人和谐,由此领悟到天人合一的真谛,张先生称之为"动的天人合一"。张岱年以"生生日新"为基础,通过由"生"向"创"的新范畴转换,将天人本性通贯为"天人合一"创造体,由此产生了一个完全新视角的哲学本体观。简言之,"动的天人合一"的核心是天的创造性与人的创造性的合一,"天道"与"人性"在创造基础上的贯通。

对人而言,"创造"不仅是一个本体论问题,更是一个认识论和实践论问题,体用不二、知行合一是其重心所在。20世纪40年代前后,美国以科技发明实用为目的现代创造学兴起,涌现了一批在实践中广泛应用的创造技法,如奥斯本的"头脑风暴法"、茨维基的"形态分析法"等等。后来,以创造技法为重点的现代创造学,广泛传播到世界各地,涌现出数百种各式各样的创造技法。创造学20世纪60年代传入我国台湾,改革开放后传入我国大陆。1983年由中国科大、上海交大、广西大学三所院校发起,在南宁市召开了全国首届创造学学术研讨会,同时举办创造学培训班。1994年国家正式批准成立中国创造学会(隶属中国科协)。笔者是创造学首届年会学术报告人之一,任中国创造学会常务理事。

鉴于哲学"综创论"与科技创造学密切的体用关联,笔者2001年出版《中国创造学概论》,2017年出版《中西会通创造学》,尝试将中国哲学"综创论"与现代科技创造学结合,建设理论与实践合一的"创学"体系。

简言之,"中西会通创造学",是一门研究创造规律、开发创造潜能、提升创造境界、觉悟创造人生的新兴交叉学科,简称创学。该书内容分四部分:由一、发现创造本性;二、解放创造思维;三、应用创造技法;四、觉悟创造境界等四个部分构成。其中:一、四的主题聚焦中国哲学,特别是综合创新论;二、三的主题聚焦西方创造学,特别是创造技法。概括说就是:"创造之性人本有,解放思维在践行,应用技法来助力,下学上达通道境。"初步形成由创造心性、创造思维、创造技法、创造境界构成的"创学"体用论体系。全书约40万字,书中收录近50年来中国创造学相关著作1000余部。该书2018年荣获中国科协创造学会创造成就一等奖。

三、"综合创新论"的百姓日用实践探索

当孔子在"裨谌草创之"(《论语·宪问》)一语中提到"创"字时,先哲肯定不会料到,两千年后,这个字可以成为和"仁"字相当,成为新世纪中华新文化的一个标志性汉字。实际上,"创"的新哲学本体意义,人类 20世纪才逐渐揭示出来,到了 21 世纪则一跃成为引领时代变革、推动社会发展本根性力量!

如何跳出大学和研究机构的深宅大院,把"综创论"及中西会通创造学普及到平民百姓,为中国传统哲学的创造性转化、创新性发展探索大众实践普及新路? 明代王艮的"百姓日用即道"思想给后人深刻启发。

王艮(1483—1541),明代南直隶泰州人,儒家泰州学派创始人。盐场灶丁出身,受业于王阳明八年,注重平民百姓教育,宣扬"圣人之道,无异于百姓日用","愚夫愚妇与知能行便是道"。他的学生大多为下层群众,有农夫、樵夫、陶匠、盐丁等近 500 人。

王艮《咏天》诗云:"都道苍苍者是天,岂知天只在身边。果然会得如斯语,无处无时不是天。"这里作者以"天"喻"道",听起来"道"远在天边,实际上"道"就近在眼前,无处无时不是悟道场。"百姓日用即道"是泰州学派思想的精华。

张岱年在倡导追求个人"天人合一"创造境界的同时,强调还要"与群为一",就是不仅自己觉醒,同时还要关心大众觉醒,通过面向社会大众普及综创论,激发社会各界创造潜能,促进全社会创新发展。因此,中国新文化建设除了"文化整理及批判工作"和"学术创建工作",还需要进行"普及的文化革命工作"。长时间以来,我国中哲学术研究和研究生培养,仍是以坐而论道的"经学"式研究为主流,新文化大众普及作为学派建设的重要组成部分,由于种种原因还未引起学术界的充分重视。

秉承张岱年、方克立先生文化普及思想,并受到王艮"百姓日用之学"的启发,2010 年在中国科大研究生教育创新计划项目支持下,人文与社会科学学院创办对社会各界开放"中华文化大学堂、大学网"。该项目由笔者主持，着力推动传统文化及综合创新理论的大众实践普及。

中华文化大学主要由中华文化大学堂、中华文化大学网等组成。其中的中华文化"大学"含义，不同于现行的西式分科大学，而是中华传统文化意义上的"大学"，即儒家四书中《大学》开篇所言："大学之道，在明明德，在亲民，在止于至善。"简言之，此"大学"的宗旨是"明德新民"。

中华文化大学定位是"承道统，启新命，同修行"，这与传统"大学（书院）"的定位有所不同，不同点集中体现在"启新命"一语上。《诗经》云"周虽旧邦，其命维新"，如果说儒家之命定位"仁义"，则中华文化大学之命定位"创造（内含仁）"。"启新命"的哲学基础是"综创论"。

经典名著《大学》中说，"大学之道，在明明德，在亲民，在止于至善"，"中华文化大学"以此为宗旨，定位是"承道统，启新命，同修行"，即继承古代"大学之道"的传统，开启以"综创论"为核心的文化新命，校内学子与校外大众一起学修。2010 年 11 月 21 日各界人士 400 多人参加开学典礼，校领导讲话，新华社等多种媒体作了报道。接着，陆续创办中华文化大学网、骨干培训班、网络视频课堂、在线课堂等，由此发展较为完整而多样化的"中华文化大学"教学体系。根据笔者博士生金丽当时的调查，中华文化大学堂的听众，学生占 40%，各界人士、平民百姓等社会人员占 60%。学员年龄范围从 18 岁至 70 岁，个别达 80、90 岁。

笔者的交叉科学以及博士生不仅参加中华文化大学的课程学习、写作、讲课等，而且作为志愿者，待人接物，宣传推广，与各界人士交流接触，获得了许多课堂上不能获得的实践知识。2012 年这一实践活动获得合肥市哲学社会科学基金项目立项，以博士生为主，从理论到实践，对中华文化大学的学子与大众同修的活动进行了总结，该项目获得了优秀等级评价。博士生还参加了《中华文化精修入门》《中华文化传承与创新》等普及教材书籍的撰写。博士生把这些实践经历写入博士论文，增加了理论的实践检验要素。文化大学的实践活动，是中国科大研究生教育创新计划的一个亮点，也是哲学类博士生培养中的一项新实践探索。

2015 年，在贵州省国学单列重大项目"中华文化创造性转化、创新性发展"支持下,2017 年项目课题组开始撰写《从仁学向创学跨越——老百姓新大学》书稿,经多次修改,2024 年初完成修订稿,有待出版。该书共分六章,由中国古代书院、现代中国新哲学探索、国际第三种文化思潮、中华文化大学社会实践及"创学"博士培养、大量个体学员实践体会等构成。庄子说"道,行之而成",知行合一是本书的目标,这正是本书副标题"老百姓新大学"的含义。

由此,通过《中西会通创造学》专著(2017 年出版)初步形成了较系统的综合创新理论(创学)体系,而且通过创建向全社会各界开放的"中华文化大学",将理论付诸社会实践,经历了 10 多年跌宕起伏的社会实践的考验。通过开放的中国科大"中华文化大学堂""中华文化大学网"以及入选教育部视频精品课上线,使中华文化大学的理念和实践,在国内外有更广泛传播。《从仁学向创学跨越——老百姓新大学》总结了综合创新理论(创学)的百姓大众实践探索历程。

以上两著作,其中《中西会通创造学》侧重"综创论"的中西(人文与科技)会通理论体系探讨,《从仁学向创学跨越》侧重"综创论"的大众实践落实,两者互补,初步构成了笔者研究团队对"综创论"的"知行合一"探索。这里,对各位师生和社会人士的参与贡献深表感谢!

南开大学哲学院举办"中国文化的现代格局与未来走向"研讨会,对推动"综合创新论"理论和实践深化发展,意义重要,影响深远。祝研讨会圆满成功!

方克立先生文化综合创新三境界

杨翰卿[①]

伴随着我国改革开放和 20 世纪 80 年代以来历久弥新的文化讨论，在中、西、马三大哲学和文化思潮对立互动、交汇碰撞的思想格局中，方克立先生非常明确自觉地心契、赞同张岱年先生主张的"文化综合创新"论，并积极地对其加以阐扬、深化和发展，推进马克思主义"综合创新"文化观不断升华并达到新的境界，为中国哲学的健康发展和中国特色社会主义先进文化建设做出了重要的理论贡献。这种理论贡献主要的就是方克立先生继 1997 年出版的《现代新儒学与中国现代化》之后，近期又推出结集新著《中国文化的综合创新之路》，两部著作具有内容上的连续性，可以称为姊妹篇。

一、心契、赞同张岱年先生主张的"文化综合创新"论

"在 80 年代文化讨论的各种观点中，自己最能心契和赞同的是张先

---

① 作者简介：杨翰卿，西南民族大学哲学学院教授。

本文发表于《中州学刊》2014 年第 7 期；河北师范大学张申府张岱年研究中心编：《张申府张岱年研究集刊》第 2 辑，河北人民出版社 2013 年版。

生倡导的'综合创新'之义。"①这是方克立先生反复申明、一再表示的哲学和文化观点,标志着方先生"综合创新"文化观的第一境界,这里姑且称之为方先生对"文化综合创新"论的契同境界。

方先生认为张岱年先生提出的"文化综合创新"论,为马克思主义文化派树立起了一面鲜明的旗帜,张先生一生的哲学和文化道路是走中、西、马"三流合一"、综合创新之路的典范。肯认、心契、赞同张先生的"文化综合创新"论,是方克立先生审视 20 世纪中国思想文化思潮、判定中国思想文化格局、把握中国文化发展方向,有意识地自觉标举和鲜明地理性抉择,确立这样的抉择和思想文化境界,具有重大而深刻的意义。

张岱年先生在 20 世纪 30 年代受其兄张申府"孔子、列宁、罗素,三流合一"思想的启发,提出"将唯物、理想、解析,综合于一"而创造中国现代新的哲学。这一思想也是张先生在该时期所提出的"创造的综合"或"文化创造主义"的具体体现。"创造的综合"文化观,明确表示既反对东方文化优越论,也反对全盘西化论,主张兼取中西文化之长而创造新的中国文化。至 20 世纪 80 年代,张先生在新的文化讨论中,结合新的时代特点和需要,重申和进一步阐明这种综合创新的文化观,强调建设社会主义新文化必须以马克思主义为指导,进行中西文化以及中国固有文化中不同学派的综合,并以马克思主义与中国文化的优秀传统的综合为核心。张岱年先生明确地把他在 30 年代倡导、80 年代丰富完善的这种文化发展观,概括为"文化综合创新论"。方克立先生常常表示:"综合创新"文化观是由张岱年先生首先提出来的,它是 20 世纪文化论争的产物和文化讨论中对古今中西问题的一种比较全面、正确的回答,也是 20 世纪文化讨论中心态最健康、最有前瞻性、代表了一种最正确文化方向的观点,是与我们党一贯倡导的文化方针和文化政策完全相一致的文化主张。

---

① 方克立:《深化对"综合创新"文化观的研究》,收入《中国文化的综合创新之路》,中国社会科学出版社 2012 年版,第 173—174 页。

　　方克立先生契同张先生主张的"文化综合创新"论，直接原因是他于80年代中期对于"要重视对现代新儒家的研究"的倡议和随后他与李锦全教授共同主持的国家社科"七五""八五"规划重点项目"现代新儒家思潮研究"。根本原因则是他对于中国现代化道路和模式选择的关切与理性判断，以及对于20世纪中国思想文化基本格局的宏观审视和中国哲学、文化发展方向的强烈责任意识。思想根底是对马克思主义哲学世界观、方法论的坚定服膺。职志目标是马克思主义的革命和科学精神与中国哲学和文化精华相结合。

　　方克立先生说："我在现代新儒学研究中提出了'三大思潮对立互动'的观点，认为它贯穿于'五四'以后的整个中国现代思想史中。"[①]20世纪的中国思想文化发展，形成了类似欧洲在法国大革命后出现的自由主义、保守主义和激进主义三大思想派别的基本格局，自由主义的"全盘西化"派、文化保守主义的"儒学复兴"派和马克思主义的"综合创新"派，三派并峙、对立互动，进入21世纪的今天，"在中国的现代化问题还没有彻底解决之前，三大思潮对立互动的格局大概还会延续相当长一段时间，我们不能无视和回避这一现实。文化问题不可能完全摆脱意识形态的纠缠，企图摆脱或超越意识形态，结果总会自觉或不自觉地掉到某种意识形态的陷阱中去"。[②] 20世纪以来的文化保守主义思想派别，最典型的代表就是所谓"现代新儒家"。方克立先生认为，从根本上说，中、西、马"三派思潮正是代表了当今世界上三种现代化模式的不同选择和冲突。文化问题不是孤立的，而是和社会发展道路和模式的选择联系在一起的。也就是说，中国的现代化道路或模式不外乎三种选择：一种是'全盘西化'，一种是所谓'儒家资本主义'，还有一种就是我们讲的'有中国特色的社会主义'"。[③] 自由主义和文化保守主义，一个主张全盘西化，一个主张回归传统，在处理古今中西文化关系问题上，这两派确实都有

---

① 方克立：《深化对"综合创新"文化观的研究》，收入《中国文化的综合创新之路》，第173页。
② 方克立：《20世纪中国文化思潮》，收入《中国文化的综合创新之路》，第162页。
③ 方克立：《20世纪中国文化思潮》，收入《中国文化的综合创新之路》，第161—162页。

失偏颇,在事实上也行不通,因此都不具有现实性。正确的文化心态是既不崇洋媚外,也不是盲目的华夏优越感,而是应该从中国现代化建设的实际需要出发,吸取古今中西文化之长,为我所用。这正是马克思主义"综合创新"文化观所积极倡导的。

所以如此,在于张岱年先生青年时代就接受了马克思主义哲学,认为辩证唯物论是"当代最伟大的哲学"。他研究文化问题的特点是坚持唯物辩证法,反对形而上学的全盘主义和折中主义,其所提出的"综合创新"论,与中国特色社会主义文化建设方针和文化政策相一致。方克立先生同样是"在青年时代就接受了马克思主义哲学世界观和方法论的教育,深为服膺,以后从事的又是中国哲学和文化方面的教学研究工作,可以说,如何把马克思主义的革命和科学精神与中国哲学和文化精华相结合是我的终生职志。……对于我来说,这个目标和宗旨终生不会改变"。[①] 因此,方克立先生对于张岱年先生所说的"马克思主义与中国文化优秀传统的结合,应是中国文化发展主要方向"[②],明确地表示非常同意,对张先生所主张的"文化综合创新"论,十分积极地加以倡扬。

方克立先生契同张先生主张的"文化综合创新"论,充分地肯定了张岱年先生在 20 世纪中国哲学史上的地位,阐明张先生是 20 世纪 30、40 年代创造了中西融合的哲学体系、自成一家言的中国哲学大师之一,是为马克思主义哲学中国化作出了独辟蹊径探索的第一人,是把坚持与发展马克思主义统一起来的中国现代哲学家的典范,张先生所倡导的以马克思主义哲学为基础和主导的中、西、马"三流合一"、综合创新之路,仍然是新世纪中国哲学发展的正确方向和现实道路。方克立先生这样的思想理论境界,进一步奠立了他坚持综合创新的文化方向、坚持哲学和文化马克思主义"综合创新"的理论立场;也是方克立先生进一步阐扬

---

① 方克立:《探索中、西、马三"学"的综合创新之道》,收入《中国文化的综合创新之路》,第 326 页。

② 张岱年:《试论中国文化的新统》,收入《张岱年全集》第七卷,河北人民出版社 1996 年版,第 451 页。

"文化综合创新"论的逻辑起点和思想理论基础;对于挺立马克思主义"综合创新"派发挥了重要舆论作用和思想阐发作用,彰显了方先生马克思主义哲学和文化"综合创新"的理论自觉,以及促进中国特色社会主义先进文化建设和当代中国文化健康科学发展的使命感、责任感。"社会主义文化大发展大繁荣需要有正确文化观的指导","能担当此任的只有马克思主义综合创新文化观,所以我们要有紧迫感,加强这方面研究工作的力度"。① 这就是方克立先生非常明确的理论担当、十分自觉的高明境界、责无旁贷的学术慧命。

二、"古为今用,洋为中用,批判继承,综合创新":积极阐扬、深化发展"文化综合创新"论

在 20 世纪 80 年代以来的文化讨论中,方克立先生不仅与张岱年先生一起始终坚持了综合创新的文化立场,而且还以自己新的理论创获,丰富和发展了这一文化观。重要标志就是把"文化综合创新"论,进一步阐释为"古为今用,洋为中用,批判继承,综合创新"的"十六字方针"。这是方克立先生马克思主义"综合创新"文化观深化和发展了的新境界,在此简称为"文化综合创新"论的深化境界。

对"文化综合创新"论最有力的契同,就是深刻地阐扬和"大力宣传"。在这方面,方克立先生几乎是利用重要学术报刊(如《中国社会科学》《哲学研究》《光明日报》等)、国际国内大型学术会议(如"国际中国哲学会"及东亚诸国和地区有影响的学术单位或团体,在世界各地召开的高规格学术会议等)、高端访谈等尽其所能地加以阐明、积极推展、深刻诠释。这里选择略述三件事:其一,1991 年 10 月 21 日,张岱年先生给方克立先生的信,说"我们主张'综合创新论',既符合马克思主义,又符合国情,但响应的人似乎不多。美籍华人林毓生提出'创造性的转化',却受到多人注意。外来的和尚会念经,自古如此。希望您大力宣传'综合

---

① 方克立:《综合创新之路的探索与前瞻》,收入《中国文化的综合创新之路》,第 274 页。

创新'之义"。① 方先生说,这是张先生对他的嘱托,他也感到是一种责任。张先生的嘱托,寓意深远,其中"文化综合创新"论符合马克思主义和国情,但响应的人似乎不多,而"外来的和尚会念经"等意见,恐怕深有提示意义。其二,方克立先生多次提出,马克思主义文化派非常需要一面鲜明而有号召力的旗帜。尤其是在 20 世纪 80 年代以来的文化讨论中,有的人不能正确地评价及实事求是地给予马克思主义"综合创新"派以应有的地位,甚至不在其视野之内和不受重视。这是极其不正常的。方先生 2004 年在《甲申之年的文化反思》一文中所陈述的我国哲学、思想文化和教育诸领域里的种种乱象,就更堪其忧,增加了他信心弥坚地阐扬"文化综合创新"论的学术责任和理论态度。其三,方克立先生反复阐明:"我之所以把'综合创新'与'批判继承'、'古为今用、洋为中用'结合在一起,主要是想把这种文化观同我们党一贯倡导的文化方针联系起来,就中国近现代文化论争的主题,给予一个比较完整、明确的回答。"②"可以说综合创新是建设和发展中国特色社会主义文化的世界观和方法论基础,是它的灵魂。"③表明综合创新文化观与中国特色社会主义文化建设和发展内在联系、高度一致的马克思主义本质。

事实正是如此。方克立先生十分注意对于"文化综合创新"论的深刻诠释和全面概括。他指出:"马克思主义派的文化主张,我把它概括为四句话:'古为今用,洋为中用,批判继承,综合创新'。这四句话是一个整体,合在一起即马克思主义派对古今中西问题的完整回答,是缺一不可的。这一派可以简称为马克思主义的'综合创新'派。"④这四句话虽然都不是方克立先生首先提出来的,但却是他第一次将其联系在一起,概括成为一个有机整体的。这一概括,突出揭明了"综合创新"论与代表现

① 方克立:《综合创新之路的探索与前瞻》,收入《中国文化的综合创新之路》,第 262 页。
② 方克立:《深化对"综合创新"文化观的研究》,收入《中国文化的综合创新之路》,第 173 页。
③ 方克立:《综合创新之路的探索与前瞻》,收入《中国文化的综合创新之路》,第 274 页。
④ 汪先全、崔海教:《现代新儒学研究与文化讨论——访方克立教授》,收入方克立:《现代新儒学与中国现代化》,天津人民出版社 1997 年版,第 597—598 页。

当代中国先进文化前进方向的马克思主义文化观之间的内在统一。在此基础上,方先生还从学习、借鉴古今中外文化成果要有全方位开放的文化心态、全面历史主义态度的开放性,以我为主、为我所用的民族文化主体性,理论态度上批判继承、辩证扬弃的辩证性,和理论目标上坚持分析与综合相结合、综合与创新相结合最终以“创新”为鹄的的创新性,等四个方面对综合创新论的主要理论特质进行了揭示,如此则进一步系统而深入地丰富了“综合创新”文化观的理论内容。同时,在对 20 世纪中国思想文化发展大势之整体把握的基础上,方先生还首次将马克思主义的“综合创新”论列为中国现当代三大文化思潮之一。“阐明了作为中国马克思主义文化派的基本主张的‘综合创新’论,在 80 年代的文化讨论中,以及在整个中国现当代思想史上所具有的与自由主义的‘全盘西化’派、保守主义的‘儒学复兴’派鼎足而三的历史地位”,这是方克立先生在其现代新儒学研究中提出的“三大思潮对立互动”说的进一步贯彻与发展,而且方先生还明确指出,决定中国现当代历史进程的主导思潮不是现代新儒学,也不是自由主义的西化派,而是中国化的马克思主义。[①]

经过方克立先生的理论阐扬与发挥,由张岱年先生首倡的“综合创新”论具有了更为具体而完整的理论内容和新的理论高度,作为中国马克思主义派的基本文化主张在中国现当代思想史上获得了应有的定位。方先生不仅在现代新儒学的研究中,自始至终旗帜鲜明地站在马克思主义的文化立场上,强调要“扬弃和超越现代新儒家及其‘劲敌’全盘西化派,同时吸收、包容他们思想中的合理因素,对于民族文化和外来文化,都要从中国社会主义现代化建设的实际出发,审慎地选择,历史地科学地分析,批判地继承和扬弃,走综合创新的道路”[②],即采取了“同情地了解,客观地评价,批判地超越”的研究态度和方法[③],理论上丰富深化、实

---

① 见李翔海:《在综合创新中实现中华文化的现代复兴——记方克立教授的中国哲学与文化研究》,《社会科学战线》2003 年 4 期。
② 方克立:《现代新儒学与中国现代化》,收入《现代新儒学与中国现代化》,第 90 页。
③ 方克立:《现代新儒学研究的自我反省》,《南开学报》1993 年 2 期。

际中具体践行了综合创新文化观,而且在进入新世纪,方先生继续就"怎样从理论、历史和方法等不同层面去深化对'综合创新'文化观的研究"的问题保持深层关注,表示了从"文化发展之一般规律"的高度对马克思主义综合创新文化观进一步进行深入研究的明确方向。①

可以看出,方克立先生"文化综合创新"论的这种深化境界,明显地表现出从理论自觉到理论自信、从高明到创进的推展。从文化立场、政治立场、文化心态、思想学术态度、思想方法研究方法等,不仅超越了欧洲中心论和华夏中心论的偏见,也超越了中西对立、体用二元的思维方式,与我们党一贯倡导的文化方针和文化政策相一致,具有深刻的科学性、先进性和包容精神。② 这种深化境界,突出地彰显着"从综合创新的对象和时空视野、综合创新的目的和主体要求、综合创新的方法论特征和基本要素、环节之间的关系"等所进一步作出的理论概括。把古今中西各种文化资源进行辩证地综合,中、西、马"三流合一""对立互动",在马克思主义指导下,"创造集人类智慧之大成而又充分体现民族主体性的、作为经济全球化时代先进文化之一的当代中国哲学","努力创造一种集古今中外优秀文化之大成的中国当代先进文化"。③ 这种深化境界,深刻地透露出从审视 20 世纪 80 年代文化讨论中各派观点对立互动到挺立马克思主义"综合创新"派、把它当作马克思主义文化派的代表而鼎力高扬的旗帜意识。方克立先生说:"因为一百多年来,'中体西用'、'西体中用'、'全盘西化'、'复兴儒学'等口号影响很大,实际上就是打出了一面面文化旗帜,力图影响甚至决定中国文化发展的方向和道路。从这个意义来说,我们也需要有自己的文化旗帜。张岱年先生倡导的中、西、马'三流合一、综合创新'就是我们的文化旗帜,马克思主义的'综合创

---

① 方克立:《深化对"综合创新"文化观的研究》,收入《中国文化的综合创新之路》,第 174—176 页。

② 参见杨翰卿:《中国哲学文化继承与创新研究》,中国社会科学出版社 2012 年版,第 72 页。

③ 方克立:《中国哲学的综合创新之路》,收入《中国文化的综合创新之路》,第 182 页。

新'论就是我们的文化旗帜。"①

三、"马学为魂、中学为体、西学为用,三流合一,综合创新":强魂健体、超越升华"文化综合创新"论

方克立先生于 2011 年春在给我的信中说:"2006 年以来,我在阐释张岱年先生倡导的'综合创新'文化观时又增加了一个新的维度——'马魂、中体、西用',也可以说是对它的丰富和发展吧。……看在学理上能否成立?"方先生很谦逊。他说的就是从 2006 年在给湖南大学岳麓书院召开的"纪念张岱年先生逝世二周年国际学术研讨会"的信中提出、其后及至今日又多所阐发的"马魂、中体、西用"论。从对"综合创新"文化观的"丰富和发展"看,对应于上述的"深化境界",这里我视"马魂、中体、西用"论为方克立先生对"文化综合创新"论的升华境界或最新境界。

2006 年 4 月,方克立先生在给"纪念张岱年先生逝世二周年国际学术研讨会"的信中提出:"最近我受经济学界讨论中、西、马关系问题的启发②,觉得似乎也可以把张先生的新文化建设理论概括为'马魂、中体、西用'论。'马学为魂'即以马克思主义和社会主义的思想体系为指导原则;'中学为体'即以有着数千年历史积淀的自强不息、变化日新、厚德载物、有容乃大的中华民族文化为生命主体、创造主体和接受主体;'西学为用'即以西方文化和其他民族文化中的一切积极成果、合理成分为学习、借鉴的对象。"还说:"把马、中、西的关系看作是'魂'、'体'、'用'的关系,既是对传统的文化体用观的继承,又是对它的变通和发展。引进作为精神指导原则的'魂'这个概念,实际上取代了文化体用观中'体'的涵义,而用'体'这个概念来表现文化的民族主体性。这样就将文化体用观与关于民族主体性的论述结合起来了,我以为是符合张先生的中、西、马

---

① 方克立:《"马魂、中体、西用":中国文化发展的现实道路》,收入《中国文化的综合创新之路》,第 316 页。

② 张铁刚、钟珺弘:《用科学发展观统领中国经济发展》,《高校理论战线》2006 年 2 期,第 62 页。

'三流合一'、综合创新文化观(含哲学观)的精神实质的。"①之后方先生
又相继发表:《综合创新之路的探索与前瞻》《学习张岱年先生的"兼和"
思想与品格》《"马魂、中体、西用":中国文化发展的现实道路》《探索中、
西、马三"学"的综合创新之道》《当代中国文化的"魂"、"体"、"用"关系》
等文章,"马魂、中体、西用"论的思想日臻丰富和完善。把方先生所说对
"综合创新"文化观的"丰富和发展"视为思想文化之境界的升华,我认为
至少包括以下诸方面:

第一,"马魂、中体、西用"论是理论思维模式的一次重大飞跃。方克
立先生说:"突破'体、用'二元传统思维模式是认识上的一个飞跃,形成
'魂、体、用'三元模式的关键在于把主导性之'体'('魂')与主体性之
'体'区分开来。'马魂、中体、西用'论既坚持了马克思主义的指导思想
地位,又坚持了民族文化的主体地位,同时还坚持面向世界、对外开放的
方针。应该说这是最切合今天中国实际的一种文化观。"②显然,这种理
论思维的飞跃表现在,突破传统的"体、用"二元思维模式,形成"魂、体、
用"三元模式;引进作为精神指导原则的"魂"的概念,"把主导性之'体'
('魂')与主体性之'体'区分开来";突出了文化的民族主体性,并把体现
"以我为主"的民族文化主体性的"中学",诠释为"既是中国新文化建设
的运作主体、生命主体和创造主体,对于外来文化来说它又是接受主
体"③;从马克思主义与包括儒学在内的中国传统文化的古今关系和坚持
先进文化的前进方向而言,"马克思主义与儒学的关系是主导意识与支
援意识的关系。马克思主义的一元主导地位越明确、越巩固,就越能以
开放的胸襟吸收传统文化和外来文化的精华为我所用,综合创新,与时
俱进"④。"马魂、中体、西用"论在理论上强化了马克思主义的主导地位、

---

① 方克立:《关于文化的体用问题》,收入《中国文化的综合创新之路》,第 244、246 页。
② 方克立:《当代中国文化的"魂"、"体"、"用"关系》,收入《中国文化的综合创新之路》,第 379、
380 页。
③ 方克立:《关于文化的体用问题》,收入《中国文化的综合创新之路》,第 256 页。
④ 方克立:《关于马克思主义与儒学关系的三点看法》,收入《中国文化的综合创新之路》,第
471 页。

突出了中国文化的主体地位、显化了对外来文化的开放性特征,是三者的有机统一、"综合创新"。

方克立先生对"马魂、中体、西用"论的思想内涵、学理根据、普遍适用性、重大意义,作了比较全面、深刻的论述,阐明"魂、体、用"三元模式开辟了认识文化的新视野。我认为,在当代中国文化的建设中提出和确立"魂、体、用"的三元模式,确实具有重大而深远的理论和实践指导意义。文化是民族的精神血脉,人民的精神家园。文化是有生命的活的机体。文化生命或生命文化,实际上就是人的生命的文化表现。文化生命或生命文化必须"魂、体、用"兼备或"魂、体、用"统一才成为活的文化机体。当代中国文化的社会主义核心价值体系之"魂",与当代中国文化精神生命主体之"体"的相即不离,以全党全国各族人民巩固的思想道德基础之"用"为显著表现。[①] 当代中国文化作为一个文化体系或文化系统,马、中、西是三种主要的文化成分、文化资源。"马学",即"马克思主义和社会主义的思想体系"。根据我的理解,它应该是马克思列宁主义及其发展中的各种积极思想理论成果的概括,特别是当然也包括中国化的马克思主义及其中国特色社会主义理论体系的最新成果。"中学",就是"有着数千年历史积淀的自强不息、变化日新、厚德载物、有容乃大的中华民族文化",也即"有着数千年历史传承的,经过近现代变革和转型的,走向未来、走向世界的活的中国文化生命整体"。[②] "西学",则为西方文化和其他民族文化或外域文化中的一切对主体文化有学习、借鉴价值的东西。[③] 那么,"马学为魂",即"以马克思主义和社会主义的思想体系",

---

① 见杨翰卿:《论构筑社会主义核心价值体系的精神高地》,《西南民族大学学报》2013 年 1 期,第 84 页。

② 方克立:《关于文化的体用问题》,收入《中国文化的综合创新之路》,第 247 页。

③ 关于"马、中、西"三学,有的学者认识好像有所不同,认为"在建设中国特色社会主义文化过程中的中、西、马三'学',它们已经成为同一个文化系统中'和而不同'的三种文化资源或要素:这里的'中学'实际上是指'中国古近代学说'的精粹,'马学'实际上是指'中国化了的马克思主义','西学'也主要是指西方文化中的先进成分或西方先进的科学技术、管理经验等,也就是'为我所用'的'西学'"。见洪晓楠:《马克思主义'综合创新'派的文化体用观》,《哲学研究》2013 年 2 期。

包括中国化马克思主义为精神指导原则;"中学为体",既然"中学"是指"中国文化生命整体",我认为,也就包括马克思主义、社会主义思想体系、中国化马克思主义这个"魂"在内。也就是说,马克思主义、社会主义思想体系、中国化马克思主义于"中国文化生命整体"是即"魂"即"体"、即"体"即"魂"。作为指导原则它是"魂",作为"中国文化生命整体"它又是"体"①;作为精神指导原则之"魂",它是"马魂",中国化马克思主义批判继承、吸收融创了中华优秀传统文化的精华,进一步说它又是"中国文化生命整体"之"魂"(或曰"体")。从它同时又吸收借鉴国外文化世界文化积极成果的维度看,它又可以说是当代中国文化生命整体的"精魂",因此在当代中国文化生命整体中是具有旺盛而强大生命力的"强魂"。总之,"马魂、中体、西用"论,强调马克思主义包括中国化马克思主义的指导思想地位,引进"魂"的概念,意义在于"强魂";突出中国文化的民族主体性,阐明其"生命主体""运作主体""创造主体""接受主体"②的丰富内涵,主旨在于"健体","强魂健体、魂体相依方能成大用"③。

第二,"马魂、中体、西用"论是思想境界的又一新的更高提升。方克立先生的"文化综合创新"论思想从对张岱年先生这一主张的契同境界,到作出"古为今用、洋为中用、批判继承、综合创新"等的进一步深刻阐扬的深化境界,实际上也是提升。再到"马魂、中体、西用"论的超越境界、升华境界,显然是又一次新的更高提升。从方克立先生的思想历程来看,不仅与张岱年先生一样"在青年时代就接受了马克思主义哲学世界观和方法论的教育,深为服膺",而后从事中国哲学和文化方面的教研工作,"把马克思主义的革命和科学精神与中国哲学和文化精华相结合"作为终生职志,到 20 世纪 80 年代主持和领导现代新儒学研究,确立"同情

---

① 杨承训在谈到中国经济学的发展方向时提出:"马学"为魂,"中学"为体,"西学"为用。"马学"就是马克思主义,"中学"就是中国化的发展着的马克思主义,"西学"就是西方经济学。见《人民日报》2004 年 11 月 25 日第 9 版。
② 关于"接受主体",我以为用"吸纳主体"的概念似更能体现中国文化的民族主体性精神。
③ 方克立:《代中国文化的"魂"、"体"、"用"关系》,收入《中国文化的综合创新之路》,第 381 页。

地了解、客观地评价、批判地超越",形成"中、西、马三大思潮对立互动",并高扬马克思主义的"综合创新"文化观,再到 90 年代以及新世纪进一步阐扬马克思主义的"综合创新"论过程中,越来越明确而坚定地积极回应"复兴儒学""全盘西化""中体西用""西体中用"等文化主张,特别是提醒我国思想理论界"要注意研究 90 年代出现的文化保守主义思潮"、回应中国哲学"合法性"质疑、"甲申之年的文化反思",以及对于"大陆新儒学的马克思主义分析",等等,越来越体现着方克立先生科学而坚定的马克思主义理论立场、思想态度和学术原则,也体现着方先生从理论自觉到理论自信再到理论自强的境界升华。仔细阅读方克立先生的学术理论著作,越发感到具有鲜明而坚定的马克思主义文化立场、当代中国文化发展正确道路的方向意识、自觉置身思想文化前沿阵地直面来自保守和西化等各种干扰与挑战的正义精神,可以说与时俱进,堪为典范,令人感佩!

第三,"马魂、中体、西用"论是文化主张的再次综合创新。方克立先生说:"从古代'内体外用'的传统文化体用观,到近代以来的中西文化体用之争,再到我们今天对文化之'魂、体、用'辩证关系的认识,反映人们的文化理念是不断发展更新和越来越接近客观真理的。"① "马魂、中体、西用"论,"是总结一百多年来中西体用之争和中、西、马关系的正解,其正确性在与其他各种文化主张的比较中就可以看到,并且已在历史实践中不断得到证明和将继续得到证明"。② 超越中西对立、体用二元的僵固思维模式,提出"综合创新"的文化主张,本身就是思维创新的理论成果,就是一种理论创新,这一理论和主张的完善及其丰富发展,则是完全可以作为后续任务来完成的。从张岱年先生、方克立教授阐述这一理论主张的前后来看,可以说始终贯穿着对古今中西文化及近代以来我国各种文化主张的辩证分析和综合。从"将唯物、理想、解析,综合于一"而进行

---

① 方克立:《代中国文化的"魂"、"体"、"用"关系》,收入《中国文化的综合创新之路》,第 381 页。
② 方克立:《探索中、西、马三"学"的综合创新之道》,收入《中国文化的综合创新之路》,第 338—339 页。

"创造的综合"或"文化创造主义",到"文化综合创新",再到"古为今用,洋为中用,批判继承,综合创新",再到"马学为魂,中学为体,西学为用,三流合一,综合创新",作为马克思主义文化派的每一次概括、总结和回答,无不鲜明昭示着"综合创新"的重要意义。具体来说,"马魂、中体、西用"论进一步重要的"综合创新"意义,表现在:其一,在"马魂、中体、西用"的三元理论模式中,引进、突出和强调"魂"这个与精神指导原则之"体"同义的概念,首先是在张岱年先生"文化综合创新"论有关"马体西用"等已见"马学为魂"思想端倪的基础上,综合借鉴日本近代史上与"中体西用"类似的"和魂洋才"思想中"魂"的概念,并受到我国经济学界讨论现代经济学发展方向的启发,特别是直接受到经济学家杨承训先生"中国经济学的发展方向是:'马学'为魂,'中学'为体,'西学'为用"提法的启发,契合马克思主义"活的灵魂"以及当代中国文化的社会主义核心价值体系之"魂"等,从当代中国文化发展的正确方向和道路在理论思维模式上的进一步深入思考而提出、形成并确立下来的,从而实现了当代中国文化统一体系中马克思主义、中华优秀传统文化、西方(或外域)一切有价值文化三种文化资源的"魂、体、用"三元"兼和"模式的重大综合创新。其二,"马魂、中体、西用"论在命题形式上"不离体用"而又赋予了"体用"全新的科学性时代性内涵和意义,更为突出地体现了它的马克思主义"综合创新"性。"这个结论看似简单,但却是总结一百多年来中西体用之争和中、西、马关系的正解"①,"'马魂、中体、西用'论正是在否定了晚清'中体西用'论的保守意涵的前提下,而突出地强调了其肯定民族文化主体性的意义"。② 在中国传统哲学中"对'内体'、'外用'之学甚至已经议论了一两千年,我们不可能对前人的看法完全不予理睬,⋯⋯完

---

① 方克立:《探索中、西、马三"学"的综合创新之道》,收入《中国文化的综合创新之路》,第338页。
② 方克立:《"马魂、中体、西用":中国文化发展的现实道路》,收入《中国文化的综合创新之路》,第316页。

全用另外一套概念来讲现代的文化理论。"①所以,可以说"马魂、中体、西用"论是对传统体用论的继承和创新的统一,是对传统哲学以来,甚至迄今"道体器用""器体道用""内体外用""中体西用""西体中用""马体中用""马魂中体西用""中西互为体用""今中为体,古洋为用"等等各种体用观全面详尽地综合分析、意义厘清并辩证地扬弃,而进行深刻"综合创新"的结果,是方先生"慎言体用"而不"讳言体用"这一精辟之论的具体体现。

综上所述,我们认为,方克立先生与张岱年先生一道是马克思主义"文化综合创新"论的创立阐扬者和深化推展者,是当代中国文化马克思主义"综合创新"派的思想代表和理论典范。至少从 20 世纪 80 年代以来,方克立先生"心契认同""阐扬深化""超越升华"的"文化综合创新"三境界,揭橥的是在当今中国哲学和思想文化领域马、中、西对立互动格局中马克思主义旗帜下"三流合一、综合创新"的中国特色社会主义文化方向,不仅体现着方先生马克思主义理论自觉、自信、自强的坚定信念和思想境界升华,更为深刻蕴涵着为促进当代中国哲学和文化正确发展所进行的理论模式探索与综合创新之路的战略性前瞻性开拓。

---

① 方克立:《探索中、西、马三"学"的综合创新之道》,收入《中国文化的综合创新之路》,第335 页。

"综合创新"文化观的当代价值

杨学功[1]

2023 年 6 月 2 日,习近平总书记在文化传承发展座谈会上的讲话中,提出"推进中国特色社会主义文化建设、建设中华民族现代文明"的重大命题。在论述"第二个结合"即马克思主义基本原理同中华优秀传统文化相结合时,他强调指出:"'结合'不是'拼盘',不是简单的'物理反应',而是深刻的'化学反应',造就了一个有机统一的新的文化生命体。"讲话精辟地指出:"经过长期努力,我们比以往任何一个时代都更有条件破解'古今中西之争',也比以往任何一个时代都更迫切需要一批熔铸古今、汇通中西的文化成果。我们必须坚持马克思主义中国化时代化,传承发展中华优秀传统文化,促进外来文化本土化,不断培育和创造新时代中国特色社会主义文化。"[2]这些重要论述,对于推进新时代文化发展繁荣具有根本性指导意义。为了深刻领会讲话的精神实质,本文拟结合近代以来中国的文化处境,在比较诸种解决中西文化矛盾冲突方案的基础上,重申"综合创新"文化观的当代价值。

---

[1] 作者简介:杨学功,北京大学哲学系教授。
[2] 习近平:《在文化传承发展座谈会上的讲话》,《求是》2023 年第 17 期。

一、"综合创新"文化观的历史演进和发展

自从近代中西文化相遇并发生剧烈碰撞和交融以来,如何处理中西文化关系,如何实现中国传统文化的现代转型,简言之,"古今中西之争"就是中国思想界和知识界所必须面对的核心问题或焦点问题。正如冯友兰先生在接受美国哥伦比亚大学授予名誉博士学位仪式上的答词中所说:"我生活在不同的文化矛盾冲突的时代。我所要回答的问题是如何理解这种矛盾冲突的性质;如何适当地处理这种冲突,解决这种矛盾;又如何在这种矛盾冲突中使自己与之相适应。"[1]应该承认,这段自述所表达的并非仅仅是冯友兰先生个人的学术志趣,而是中国思想界和知识界所面对的一个普遍问题,尽管人们所提供的解决方案并不相同。经过一百多年的历史选择和实践检验,诸如"中体西用论""全盘西化论""中国本位论""中西古今论"等方案都相继被淘汰和扬弃,而 20 世纪 30 年代提出的"综合创新论"却在传承中不断得到发展,大致可以分为以下三个阶段。

(一)张申府、张岱年的"三流合一"论

张申府先生是中国现代重要的思想家和哲学家,并且在中国共产党创建时期起过重要作用。1932 年秋,张申府受天津《大公报》总编辑张季鸾之邀主编《世界思潮》副刊。他在 9 月 3 日创刊号中提出:"本刊的旨趣只在新的、正的的介绍,旧的、歪的的批判","未来的世界思潮一定是辩证法的。辩证法这个方法兼理论,实在与近年最新的科学进步趋势完全合辙而一致,颇如列宁所豫言者。"[2]该刊广泛评介中、西、马哲学思想和现代自然科学领域的最新成就,在当时起到了思想启蒙的作用。同年10 月,张申府明确提出:"我的理想:我愿意,百提(指罗素),伊里奇(我本

---

[1] 冯友兰:《三松堂自序》,生活·读书·新知三联书店 2009 年版,第 407 页。
[2]《张申府集》上册,杜运辉编,河北人民出版社 2017 年版,第 554、556 页。

曾译伊里赤,指列宁),仲尼(指孔子),三流合一。"①从而最先从中、西、马
三学角度标举"三流合一"的思想旗帜,标志着"三流合一"文化观的正式
诞生。20 世纪 30 年代,张申府倡导新启蒙运动,意在通过对新文化运动
的科学总结,为全面抗战、团结救亡、民族解放和民主政治提供一种理论
基础,推动以辩证唯物论为指导的中、西、马三种文化的综合创新,从而
实现中华民族的思想独立和文化复兴。20 世纪 40 年代初,张申府的"三
流合一"文化观得到进一步发展,他再次申明:"我始终相信,孔子、列宁、
罗素是可合而一之的。我也始终希望,合孔子、列宁、罗素而一之。"他之
所以将孔子、罗素、列宁作为中、西、马三种文化的代表,是因为在他看
来,孔子代表最高的人生理想这一"中国古来最好的传统",罗素代表"最
进步的逻辑与科学"这一"西洋历来最好的传统",列宁代表"集过去世界
传统最优良成分大成的一般方法"即"唯物辩证法与辩证唯物论",以及
"从一个实落角落来实践最高的人生理想的社会科学"这一"世界新的方
在开始的传统"。他认为,"三流合一"不仅能够产生"新中国哲学",而且
可以创造"新世界学统",这种新的思想体系"定是新世界中的新中国的
新指标、新象征"。②

　　受张申府影响,张岱年先生在 1936 年 5 月发表《哲学上一个可能的
综合》,明确提出:"今后哲学之一个新路,当是将唯物、理想、解析,综合
于一。……此所说综合,实际上乃是以唯物论为基础而吸收理想与解
析,以建立一种广大深微的唯物论。……唯物、理想、解析之综合,实乃
新唯物论发展之必然的途径。""现在,我们应为唯物论与理想主义作一
更进的综合,而兼综合解析法。我们所以要这样一个综合,其目的即在
于要求一个真的哲学,可信的哲学,有力的哲学,能作生活之指导的哲
学。"③在这里,张岱年肯定唯物与理想之综合开始于马克思和恩格斯的
新唯物论,而这种唯物论需要综合中国哲学自身的传统而得到发展,因

① 《张申府集》上册,杜运辉编,河北人民出版社 2017 年版,第 614 页。
② 转引自杜运辉编:《张申府集》上册,"前言",河北人民出版社 2017 年版,第 10 页。
③ 《张岱年全集》第 1 卷,河北人民出版社 1996 年版,第 262、263 页。

为"今日中国的新哲学,必与过去中国哲学有相当的继承关系,我们所需要的新哲学,不只是从西洋的最新潮流发出的,更须是从中国本来的传统中生出的"①。

到了 20 世纪 80 年代和 90 年代,张岱年先生先后发表《中国文化与中国哲学》《中国文化的思想基础与基本精神》《试谈文化的体用问题》《中国传统文化的分析》《中国文化的历史传统及其更新》《关于文化问题》《文化体用解析》《文化传统与民族精神》《文化建设与民族主体性》《关于民族文化的现代化》《文化体系及其改造》《文化的综合与创新》《中国文化发展的道路》《文化发展的辩证法》《中国文化的改造与复兴》《中西文化之会通》《分析与综合的统一——新综合哲学要旨》《试论中国文化的新统》《论中国传统哲学的继承与改造》等一系列论文②,并与其弟子程宜山合著《中国文化与文化论争》③一书,进一步发展了他的"综合创新"文化观。张岱年认为,文化是一个不断创造的过程,文化是一个动态系统,文化发展有客观自在的规律,文化具有时代性和民族性。在全面评析 16 世纪以来文化论争的各种主张,诸如"会通以求超胜"论、"中体西用"论、"西学中源"说和"中西文化调和"论、"东方文化"论、"全盘西化"论、"中国本位文化"论、"儒学复兴"论、"全盘西化"论、"西体中用"论等的基础上,全面而系统地阐述了他的文化主张——"综合创造论"。张岱年明确指出:"无论是'中体西用'还是'西体中用',也无论是国粹主义还是'全盘西化',都走不通,只有辩证的综合创造,才是中华民族文化复兴的坦途。""我们所说的辩证的综合创造是指:抛弃中西对立、体用二元的僵固思维模式,排除盲目的华夏中心论与欧洲中心论的干扰,在马克思主义普遍真理的指导下和社会主义原则的基础上,以开放的胸襟、兼容的态度,对古今中外的文化系统的组成要素和结构形式进行科学的分析和审慎的筛选,根据中国社会主义现代化建设的实际需要,发扬民族

---

① 《张岱年全集》第一卷,河北人民出版社 1996 年版,第 271 页。
② 参见《张岱年全集》第六卷、第七卷,河北人民出版社 1996 年版。
③ 参见张岱年、程宜山:《中国文化与文化论争》,中国人民大学出版社 1990 年版。

的主体意识,经过辩证的综合,创造出一种既具有民族特色又充分体现时代精神的高度发达的社会主义新中国文化。这种综合不是无原则的调和折中,而是辩证的。这种综合需要创造精神,是一种创造性的综合,而这种综合又为新的创造奠定基础。我们坚信,社会主义文化必然是一个新的创造,同时又是多项有价值的文化成果的新的综合。这就是我们将我们的文化主张称为'综合创造论'的原因。"①在他看来,辩证的综合创造之所以可能,其根据有二:一是文化系统的可解析性和可重构性,二是文化要素间的可离性和可相容性。而辩证的综合创造之所以必要,其理由有三:一是中国文化的旧系统已经过时,必须吸取外来的先进文化要素,按照现代化的客观需要重新建构;二是文化既有时代性又有民族性,全盘照搬西方文化既无必要也无可能,必须坚持民族文化的独立性和主体性;三是中西文化各有其独创性和片面性,只有凭借综合创造所形成的文化优势,才有希望弥补因落后而造成的劣势。

(二)方克立的"马魂中体西用"论

20世纪80年代以来,中国思想理论界先后兴起了三波"文化讨论热"。方克立先生积极参与当时的文化论争,发表大量著述,自觉继承和发展了张申府、张岱年先生倡导的"综合创新"文化观。方先生的著述最近汇编为《方克立论著集》(共七卷),其中第四卷比较集中地体现了他的文化观,被命名为"马魂中体西用论",即"马学为魂,中学为体,西学为用,三流合一,综合创新"。② 虽然这个命名引起一些学者的批评,但只要不拘泥于命名,就能从他的具体论述中发现许多合理思想,实际上是对"综创"文化观的继承和发展。例如,在接受记者采访时,方克立先生明确承认他的"马魂中体西用论"是"接着张岱年先生讲",并且对他提出此论的背景、意义和创新之处做了解释。其创新之处就是用"魂、体、用"三元模式取代了传统的"体、用"二元模式,其依据如下:第一,"魂、体、用"

---

① 张岱年、程宜山:《中国文化与文化论争》,中国人民大学出版社1990年版,第390—391页。
② 参见方克立:《"马魂、中体、西用":中国文化发展的现实道路》,《北京大学学报》2010年第4期。详见《方克立论著集》第四卷,中国社会科学出版社2023年版。

三元模式是为了解决现实问题的需要而提出来的。因为"五四"以后,面对中、西、马"三足鼎立"的文化格局,"体、用"二元模式陷入了顾此失彼、捉襟见肘的困境,而"马魂中体西用论"较好地解决了中、西、马的关系这个中国现代文化发展的中心问题。第二,"魂、体、用"三元模式是综合了传统体用范畴的两重涵义发展变通而来的。传统体用范畴有"道体器用"和"器体道用"的区别。以"道"为体是主导性之"体",精神指导原则之"体";以"器"为体是主体性之"体",载体和实体之"体"。作为精神指导原则的主导性之"体",就是这里所讲的"魂"。第三,"魂、体、用"三元模式存在的根据主要在客观现实世界中。王船山讲"形而上者谓之道,形而下者谓之器,统之乎一形",这是对客观世界中的"魂"(道)、"体"(形)、"用"(器)关系的如实说明。世界上的事物现象有不少是一分为三的,其中有的是可以"魂、体、用"三元模式来说明的,所以不能否定它是具有一定普遍性的认识模式。第四,"魂、体、用"三元模式也有多种表现形态,并不是只有一个僵固不变的单一模式。如"马魂、中体、西用"是讲当代中国文化中三大资源之间的关系,"儒魂、道体、释用"是讲儒释道三教对中医哲学的不同影响,"仁魂、礼体、和用"是讲儒学价值体系中几个核心范畴之间的关系,等等。[1] 他特别强调指出:"我们是从一个社会可以有多种思想文化,但只能有一种指导思想的角度来肯定'马学为魂',即马克思主义在当代中国文化中的指导地位的,并且强调'马学为魂'是'马魂、中体、西用'论的第一要义。"[2]

(三)"综合创新"文化观的第三期发展

如果认真检索当代中国学术文献,就不难发现,"二张"特别是张岱年先生和方克立先生的众多弟子,都以各自独特的方式继续传承和弘扬"综合创新"文化观。这种文化观在社会上也产生了广泛影响,并被其他一些学者传承和发扬。《方克立论著集》第七卷中的一封书信,即 2018

_____

① 参见《方克立论著集》第四卷,中国社会科学出版社 2023 年版,第 581—588 页。
②《方克立论著集》第四卷,中国社会科学出版社 2023 年版,第 587 页。

年 11 月 23 日方克立先生致于惠玲的信中提出"综创学派第三代"概念，他还列了一个提纲，包括"洪晓楠及其文化哲学研究""杜运辉与二张研究中心""科大创学团队"等。① 其实据我的了解，"综创学派第三代"的范围应该更广，并不限于方先生之所列举，黑龙江大学的文化哲学研究中心、王东的"综合创新哲学"、甘阳的"通三统"，也应该属于这个范围。

也许有人质疑"综创"学派的构想是大而无当的空中楼阁，不具有现实可行性。其实在我看来，只要正视近代以来"古今中西之争"的文化处境，下面几个基本判断就是毋庸置疑的：(1)中国历史悠久的文化传统不能割断，但必须通过创造性转化和创新性发展，才能使之重新焕发生机与活力；(2)西方近现代文化作为当今国际文化的主流，只要坚持现代化的导向就无法拒斥，但又不能简单移植和照搬；(3)马克思主义作为我们立党立国的指导思想，当然不能抛弃，否则就失去了根本和灵魂，但又必须根据时代和实践的要求不断创新和发展，才能保持其生命力。如果这几个判断可以成立，那么我们就应该承认：熔铸中西马三种学术和思想资源，综合创新是当代中国文化发展唯一可行的正确方向和现实道路。

二、从解决中西文化关系诸方案看"综合创新"文化观的优越性

近代以来中国思想家提出的解决中西文化矛盾冲突的方案，排除个别缺乏根据的如"西学中源说"不计，据我粗略研究和统计，历史上形成和现实中较有影响的大致有八九种，诸如："中体西用论""综合创新论""中国本位论""全盘西化论""中西古今论""西体中用论""河东河西论""双文化论""中国模式论"等。通过对这些方案的分析和比较，不难看出"综合创新论"无论在方法论上还是在文化实践上都更具有合理性和优越性。

第一种是"中体西用论"。这是由洋务派提出来的，是洋务运动的指导思想。它被明确表述在洋务派首领张之洞的《劝学篇》中，即"中学为

---

① 参见《方克立论著集》第七卷，中国社会科学出版社 2023 年版，第 17 页。

体,西学为用"。具体的说法是:"中学为内学,西学为外学;中学治身心,西学应世事。"①洋务运动是中国现代化的第一个历史阶段,标志着中国军事和工业现代化的开始。作为探索中国现代化之路的最初尝试,其历史功绩不容抹杀。作为洋务运动指导思想的"中体西用论"也有一定的进步意义,因为它表现出一种融合中西文化的努力。但是,这种主张在理论上是站不住脚的,在实践上是失败的。其理论上的错误主要在于割裂文化的"体"和"用"。实际上,任何一种文化的体和用是不可分割的。在"中体西用"的公式中,似乎"中学"有体而无用,"西学"有用而无体。正如严复当年所批评的:"中学有中学之体用,西学有西学之体用"。他认为,主张"中体西用",就如同讲"牛体马用"一样不通和可笑。② 洋务派所理解的"中学",主要指传统的伦理道德和政治制度,按照马克思主义的观点,它们属于上层建筑范畴,是不能作为"体"来看待的。因为真正作为社会存在和发展基础的是一定社会的生产方式和经济基础。被洋务派视为用的"西学",主要指西方近代的科学技术和物质文明,它们倒是构成现代社会的基础。虽然"中体西用论"在学理上并不成立,在实践中完全失败,但是各种变形或变相的"中体西用论"翻版却不绝如缕,层出不穷,需要我们仔细分辨,认真识别。简言之,"中体西用论"的谬误在于割裂文化的体和用,而其积极价值则是肯定了中西文化交融的可能性。

第二种是"中国本位论"。这是在 20 世纪 30 年代中西文化论战中与"全盘西化论"对立的一派,主要代表人物是联名发表《中国本位的文化建设宣言》的王新命等十位教授。他们提出"中国本位的文化建设"所应该遵循的五项原则。第一项是:"要特别注意此时此地的需要。"第二项是:"必须把过去的一切,加以检讨,存其所当存,去其所当去。"第三项是:"吸收欧美的文化是必要而且应该的。但需吸收其所当吸收,而不应

---

① 张之洞:《劝学篇·外篇·会通第十三》。
②《严复集》第 3 册,中华书局 1986 年版,第 558—559 页。

以全盘承认的态度,连渣滓都吸收过来。"第四项是:"中国本位的文化建设是创造,是迎头赶上去的创造。"第五项是:"我们在文化上建设中国,并不是抛弃大同的理想。"根据这五项原则,"宣言"提出了两条注意:一条是"不守旧",一条是"不盲从"。又提出三项目标:一是"检讨过去",二是"把握现在",三是"创造将来"。① 乍看起来,这些主张似乎很"得体"。但是由于他们没有把握住文化判断和选择的标准,用冯友兰先生的话来说,其实都是些自语重复的废话和空话,"措辞空洞,言之无物,令人读之不得要领。"②简言之,"中国本位论"的谬误在于对"本位"概念的误释和误用,而其积极价值则是肯定文化的主体性。

第三种是"全盘西化论"。这是在 20 世纪 30 年代中西文化论战中与"中国本位论"对立的一派,主要代表人物是胡适和陈序经等人。他们认为,文化是一个有机的整体,要学习只能"全盘"接受。而西方近代文化是先进的文化,我们必须全盘学习西方文化,才能迎头赶上,任何折衷调和的方案都不过是抱残守缺而已。胡适说:"现在的人说'折衷',说'中国本位',都是空谈。此时没有别的路可走,只有努力全盘接受这个新世界的新文明。全盘接受了,旧文化的'惰性'自然会使他成为一个折衷调和的中国本位新文化。若我们自命做领袖的人也空谈折衷选择,结果只有抱残守阙而已。古人说:'取法乎上,仅得乎中;取法乎中,风斯下矣。'这是最可玩味的真理。"③由此可见,他们所说的"西化",并不是指学习西方古代和中世纪的文化,而是学习西方近代文化,即与现代化相关的文化。所以,胡适后来又把"全盘西化"修正为"充分世界化"和"全力现代化"。"全盘西化"不区分文化的精华与糟粕,照单全收,当然是不明智的;无视民族文化和现实国情,对域外文化采取简单移植的态度,在实

---

① 马芳若编:《中国文化建设讨论集》,上海书店 1989 年影印版,第 1—6 页。
② 冯友兰:《中国现代哲学史》,生活·读书·新知三联书店 2009 年版,第 124 页。
③ 胡适:《独立批评》第 142 号"编辑后记"(1935 年 3 月),转引自罗荣渠主编:《从"西化"到现代化——五四以来有关中国文化趋向和发展道路论争文选》,北京大学出版社 1990 年版,第 416 页。

践上也是行不通的。但是,如果着眼于"充分现代化"的导向,这种乍看起来荒谬的主张,并非完全没有积极意义。简言之,"全盘西化论"的荒谬在于不区分文化的精华与糟粕,照单全收,而其积极价值则是强调"充分现代化"的导向。

第四种是"中西古今论"。这是 20 世纪 30 年代冯友兰先生提出的一种文化主张,80 年代以后又有补充和修正。冯友兰在接受美国哥伦比亚大学授予名誉博士学位仪式上的答词中,概述了他探索中西文化差异所经历的三个阶段:"在第一阶段,我用地理区域来解释文化差别,就是说,文化差别是东方、西方的差别。在第二阶段,我用历史时代来解释文化差别。就是说,文化差别是古代、近代的差别。在第三阶段,我用社会发展来解释文化差别,就是说,文化差别是社会类型的差别。"他进一步解释说:"所谓东西文化的差别,实际上就是中古和近代的差别。但是中古和近代这两个词的内容是什么呢? 不久我开始认识到,中古和近代的差别实际上就是社会类型的差别。西方国家从社会的一种类型到另一种类型的转变,比东方国家早了一步。这一步的关键是产业革命。……在四十年代我写了六部书,其中有一部的副题是《中国到自由之路》。我在这部书中指出,这条路就是近代化,而近代化的主要内容就是产业革命。"①按照我们的理解,冯先生的文化观发展的第三个阶段,与马克思的历史唯物主义已经比较接近了。他在这里实际上提出了中国文化变迁必须与中国历史变革相适应的见解,对于现代新儒家的文化保守主义是一副清醒剂。冯先生是一个有自己的思想体系的哲学家,其思想成分非常复杂,中西兼容,也包括马克思主义的成分。他的思想一直在变,但用他自己的话来说,又没有完全"变过来"。所以他对待文化问题表现出一个矛盾的态度,坏的说法是"左右摇摆",好的说法是"极高明而道中庸"。他自己做了如下的解释:"我经常想起儒家经典《诗经》中的两句话:'周虽旧邦,其命维新。'就现在来说,中国就是旧邦而有新命,新命就是现代

---

① 冯友兰:《三松堂自序》,生活·读书·新知三联书店 2009 年版,第 407、408—409 页。

化。我的努力是保持旧邦的同一性和个性,而又同时促进实现新命。我有时强调这一面,有时强调另一面。右翼人士赞扬我保持旧邦同一性和个性的努力,而谴责我促进实现新命的努力。左翼人士欣赏我促进实现新命的努力,而谴责我保持旧邦同一性和个性的努力。我理解他们的道理,既接受赞扬,也接受谴责。赞扬和谴责可以彼此抵消。我按照自己的判断继续前进。"①我们认为,"中西古今论"的独到价值在于看到了中国传统文化与西方现代文化在时代性上的差别,而其问题则在于用"古今之异"替代"中西之别"。

第五种是"西体中用论"。这是改革开放后李泽厚先生在80年代明确提出的主张,在某种意义上可视为对洋务派"中体西用论"的一种反拨。因此,从纠正洋务派的偏颇这一点来看,它有积极意义。但是在我们看来,"西体中用论"和"中体西用论"都有一个共同的问题,即割裂了文化的体和用。如果按照马克思主义观点,可以把一个社会的结构划分为经济基础和上层建筑两个层次,或经济基础、上层建筑、意识形态三个层次,后者与前者应该是一种适应关系。当然,李泽厚先生对"体用"范畴做了创造性的新解释。他认为,"根本的'体'是社会存在、生产方式、生活方式"。② 可见,他讲的"西体"已不是指"西学"。这种观点在学理上倒是与马克思主义一致的。但是由于改变了传统的"体用"范畴的含义,徒增歧义,在旧概念中也很难把问题讨论清楚。简言之,"西体中用论"的谬误也在于(如同"中体西用论")割裂文化的体和用,而其积极价值则是对"体""用"的新解释。

第六种是"河东河西论"。这是季羡林先生在21世纪初提出的一种文化主张。③ 乍看起来,"河东河西论"似乎荒诞不经,但它强调一种文化的地位不是固定不变的,却有合理之处。

第七种是"双文化论"。这是周有光先生晚年提出的一种文化主张。

---

① 冯友兰:《三松堂自序》,生活·读书·新知三联书店2009年版,第413—414页。
② 李泽厚:《中国现代思想史论》,生活·读书·新知三联书店2008年版,第359页。
③ 参见季羡林:《三十年河东,三十年河西》,当代中国出版社2006年版。

他认为,在全球化时代,世界各国都进入了国际现代文化和地区传统文化并存的"双文化时代"。他解释说,每一个民族都有自己的传统文化,每一个民族都热爱甚至崇拜自己的传统文化。但是,在现代,任何民族都无法离开覆盖全世界的现代文化。所谓国际现代文化,就是先进国家行之有效,正在全世界传播开来的有利于人类生存和发展的,全人类共创、共有、共享的文化。现代文化是全世界人民共同创造和享有的全球化的文化,它没有国界,因而是国际文化。世界各地的传统文化,相互接触,相互吸收,其中有普遍价值的部分融入了国际现代文化。把现代文化说成西方文化是不对的,但西方现代文化确实已经成为国际文化的主流。与此同时,各地传统文化依旧存在,但是要不断进行自我完善。环顾世界,到处都是内外并存、新旧并用,实行"双文化"生活。文化的流动不是忽西忽东,轮流坐庄,而是高处流向低处,落后追赶先进。①"双文化论"的静态分析基本符合事实,但弱于动态分析。

第八种是"中国模式论"。这是张维为、潘维等提出的一种主张,曾一度风行。"中国模式论"虽然容易导致将特殊性等同于普遍性之弊,却有凸显中国主体性之功。

综上可见,近代以来诸种处理中西文化关系的方案都有其合理因素,有的还不失为"片面的深刻",但它们都未能充分而有效地解决文化的本土化与世界化、文化的传承与创新、文化的借鉴与转化等关系问题。而贯穿这些问题的一个枢纽,则是文化的民族性与时代性的关系问题。这个问题又与文化的特殊性和普遍性问题纠缠在一起,但不能等同。

回顾和反思近代以来处理中西文化关系的各种方案,今天能够获得什么启示呢?我认为最重要的就是要十分精准地把握文化的民族性和时代性的关系,避免陷入"中西对立"的误区。长期主导中国思想界的"中化"与"西化"之争,就是出于对文化的民族性和时代性的双重误会。

---

① 参见周有光:《人类社会的文化结构》,载周有光:《文化学丛谈》,语文出版社2011年版,第33—44页。

民族性表征的只是一种文化所具有的主体性的一个维度;而时代性表征的则是一种文化发展的方向性,它同样也是文化主体性不可或缺的一个维度。正如已故哲学家张世英先生所说:"一种民族文化传统能否延续和发展,最终依据其是否具有生命力,是否经得起时代性的冲击和检验。"①中华文化无疑只能是以中华民族为主体的文化,但中华文化并不是离开世界文明大道而孤立地发展的,近代中西交通以来中华现代文化更是如此。正如有学者所说:"今天的中国文化,已经是中外传统文化汇合出来的面貌。它像大海,来自万千江河。但有人总想把海水析成过去的江河,从头澄而清之,而且十分纠结彼长此短。这样,他们就永远看不见大海,我觉得这才是愚蠢的徒劳。"②所以,中国现代文化建设,就其主导性和方向性而言,只能是与世界文明发展潮流相适应的现代文化,其中非常重要的就是对西方现代文化的吸收和转化,当然也包括对中国传统文化的继承和创造性转化,而更重要的则是在以上两个基础上的创新性发展。相反,如果离开文化的时代性孤立地强调文化的民族性,甚至走向狭隘的民族主义,则不仅会使中国文化的未来发展走偏方向,而且会把中华民族的未来引向错误的道路。

与文化的民族性和时代性相关而又不能等同的是文化的特殊性和普遍性问题。长期以来,中西文化和价值观比较研究大多侧重异同之辨的静态分析。如果从动态变化的角度看,着眼于中国文化发展的未来方向,我认为中西文化和价值观比较研究应该以普遍性为归属和导向,而不能以特殊性为诉求。众所周知,普遍存在于特殊之中,共相寓于殊相之中。但这只是一般的道理,我们更应弄清普遍的东西和特殊的东西在实现中华民族伟大复兴过程中所具有的不同分量。正如冯友兰先生所深刻指出的,普遍的东西是我们必要学的,也是可能学的;而特殊的东西是不可能学的,也是不必要学的。例如,中国人是黑头发、黄眼珠,西洋

①《张世英学术文化随笔》,中国青年出版社 2002 年版,第 6 页。
② 转引自李德顺先生 2022 年 10 月 23 日在"价值哲学"微信群的留言。

人是黄头发、蓝眼珠。如果真要"全盘西化",你能把黑头发、黄眼珠换成黄头发、蓝眼珠吗?显然没有这个可能,也没有这个必要。你说要"本位文化",那只要是中国固有的就是好的吗?什么改革都不要吗?显然并非如此,某些改革既是必要的,也是可能的。若要辨别什么是必要的,什么是不必要的;什么是可能的,什么是不可能的,就需要选择。而选择必定有个标准。否则就只能说"存其所当存,去其所当去","吸收其应该吸收,不吸收其所不应该吸收"。这是永远不错的废话,说了等于没有说。"怎样确定这个标准呢?最好的办法是认识共相。看看世界上强盛的国家,看看它们是怎样强盛起来的,看看它们的特点。这些特点就是它们的殊相之中所寓的共相的内容或其表现。……共相是必要学的,也是可能学的;殊相是不可能学的,也是不必要学的。"[1]

三、中国式现代化作为"综合创新"文化观的当代论域

在全面推进中国式现代化的今天,"综合创新"文化观具有无可置疑的当代价值,它也应该以"中国式现代化"为时代主题而得到提升和发展。

(一)中国式现代化为中国现代文化的综合创新提供发展空间

从世界范围来看,依据现代化的起始时间和最初启动因素,可以把目前所有卷入现代化浪潮的国家分为两大类型,即先发内生型和后发外生型。很显然,中国是典型的后发外生型现代化国家,中国式现代化是世界现代化的一种特殊类型。但是有一种情况值得特别注意,二战后现代化浪潮席卷全球,后发国家和地区的现代化,除了"亚洲四小龙",几乎还找不到成功的先例。而它们都可以说是西方主导的现代化,唯独中国式现代化是一种例外。在这种意义上又可以说,"中国式现代化"是突破西方主导的现代化模式之外的一种特殊类型。

从大历史的尺度来看,中国现代化进程可分为两个阶段:一是从洋

---

① 冯友兰:《中国现代哲学史》,生活·读书·新知三联书店 2009 年版,第 125 页。

务运动到民国时期主要通过学习和采借西方经验开启现代化的阶段;二是中华人民共和国成立后独立探索"中国式现代化"的新阶段。这是两个既有历史联系又有本质区别的阶段,亦可称之为中国现代化的两次浪潮。而中国现代文化的发展趋势必须与中国现代化的客观进程相适应。

中国现代化的第一次浪潮,具体包括洋务运动、戊戌变法和辛亥革命、五四新文化运动、民国时期等几个小阶段,其主要特点就是"向西方学习"。鸦片战争失败后,一部分先进的中国知识分子认识到中国的落后,林则徐、魏源等一批"开眼看世界"的开明之士意识到必须向西方学习,提出"师夷之长技以制夷"的口号。对于那时的人们来说,西方的"长技"主要就表现为坚船利炮和作为其支撑的制造技术。要挽救民族危机,使中国富强起来,必须学习西方的先进技术,这种认识成为洋务运动的思想基础。从19世纪60年代到90年代,历时30余年的洋务运动,着力引进西方的现代军事技术和生产技术,无论在军事工业还是民用工矿业以及交通运输业等领域,都取得了一定成绩。但是,洋务派的苦心经营,并没有实现他们"富国强兵"的梦想。洋务运动是中国现代化第一次浪潮的第一个阶段,其指导思想是所谓"中学为体,西学为用"。它说明洋务派对西方文明的认识,基本上停留于"器物"层面。洋务运动标志着中国军事和工业现代化的开始,作为中国探索现代化之路的最初尝试,功不可没。

戊戌维新变法和辛亥革命是中国现代化第一次浪潮的第二个阶段。甲午战争的失败,使一部分先进的中国人痛切地认识到,单求"坚船利炮"不能真正解决中国的富强问题,挽救民族危机。要使中国由弱变强,必须根本改变落后的社会制度,包括政治制度、经济制度和教育制度等,于是有了以推进民主宪政为目标的维新变法运动。但是,由于顽固派的反动和镇压,以和平改良方式推行的维新变法运动持续百日就宣告夭折。以孙中山为代表的革命派认识到,不推翻旧的君主专制制度,建立起现代民主制度,中国就不能真正实现富强,所以发动辛亥革命推翻了清王朝的统治,建立了中华民国,使中国现代化进程发展到一个新阶段。

虽然戊戌变法和辛亥革命最终都未能实现在中国确立现代民主政体的目标,但它们标志着国人对西方文明的认识已经超越了"器物"层面,而达到"制度"层面,是中国制度现代化的开始。

五四新文化运动是中国现代化第一次浪潮的第三个阶段。作为以追求"德先生"(Democracy,民主)和"赛先生"(Science,科学)为主要内容的思想文化运动,"五四"在中国现代化进程中的意义就在于,它标志着国人对西方现代文明的理解,已经达到了文化心理的深层结构。民主和科学是对专制和愚昧的公开宣战。经过五四新文化运动,全民族以民主和科学为核心的现代思想观念显著增强,以开放性、进取性和创造性为特征的现代化意识大为提高。作为现代中国标志性符号的"五四",实际上包括了两种性质不同的运动:一是以追求民主和科学为主要内容的新文化运动;一是以反帝反封为主要内容的爱国政治运动。前者强调学习西方现代文明,后者则对这种文明所具有的侵略性和野蛮性表达了强烈抗议。它是中国现代化运动的一个转折点,预示着中国将要走上一条既有别于传统社会又有别于西方社会的现代化之路。

20世纪20—40年代是中国现代化第一次浪潮的第四个阶段。通过20年代国共合作的国民革命,初步实现了国家统一,为现代化创造了重要条件。

综上所述,中国现代化第一次浪潮的主要特征就是"向西方学习",既包括器物层面的学习,又包括制度层面的学习,还包括文化价值观层面的学习。其目的是试图通过学习西方,改变民族命运,挽救民族危亡。对此,毛泽东有一段长文做了精辟的总结:"自从一八四〇年鸦片战争失败那时起,先进的中国人,经过千辛万苦,向西方国家寻找真理。洪秀全、康有为、严复和孙中山,代表了在中国共产党出世以前向西方寻找真理的一派人物。那时,求进步的中国人,只要是西方的新道理,什么书也看。向日本、英国、美国、法国、德国派遣留学生之多,达到了惊人的程度。国内废科举,兴学校,好像雨后春笋,努力学习西方。我自己在青年时期,学的也是这些东西。这些是西方资产阶级民主主义的文化,即所谓新学,包括那时的社会学说和自然科学,和中国封建主义的文化即所谓旧学是对立的。学了这些新学的人,在很长的时期内产生了一种信心,认为这些很可以救中国,除了旧学派,新学派自己表示怀疑的很少。要救国,只有维新,要维新,只有学外国。"[1]

1949年中华人民共和国成立,标志着中华民族赢得了完全的民族独立。从此之后,开始了在中国共产党领导下独立探索现代化道路,即"中国式现代化"的新阶段。"中国式现代化"又可具体分为三个小阶段:社会主义革命和建设时期的探索、改革开放和社会主义现代化建设新时期的推进、新时代中国特色社会主义现代化的拓展。

社会主义革命和建设时期的探索是"中国式现代化"的第一个阶段。正如《中国共产党历史》所指出的:"在全面转入大规模的社会主义建设后,党又带领全国人民对适合中国国情的建设社会主义道路进行艰辛探索,不仅建立起独立的比较完整的工业体系和国民经济体系,而且积累了进行社会主义建设的重要经验……这些成就从根本上改变了中国人民的前途命运,为当代中国发展进步奠定了坚实基础。"[2]

改革开放和社会主义现代化建设新时期的推进是"中国式现代化"的第二个阶段,而邓小平理论、"三个代表"重要思想和科学发展观则是其理论认识成果的集中体现。在话语表述上,"中国式的现代化"被明确提了出来,并以更加全面立体的社会主义现代化目标,即富强、民主、文明、和谐,深化和拓展了社会主义建设时期的"四个现代化"。在战略安排上,确立了"三步走"的总体战略部署。在主题上,从解决温饱到建立小康社会再到全面建设小康社会,是贯穿全面推进中国式现代化的逻辑主线。总的来说,改革开放和社会主义现代化建设新时期的推进,实现了从高度集中的计划经济体制到充满活力的社会主义市场经济体制、从封闭半封闭到全方位开放的历史性转变,实现了从生产力相对落后的状

①《毛泽东选集》第四卷,人民出版社1991年版,第1469—1470页。
②《中国共产党历史》第二卷,中共党史出版社2011年版,第1062页。

况到经济总量跃居世界第二的历史性突破，实现了人民生活从温饱不足到总体小康、奔向全面小康的历史性跨越，为中国式现代化提供了充满新的活力的体制保证和快速发展的物质条件。

十八大以来，新时代中国特色社会主义的拓展是"中国式现代化"的第三个阶段。进入新时代，以习近平同志为核心的党中央统筹把握中华民族伟大复兴战略全局和世界百年未有之大变局，统筹推进"五位一体"总体布局，协调推进"四个全面"战略布局，推动党和国家事业取得历史性成就、发生历史性变革，为中国式现代化提供了更为完善的制度保证、更为坚实的物质基础、更为主动的精神力量。

综上可见，"中国式现代化"是在学习和采借西方现代化过程中，通过独立自主的探索实践而逐步走出的一条适合中国自身国情和民族特点的现代化道路。这就突出了现代化的普遍性与特殊性的辩证关系：一方面，中国式现代化无疑具有各国现代化的共同特征，如工业化、城市化、民主化、世俗化、人的现代化等，也就是说，中国式现代化不是离开世界文明发展大道而孤立产生的，它必然要体现"和平、发展、公平、正义、民主、自由"的全人类共同价值；另一方面，中国式现代化又具有自身的独特性，即鲜明的中国特色。从一定意义上说，中国特色是实践中形成的客观结果，是特殊国情与现代化普遍本质在实践探索中异质性因素创造性转化后的内在结合，因而是创新性发展。这也就是中国现代文化的发展道路。

（二）中国式现代化为中国现代文化的综合创新提供价值目标

人类的近现代历史是围绕现代化和全球化而展开的，但现代化不等同于西化。所谓"西化"，或者是指把西方的现代化模式作为普遍模式照抄照搬；或者是指西方发达国家主导发展中国家的发展道路，将其纳入西方构建的全球体系。中国的国情决定了中国必须走出一条不同于又不绝缘于西方的现代化道路，中国的现代化决不是西方现代化模式的翻版。历史证明此路不通，无论是洋务运动的"变器"，还是戊戌维新的"改制"，以及辛亥革命均以失败而告终。再者，如果一味照搬苏联模式的社会主义推进现代化,也可能导致水土不服,陷入教条主义的迷思。总之,我们必须走出一条既不同于西方现代化,又不同于"苏联模式"的社会主义现代化新道路。

把握"中国式现代化"的本质规定,需要回答"现代化中最一般和最稳定的属性"、"中国式现代化区别于其他现代化的特有属性",以及"中国式现代化内在矛盾运动所决定的根本属性"三个基本问题。这就必须通过"中国式现代化"的基本特征揭示其内在特质。根据权威阐释,"中国式现代化"具有五个本质规定,即"人口规模巨大的现代化""全体人民共同富裕的现代化""物质文明和精神文明相协调的现代化""人与自然和谐共生的现代化""走和平发展道路的现代化"。这五个规定体现了"中国式现代化"的基本特征,回答了"谁的现代化"和"怎样的现代化"两个根本问题。而这五个规定及其综合统一,又充分凸显了中国式现代化作为人类文明新形态的意义。对此,可以通过中国式现代化与西方主导的现代化的比较来加以理解。

首先,中国式现代化是现代文明的独特形态。现代文明的基本原则固然具有普遍性,然而现代文明的建构方式和具体道路却是多元的。西方主导的第一波现代化以英国的工业化为典型代表,它是建立在对内剥削、对外侵略扩张(殖民掠夺)、对自然的野蛮征服和开发基础之上的。与此同时,西方主导的现代化在发展过程中几乎都出现了片面追求物质富有、拜金主义、畸形消费等现象,社会充斥着各种的物化和异化的普遍病症,形成所谓"单向度的人"(马尔库塞语)。而所有这些,没有一样是中国可以重复的,历史也没有给中国提供这样的机会和条件。所以,简单套用西方国家崛起的模式来分析中国,无异于缘木求鱼。与西方主导的现代化不同,中国式现代化是物质文明和精神文明相协调的现代化,是人与自然和谐共生的现代化,是走和平发展道路的现代化。现代化道路的差别,蕴含着对现代文明的重新定义。

其次,中国式现代化是中华文明的现代形态。中国式现代化是中国共产党领导的,而中国共产党人既不是历史虚无主义者,也不是历史复古主义者。中国共产党人用马克思主义真理的光芒激活了中华民族历经几千年创造的伟大文明，使中华文明再次迸发出强大的精神力量。我们从现实生活中可以鲜明看到，正是现代经济结构和体制，使中华文明的经济基础从自然经济发展到市场经济；正是人民民主政治，使中华文明的政治载体从封建王朝跨入共和国家；正是伟大的社会变革，使中华文明的社会形态从传统社会转变为现代社会；正是对外开放，使中华文明的交往尺度从闭关锁国扩展为世界历史。中华文明的现代形态表明，非西方的古老文明也可以通过自身的独特方式完成现代转型，浴火重生。

再次，中国式现代化是社会主义的文明形态。如果我们把文明理解为社会进步，理解为与野蛮相对的社会状态，那么社会主义与资本主义的区别不仅是社会形态的差别，而且是文明形态的差别。西方主导的现代化采取的都是资本主义制度，无一例外受资本逻辑操控，以追求资本利润最大化为根本目的。虽然西方国家实行的福利制度一定程度上缓和了，但不可能从根本上改变两极分化的格局。而中国式现代化是中国共产党领导的社会主义现代化，以实现全体人民的共同富裕为根本目的。社会主义属性决定了"中国式现代化"的主导原则，即从"以资本为逻辑"转向"以人民为中心"。

最后，中国式现代化是全球文明的崭新形态。中国式现代化作为人类文明新形态，必然要从中国特色上升到世界历史。中国向国际社会贡献了"人类命运共同体"的文明转型方案：始终站在历史正确的一边，坚定不移地推进全球化，旗帜鲜明地反对"逆全球化"；始终坚持以人类共同命运为纽带，以全球公共问题为导向，旗帜鲜明地反对"本国优先"；始终强调合作共赢、平等协商、包容和谐的共同体原则，旗帜鲜明地反对"丛林法则"；始终坚持不同文明的多元共存、对话交融，以文明交流超越文明隔阂，以文明互鉴超越文明冲突，以文明共存超越文明优越，旗帜鲜明地反对"文明冲突"。中华民族的世界愿景是"各美其美，美人之美，美美与共，天下大同"。（费孝通语）

以上阐述的几个要点,有的属于实然,有的属于应然。它们的综合统一,充分彰显了中国式现代化作为人类文明新形态的意义。具体而言,作为现代化的一种特殊类型,"中国式现代化"实现了对后发展国家传统发展模式、西方现代化模式和传统社会主义模式(例如"苏联模式")的三重超越,体现着人类对现代化发展规律的全新认识。正因为如此,我们才有充分根据地说,中国式现代化拓展了发展中国家走向现代化的途径,给世界上那些既希望加快发展又希望保持自身独立性的国家和民族提供了全新选择。中国式现代化作为后发外生型现代化国家的一种发展类型,特别是作为突破西方主导的现代化模式之外的一种特殊类型,对于广大发展中国家无疑具有借鉴意义(并非推广)。在矫正"普世价值论"、突破"西方中心论"、超越"历史终结论"、消弭"文明冲突论"等方面,"中国式现代化"的理论与实践都具有世界性意义,它预示着中华文明的现代形态同时是一种全球文明的崭新形态。

从人类近代以来现代化追求的历史经验来看,西方近代哲学社会科学的发展是与其现代化密切相关又相互支撑的。虽然近些年中国发展的外部国际环境已经或正在发生深刻变化,未来具有较大风险和不确定性,但是正如习近平总书记所说,"实现中华民族伟大复兴进入了不可逆转的历史进程"。而随着以"中国式现代化"为基底的民族复兴进程,则要求我们从概念和分析工具等方面建立起足以充分阐释"中国式现代化"的理论框架,这无疑是中国哲学社会科学摆脱对西方话语的简单移植,从而取得真正具有原创性成果的必由之路。我们对此坚信不疑。

作为学术范式的"马魂、中体、西用"

洪晓楠　蔡后奇①

"范式"一词,最早是由美国科学哲学家库恩(Thomas Samuel Kuhn)提出并系统阐释的。库恩指出,范式是科学共同体的成员进行研究、指导活动的公认模式,是科学研究的"基质性"要素,"取得了一个范式,取得了范式所容许的那类更深奥的研究,是任何一个科学领域在发展中达到成熟的标志"。② 在库恩对"范式"这一概念的系统性诠释,其作用主要体现在以下三点:第一,范式的价值引领性。范式决定着学术共同体的研究方向和理论旨归,在共同性价值的照耀下发现"什么样的问题有待解决"③的理论盲区。第二,范式的原则规定性。范式是科学共同体的方法论原则,是架构学术框架和诠释结构的逻辑生长点,决定着共同体如何同质性地看待、理解特定的研究对象。第三,范式是最刚性的评价标准。它作为标准,衡量着特定领域问题合理性和方法选择性,决

---

① 作者简介:洪晓楠,大连理工大学马克思主义学院教授。蔡后奇,大连理工大学马克思主义学院副教授。

　　本文原载《广东社会科学》2019 年第 1 期,《新华文摘》2019 年第 16 期网络版全文转载。
② [美]托马斯·库恩:《科学革命的结构》,金吾伦、胡新和译,北京大学出版社 2003 年版,第 10 页。
③ [美]托马斯·库恩:《科学革命的结构》,金吾伦、胡新和译,北京大学出版社 2003 年版,第 24 页。

定着科学研究的问题导向和意义的生成域。总体说来,库恩认为:"范式是一个成熟的科学共同体在某段时间内所接纳的研究方法、问题领域和解题标准的源头活水。"①不仅科学共同体如此,只要是学术共同体都普遍适用。各人文学科历来存在着不同的学术流派,各自传承者不同的学术传统,学术流派在历史中的沉浮更迭意味着学术研究范式的转换与更新。所以,学界(尤其是人文社科界)在库恩的"范式"一词的基础上,自觉地生长出"学术范式"一词。学术范式是指学术共同体所有成员都共同认可和遵守的信念、价值、方法、话语等的规范体现,是共同体成员在长期的共同探索、交流和碰撞中而形成的。就当代中国文化研究领域而言,"马魂、中体、西用"作为一种学术范式,在时间的流变、实践的积淀和学界的探索中被慢慢规定下来。"马魂、中体、西用"之所以能成为当代中国文化研究主导的学术范式,是在西学东渐漫长的"体、用"之争中逐步凸显出巨大的逻辑优势和理论创新性。然而,学术范式的形成并不意味着其历史使命的完成,恰恰是开启未来新的逻辑支点,新的问题有待解决。随着"中华民族迎来了从站起来、富起来到强起来的伟大飞跃",当代中国文化发展进入繁荣时期,文化发展的机遇和风险并存,作为学术范式的"马魂、中体、西用"如何与时俱进地拓展研究视域以把握机遇,深化对学术范式的研究以规避风险,总体性推进以统摄未来,这是本文所要研究的重点问题。

一、文化"体用"的范式转换与"马魂、中体、西用"的形成逻辑

"马学为魂、中学为体、西学为用、三流合一、综合创新"是方克立先生充分吸收和继承了张申府先生的文化"三流合一"论和张岱年先生的文化"综合创新论",三位学者经过数十年前仆后继的努力探索,在百年之久的文化"体用"之争和"体用"范式转换的迷宫中,以客观理性的实践

①[美]托马斯·库恩:《科学革命的结构》,金吾伦、胡新和译,北京大学出版社 2003 年版,第95 页。

精神和现实态度逐步总结出具有时代特征、民族特征和实践特征的范式。

从历史的视角看来,在西学东渐四百余年的发展历程中,中西文化的对话和交流先后经历了"中模西材"(徐光启)、"中本西术"(冯桂芬)、"中体西末"(郑观应)、"中体西用"(张之洞)等不同形态。自张之洞以来,"体、用"作为中西文化交流的学术范式被确立,并产生了巨大的影响。尤其是近百年以来,不同派别依据不同文化立场,在"体、用"之争生成"中体西用论"(现代新儒家、当代新儒家)、"儒体西用论"(贺麟)、"西体西用论"(全盘西化论者、充分世界化论者)、"西体中用论"(李泽厚)、"中西互为体用论"(傅伟勋)①等诸多形态。但是上述诸多文化"体用"范畴,都没有超越"体用"二元之争内在的自拘性,诸多论者只是把马克思主义当成"西学"的范畴加以框定,没有认识到马克思主义超越"西学"资本主义文化属性的价值指向,湮没了马克思主义应有的主导性光辉。而以张申府、张岱年、方克立等为代表的学者,正视中国现代语境中马克思主义、中国文化、西方文化共在的客观实际,先后形成"文化'三流合一'论"(张申府)、"文化'综合创新'论"(张岱年)、"马魂、中体、西用"论(方克立),勾勒出中国马克思主义文化观的逻辑演进脉络,并在当代语境中确立了"马学为魂、中学为体、西学为用、三流合一、综合创新"这一范式结构。

在马克思主义、中国文化和西方文化的交融碰撞的时代背景之下,张申府早在 1932 年,就提出过中、西、马"三流合一"的主张,"百提,伊里奇,仲尼,三流合一"②,这标志着文化"三流合一"论的形成。后在 1941 年提出"孔子、列宁、罗素,合而一之"③,将"三流合一"论深化。张申府认为,孔子代表着的"礼、义、仁、智、信"等人生理想是中国古代的最好的传统;列宁代表着的"唯物辩证法"和共产主义的社会理想是新方法论和世

① 洪晓楠:《马克思主义"综合创新"派的文化体用观》,《哲学研究》2012 年第 8 期,第 19 页。
② 张申府:《编余》,《大公报·世界思潮》,1932 年 10 月 22 日第 8 版。
③ 张申府:《家常话》,《张申府文集》第 3 卷,河北人民出版社 2005 年版,第 434 页。

界观开启的传统;罗素代表着的逻辑和科学的思辨是西方文化最好的传统,"三流合一"对中国可以开启新的中国哲学,对世界可以开创新的世界学统。张申府的"三流合一"论在当时特殊的时代背景下高扬了马克思主义应有的光辉,批判了自由西化派将西方文化视为文明的巅峰"甘于为奴"的文化主张,也批判了对待中国传统文化或全盘颠覆或彻底回归的两种极端主张,倡导在中、西、马的交流和互渗中探求文化之出路,表现出极为可贵的探索精神。但是,文化"三流合一"论并没有成为公认的学术范式,相反,它饱受来自文化保守主义、自由主义西化派和部分马克思主义学者的批判。除了当时处于政治文化势力的决战期、不同派别的学者更关注于不同文化思潮之间对立的外因之外,最为主要的原因是"三流合一"论内部因缺乏现实实践的视域,缺乏对国情、世情的精准把握,没有凸显出何种文化观处于引领性地位。尤其是对马克思主义的简单化处理,使马克思主义在"三流合一"论中失却了指导地位,三者之间的"合流"并没有真正实现。

在 20 世纪 40 年代,张申府之弟张岱年,继承和发展了其兄的"三流合一"主张,并解决了该理论内部的不合理之处,主要体现在三个方面:第一,张岱年提出"兼和"文化哲学,为"三流合一"论奠定了哲学基础。"兼和"哲学主要是以唯物辩证法为主导,兼和文化多样性(中国传统中的健康部分、西方文化中具有永久价值的部分)和创造性(开出社会主义新文化)在动态发展进程中的均衡、聚拢和融合,初步建构出中国马克思主义的文化哲学体系,从而使"三流合一"论不再是简单的聚合关系,而呈现出动态融合的新的理论场景。第二,张岱年在张申府"孔子、列宁、罗素""三流合一"的基础上,提出"唯物、理想、解析"的"综合于一"论,以马克思主义的唯物论为文化支点,统摄中国优秀传统文化中的"理想"和西方文化中的"解析"。这就凸显出马克思主义的主导性地位,克服了张申府的"三流合一"论因失却主导力量而盲目解决内部矛盾的弊端。第三,张岱年将张申府的"三流合一"和"综合创造"有机结合在一起,以更广大的历史视域和现实关怀系诠释了文化的世界性和民族性、文化整体综合性和部分分析性、文化的延续性和突变性的之间的张力关系,在马、中、西的辩证综合中创造文化的新形态,坚定指出中国文化的发展方向是迈向社会主义新文化。这就从文化哲学的高度上回答了"三流"如何"合一",使马、中、西三种文化形态在综合的基础上得以创新,从而改善了张申府的"三流合一"论因缺乏创新力而呈现出的结构松散的境地。后来在改革开放以后,新一轮的文化大碰撞重新引发三大思潮的大争论,文化盲从论、文化自卑论、文化自大论喧嚣尘上,中国文化该往何处去成为时代的突出问题。在此背景下,1987年,张岱年重新提出了文化"综合创新"论,倡导"在马克思列宁主义原则的指导下,以社会主义价值观来综合中西文化之所长而创新中国文化"①,此后又提出马克思主义和中华优秀传统文化之间的四种模式:并重模式、结合模式、"主导—支流"模式、"体、用"模式,指出马克思主义是主导性之"体",中华优秀传统文化是主体性之"体",西方科技乃为"用"。方克立在张岱年先生的基础上,提出"古为今用、洋为中用、批判继承、综合创新"的16字诀,至此将文化"综合创新"论发展到一个新的高度。但是该理论仍有无法解决的问题,这就是形式二元("体、用")和内容三元(马、中、西)之间的矛盾并没有彻底消除,没有建构出圆润通融的文化生命体,西方科学技术并非西方文化之全貌,这些问题直到方克立提出"马魂、中体、西用"论才得以解决。

方克立在2006年正式提出了"马学为魂、中学为体、西学为用、三流合一、综合创新",中国文化主导的学术范式才正式确立。自此建构出形式三元("魂、体、用")和内容三元(马、中、西)的文化辩证体系,"马学为魂"明确指出了马克思主义在中国特色社会主义文化体系中的最高原则和主导性地位,是在文化建构的境遇中贯彻马克思主义的"活的灵魂"。"中学为体"中的"中学",方克立将之拓展为中国文化的生命整体,随之

---

① 张岱年:《综合、创新,建立社会主义新文化》,《张岱年全集》第六卷,河北人民出版社1996年版,第253—254页。

将张岱年先生的"中华民族主体论"的研究范式转换为"中国文化主体论",从更宏大的视域、更高级的层次上辨析出传统文化语境中的"体、用"范式的多重内涵,避免了因理论近视陷入"体、用"概念的迷宫,也能在更具整体性的关怀中实现"马魂、中体、西用"的总体性统摄。在"西学为用"的层次上,张岱年只是将西学归之为科学技术,方克立将之拓展为"西方文化和其他民族文化中一切有利于中国文化健康发展的合理因素",是"马魂"、"中体"的"他山之石"和"道体器用"之"用"。由此可见,方克立是在更宏大的关怀中以"综合创新"为路径,走向"三流合一",同时也更具有解决现实问题的针对性。比如,方克立先生认为"'马魂、中体、西用'是习近平文化思想的宗纲"①,习近平总书记在哲学社会科学工作座谈会上指出"坚持以马克思主义为指导"、"按照立足中国、借鉴国外、挖掘历史、把握当代、关怀人类、面向未来的思路,着力构建中国特色哲学社会科学,在指导思想、学科体系、学术体系、话语体系等方面充分体现中国特色、中国风格、中国气派"。② 这也和"马魂、中体、西用"具有同质性的架构。由此可见,不论从理论的层面,还是从实践的层面,"马魂、中体、西用"已经作为一种学术范式被广泛认同,产生了巨大的影响力和实践价值。

二、"马魂、中体、西用"作为当代学术范式的内在结构

"马魂、中体、西用"作为当代中国文化的研究范式,解决的主要是当代中国文化在社会急剧转型过程中凸显出的问题,其中最为重要的问题是用马克思主义的"批判之'魂'",正视、批判"西用"之流弊和中国传统文化中的糟粕成分过度融合的问题,故"马魂、中体、西用"在当代中国的社会生活中表现出"一元、三维、六向度"的整体性结构。"一元"指的是

---

① 方克立:《"马魂、中体、西用"是习近平文化思想的宗纲》,《思想理论教育导刊》2015年第5期,第52页。

② 习近平:《在哲学社会科学工作座谈会上的讲话》,《人民日报》2016年5月19日第2版。

中国马克思主义"综合创新"中不断呈现的文明新形态,"三流"指的是马克思主义、中国传统文化、西方文化在不同维度提供的实践智慧,"六向度"是指马克思主义的建构性向度、马克思主义的批判性向度;中国传统文化的积极成分、中国传统文化的消极因子;西方文化的理性的经验、西方文化的"理性的诡计"。

第一,"马魂"在对"中体""西用"的总体性统摄中,表现为指导性和批判性的双重结构属性。"马魂"的指导性主要体现在宏观方面,即"以马克思主义和社会主义的思想体系为指导原则"①,"马魂"的批判性主要体现在微观方面,即对中国传统文化和西方文化中不合时宜的成分要进行深入的批判,尤其是当下表现出的"伪善"心理在市场经济中的无度蔓延。"马魂"的指导性已成体系,故无需赘言,我们在此重点阐释"马魂"的批判性,以实现"马魂"的总体化建构。

"批判性"是"马学之魂"。在马克思和恩格斯的文本之中,"批判"一词是高频词汇之一,并且是马克思和恩格斯的方法论基石,他们将批判性视为扬弃旧世界和创造新世界的内在动力。批判不仅是在意识的领域对文化虚体进行批判,更要对政治、经济等文化实体结构进行批判,"我指的就是要对现存的一切进行无情地批判"②。对此,我们也要讲批判作为一种方法论的自觉,不能将批判性的领域仅仅局限在资本主义语境之内,还应包括对传统文化批判和反思,甚至包括对马克思主义的自我批判,即对我们自身文化建设过程中不合时宜的现象进行必要的哲学反思。就马克思主义"综合创新"派的文化观而言,"马学为魂、中学为体、西学为用、三流合一、综合创新"③作为一种理论创新,其实质是对过去"体用"观理论体系的总体性批判,而我们如果只将这种"批判"止步于新理论的形成阶段,而在新理论的发展阶段失却了这种批判性,那么,马克思主义"综合创新"派也将失去自身发展的动力而沦落在教条主义的

①方克立:《关于文化体用问题》,《社会科学战线》2006年第4期,第17页。
②《马克思恩格斯全集》第1卷,人民出版社1956年版,第416页。
③洪晓楠:《马克思主义"综合创新"派的文化体用观》,《哲学研究》2012年第8期,第19页。

陷阱之中,这是我们需要注意的首要问题。同时,我们还要格外注意作为"马学之魂"批判性的现实维度,"批判的武器当然不能代替武器的批判,物质力量只能用物质力量来摧毁"。① 我们自觉运用这一范式,积极践行社会主义核心价值观、建设文化强国、建构中国特色哲学社会科学是应对西方所谓的"普世价值"和文化殖民的"批判的武器",还需将"武器的批判"应用于社会生产实践领域,在"综合创新"的基础上生长出一种不同于西方的具有中国特色的现代性,在此基础之上建构中国特色强国来"解构'西方话语垄断'"②。所以,在当下具体的精神生产和物质生产领域,作为"马学之魂"的批判性万不可丢,还需要将之提升到哲学的高度,使马克思主义"综合创新"派在"批判的武器"所表征的文化虚体和"武器的批判"所寓形的文化实体的双重维度中实现自身的批判。唯有如此,"马魂、中体、西用"才成作为开放性的范式,用以真正的解决现实问题,"马魂"为指导的"三流合一"也能实现辩证互动,使批判性成为辩证的动力,"马魂"通过批判"中体"暗含"伪善"的理论坍塌实现民族主体的真正实体化,通过批判"西用"的消极性并创造性地学习其积极因素,实现从"阅读主体"到"创造主体"的转化。在具体的实践境域中坚持"马克思主义在'马中西'交互贯通中始终处于核心地位"③,使以"马魂"为指导的"三流合一"这一文化景观得以最大程度的涌现,从而在对"马魂、中体、西用"这一范式的运用中,建构出更高形态、更为健康合理的文化生态观。

第二,我们对于"马魂、中体、西用"这一学术范式中的"中体"认知,既要"以有着数千年历史积淀的自强不息、变化日新、厚德载物、有容乃大的中华民族文化为生命主体、创造主体和接受主体"④,充分中国传统

---

① 《马克思恩格斯选集》第 1 卷,人民出版社 1995 年版,第 9 页。
② 田鹏颖:《在解构"西方话语"中建构中国话语体系》,《马克思主义研究》2016 年第 6 期,第 138 页。
③ 陈学明、陈详勤、姜国敏:《论中国道路蕴含的"马中西"三大资源及其交互贯通》,《上海师范大学学报(哲学社会科学版)》2015 年 11 月,第 17 页。
④ 方克立:《关于文化体用问题》,《社会科学战线》2006 年第 4 期,第 17 页。

文化资源中的积极成分,还要防止传统文化中的消极成分的时代性丛生,采取辩证的方法总体审视中国传统文化。尤其是要谨防传统文化中的消极成分对积极成分的腐蚀,更要谨防传统文化中的消极成分和西方文化流弊部分的率先融合对"中体"现代化的空心化侵蚀。新近频发的公共安全事件,都是传统文化张力结构中的消极因子被无限放大而造成的文化主体塌陷。从这个意义上讲,文化传统的消极因子是横亘在人民大众和"西学为用"健康本土化之间的隔层,同时也是人民大众和"中学为体"健康现代化之间的隔层,它是从更深的层次上制约着当下的文化实践和文化发展。

所以我们对于马克思主义"综合创新"派文本语境中的"中体"的诠释,不能仅以词句表面的华丽璀璨的表达作为建构新形态文化的逻辑起点,否则可能会造成表象的坍塌。我们不仅要把作为历史正能量的优秀成分弘扬于当下,还要正视、审思、批判历史阴暗处的文化负值,即我们不仅要看到华夏文化的实践境遇和"自强不息、变化日新、厚德载物、有容乃大"等璀璨词句下的文化心理结构,还要看到与之形成辩证镜像的"诚者天道"但"天道不可言说只可意会"的主观唯心架构出的主体自欺与道德伪善、"民胞物与"力所不逮生成的"圈里圈外"、"己所不欲勿施于人"道德辐射有限性等诸多理论塌陷和实践虚空而形成的文化矛盾空间,二者共同构成文化荣光与文化阴影的辩证法,此二维同为"马魂、中体、西用"这一范式中的"中体"所统摄的对象。

"马魂、中体、西用"这一范式的自觉运用,能使我们正视文化总体的言说背后的积极性力量和消极性力量,正视二者共同生发于当下,并在马克思主义的批判性视域下消除传统朦胧语境中的自欺、伪善空间,唯有如此,传统文化的积极因子才能成为无理论虚空、无诠释塌陷、无逻辑错位的价值实体,并在此意义上约束"西学为用"所招致的肆无忌惮的物化膨胀。所以,在马克思主义综合创新派的文化语境中,应力图避免对作为"中华民族文化"的"生命主体""创造主体"和"接受主体"表象化、扁平化的诠释路径,而应采取一种立体的视域,展现其背后积极力量与消极力量的张力结构的辩证全景,应正视中国传统文化中背后动态流变的多重冲突、辩证的张力结构。因此,我们不仅需要在总体化、连续化的宏观视域中凝塑华夏文化的主体性,而且要针对华夏文化主体背后涌动的非主要矛盾冲突,果断采取线性认知的中断、暗虚文化的解构、消极意义的去弊等方式,令多元冲突的文化张力展开,"尊重传统而不盲从传统"①,以此来实现华夏主体的去虚空化、去伪善化,夯实传统文化积极因子的生发语境,从而让"传统与当下创造性地结合"的意义最大限度地生发。最终"经过近现代变革和转型,走向未来、走向世界的中国文化生命整体"②。

第三,我们对于"马魂、中体、西用"这一学术范式中的"西用"认知,也要采取一种全面的认知态度。既要"以西方文化和其他民族文化中的一切积极成果、合理成分为学习、借鉴的对象"③,同时还要对其文化的流弊成分有着深入的认知。一则是因为西方文化和其他民族文化中一切积极成果"为我所用"只是一种理想的愿景,现实情形是我们在学习、借鉴的时候,他者文化的流弊部分也会如影随形,"西用"所包含的理性的经验与"理性的诡计"同时寄身于器物层。二则是"西用"有着内在的不安分状态,在中国落地生根之后,"西用"不再满足于"器物层",渐渐从文化器物层上升到制度层,再慢慢位移至观念层面和思想意识层面。在我国长期的文化实践中,西方的科学技术、管理经验等作为器物之"用",已经逐渐挣脱形而下"用"的范畴,释放内在的工具理性和意识形态意蕴,逐步向作为"形而上"的"体"进行蔓延和渗透。这是需要我们重点警醒的部分。三则是"西用"之"理性的诡计"的存在形式,不是以显而易见的不合理形式呈现出来的,而是以一种微观叙事的暂时合理形式呈现出来的,有诸多"西用"之流弊是在不知不觉的情况下发生的,待到发现和警

---

① 方克立:《"马魂、中体、西用"是习近平文化思想的宗纲》,《思想理论教育导刊》2015 年第 5 期,第 56 页。
② 方克立:《关于文化体用问题》,《社会科学战线》2006 年第 4 期,第 18 页。
③ 方克立:《关于文化体用问题》,《社会科学战线》2006 年第 4 期,第 17 页。

醒时,已经演变成一种影响较大的社会思潮。诸如西方的消费盛景曾一度是我国文化产业学习的对象,但在链条化的符号大生产中拘禁了国内人们关注精神家园的目光,在"形而下"的世界中沉沦为商品的终端。并且消费主义内含的资本逻辑,无穷放出了人们文化心理结构中的"伪善"成分,"唯物是从"使人们鲜有对道德伦理的自觉践行。四则是在系列化的以"西"为"用"时,易堕入"拿来主义"的陷阱,影响自身主体性的建构。

"马魂、中体、西用"这一学术范式,应对"西用"的积极成分和消极成分有着总体性的关照。这一学术范式本为实践智慧的现实形态,能采取深入批判、主体借鉴和前景前瞻和并存的"巧用"是实践该范式的前结构。马克思主义批判性的高纯度过滤、"马魂"和"中体"创造性结合实现的当代主体性建构保证对"西用"有着充分驾驭能力,并能提供一定的前瞻和防风险并重的战略定力。所以该范式所主张的"西学为用"的理论内涵远不止于只取优点的"表层结构",对于作为总体性的"西学"的"深层结构"也有着自身理性的认知和批判。唯有此,"西学为用"的理论旨归才能真正生发。"西学为用"的"深层结构"的内在逻辑尚需从以下两个维度中展开:其一,在文化建构的过程中,我们要实现对"西学为用"从"学之以鱼"到"学之以渔"的逻辑转向,且要在充分学习"西用"之"渔"的实践基础上推演出"西用"即将涌现出的新路,在此意义上实现对在西方大地生长、涌现和言说出来的"西用"进行总体的超越,实现自身主体性的建构(新近发生的美国制裁"中兴"事件便是力证)。其二,自创造诠释学的视域来看,作为理解完成的最高形式,是实现"国人对'西用'应当说什么",即从"西用"在华夏大地上的言说之物中道出国人之"应说",这既是在"视域融合"基础上的继承,同时也是在更高形态上的"视域转换"中契合新语境、解决新问题,从而实现"西用"的自我化、本土化和与时俱进的文化建构。

综上所述,"马魂、中体、西用"作为一种学术范式,是一种在动态实践中解决问题的核心基质。该范式不尽然是在马克思主义的指导下吸收中华优秀传统文化、借鉴西方优质文化,还要包括在马克思主义批判精神的指引下批判中西文化之流弊,"强'魂'、健'体'、巧'用'"也是这一范式内在的张力结构。所以我们将"马克思主义的指导性——中华传统文化中的积极因子——西方文化中的积极成分"的"三维结构",拓展为"马克思主义的肯定性和批判性——中国传统文化中的积极成分和糟粕成分——西方文化中的积极成分和糟粕成分"视域更为宽广的"六向度结构",充分发挥"马魂、中体、西用"作为学术范式的价值引领性,正视文化融合过程中的张力结构,谨防中国传统文化心理中的道德"伪善"成分和西方文化"器物"层所蕴含的"理性的诡计"巧妙嫁接所生成的文化虚空,在时代性的高度上重建马克思主义的文化批判视域,以此方式来夯实三大文化生态中本身存在的认知张力,真正实现以马克思主义为指导的"三流合一、综合创新"。

三、"马魂、中体、西用"作为学术范式的当代运用

方克立先生指出:"从学术范式的角度来说,所谓的'马学为魂',就是以马克思主义为当代中国学术研究的基本理论立场、观点和方法,坚持辩证唯物主义的世界观、历史观、价值观和方法论。所谓'中学为体',就是以我们正在做的事情为中心,以中国的历史和现实为主要研究对象,以民族振兴、国家富强为研究目的,以中国文化为主要学术资源,以本民族话语为表达方式。所谓'西学为用',就是以其他民族的文化为'他山之石',为精神资源,为学习借鉴、比较会通的对象。"[①]从历史发展的脉络来看,"马魂、中体、西用"作为学术范式,在中国现代文化观的演进过程中,已经内化为一种文化自觉。方先生指出:"我曾经提到过郭沫若、范文澜、侯外庐等老一辈马克思主义学者的名字,也提到过我老师辈的张岱年、冯契、任继愈等先生的名字,还提到过比我略长的陈先达、罗国杰、方立天等同辈学者的名字,他们走的都是一条'马魂、中体、西用'的学术道路。这条道路将被一代一代学术传承者走得越来越宽广,并且

---

① 方克立:《关于文化体用问题》,《社会科学战线》2006年第4期,第22页。

有可能建立起一种主导的学术范式。"①从现实发生论的视角来看,在当代中国哲学社会科学领域,"马魂、中体、西用"渐渐内化为一种理论自觉,逐渐成为学界普遍认同的学术范式。哲学界以李翔海、洪晓楠、张允熠、周可真、杜运辉等学者为代表,积极倡导"马魂、中体、西用"的时代性建构。洪晓楠还将"综合创新"的理念运用到科学文化哲学研究领域,提出了科学文化哲学的研究纲领;谢青松撰写了多篇文章,指出"马魂、中体、西用"开创了当代中国文化研究的新范式。经济学界以杨承训及其学术团队为代表,多年来坚持以"马魂、中体、西用"为范式,作为中国特色经济学的建构原则和发展方向。文艺理论界以董学文为代表,指出"马魂、中体、西用"在文学理论中的指导作用。行政管理学领域以陈寒鸣为代表,倡导依照"马魂、中体、西用"的思路建构当代中国特色的行政管理学。还有众多学者倡导"马魂、中体、西用"作为学术范式在当代中国的思想史、军事学领域、伦理学、法学、教育学等领域的运用,自觉地以"马魂、中体、西用"为学术基质建构中国特色哲学社会科学的话语体系。基于此,"马魂、中体、西用"作为学术范式,充分展现了范式的价值引领性("马学为魂")、原则规定性("运作主体""生命主体""创造主体""接受主体")、范式作为评价标准(西学之"用"的本土契合度)的具体所指和丰富内涵,在各个学科中也被渐渐规定和挖掘出来。总而言之,"马魂、中体、西用"作为学术范式在中国的学界渐渐被认同,被自觉地运用于中国特色哲学社会科学的各个领域和学科的建构过程中,汇聚成学术共同体,在诸多领域和关键问题中发挥了极为重要的基质性作用,尤其是为当代中国文化的发展指明了方向,作为"现实道路"②被规定下来。

"马魂、中体、西用"作为学术范式,要获得现实的生命力,必须用于解决实际问题。这一范式的积极作用不仅仅在于将文化的正能量系统

① 方克立:《"马魂、中体、西用"是我们的文化旗帜》,《中国社会科学报》2014年5月5日,第A05版。
② 方克立:《"马魂、中体、西用":中国文化发展的现实道路》,《北京大学学报》2010年第4期,第16页。

化,更在于正视时代发展、场域转换、社会转型中不可避免出现的负能量,并能行之有效地克服,这是范式的基质性作用、整体性视域、方法论聚焦的应有之义。所以,在当下社会转型的关键时期和深化时期,"马魂、中体、西用"这一学术范式被延展为的"一元、三流、六向度"的张力结构,既有积极的正能量引导,充分发挥范式的价值引领性作用,更要通过对负面问题的正面关照,探索负面问题的转换方式,使其成为新的生产域。当下中国处于社会的急剧转型期,新时代的文化处于创新培育期,我们在此倡导的"马魂、中体、西用"的"一元、三维、六向度"的范式张力,并无意建构一种僵硬的体系,而是通过一种问题意识激活这一范式的辩证结构,在综合性视野的审思下实现创新性的改善。所以,就"马魂、中体、西用"这一范式的具体运用而言,是以问题意识为切入点,通过对当代中西文化碰撞、融合过程中出现的诸如资本逻辑对道德底线的无尺度下放、消费社会对于欲望的无尽放逐、网络多元主体对集体主义传统的彻底撕裂、全球化的依赖关系中被放大无数倍的"拿来主义"等具体问题的批判和反思,加大中国马克思主义批判性的力度和重新建构的深度,在更高的视界和更深层次的立体空间中审思中西文化对话域中出现的问题链,孕育创生出新的"创造主体"。此为这一范式应有的循环周期。中国发展过程中层出不穷的新问题,不仅不能扼杀这一范式的现实生命力,反而能对新问题的预见和解决中,推动着这一范式走向未来,这正是作为学术范式的"马魂、中体、西用"的开放性所在。只有以问题意识为切入点,在具体的运用中,聚焦于如何推动中国文化的创造性转化和创新性发展,共同整合"马中西"的思想资源,吸纳不同学术派别的合理声音,在对话和交流中深化学术共识,体现文化研究的"最大公约数",学术共同体的规模就会越来越大,学术共识亦会愈来愈多,尤其是"马魂、中体、西用"可以作为建构中国特色哲学社会科学的可供借鉴的学术范式,在哲学社会科学的具体问题研究中,充分发挥其基质性的作用,与时俱进地拓展研究视域以把握机遇,补齐文化短板,在综合创新、批判反思的全方位视域下建构出新时代的文化自信,实现中华民族的伟大复兴。

"马魂、中体、西用"作为学术范式,在具体运用中的实践愿景是"三流合一",实践路径为"综合创新"。所谓"三流合一",并不是简单地将三种文化资源变相叠加、糅杂在一起成为的理论混合态,也不是将三大文化资源条理清晰地陈列在一起,遇到问题就去翻看以寻找解决问题的万能宝典,这绝非"马魂、中体、西用"这一学术范式的合理应用。所以"三流"如何"合一"需要追问,"三流合一"之后呈现出何种形态需要解答。我们认为,"三流"需要解决具体的文化实践问题中才能渐次"合一",将"马魂、中体、西用"的"六向度"结构内化为一种流转不息的文化生命体,遇到问题通过分析感知到"六向度"中的哪个环节出现需要解决的社会痛点,追问以下问题:"西学为用"是否超越了"器用"的范畴?是否犯有"教条主义"的错误?"中学"之"体"是否自觉运用?是否犯有"拿来主义"的错误?马克思主义的批判精神是否深入贯彻?马克思主义的指导性是否得以弘扬?我们是否提出了原创性解决问题的方法?这种方法能否上升为一种新形态的实践智慧?通过渐次的总结、提炼、升华和概括,慢慢将"马魂、中体、西用"在实践中实现视域融合,创造出一种饱含"中国特色、中国风格、中国气派"的文明新形态,这也是"三流合一"应呈现的形态。达成"三流合一"的实践路径是"综合创新",所谓"综合"不仅要把作为指导思想的马克思主义、中西文化中的优良成分综合在一起,更要采取一种更为立体的视角,将马克思主义的批判性、中西文化之流弊以及二者的混合态考虑在内,"强'魂'、健'体'、巧'用'"也是应有的理论自觉。如此既有问题的呈现路径,也有理性的愿景指引,"综合"才能最大限度地呈现自身的理论空间。"综合"基础上的"创新"主要表现为中国马克思主义原创性的话语自觉建构、中国马克思主义批判精神的独创性实践,以此打破中国马克思主义的实践话语强势与学术话语弱势的不对等局面,对中国传统文化中的优良成分的创造性转化,使之具有鲜明的新时代属性和开放属性;对中国传统文化中的"伪善"结构要进行创制性的批判,对恶性事件要通过刚性的法治建设弥补道德的虚空之处;对"西学"之积极成分实现创新性地发展,从"照着走"变为"自己走";对

"西学"之流弊的"恶之花"本土化,要创建性地解决,在共性问题的痛点上生长出新形态的实践智慧。唯有此,人们才能实现习近平总书记所指出的"融通各种资源,不断推进知识创新、理论创新、方法创新",这也是"马魂、中体、西用"这一学术范式最大的实践价值。

文化"综合创新"论与"第二个结合"

张允熠①

中国在北宋时期(11世纪)出现了著名哲学家程颢、程颐二兄弟,他们是宋明理学实际上的开创者(周敦颐发其端,朱熹殿其后),对中国哲学的发展作出了重大贡献,在"北宋五子"中地位显赫。英国人葛瑞汉(Angus Charles Graham,1919—1991)曾写过一本书,名为《中国的两位哲学家——二程兄弟的新儒学》,任继愈先生为中译本作序。至20世纪,中国又出了一对兄弟哲学家,即张申府与张岱年二先生,他们的理论贡献和学术地位,是否可与二程作一比较呢?对此,方克立先生指出:这是一个可以尝试的思路。程颢、程颐生活的时代与张申府和张岱年生活的时代有相似之处,都是中国文化的大转折时期。二程吸收了佛道思想资源并与中国传统儒学相结合,实现了中国哲学发展史上第一次综合创新,创造了体现"三教合一"的新儒学。方先生认为,二张生活的时代,儒释道三教已成颓势,且正在被"马中西"三种文化取代。这三种文化系统即马克思主义、保守主义和自由主义,三大文化思潮既对立互动,又碰撞磨合和相互借鉴,其间经过若干回合论战,正当大家都被三大思潮彼此

---

① 作者简介:张允熠,上海师范大学马克思主义学院教授。
　　本文发表于《马克思主义理论教学与研究》2024年第2期。

间的对立所困扰以为"道不同不相为谋"时,"二张先生却看到了将三者之精华'综合于一'的可能性,在上个世纪 30 年代就提出了'马中西''三流合一'的思想,到 80 年代更形成为系统的'综合创新'文化观"①。方克立先生晚年又在这一基础上提出了"马魂中体西用"论,将"综合创新"论推向了一个新阶段。不难发现,从"文化的综合创新"到"马魂中体西用",其中所蕴含着的文化观贯穿着一条首尾贯之的伏线,这条伏线实际就是思想主线,非常值得我们认真开显和细致梳理。

一、"综合创新"论的思想渊源

自中西文化邂逅之日至今,我们可以把这一漫长的历史阶段大致框定在 1600 至 2000 年约四百年的时期,中国文化在日益陷入的危机中风雨飘摇。中国文化向何处去? 这一问题伴随着西方资本主义列强的入侵终致中国传统社会开始解体,成为一个跨朝代、跨时代的重大课题。鉴于此种历史文化背景,"综合创新"文化观的萌芽非起于一时之间,其源于一部分先进的中国知识分子在中华传统文化的跌落期出于对民族文化兴亡存续的忧患意识,认为只有通过吸收西方文化才能涅槃重生。他们自觉或不自觉地意识到并且用不同方式和语言来表达这一志向——必须上下努力求索,寄希望于民族固有文化的返本开新。

需要指出的是,二张与毛泽东是同时代人,他们的"三流合一"与"综合创新"的思想同毛泽东的中西文化观基本一致。毛泽东曾提出中国文化应该"创造中国独特的新东西",②这个新东西如何创造而来? 只有从中西文化的相互结合或综合中通过创新而来。

其实"综合创新"的思想萌芽可上溯至明末清初中国文化与西欧文化的初次碰撞与交汇之际。例如,明代徐光启在与西方来华耶稣会士的接触中,最早提出"欲求超胜,必须会通,会通之前,必须翻译……参详考

---

①《方克立论著集》第四卷,中国社会科学出版社 2023 年版,第 291 页。
②《毛泽东文集》第七卷,人民出版社 1999 年版,第 82 页。

定,鎔彼方之材质,入大统之型模"①。"彼方之材质",即"西方之材质",简称"西材";"大统之型模"即指"中国之体制",简称"中模",合之谓"中模西材"。应该说,徐光启的"中模西材"就是"中体西用"论的滥觞或原版,徐光启实为"中体西用"论的开山鼻祖。但必须指出,徐光启"中模西材"论终究不是为了"会通"西方,而是为了"超胜"西方。"会通"是路径和手段,"超胜"才是方向和目的。在中西文化相遇之初就参透了这一点,是文化自信的表现,难能可贵。

从"中模西材"到"中本西术",再到"中本西末"和"中体西用",这是一个逐渐由形下到形上的抽象过程,虽然语词略异,其实一也。"中体西用"论不可避免地引发了关于中西文化的"体用之辩",如严复就批评道:"有牛之体,则有负重之用;有马之体,则有致远之用。未闻以牛为体,以马为用者……故中学有中学之体用,西学有西学之体用,分之则并立,合之则两亡。"②梁启超则诅咒张之洞的《劝学篇》一书"不特无益于时,而且大累于世","不十年将化为灰烬,为尘埃。其灰其尘,偶因风扬起,闻者犹将掩鼻而过之"③;何启、胡礼垣斥责《劝学篇》之危害乃"保一官而亡一国","倾天下以顾一家"④。直至辛亥革命后,鲁迅仍然针砭"中体西用"论的实质是"学了外国本领,保存中国旧习。本领要新,思想要旧。要新本领旧思想的新人物,驮了旧本领旧思想的旧人物,请他发挥多年经验的老本领。一言以蔽之:前几年谓之'中学为体,西学为用',这几年谓之'因时制宜,折衷至当'"⑤。尽管"中体西用"论受到改良派与革命派以及进步人士的鞭挞,然而在如何调适中西文化之间的碰撞与冲突不致偏于一执的实用方略和形上命题中,再也没有比这更恰当的范式了。

---

① 《徐光启集》,王重民辑校,上海古籍出版社 1984 年版,第 374—375 页。

② 严复:《与外交报主人书》,载王宪明编《严复学术文化随笔》,中国青年出版社 1999 年版,第 125 页。

③ 张之洞:《〈劝学篇〉前序》,中州古籍出版社 1997 年版,第 38 页。

④ 何启、胡礼垣:《〈劝学篇〉书后》,载张岱年主编《新政真诠——何启、胡礼垣集》,郑大华点校,辽宁人民出版社 1994 年版,第 336 页。

⑤ 鲁迅:《热风·随感录四十八》,载《鲁迅全集》第一卷,人民文学出版社 2005 年版,第 352 页。

百年历史表明,"中体西用"论并没有像梁启超所说的那样化为灰烬、尘埃,也没有臭不可闻,让人"掩鼻而过"。相反,中西文化体用之争尚有方兴未艾之势,至今,我们仍要"明体达用"。"明体达用"也就是"守正创新"——"正"就是"体","创新"就是"达用"。可见,"体""用"范畴作为中国哲学最核心的范畴和古老的智慧,是一对无法取代的说理工具,是不可能弃之不用的,只是因时因地变通使用而已。"中体西用"论既可兼容中西文化功能,又可适应中国国情,且能发挥分殊中外、定位本分、取舍利弊的实际作用。所谓"旧学为体,新学为用"——当"中学"居于绝对主流和正统的至尊地位的前提下,给"西学"或"新学"留有一容身之地和发展空间,这在客观上有利于破解文化守旧派所固守的"中学"堤防,进而也能补"中学"之所缺,不失为一种保教富强之术。

跟"中西体用"之辩相伴而起的还有"中西源流"之辩、"中西优劣"之辩,等等。"中西源流"之辩也起源于中、西学初次相识的明清之际。一般而言,西方传教士从西方中心论的角度出发持"中学西源"说,而持"西学中源"说的人基本上都是中国开明的士大夫和儒士,他们往往都热心西学,对"西学"在中国的传播持开放态度,皆主张会通中西。因此,"西学中源"说与"中体西用"论同是"综合创新"论的思想先驱,因其实质在于"会通"中西最后"超胜"原点的中西。如果我们梳理一下四百多年来,从徐光启提出"会通中西"始,直至五四运动时期,中西会通与融合的主张汇成了一条延绵不断的思想溪流。继徐光启之后,王锡阐试图寻找"贯通中西之术",以便"取其精华,去其糟粕"[1];梅文鼎主张中西学"法有可采何论东西,理所当明何分新旧""毋拘名相,而取其精粹"[2];阮元则主张"融会中西,归于一是"[3];蔡元培主张"所得于外国之思想、言论、学术,

---

[1] 阮元:《薛凤祚》,载《畴人传》卷三十六,商务印书馆 1935 年版,第 449—450 页。
[2] 李光地:《榕村语录·理气》,陈祖武点校,中华书局 1995 年版。
[3] 阮元:《畴人传·凡例》,商务印书馆 1935 年版,第 4 页。

吸收而消化之,尽为'我'之一部"①;等等。至于"中西优劣"之辩,即中国文化与西方文化孰优孰劣的问题,也是一个自中西文化邂逅之日至今争执不下的老问题。五四运动时期李大钊、陈独秀、胡适等人与梁漱溟、杜亚泉、梁启超等人的辩论中初显端倪,而"全盘西化"论与"复兴儒学"论则是这一争辩中的两个极端。可以说,"中西体用之辩""中西源流之辩""中西优劣之辩"看似三个问题,实则一个问题,那就是在中西文化互动与融会中孰体孰用,即如何给二者定位进而调适二者的关系。

本来,具有数千年文明史的中华民族一直以文化优越感而傲视四夷,以"夷夏之辩"分割文野,正如梁启超所说,原来中国几千年所接触者——除印度文化外,自认为华夏民族才是文明的衣冠民族,其余的都是野蛮的夷狄之邦,因此觉得文化为中国所独有。但自从结识以基督教文明为标志的西方文明之后,我们才意识到在地球的另一方,还有一群具有高度文明的人类的存在。② 于是,始有徐光启首阐"中模西材"论,继有冯桂芬提出"中本西术"论,再有郑观应主张"中本西末"论,又有沈毓桂等人倡导"中体西用"论,终有毛泽东提出"古今中外法",凡此种种,都为 20 世纪的"综合创新"论铺垫了前道,提供了思想资料。在长达四百年的中西文化碰撞与交往中,以儒学为标志的中国传统主流文化面临着重大转型,而文化和意识形态的转型正是社会转型的前导。这一转型预示着古老的中华传统文化的浴火重生,标志着封闭半封闭的中国社会正处于融入开放的近代文明的前夜。

四百年来,中国人在如何解决西方文化日益强势入侵而中国文化日趋衰落的危机,始终走不出"体""用"思维的二元困境。五四运动之后又形成了"马中西"三分天下的思想文化格局,无论是"中体西用"还是"西体中用",都不足以阐释这三学鼎立的情势。虽然从广义上说马克思主义也是从西方输入的,但实情是如今居于中国主流意识形态地位的马克

---

① 蔡元培:《在清华学校高等科演说词》,载《蔡元培全集》第三卷,浙江教育出版社 1997 年版,第 50 页。
② 梁启超:《梁启超论清学史两种》,朱维铮校注,复旦大学出版社 1985 年版,第 120 页。

思主义是中国化了的马克思主义,或称"中国马克思主义"。马克思主义由于吸收了全人类的文化精华而创生,不应框定在西学范围内,同理,"中国马克思主义"也不能只框定在"中学"范围内。马克思主义毕竟是当代中国意识形态的主流,如何调适马克思主义与固有民族文化(中学)和西方文化(西学)之间的关系,就成为一个十分棘手的现实和逻辑上的悖论。在这种情况下,哲学和理论界期待着对"综合创新"论作更深入的阐释,以使其向更具有可操作性、可实施性的方略与政策转化。也就是说,如何化学为识、转识成智,这成为在马克思主义哲学中国化视域下,众所关注的焦点。

二、二张先生的学术贡献

最初设想不再用"体用"范畴而把"马中西"三派思想结合起来且又能使中国文化实现创造性转化和创新性发展的哲学家是二张先生,二张先生是"综合创新"学说暨学派的实际开创者。张申府(张崧年)先生于1932 年就提出了"马中西"三派哲学"三流合一"的见解,如说:"百提,伊里奇(我本曾译伊里赤),仲尼,三流合一。"①这里的"百提"即罗素,代表着当时西方哲学的最高水平;"伊里奇"即列宁,代表马克思主义哲学的最新形态;"仲尼"即孔子,代表着古老的中华民族哲学。这样,"马中西"三派哲学相结合而汇成新的主流文化思想就被提了出来。张申府的思想影响了比他小 16 岁的弟弟张岱年,1933 年 4 月 27 日张岱年撰写了《关于新唯物论》一文发表在《大公报》上,重申了张申府"三流合一"的观点,并认为中国将来之新哲学构成,必以"逻辑解析方法与列宁之唯物辩证法"和"儒家哲学"为主,形成"解析的、数量的、辩证的、大客观的"哲学。这是张岱年对张申府"三流合一"观点的坚决认同和坚定支持的明证,并在此后的哲学生涯中,继续对这种原为简述的哲学命题进行阐发进而发展为其晚年的"综合创新"论,这是二张在现代中国哲学思想上的

---

① 张申府:《编余》,载《大公报·世界思潮》,1932 年 10 月 22 日。

共同贡献。二张兄弟在同一家报纸上先后就同一文化主张表态和发声，也是现代中国哲学和思想文化发展史上的一段佳话。

1941 至 1942 年，张申府重申"合孔子、罗素、列宁而一之的新体系定是新世界中的新中国的新指标、新象征"的主张，并进一步对"三流合一"作了阐释。他指出："我始终相信，孔子、列宁、罗素是可合而为一之的。我也始终希望，合孔子、列宁、罗素而一之。如此不但可得新中国哲学，如此而且可得新世界学统。"①张申府认为孔子代表着中国古代哲学中一种"最好的传统"；罗素是当代西方哲学的"最好的传统"；作为马克思主义者的列宁，是辩证唯物主义的"最好的传统"。这三种"最好的传统"结合为一，当然也只能是最好的了。张申府对罗素十分看重，因为他认为逻辑与科学标志着当时西方思维最进步的成就，尤其是数理逻辑和逻辑解析，是最新的科学哲学和科学方法。列宁的唯物辩证法与辩证唯物论则表示以往把全世界人类思想发展史上"最优良"的成分集为一体，形成最一般的方法，这种最一般的方法即意味着世界上任何"一个角落"的人都能用它来实践最高的人生理想，因而，它是一种社会科学。正是"马中西"三者之间相互结合和"相补相充"，可以"综核"，可以"解析"；"解析"即分析，"综核"即综合②。

这里，张申府把他的"三流合一"的思想表述得比之前更加清晰了。这再一次确证了"三流合一"即"马中西"三者的"合而为一""发展为一"是其长期思考的既定主张。在三派形同势敌、论战和争吵不休的那个年代，尤其在刚经历五四运动狂飙席卷的思想界，张申府提出"仁、忠、恕、义、礼、智、信、敬、廉、耻、勇、温、让、俭、中以达的理想"，足见其勇敢和率直，颇有古儒"匹夫不可夺志"的气概。张申府说"马中西"三者"无敌对冲突"，似乎也有抹杀马克思主义哲学的党性原则之嫌。但其言重点在于三者之间"正待相补相充"一句。既然是"相补相充"，那就说明三者本

---

① 《张申府文集》第二卷，河北人民出版社 2005 年版，第 434 页。
② 《张申府文集》第三卷，河北人民出版社 2005 年版，第 396 页。

有差异之处,"差异"就是矛盾,有矛盾就有冲突。然而这种"冲突"并非不可互动共存的"敌对冲突",乃是经过"扬扔"(扬弃,即辩证的否定)之后可"合"的对立的双方,无论从事实和逻辑上,都完全可以"综核,发展为一"。因此,他的本意并非无主次的"混合";再者,"列宁代表世界新的方在开始的传统"——"新统"总是要取代"旧统"的,以马克思主义哲学为"新统"、主流,这种思想已经潜含在张申府的表述中了。"列宁表示集过去世界传统最优良成分大成的一般方法,即唯物辩证法与辩证唯物论,以及从一个实落角落来实践最高的人生理想的社会科学"①,这是最关键的核心句,能够反映其所要表达的深意,而且早在十多年前,张申府就已指出:"在理想上,将来的世界哲学应是一种解析的辩证唯物论。"②

1936年,27岁的张岱年提出了"综合创新"的最初设想。他说:"今后哲学之一个新路,当是将唯物、理想、解析,综合于一。"③根据张岱年的看法,所谓"综合"不是"杂绊",也不是"混合",凡综合都必须有一个重要的轴心起骨干作用。如康德就综合了欧洲大陆唯理论哲学和英国经验主义哲学,康德以欧陆的唯理论为倚重,其实是一种唯心论综合;张岱年所说的综合实际上是一种有机的相互结合,他所倚重的骨干或基本理论就是马克思主义的辩证唯物论,是一种唯物论综合。这种综合,实际上乃是以唯物论为基础而吸收作为"理想"的儒家哲学与"解析"的西方哲学,"以建立一种广大深微的唯物论"。他明确指出,这一思想来源于马克思主义的创始人,是马克思和恩格斯指出了新唯物论发展的必由途径。张岱年进一步指出:"唯物与理想之综合,可以说实开始于马克思、恩格斯的新唯物论。人们都知道新唯物论是综合唯物论与对理法而成的,而因其容纳了对理法,以对理为方法来处理问题。乃自然综合了理想……所以如谓今所说唯物、理想、解析之综合,乃发端于新唯物论的创造者,亦不为过。唯物、理想、解析之综合,实乃新唯物论发展之必然的

---

① 《张申府文集》第二卷,河北人民出版社2005年版,第434页。
② 《张申府文集》第二卷,河北人民出版社2005年版,第186页。
③ 《张岱年全集》第一卷,河北人民出版社1996年版,第262页。

途径。"①"新唯物论"即"新唯物主义",这是马克思对自己哲学的称谓;②
"对理法"指马克思的唯物辩证法。马克思主义哲学就是以唯物论为本
体论吸收了"对理法",它是既唯物又辩证的,因此马克思主义哲学是要
变革自然和社会环境,体现了其分析性;同时又要注重人的力量,容纳人
的理想,体现了其综合性。既分析又综合,这就契合了唯物、理想、解析
三者可以有机结合的思想,潜含着马哲、中哲、西哲"三流合一",也可以
称为"三学合一"的向度。

对于二张先生提出的"三流合一"("三学合一")的见解,在一些正统
马克思主义哲学家看来,"解析的辩证唯物论"哲学并不是正宗的和纯粹
的马克思主义,二张的哲学只不过是一种书斋里的哲学,无益于中国的
民主革命。正统派哲学家们看不上二张的哲学,就对这种哲学采取排斥
态度,公开批判它是"唯心主义的翻版"。在这些正统派哲学家看来,"马
中西""三流合一"的观点把罗素的逻辑分析方法与马克思主义哲学进行
"合一",这岂不是在马克思主义哲学和唯心主义哲学之间搞折中调和?
甚至是在向唯心主义妥协? 其实,批评者们有所不知,罗素早年受新黑
格尔主义影响,一度是唯心主义者。但他自创立分析哲学体系后,便在
本体论上趋向新实在论,是当时西方思想界著名的无神论者,晚年专门
批判唯心论。因此,说罗素就是一位唯心主义者,那是不通的。如果我
们立足于历史发展的长卷和为中国文化的前途着想,二张的见解是一种
具有远见的哲学睿识。最重要的,他是站在马克思主义哲学的立场上,
公开以"倚重"马克思主义而提出其构建中国新主流文化的主张和见解。

张岱年先生在哲学立场上虽受其兄的影响,但因其学术背景不尽全
同,故在程度上也略有差异。张申府在北大读书时曾先在哲学系,后转
数学系,有着哲学与数学两个学科背景。因此,他在哲学上既倚重马克
思的辩证唯物论,又倚重罗素的数理逻辑。进一步来说,他在哲学本体

---

① 《张岱年全集》第一卷,河北人民出版社 1996 年版,第 262 页。
② 《马克思恩格斯全集》第三卷,人民出版社 1963 年版,第 5 页。

论上持马克思主义哲学立场,而在方法论上更推崇罗素的数理逻辑学,如他所说"数量的、大客观的",以及提出"互补互充",等等,可见他对罗素定量化、符号化、数理公式化的"科学性"比较赞赏。而张岱年先生是专攻哲学的,他对罗素的了解主要受其兄的影响,对罗素的研究也主要偏重于罗素的分析哲学,而对其数学和逻辑也未必深究,而他更大的兴趣在于钻研马克思主义"新唯物论"。这不是说二张在马克思主义哲学立场上有什么不同,而是说在对罗素学说的用功和了解程度上,张岱年可能要逊于张申府。据张岱年先生回忆,他在年轻时就阅读过恩格斯的《费尔巴哈论》《反杜林论》和列宁《唯物论与经验批判论》的中译本,他说,这些书"虽然译笔不甚明畅,但能窥见大意"。"我对辩证唯物论(包括历史唯物论)的基本观点心悦诚服。我把辩证唯物论与现代西方的新实在论、实用主义、生命哲学、突创进化论、新黑格尔主义以及超人哲学等,作了比较,认为还是辩证唯物论既博大精深又切合实际,实为最有价值的哲学。20 世纪 30 年代,有人宣扬唯物辩证法,而反对形式逻辑;也有人依据形式逻辑来攻击辩证法。当时吾兄申府既宣扬唯物辩证法,又重视形式逻辑,认为二者都是重要的,彼此并无矛盾。申府主张将唯物辩证法与罗素的逻辑分析方法结合起来,并多次宣扬'列宁、罗素与孔子三流合一',也就是说,要将孔子的'仁'与列宁的唯物辩证法和罗素的分析方法三者结合起来。(惜乎有志未成,没有写出系统的著作。)我当时大致也持和他相同的观点。"[①]1935 年 1 月轰动一时的"十教授一十宣言"发表后不久,张岱年就回应了一篇《关于中国本位的文化建设》的长文,首先提出了"创造的综合"论。"创造性转化"的思想滥觞应该追溯至张岱年先生这里。

1987 年初的"文化热"中,张岱年先生指出,中国建设社会主义的新文化,"一定要继承和发扬自己的优良文化传统,同时汲取西方在文化上的先进贡献,逐步形成一个新的文化体系。这个新的文化体系,是在马

---

① 《张岱年学述》,林大雄整理,浙江人民出版社 1999 年版,第 22 页。

克思列宁主义原则的指导下,以社会主义的价值观来综合中西文化之所长而创新中国文化。它既是传统文化的继续,又高于已有的文化。这就是中国的、社会主义的新文化"。① 他强调指出:"创新决不是传统文化的'断裂',而是优良传统的继续和发展。综合中西之所长,融会中西优秀文化为一体,这才是真正的创新。"②社会主义新文化中有三个组成部分——中、西、马,三者中以"马克思列宁主义为指导"的提法,不仅延续了张申府提出的"三流合一"的思路脉络,而且明确了马克思主义哲学的主导和主流地位,从而避免了有人把"三流合一"歪曲为"调和""混合"的折中主义。张岱年的"综合创新"论在他与程宜山合著的《中国文化与文化论争》一书中有着系统的表述。

如果说北宋"二程"的哲学贡献以程颐作其总结,那么,二张的哲学贡献可以说以张岱年作其总结。这种历史的机缘巧合令人称奇!

三、从"综合创新"论到"马魂中体西用"论

"综合"绝非不分主次的"混合","创新"也不是无所凭依的标新立异。方克立先生继张岱年先生的"综合创新"论之后,先是提出了"古为今用,洋为中用,批判继承,综合创新"四句话即"十六字诀"来丰富"综合创新"论的内容。然而这一概括也有缺陷,它只是回答了古今中西问题,而没有对十月革命和五四运动后中国文化论争的中心主题——中、西、马的关系问题给予回答。因此进入 21 世纪后,他又作出了"马学为魂,中学为体,西学为用,三流合一,综合创新"的新概括,或称为"新二十字诀"。

方先生这一新概括经历了一个苦心孤诣的揣摩、推敲过程。他指出:"中国马克思主义派怎样实现文化上的综合创新呢? 在我看来,其最本质的特征就是要按照'兼赅众异而得其平衡'的'兼和'的思路,把作为

---

① 《张岱年文集》第六卷,河北人民出版社 1996 年版,第 253—254 页。
② 《张岱年文集》第六卷,河北人民出版社 1996 年版,第 254 页。

文化资源的中、西、马三'学'科学合理地整合起来,实质上是把马克思主义的指导思想地位、中国文化的主体地位和西方文化(外来文化)的'他山之石'地位三者有机结合起来,辩证统一起来,'坐集千古之智',创造具有博大气象又有中国特色的社会主义新文化。我认为这种'马魂中体西用'三学合一、综合创新的观点,是符合张岱年'文化综合创新论'之精神实质的,也是符合李大钊'第三新文明'论和毛泽东'古今中外法'之精神实质的。"①这一文化心路随着"马魂中体西用"论的形成和日臻完善,明确了文化的"体"与"用"之间的辩证关系。所谓"三学合一",乃是"马魂中体西用"的"合一","马魂中体西用"在"综合创新"的基础上,兼收一切合理的因素,使中国文化有了一种各家各派既能接受又能体现出马克思主义指导地位和时代精神的文化特质。假若不坚持"马魂、中体、西用",要么是偏离中国特色社会主义道路的"僵化"的教条主义之路,要么是"西化""儒化"之路,显然不符合中国特色社会主义的基本国情。所以,"马魂中体西用"最重要的表征就是三个坚持:坚持以马克思主义为指导,坚持民族文化的主体性,坚持吸收世界各民族文化作为营养。

方先生认为,"马魂中体西用"应成为当代中国哲学社会科学的主导学术范式。在他看来,学术范式是一个特定学术共同体所有成员都共同认可和遵守的信念、价值、方法、话语表达等规范的体现,它是长期共同探索、磨合而形成的。具有不同学术立场、价值取向、研究方法和态度的学术群体,往往会有不同的学术范式,它们之间的分歧和对立,深刻地反映着那个时代思想界的复杂情况。在新的历史条件下,马克思主义一方面是国家的主流意识形态,它是国家之魂脉;另一方面,作为学术领域中的马克思主义学科自身和其他人文社会科学中的马克思主义学派,他们在各个学科中的作用和境遇,都应该建立一种规范机制来处理与自由主义和文化保守主义之间的关系。同时,仍然要促进"马学""中学""西学"三者之间的良性互动,使其能够继续有机融合以不断丰富中国新文化的

---

① 《方克立论著集》第四卷,中国社会科学出版社 2023 年版,第 544 页。

机体。相对于"全盘西化""复兴儒学",以及"中体西用"与"西体中用"范式,"马魂中体西用"的范式无疑具有其他范式所不具备的优越性。

"马魂中体西用"论提出之后,在学界产生了广泛深远的影响,除基本上持正面肯定、赞同、支持的态度之外,也不免有一些批评和质疑的声音。仅就批评、质疑的观点来讲,主要集中如下两个方面:一是对"马学为魂"的质疑,甚至是激烈的批评;二是对"体用"思维模式的批评,认为它沿袭了传统的思维模式,呼吁应该终结"体用之辩"。还有人认为,"马魂中体西用"论用"魂、体、用"三元模式取代"体、用"二元模式是"叠床架屋",是"杂凑式的拼盘",甚至是"精神分裂"。对此,方先生给予了回应。① 他指出,"马魂中体西用"与旧式的"中学为体西学为用"有着本质区别,这是两种意义上的"用"。"西学为用"是在当代中国文化的综合创新中对"西学"的定位,并不是说"马魂"与"中体"就没有各自的"用"了。"马魂"之"用"就在于发挥其指导思想的作用,"中体"之"用"在于它具备的"生命主体、创造主体和接受主体"之"用",而"西学"之"用"在于它是"应事方术"或"他山之石"。

"马魂中体西用"论是运用中国哲学中所固有的范畴综合各家各派之说,对近代以来各种关于"中西体用"之辩的借鉴、总结和批判,方先生只不过使"马魂、中体、西用"的文化结构功能论在近代流行的"中西体用"的文化观中重新开辟了一个新的视角,旨在为"综合创新"论赋注更丰富的内涵。"马魂中体西用"论把中国共产党的文化方针包括毛泽东历来对中西文化发表的一些见解、提出的一些主张同张岱年先生的"综合创新"论结合起来开显出新的意境;"马魂中体西用"论与"综合创新"论有着共同的价值追求,那就是继承优秀文化传统、兼和中西文化之优长,创造出"中国特色社会主义新文化"。如果说,"三流合一""综合创新"是综合命题,"马魂中体西用"则是分析命题,而对"创新"来说,分析与综合都是必要的。

---

①《方克立论著集》第四卷,中国社会科学出版社 2023 年版,第 562 页。

四、"第二个结合"——"综合创新"的思想主线

方克立先生是继张岱年先生之后全力倡导"文化综合创新"论的领头人,他提出的"马魂中体西用"论既是对"文化综合创新"论的充实,也是对"综合创新"论的发展。正像张先生的"综合创新"的文化观有长达半个世纪的运思过程一样,方先生晚年的文化观也不是偶然出现的,而是在长达数十年哲学研究和教学工作中转智成识的见解。有一条思想红线贯穿于方克立先生甚至包括张岱年先生学术生涯的始终,那就是马克思主义基本原理应同中华优秀传统文化相结合。

首先,方先生认为,外来文化要在中国文化土壤中发挥作用,必须实现中国化,无论西方哲学还是马克思主义哲学,都脱不开这一规律。所谓马克思主义中国化,其实质就是"两个结合"。"文化大革命"结束时,方先生正值不惑之年。他与同仁们共同掀起了"中国哲学范畴"的研究热潮,并率先对"知行"范畴进行深入系统的研究,撰写《中国哲学史的知行观》。他在这本书中认为,研究中国哲学史和中国哲学范畴史,毛泽东的《实践论》《矛盾论》(简称"两论")应为典范,因为"两论"是接着中国传统哲学中的知行问题和阴阳矛盾学说讲的。毛泽东通过这两部著作系统地总结了中国革命的实践经验,指出了一条马克思主义普遍原理与中国革命具体实际相结合的道路,同时,毛泽东的"知行观"则体现了把中国哲学同马克思主义哲学基本原理相结合的精神,"马克思主义与中国传统哲学相结合,对其进行批判改造,创造性转换的过程中,至今还是以毛泽东的《实践论》和《矛盾论》做得最成功、最出色"①。他认为中国传统文化的"创造性转换"离不开马克思主义的"批判改造",马克思主义只有同中国具体实际相结合、同中国优秀的传统思想文化相结合,才能成为中国的马克思主义。早在1984年,他就明确说道:"马克思主义中国化包括与中国革命的具体实际相结合以及与中国传统思想文化的优秀成

①《方克立论著集》第三卷,中国社会科学出版社2023年版,第331页。

果相结合。在中国发展起来的马克思主义哲学也确有一个采取适当的民族形式，为人民群众所喜闻乐见的问题。"①这是目前我们所能看到的"文革"结束后学界把马克思主义中国化概括为"两个结合"比较早的出处。

1986年，方先生承担了国家社会科学规划重点项目"现代新儒学研究"，这一研究项目的基本依据是他于"文化热"中提出的"中国马克思主义派、自由主义的西化派和以现代新儒家为主要代表的文化保守主义派"三派文化思潮互动的理论。方先生指出，必须用马克思主义立场、观点、方法对待和研究现代新儒学，要充分肯定现代新儒家在传统哲学现代化和西方哲学中国化方面所作的探索和贡献，他们在把西方哲学中国化即把西方哲学与中国传统哲学相结合中超越了传统，但又不离传统。受此启发，方先生提出："马克思主义哲学也有一个中国化的问题，它要和中国革命与建设的具体实践相结合，也要和中国哲学优良传统相结合，在内容和形式上都成为真正是中国化的马克思主义。"②他进而指出，这"两个结合"是马克思主义中国化的必由之路，"马克思主义哲学作为一种外来的思想学说它要在中国传播、发展并扎下根来，必须与中国革命和建设的具体实际相结合，与中国固有的思想文化包括中国哲学的优良传统相结合。这两个'结合'是马克思主义哲学中国化的必然途径"③。尤其"第二个结合"即马克思主义与中国文化优良传统的结合，是对外来文化中国化的规律性的认识，也是对中国共产党人的历史经验的总结，他说："马克思主义对于中国文化的优良传统，不但不是敌视和对立的，而且力求和它相结合，否则它就不能在中国生根。我们从李大钊、瞿秋白、毛泽东、周恩来、刘少奇、邓小平这些中国的马克思主义者身上都可以看到将马克思主义和中国传统相结合的努力。"④

---

① 《方克立论著集》第二卷，中国社会科学出版社2023年版，第160页。
② 《方克立论著集》第三卷，中国社会科学出版社2023年版，第26页。
③ 《方克立论著集》第四卷，中国社会科学出版社2023年版，第143页。
④ 《方克立论著集》第三卷，中国社会科学出版社2023年版，第39页。

其次,方先生认为"综合创新"论的思想核心是"第二个结合"。他指出,张岱年先生早年就信仰马克思主义的辩证唯物论,他和其兄张申府于20世纪30年代提出"三流合一""综合于一"的新哲学,主张要在中国发展新唯物论哲学,就必须与中国固有的唯物论和辩证法思想传统相结合。在80年代"文化热"中,张先生在明确提出"文化综合创新"论的同时,强调其"文化的综合创新的核心是马克思主义与中国文化的优秀传统的结合"①,方先生高度评价张先生这一文化主张。他指出,张岱年先生是一个缺少革命实践经验的知识分子,但却是一个中国哲学方面的专家,他有一种将马克思主义哲学中国化的热烈愿望和明确的自觉意识,"因此他的探索就主要是在马克思主义哲学与中国哲学优秀传统相结合方面"②。"张岱年先生是20世纪中国好学深思、最有远见的哲学家之一。他在青年时代就确信辩证唯物论是'当代最伟大的哲学',始终牢牢把握这一时代精神的精华和先进文化的前进方向,把它与民族精神的精华和中国文化的优良传统有机地结合起来,在哲学研究、文化研究、国学研究(特别是其中的中国哲学研究)等方面作出了一系列开创性的贡献,有力地推动了当代中国哲学和文化的发展。"③

由于张岱年、方克立二位先生在文化观上有着高度默契和共识,方先生不仅与张先生合作主编了《中国文化概论》,而且更全面地阐述"综合创新"论的内在思想。方先生晚年一再强调他的"马魂中体西用"论不过是把它与二张(申府、岱年)先生的"三流合一""综合创新"思想结合起来,形成为一种比较完整的当代中国马克思主义文化理论。本着这一心路,他写道:"当代中国新文化建设要以马克思主义为指导,又要挺立民族文化的主体性,怎样把二者有机地结合起来,我很赞成张岱年先生的思路,就是把它们放到'马魂、中体、西用'三流合一的模式中去,以社会主义价值观来综合中西文化之所长而创新中国文化。马克思主义与中

① 《张岱年全集》第八卷,河北人民出版社1996年版,第526页。
② 《方克立论著集》第四卷,中国社会科学出版社2023年版,第149页。
③ 《方克立论著集》第四卷,中国社会科学出版社2023年版,第242页。

国文化优秀传统相结合应是中国文化发展的主要方向。"①

人们通常引用严复对"中西体用"文化之辩的批判,认为"体用"范畴不合形式逻辑。但方先生阐发"马魂中体西用"论的目的并不是解决命题的形式结构问题,而是要解决现实中文化论争的主体性建构问题,这一问题在内容上的复杂性不是形式逻辑所能套用的。正像清末以来流行的"中体西用"论不因逻辑问题而广为流传了一百多年一样,"马魂中体西用"论也不失为当下和未来处理"马中西"三派文化关系的正确方略②。"马魂中体西用"论与"综合创新"论都贯穿着马克思主义基本原理同中华优秀传统文化相结合即"第二个结合"的思想主题,都旨在寻求中国新型主流文化新主体的生成。在方先生看来,只有"魂""体""用"三者齐备,才是一个完整的有机生命体。"马魂中体西用"论超越了传统二元结合的"体用之辩",这不仅是对张岱年先生"综合创新"文化观的一种补充和深化,而且是对中国传统哲学范畴的一次创新性运用。

值得关注的是,方先生一再用"第二个结合"以明志,强调"第二个结合"是其"终生职志"。方先生多次提到他之所以服膺张岱年先生的文化主张,乃是因为"综合创新"论的思想内核和主要方向就在于把马克思主义原理同中华优秀传统文化相结合。基于同种原因,他也敬佩冯契先生。如说:"我比较重视张、冯二位。二位都是真诚的马克思主义者,都精通中国哲学,都力图将二者结合起来创造中国化马克思主义哲学体系,是值得尊敬的先行者。"③"冯契先生的智慧学说,将马克思主义哲学和中国传统哲学相结合,力图解决知识如何发展成为智慧,如何实现真、善、美统一的理想,如何实现人的本质力量全面发展的问题,也就是说,力图克服科学与人生、知识与智慧的脱节,克服科学主义和人文主义的

① 《方克立论著集》第七卷,中国社会科学出版社 2023 年版,第 508 页。
② 参见张允熠《四百年中国思想文化之大变局——中国化视域下"中西马"哲学的互动与融通》,商务印书馆 2021 年版,第 656 页。
③ 《方克立论著集》第七卷,中国社会科学出版社 2023 年版,第 393 页。

矛盾。"①他从张、冯二位前辈那里接受和传承了"马克思主义哲学与中国传统哲学相结合"的真精神,这种精神汇成了中国哲学史界马克思主义学派的优良传统,方先生晚年致力于把这一传统向纵深推进。方先生曾公开表明:"我在青年时代就受了马克思主义哲学世界观和方法论的教育,深为服膺,以后从事的又是中国哲学和文化方面的教学研究工作,可以说,如何把马克思主义的革命和科学精神与中国哲学和文化精神相结合是我的终生职志。"②他在一封书信中再次表明:"我提出'马魂、中体、西用'论,在有关论著中阐述自己对中国哲学和文化的看法……对马克思主义与中国传统文化(包括儒学)关系的看法,表达'以马克思主义与中华文化精华相结合为终身职志……可以说都是非常自觉地'为党和人民述学立论',我一辈子辛苦工作意义尽在于此,我受人攻击不满也由于此。"这是他发肺腑的自我明志之言。③

"为党和人民述学立论"——这句话充分体现了一位马克思主义学者的生命和学术追求。我们完全可以说:以二张先生、冯契先生、方克立先生等学者为代表的思想文化学派,主张把马克思主义基本原理与中华优秀传统文化相结合为其"终生职志",这一学术流派完全可以称得上是我国学界的"综合创新派"或"第二个结合派",这即是当代思想文化领域尤其中国哲学研究领域中的马克思主义学派。

方克立先生不仅把"第二个结合"作为自己生命的追求、学术的鹄的,而且希望他的学生们能够赓续优良传统,不离思想主线。方先生曾说:"我把自己主要定位为一名教师。"④他从教六十年,教导学生须"德业双馨,学行并进",始终把马克思主义与中国优秀传统相结合作为授业解惑的思想主线。如,他在为一本专著所作序言中写道:"本书作者认为,马克思主义中国化的主要动因和机制是中国革命实践对理论的需求,以

---

① 《方克立论著集》第三卷,中国社会科学出版社 2023 年版,第 251 页。
② 《方克立论著集》第四卷,中国社会科学出版社 2023 年版,第 498 页。
③ 《方克立论著集》第七卷,中国社会科学出版社 2023 年版,第 326 页。
④ 《方克立论著集》第七卷,中国社会科学出版社 2023 年版,第 197 页。

及马克思主义基本原理与中国具体实际相结合,而在更深层次上,则是马克思主义与中华优秀传统文化相结合。马克思主义之所以能够实现中国化,除了因应中国社会变革、中国革命实践的历史性需求之外,另一个根本性原因,就是四百年来中西哲学与文化长期双向交流互动的历史性选择的结果。这是贯穿于全书的一条思想主线。"①深究"马中西"之精义,开创社会主义新学派,尽显中华文化新气象,这不仅是方先生的夙愿,也是当今中国马克思主义学者们的共同志向。

古人云:"学贵得师,亦贵得友。"中国哲学界能有二张先生、冯契先生、方克立先生这样优秀的人师留下丰厚的精神遗产,是最可珍贵的。令人欣慰的是,"综合创新"论和"马魂中体西用"论已经被越来越多的学者们认同和接受。尤其是习近平总书记对"两个结合"特别是对"第二个结合"在新的理论高度上的阐发,"马克思主义是魂脉""中华优秀传统文化是根脉""促进外来文化本土化"等论断,从中不难看出"马魂中体西用"论的一些元素。今日重温贯穿在从"文化综合创新"论到"马魂中体西用"论中的"第二个结合"的心路,对于在学理层面深入领会和阐释"第二个结合"的重要思想定有助益。

---

① 《方克立论著集》第六卷,中国社会科学出版社 2023 年版,第 268 页。

马魂中体西用的文化观与中华民族现代文明建设

李道湘①

方克立先生在《新世纪文化思考》一书中对一系列重大文化理论问题作了深入的思考和精辟的阐述,形成了以马魂中体西用为架构、结构严谨系统的新世纪文化观。这种文化观坚持了马克思主义的指导地位,确立了中华文化的主体地位,明确了西学为我所用的地位。推动了"两个结合"理论研究的深化,为中华民族现代文明建设提供了有益的探索。

一、马魂中体西用的文化观形成的思想背景

方克立先生马魂中体西用的文化观的形成有一个过程。在深研马克思主义理论基础上,通过对前人思想资料的重新选择组合而建立起来的。

1. 各种思潮的涌现

方先生在《甲申之年的文化反思——评大陆新儒学"浮出水面"和保守主义"儒化"论》一文中对当时出现的思潮有过概括和介绍。他说,2004 年被称为"文化保守主义年"。"在这一年中发生的文化事件有:4月陈明挑战南开刘泽华学派,引发了刘门弟子与'原道'派的一场争论;5

---

① 作者简介:李道湘,中央社会主义学院教授。

月高等教育出版社出版中华孔子学会组编、蒋庆选编的《中华文化经典基础教育诵本》一套12册，并由此引发了持续数月的读经之争；7月蒋庆邀请陈明、盛洪、康晓光等大陆新儒家代表人物，以'儒学的当代命运'为题会讲于贵阳阳明精舍，又称为'中国文化保守主义峰会'；9月许嘉璐、季羡林、杨振宁、任继愈、王蒙等70余位文化名人签署并发表《甲申文化宣言》，引发了一场如何看待全球化时代的民族文化的思想论争，有人讥其为1935年'本位文化宣言'的翻版；11月24日康晓光在中国社会科学院研究生院做题为《我为什么主张'儒化'——关于中国未来政治的保守主义思考》的演讲，除继续宣传'立儒教为国教'的观点外，还明确提出了'用儒学取代马列主义''儒化共产党'的主张；12月号称'中国文化保守主义旗舰'的《原道》辑刊，以《共同的传统——'新左派'、'自由派'和'保守派'视域中的儒学》为题举办创刊10周年纪念座谈会，并将其舆论阵地扩展到'原道'文丛、'原道'译丛和'儒学联合论坛'网站。"这些事件集中在一年出现，说明当时中国的思想界和学术界被"文化保守主义"占据了显耀位置，所以称之为"文化保守年"。这些思潮的出现引起了方先生的关注，并不断反思其出现的历史和现实原因。

2. 深刻的反思

方先生对这些思潮认真反思，认为这不是偶然的，有其深刻的社会和思想背景。同时也对这些思潮作出了评价和判断。他认为，刘泽华学派的基本观点是在认同唯物史观的基础上强调思想与社会的互动，这场争论可以说是唯物史观与文化史观之争。关于《甲申文化宣言》，他认为，"发表该宣言的初衷是好的：在全球化时代强调各民族文化都有平等的权利，主张文明对话，反对文化霸权主义，捍卫世界文明的多样性。但有些理论问题讲得不全面，不通透，容易引起误解。如'反对以优劣论文明'的提法就有问题。人们可以反问：难道文化没有优劣、先进与落后之分吗？不能否认文化是发展的，先进文化取代落后文化是历史规律，特别是在物质文化和制度文化层面，我们不能拒绝接受现代先进文化。讲保护文明的多样性一定要同文化相对主义划清界限"。对于大陆新儒学,方先生认为,已经渐成气候,其代表人物提出了一整套"儒化中国"的理论、方针、原则和策略,具有很强的意识形态性和现实针对性,已成为"当今中国保守主义的中心话语,成为一面政治和文化旗帜"。大陆新儒学的代表人物,提出儒学的政治化和宗教化问题,这说明他们都非常重视儒学改造社会和转化现实的功能。从这个意义看,大陆新儒学是要与马克思主义争夺指导地位的问题,要改变国家和社会性质的问题,这是需要我们高度关注的。基于这一点,"我们要大力推动马克思主义指导下的儒学研究和中国传统文化研究,弘扬优秀民族文化;同时要旗帜鲜明地反对保守主义的'儒化'论,因为它是反民主反社会主义的。只有划清了这条界线,儒学研究和弘扬民族文化的活动才能健康地向前发展"。对于大陆新儒学的定性,方先生认为其本质特征是"崇儒反马""以儒代马",是一股复古更化、逆潮流而动的政治思潮。在政治主张上,大陆新儒家提出私有化主张,在文化上提出"文化民族主义",在哲学上宣扬唯心史观。正是方先生对当时出现的各种思潮的深入反思,看到了马克思主义逐渐被边缘化,有可能失去在整个意识形态领域中的领导地位,必须让马克思主义重新回到核心位置,成为方先生的使命承担。

二、马魂中体西用的文化观建构的路径

方先生在其论文《经济全球化与中华文化走向》中对全球化背景下中华文化的未来走向进行了深入的分析,提出了全球化时代中国文化如何挺立民族主义主体性而不被西方强势文化"化"掉的问题,形成了方先生思考新世纪文化观建构的基本理路。

1. 坚持面向世界

方先生认为,全球化背景下的中国文化体系是一个开放的体系。从中国文化和世界文明发展的历史来看,异质文化的交流、碰撞与融合是文化更新发展的重要契机,文化封闭只能导致僵化、停滞和落后。因此,提出要"坚持对外开放、面向世界的方针,学习世界各国先进的科学技术、管理经验和思想文化,把我国的经济、社会、文化发展水平提高到一

个新阶段"。所以,新世纪文化体系必须是开放的,具有兼容并蓄、融会中外一切优秀文明成果为一体的体系。

2. 坚持社会主义文化的主流地位

方先生认为,中国的全面开放,使中国文化面临着复杂的情况。巨大的中国文化市场由谁来占领,其背后的价值导向和意识形态的争夺问题都不可避免地摆在了我们面前。我们一定要头脑清醒,始终把握中国特色社会主义文化大方向,去掉殖民文化心态,维护社会主义主流文化。因此,必须坚持马克思主义的指导地位,"加强社会主义精神文明建设,抵制封建主义和资本主义的腐朽文化,坚定不移地走建设有中国特色社会主义文化的道路"。坚持社会主义文化的主流地位是不容动摇的,它是坚持理论自信、制度自信、道路自信的应有之义。

3. 坚持中国文化的特色

方先生认为,融入全球化潮流的中国文化,获得了与世界各民族文化平等地进行交流、对话的机会。一方面以西方文化为主流的世界各民族文化通过各种渠道大量传入中国,另一方面中国文化也可以利用各种现代传媒手段向全世界传播。中国文化五千年历史,而且从未中断过,其博大精深、源远流长为世界文化史上所仅见。中国文化在长期的历史积淀中形成了中国人特有的智慧,对解决全球化时代人类面临的共同问题有重要的参考价值。因此,我们"要大力弘扬中华民族优秀传统文化和近现代革命文化,利用现代传播手段,向世界展示中华文化之博大精深,为世界文明提供一个可久可大的文化范例"。中国特色社会主义文化,源自中华民族五千多年文明历史所孕育的中华优秀传统文化,熔铸于党领导人民在革命、建设、改革中创造的革命文化和社会主义先进文化,植根于中国特色社会主义伟大实践。发展中国特色社会主义文化,就是以马克思主义为指导,坚守中华文化立场,立足当代中国现实,结合当今时代条件,发展面向现代化、面向世界、面向未来的,民族的科学的大众的社会主义文化。这是方先生在文化建设上始终坚守的原则。

4. 坚持"批判继承，综合创新"的方法论

新世纪中国文化必须定位在中国特色社会主义文化上才有生命力。方先生认为，中国文化是具有悠久历史传统的伟大民族文化，是吸收中外优秀文明成果基础上而形成的具有包容性的文化体系。因此，它不能离开自己的历史传统，也不能离开世界文明的宽广大道。在未来世界各民族文化多元共存、"和而不同"的格局中，中西文化互补将成为最重要的内容和特色。立足高远，充满自信，这决定了我们在方法论上坚持"批判继承，综合创新"，这体现的是文化兼收并蓄的包容态度和立场，体现的是文化自信。基于此，我们必须"在'百花齐放，百家争鸣''批判继承，综合创新'中发展和繁荣中国特色社会主义文化，为全球化时代的人类文明作出一个伟大民族应有的贡献"。"文化综合创新"是由张岱年先生在 80 年代提出来的，方先生对此给予高度评价。在他看来这是中国文化建设的正确道路，"我们要建设的社会主义新文化体系，是在马克思列宁主义原则指导下，以社会主义的价值观来综合中西文化之所长而创新中国文化。'创新'就意味着与中国传统文化和近代西方文化都不同，它是具有中国特色的社会主义新文化"。所以，他认为自己是接着张岱年先生思想讲的。他说："我本人是张岱年先生'综合创新'文化观的赞同者和支持者之一，也力图对这种文化理论做些研究和阐释工作。"接着讲的根本原因就是"综合创新"准确地反映了中国马克思主义文化观的本质特征。它已经不是张岱年先生个人主张，"而是成为中国马克思主义派的文化共识，成为百年中国最具有代表性的一种马克思主义文化理论。李大钊的'第三新文明'论和毛泽东的'古今中外法'，实质都是文化综合创新论；我们今天讲的'马魂、中体、西用'有机结合、辩证统一，也是一种文化综合创新论，是综合创新文化观的深化和具体化"。

三、马魂中体西用文化观建构的基本框架

方先生经过深入的研究，遵循历史和逻辑统一的基本原则，选择和提炼出自己思想体系的核心概念，即"马魂、中体、西用"三个核心概念，

由此完成了新世纪中国文化观的体系建构。

1. 核心概念的选择和提炼

方先生长期思考中国文化的一系列重大理论问题,比较自觉地注重自己体系的建构,基于这种自觉意识,特别关注核心概念的选择和提炼。

方先生在多篇文章和学术会议上谈他关于核心概念的选择和提炼过程。在《"马魂、中体、西用"论的由来、涵义及理论意义》一文中,他认为自己的核心概念源于经济学家杨承训在《人民日报》上发表的《中国经济学的发展方向》文章,其中说:"我国社会主义经济建设的成功实践证明,中国经济学的发展方向是:'马学'为魂,'中学'为体,'西学'为用。'马学'就是马克思主义,'中学'就是中国化的发展着的马克思主义,'西学'就是西方经济学。"方先生生动地描述了自己看到这篇文章时的激动心情,"当我读到这段话时,就觉得眼睛一亮,感到甚契吾心,这不就是我们正在探索、求解的中、西、马关系新模式吗?'魂、体、用'三元模式超越了中西对立、体用二元的思维模式,用来说明当代中国文化中的中、西、马三'学'关系问题不但可能,而且非常贴切,它不仅是中国经济学的发展方向,而且也是'五四'后整个中国文化发展方向"。受此启发和影响,方先生开始用"魂、体、用"三元模式来思考"五四"后中国文化发展的道路问题,并进而把它当作带有一定普遍意义的思维模式,来说明客观世界的某一类事物、现象和关系。但对此的解释有所不同,方先生认为,他把"马学为魂、中学为体、西学为用"三句话与张申府、张岱年先生的"三流合一,综合创新"思想联系在一起,来认识"五四"后中国文化发展的基本格局、基本走向和基本道路,进一步阐明和深化"综合创新"文化观。

在深入思考和研究中,逐渐形成了方先生新世纪中国文化的核心概念,即"马魂、中体、西用"三个核心概念。

2. "马魂、中体、西用"的理论架构

核心概念的界定体现着思想体系的性质和特点。方先生十分注重对确立的核心概念内涵的界定。"所谓'马学为魂'就是以马克思主义的科学世界观和方法论为指导,坚持中国新文化建设的社会主义方向。所谓'中学为体'就是以有着数千年历史积淀的自强不息、厚德载物、有容乃大的中国文化为运作主体、生命主体、创作主体和接受主体,坚持民族文化主体性原则。所谓'西学为用'就是以西方文化和其他民族文化中一切对主体有学习、借鉴价值的东西为'他山之石',为我所用,坚持对外开放的方针。"为了进一步让人们对这个概念有深入的了解和理解,方先生对核心概念不断深化其内涵,在此基础上建构起新世纪中国文化观的理论框架。

"马学为魂"是讲马克思主义的指导地位。他强调说,他所讲的"马学为魂"讲的就是马克思主义的理论原则,用"魂"这个概念来标识非常贴切。引进"魂"这个概念,就是强调在一个文化系统中,必须有一个精神指导原则,作为"灵魂"来发挥先进文化的引领作用。马克思主义是我们时代的真理和良心,所以能够成为当代中国文化之"魂"。

"中学为体"是讲民族文化的主体性。所谓文化主体性,一般而言包含三个方面的内涵,一是文化的本土性,包括本土疆域、民族和连续的历史;二是文化的延续发展的能力,具有自身可持续发展的内在动力;三是具有独特的话语体系、符号标志、情感体验、价值观念。方先生认为首先要与清末洋务派讲的"中学为体"划清界限。他所讲的"中学为体"不是指某种精神指导原则,不是指"中国之伦常名教"或"尧舜禹汤文武周孔指导",而是指民族文化的主体性,即以"中学"、中国文化为主体、实体、载体,从中、西、马三"学"的关系来说,体现民族主体性的是"中学"或中国文化。它是中国新文化建设的运作主体、生命主体、创造主体和接受主体。

"西学为用"是讲外来文化的吸取和应用。关于什么是"西学为用",方先生也进一步作了阐释。他认为,"西学为用"就是以西方文化和其他民族文化中的一切积极成果、合理成分为学习借鉴的对象。在"中、马、西"的思维结构中,"用"的涵义指的是原则的具体应用,是为我所用的"他山之石"。"马魂、中体、西用"论的成熟标志着方先生新世纪文化观的系统化、体系化建构的完成。

四、立足于马魂中体西用的文化观视野，可以进一步深刻理解和阐释"两个结合"的理论意义和实践意义

方先生马魂中体西用的文化观在理论上推进了马克思主义中国化的研究，而且为认识和理解当前一系列重大理论和实践问题提供有益的启示。

1. 马魂中体西用文化观的意义

首先，"马魂、中体、西用"是对"五四"后近百年来中国文化发展道路的科学概况和总结，与主导这段历史的中国共产党的文化建设指导方针是高度契合的。其次，"马魂、中体、西用"体现了综合创新文化观的发展和深化。再次，"马魂、中体、西用"体现了当今中国人文社会科学发展的正确方向。第四，"马魂、中体、西用"体现了中国马克思主义学者共同走过的学术道路。总之，"马魂、中体、西用"体现了马克思主义学者对于马克思主义中国化的探索的成果，也记载了近代以来中、西、马三"学"并存的时代特点，历史选择了社会主义方向，这是历史的选择，是时代精神和历史发展规律的反映。把马克思主义的指导思想地位、本民族文化的主体地位和外来文化的开放态度三者有机结合、有机统一起来，正是文化自觉和自信的表现。

2. 马魂中体西用文化观与"两个结合"的内在契合性

"两个结合"特别是"第二个结合"彰显出马克思主义的指导地位、中华文化的主体地位、世界各种文明的器用地位，马魂中体西用文化观与之具有内在的契合性。

"第二个结合"，是我们党对马克思主义中国化时代化历史经验的深刻总结，是对中华文明发展规律的深刻把握，表明我们党对中国道路、理论、制度的认识达到了新高度，表明我们党的历史自信、文化自信达到了新高度，表明我们党在传承中华优秀传统文化中推进文化创新的自觉性达到了新高度。

"结合"的前提是彼此契合，强调的是马克思主义和中华优秀传统文

化虽然来源不同,但彼此存在高度的契合性。"结合"的结果是互相成就,强调的是要让马克思主义成为中国的,中华优秀传统文化成为现代的,让经由"结合"而形成的新文化成为中国式现代化的文化形态。"结合"筑牢了道路根基,强调的是中国特色社会主义道路是在马克思主义指导下走出来的,也是从五千多年中华文明史中走出来的。"结合"打开了创新空间,强调的是"第二个结合"是又一次的思想解放,让我们能够在更广阔的文化空间中,充分运用中华优秀传统文化的宝贵资源,探索面向未来的理论和制度创新。"结合"巩固了文化主体性,强调的是创立新时代中国特色社会主义思想就是这一文化主体性的最有力体现。有了文化主体性,就有了文化意义上坚定的自我,文化自信就有了根本依托,中国共产党就有了引领时代的强大文化力量,中华民族和中国人民就有了国家认同的坚实文化基础,中华文明就有了和世界其他文明交流互鉴的鲜明文化特性。

由此不难看出,"两个结合"特别是"第二个结合"都集中彰显了马克思主义的指导地位,中华文化的本体地位,西学为用的地位,方克立先生马魂中体西用文化观与之具有内在的一致性和契合性。方先生认为,"马学为魂"是讲马克思主义的指导地位,"中学为体"是讲民族文化的主体性,"西学为用"是讲外来文化的吸取和应用。

五、马魂中体西用文化观为中华民族现代文明建设的路径探索提供有益的启示

习近平在文化传承发展座谈会上指出,建设中华民族现代文明,是我们在新时代新的文化使命。他认为,中国文化源远流长,中华文明博大精深。只有全面深入了解中华文明的历史,才能更有效地推动中华优秀传统文化创造性转化、创新性发展,更有力地推进中国特色社会主义文化建设,建设中华民族现代文明。

1. 建设中华民族现代文明是新时代新的文化使命

习近平在文化传承发展座谈会上,深刻阐释了"两个结合"的深刻内

涵和重要意义。他指出,在五千多年中华文明深厚基础上开辟和发展中国特色社会主义,把马克思主义基本原理同中国具体实际、同中华优秀传统文化相结合是必由之路。这是我们在探索中国特色社会主义道路中得出的规律性认识。我们一直强调把马克思主义基本原理同中国具体实际相结合,现在我们又明确提出"第二个结合"。如果没有中华五千年文明,哪里有什么中国特色? 如果不是中国特色,哪有我们今天这么成功的中国特色社会主义道路? 只有立足中华五千多年文明史,才能真正理解中国道路的历史必然、文化内涵与独特优势。

全球化为各民族文化的交流交往交融提供了条件,使得各民族文化之间的相互影响日益增强,同时也带来碰撞和冲突。在这种背景下,民族文化的主体性的确立和建构更显重要和迫切。在新的起点上继续推动文化繁荣、建设文化强国、建设中华民族现代文明,是我们在新时代新的文化使命。

2. 马魂中体西用新世纪的文化观与中华民族现代文明建设的要求具有内在的契合性

"马学为魂"是讲马克思主义的指导地位,讲的是马克思主义的理论原则,中华民族现代文明建设必须有一个精神指导原则,起到引领的作用。马克思主义是我们时代的真理和良心,所以能够成为当代中国文化之"魂"。这样才能做到坚持守正创新。习近平提出新时代新文化使命要守正创新。他认为,对文化建设来说,守正才能不迷失自我、不迷失方向,创新才能把握时代、引领时代。守正,守的是马克思主义在意识形态领域指导地位的根本制度,守的是"两个结合"的根本要求,守的是中国共产党的文化领导权和中华民族的文化主体性。创新,创的是新思路、新话语、新机制、新形式,要在马克思主义指导下真正做到古为今用、洋为中用、辩证取舍、推陈出新,实现传统与现代的有机衔接。

"中学为体"是讲民族文化的主体性,即以"中学"、中国文化为主体、实体、载体,从中、西、马三"学"的关系来说,体现民族主体性的是"中学"或中国文化。确立了中华民族文化的主体性,才能坚定文化自信。自信才能自强。有文化自信的民族,才能立得住、站得稳、行得远。坚定文化自信,就是坚持走自己的路。坚定文化自信的首要任务,就是立足中华民族伟大历史实践和当代实践,用中国道理总结好中国经验,把中国经验提升为中国理论,既不盲从各种教条,也不照搬外国理论,实现精神上的独立自主。要把文化自信融入全民族的精神气质与文化品格中,养成昂扬向上的风貌和理性平和的心态。这样建设起来的中华民族现代文明才能为中华民族的伟大复兴凝聚力量。

"西学为用"是讲外来文化的吸取和应用,就是以西方文化和其他民族文化中的一切积极成果、合理成分为学习借鉴的对象。"西学为用"体现了中华民族现代文明的开放包容。开放包容始终是文明发展的活力来源,也是文化自信的显著标志。中华文明的博大气象,就得益于中华文化自古以来开放的姿态、包容的胸怀。秉持开放包容,就是要更加积极主动地学习借鉴人类创造的一切优秀文明成果。我们必须坚持马克思主义中国化时代化,传承发展中华优秀传统文化,促进外来文化本土化,不断培育和创造新时代中国特色社会主义文化。

综上所述,方克立先生立足于全球化视野,深刻认识到经济全球化对各民族文化的冲击影响,精准把握了现实的文化全球化对民族文化核心价值的消解性,深悟中国的历史发展脉络和现实发展道路的必然选择,旗帜鲜明地坚持中国文化建设必须以马克思主义为指导,必须坚持中华民族文化为主体,必须坚持吸收全人类文明发展成果。经过长时间的思考,在前人研究的基础上,提出"马学为魂、中学为体、西学为用"的中国文化主张,进一步凝练出"马学、中体、西用"的核心概念,从而形成了新世纪中国文化观,对于我们今天建设中华民族现代文明具有重要的意义。

"马魂中体西用"论的文化意义

李翔海[①]

　　作为著名中国哲学史家,多年来,方克立教授一直十分关心中国当代文化建设。他站在"综合创新"论的基本立场上所提出的相关主张受到了国内外学界的广泛关注。近年来,在吸收"综合创新"论的创立者张岱年先生的有关思想以及借鉴经济学界相关讨论的基础上,方克立教授提出了"马魂中体西用"论,对中国当代文化建设的若干重要原则作了阐释。本文拟在近代以来中国文化发展演进的历史背景下对"马魂中体西用"论的文化意义试作论述。

　　与社会的剧烈变迁相联系,中国近现代文化也发生了巨大的变化。由于种种历史的因缘际会,现代中国成为中国文化、西方文化与马克思主义的"三星会聚"之地。经过历史的选择,马克思主义成为在当代中国文化中居于主导地位的思想潮流。而由于近代以来中国文化所遭遇到的"三千年未有之大变局",如何处理好马克思主义、中国传统文化与西方现代文化之间的关系,通过三者之间的融合以建设与中华民族现代复兴相适应的中国新文化,依然是学术界见仁见智的热点问题之一。"马

① 作者简介:李翔海,北京大学马克思主义学院教授。
　　本文删改版原载《高校理论战线》2008 年第 6 期,这里是论文的完整版。

魂中体西用"论正是方克立教授针对世纪之交的文化讨论,在思考当代中国的文化建设特别是其中的"中学""西学""马学"关系的过程中提出来的一种主张。"马魂"或"马学为魂"即以马克思主义和社会主义的思想体系为指导原则;"中体"或"中学为体"即以有着数千年历史积淀的自强不息、变化日新、厚德载物、有容乃大的中华民族文化为运作主体、生命主体、创造主体和接受主体;"西用"或"西学为用"即以西方文化和其他民族文化中的一切积极成果、合理成分为学习、借鉴的对象。① 纵观近代以来中国文化发展演进的思想历程,"马魂中体西用"论的文化意义至少体现在以下几个方面。

一

"马魂中体西用"论是对近代以来中国思想文化界以体用模式讨论文化问题之有关主张的继承与变革。

众所周知,"体用"范畴是最能体现中华民族理论思维特色的范畴之一。因而,近代以来,当中国文化传统遭遇到异域文化的强烈冲击、如何处理中国文化与西方文化的关系问题现实地摆在国人面前的时候,"体用"范畴理所当然地成为中国思想文化界足资借鉴的重要思想资源。近代以来,第一个将中西文化联结在一起的文化范式——"中体西用"论就是借助于"体用"范畴而提出的。此后,"体用"范畴一直是人们讨论文化问题的重要思想资源,其中比较有代表性的有黄仁宇先生、李泽厚先生提出的"西体中用"论、贺麟先生提出的"儒体西用"论、傅伟勋先生提出的"中国本位的中西互为体用"论等主张以及"马体西用"(张岱年、程恩富)、"儒体马用"(韩星)、"今中为体,古洋为用"(张岱年)等主张。这些主张虽然意义均不完全相同,但在通过"体用"而实现两者之间的连接并在一者与另一者之间确立"主"与"次"的关系等方面,堪称依然与中国文

---

① 方克立:《关于文化的体用问题》,原载《社会科学战线》2006 年第 4 期;收入《方克立论著集》第四卷,中国社会科学出版社,2023,第 192 页。

化传统中的体用观保持了一致性。方克立教授在借鉴、改造杨承训教授有关主张①的基础上所提出的"马魂中体西用"论,既在思维形态上与体用观在近代以来文化论争中的运用保持了某种程度的一致性,而又有所变革。这种一致性在于:在处理不同要素之间的关系上,它强调必须在中西马三学之中保持马克思主义的指导地位,这就使得"马学"与"中学""西学"之间在一定意义上具有了传统体用观中"体"与"用"的关系。其变革则表现在以下几个方面:

其一,体用观在近代以来文化论争中的运用只是关涉到"中学""西学"与"马学"中的某两个方面,而在"马魂中体西用"论这一范式中,则是已经把作为近代以来中国文化建设所面对的三种最主要的资源的"马学""中学"与"西学"都涵括于一个范式之中。这显然已经扩大了原有范式的理论涵括力。这就弥补了体用观在近代以来文化论争中的运用所具有的一个不足,即由于过去用"体用"谈文化时只能顾及"马学""中学"与"西学"中的两者,而不能将三者均加以涵括的问题。

其二,"马魂中体西用"论不仅引入了"魂"的观念,而且其"体"亦不同于以往范式中的"体",所谓"中体西用"的义涵也已经发生了变化。方克立教授指出,"日本有与'中体西用'论相类似的'和魂洋才'论,引进与'体'同义的'魂'这个概念,可以说是对传统文化体用观的继承和坚持,也是对它的发展和变通,就是强调在一个文化体系中,必须有一个精神指导原则,要发挥先进文化的引领作用"。② 这也就是说,"马魂中体西用"论中的"魂"在一定程度上与"和魂洋才"论中的"魂"相类,所对应的是文化体系中能"发挥引领作用"的"精神指导原则",从而相当于过去"体用"范式中的"体"。而"马魂中体西用"之"体"则是指文化的民族主体性,"中体"即是说以有着数千年历史积淀的自强不息、变化日新、厚德载物、有容乃大的中华民族文化为运作主体、生命主体、创造主体和接受

---

① 杨承训:《中国经济学的发展方向》,《人民日报》2004 年 11 月 25 日。
② 方克立:《关于文化的体用问题》,《方克立论著集》第四卷,第 195 页。

主体。而"西用"是指以西方文化和其他民族文化中的一切积极成果、合理成分为学习、借鉴的对象。在这样的观念框架之下,"马魂中体西用"论尽管依然有着"中体西用"这四个字,但是却已经包含了近代张之洞等以来的"中体西用"论的变革性内容。这至少表现在以下两个方面:首先,由于"马魂中体西用"论中的"体用"范畴特别是其"体"的范畴已经发生了转换,因而它不再是在传统"体用"框架下谈论"中学"与"西学"的关系,从而得以避免了近代以来自严复起就有的"牛有牛之体,马有马之用"即割裂中西文化各自的体用关系的问题。其次,尽管近代以来的"中体西用"论的确可以说包含了"中国文化主体性"的义涵①,但是与其中西对立、体用二元的缺失相联系,"中体西用"论在强调民族文化主体性的同时又陷入了只将学习西方文化限定在其"用"的层面而不及其"体"的偏狭文化心态。而"马魂中体西用"论中的"中体"主要是强调了在中国新文化建设中中国文化所具有的主体性地位,即以中华民族文化为运作主体、生命主体、创造主体和接受主体;"西用"则是强调以西方文化和其他民族文化中的一切积极成果、合理成分为学习、借鉴的对象。这就既坚持了中国文化的主体性地位,同时又避免了偏狭的文化心态。

其三,当然,"马魂中体西用"论对传统"体用"观的最大的变革,是使得其范式从过去的"体用"并举改变为"魂体用"并用。那么这种"魂""体""用"模式的合理性何在呢?对于这个问题,方克立教授借用王船山的"形而上者谓之道,形而下者谓之器,统之乎一形"②的思路来作了回答。在方先生看来,"中学""西学"和马克思主义作为各自独立的文化系统,本来分别各有其"体用",而且一般来说"体"和"用"都是统一的。我们现在是讨论中国新文化建设中的中、西、马三"学"的关系问题,它们已成为同一个文化系统中"和而不同"的三种文化资源或要素,"马学"和"西学"都已不是外在于中国文化、与之不相干的东西了。由于中国的新

---

① 参见刘文英:《儒家文明——传统与传统的超越》,南开大学出版社 1999 版,"自序"第 4—5 页。

② 王夫之:《周易外传》卷五,见《船山全书》第一卷,岳麓书社 1988 版,第 1029 页。

文化建设有明确的社会主义方向,因此它必须以马克思主义为指导,特别是要以马克思主义的科学世界观和方法论为指导。西方文化中与马克思主义相对立的意识形态和价值体系自然就不能作为我们的文化选择,但世界各国先进的科学技术、管理经验和思想文化仍可以作为"他山之石"为我所用。体现"以我为主"的民族文化主体性的"中学",既是中国新文化建设的运作主体、生命主体和创造主体,对于外来文化来说它又是接受主体,它就是统一"形而上之道"与"形而下之器"的那个"形"。这样"魂"("道")、"体"("形")、"用"("器")三者就有机地联结、统一起来了。① 应当说,尽管在中国文化传统之中虽然没有出现过"魂""体""用"一体的模式,但是,王夫之在总结前人有关理论思维之经验教训的基础上所提出的"道""形""器"三位一体的模式,在中国文化传统中则的确是持之有故、言之成理的。以之来论证"马魂中体西用"论的合理性,的确有一定的理论说服力。在这个意义上,我们应当有理由认为,"魂""体""用"三位一体的文化范式,虽然包含了对传统体用观念的变革性内容,但在中国文化传统中又可以找到其证立之理据。由此,"马魂中体西用"论或许可以看作是在现时代我们不得不同时处理"中学""西学"与"马学"这三者之间的关系时,在继承并变革传统体用观念的基础上一种可能的新范式。

二

"马魂中体西用"论是对"综合创新"论的进一步深化。

众所周知,"综合创新(造)"论是在 20 世纪中国文化的论争中首先由张岱年先生提出的。张崧年(申府)、张岱年兄弟在 20 世纪 30 年代就指出了一条"孔子、列宁、罗素三流合一","将唯物、理想、解析综合于一"的哲学主张。到 20 世纪 80 年代,张岱年先生又明确提出了"综合创新"论,即主张"在马克思列宁主义原则的指导下,以社会主义的价值观来综

---

① 方克立:《关于文化的体用问题》,《方克立论著集》第四卷,第 203 页。

合中西文化之所长而创新中国文化"①。"综合创新"论成为对 20 世纪中国思想文化界产生重要影响的思想流派之一。方克立教授多次申言,在 20 世纪诸多文化主张中,他是服膺张岱年先生所提出的"综合创新"论的。多年来,在以"综合创新"论作为自己基本理论立场的学术活动中,方克立教授在继承并丰富、发展"综合创新"论方面做了大量的工作。方克立教授在吸收"综合创新"论的创立者张岱年先生的有关思想的基础上所提出的"马魂中体西用"论,其中也包含了进一步深化"综合创新"论的内容。这主要包括了以下几个方面。

其一,在思维形式和理论形态上,"马魂中体西用"论把"综合创新"论处理"马学""中学"与"西学"关系的基本意旨在一个理论范式之中作了完整的表达,更为简洁而明快地概括了"综合创新"论的基本精神。

回顾 20 世纪中国思想文化界,"综合创新"论在得到学术界广泛认可的同时,也受到一些批评和质疑。把"综合创新"论看作是没有原则的"文化融合论",就是其中的一种观点。之所以如此,有着多方面的原因。从字面上看,"综合创新"并没有对作为其理论对立面的"中体西用"论以及"全盘西化"论作出有明确针对性的表述而直接突显了"综合"的要求,也是其中的缘由之一。其实,张岱年先生就已经对"综合创新"论作了具体阐述,明确地揭示了处理中国新文化建设中"中学""西学"与"马学"关系的基本原则。这些基本原则至少包括以下三个方面:首先,必须坚持以马克思主义的世界观和方法论为指导,坚持中国新文化建设的社会主义方向,积极发挥先进文化的引领作用;其次,中华民族是中国社会主义新文化建设的主体,必须坚持文化的民族主体性;再次,要以开放的胸襟学习、借鉴、吸收西方文化和人类文明中一切有价值的成果,作为"他山之石",为我所用。多年来,方克立教授在相关的理论活动中不仅坚持了张岱年先生所提出的这些基本原则,而且还提出了"古为今用,洋为中

---

① 张岱年:《综合、创新,建立社会主义新文化》,《张岱年全集》第六卷,河北人民出版社 1996 年版,第 253—256 页。

用,批判继承,综合创新"的"十六字方针"①和"以中国社会主义现代化建设实践为体,而以古今中外的优秀文化为用"②等主张。"马魂中体西用"论第一次将"综合创新"论处理中国新文化建设中"中学""西学"与"马学"关系的基本原则,通过"魂""体""用"范畴一体化地统一在一个理论范式之中,从而使之获得了一个既简明且亦堪称精当、同时又是切中相关讨论之语境的表达模式。在一个学说的发展演进中,从早期对其基本原则作出理论的揭示与阐发,到进而获得简明而准确且在与相关主张的论争中具有理论针对性的理论范式,显然可以看作思维形式和理论形态上的一个不断深化的过程。

其二,在理论内容上,"马魂中体西用"论面对近代以来中国文化发展演进中存在的不足,站在"综合创新"论的理论立场上,对中国新文化建设中"坚持中国民族文化之主体性"的问题作了更为具体的展开论述,丰富和充实了"综合创新"论的理论内容。

在一定的意义上,"民族主体性突显不够"可以说是近代以来中国新文化建设过程中的一个不足之处。与中国文化的近现代建设是以"以夷为师"为历史起点与逻辑起点的历史情状相联系,文化建设中的民族主体性问题从整体上而言并没有引起整个中国思想文化界的足够重视。对近代以来的中国社会与文化的发展产生了重大影响的"全盘西化"派甚至完全忽视文化建设中的民族主体性问题,仅仅从时代性的角度来看待文化问题,从而将西方文化与包括中国文化在内的非西方文化的差别归结为时代性的不同,主张以彻底丢弃民族文化传统为前提,通过全盘照搬西方现代文化而实现中国文化的"现代化"。中国的马克思主义派虽然对于我们所进行新文化的建设是"民族的"这一点作了肯定,但在相当长的一段时间里在理论的高度对于民族主体性却缺乏充分的自觉,甚

① 关东:《现代新儒学研究的回顾与展望——访方克立教授》,原载《哲学研究》1990 年第 3 期;收入《方克立论著集》第三卷,第 465—466 页。
② 方克立:《评大陆新儒家推出的两本书——〈理性与生命〉[1]、[2]》,原载《晋阳学刊》1996 年第 3 期;收入《方克立论著集》第三卷,第 363 页。

至在一定程度上还存在着因为强调马克思主义的指导地位而自觉不自
觉地轻忽文化建设的民族主体性问题,以至于一直到 20 世纪末期才在
中国大陆出现的"大陆新儒家"还曾经作出过"中国文化在马克思主义派
那里没有体的层位"的批评。作为中国现代文化保守主义的主要代表,
现代新儒家虽然鲜明地强调了文化建设中的民族主体性,但与其深层文
化心态中残留的"华夏文化中心论"相联系,现代新儒家又自觉不自觉地
将向西方文化学习限定在"用"的层面,从而在一定程度上表现出较为偏
狭的文化心态。前已述及,作为"综合创新"论的创立者,张岱年先生鲜
明地强调了中国新文化建设中的民族主体性问题,认为中华民族是中国
社会主义新文化建设的主体,必须坚持文化的民族主体性。"民族主体
性即是民族的主体意识,亦即民族的自觉能动性,其中包含民族的独立
意识、民族的自尊心等等。……民族的主体性还含蕴着民族文化的独立
性、民族文化的自主性。"①"马魂中体西用"论则在此基础上作了进一步
的理论推展。这至少表现在以下三个方面。

首先,"马魂中体西用"论对于在中国新文化建设中坚持马克思主义
的指导与坚持民族主体性保持了高度的理论自觉。"马魂中体西用"论
的一个重要特点,是十分关注文化建设中的民族主体性问题。方克立教
授明确指出,"'马魂、中体、西用'论试图把张先生的'马学为体,西学为
用'的思想与关于民族主体性的论述结合起来"②,"中、西、马三'学'的
魂、体、用关系显然已经超出了传统文化体用观的范畴,把文化的民族主
体性问题也考虑进去了"。③ 为此,他将传统体用观中"体"的义涵作了变
通,特指文化建设中的民族主体性,并以一体化的理论范式,直观地展示
了在中国新文化建设中坚持马克思主义的指导与坚持民族主体性的统
一性、一致性,有针对性地回应了大陆新儒家所谓"中国文化在马克思主
义派那里没有体的层位"的批评。

① 张岱年:《文化建设与民族主体性》,《张岱年全集》第六卷,第 261 页。
② 方克立:《关于文化的体用问题》,《方克立论著集》第四卷,第 200 页。
③ 方克立:《关于文化的体用问题》,《方克立论著集》第四卷,第 203 页。

其次,对文化建设中的民族主体性观念作了进一步具体的阐释。"马魂中体西用"论强调,"中学为体"即以有着数千年历史积淀的自强不息、变化日新、厚德载物、有容乃大的中华民族文化为运作主体、生命主体、创造主体和接受主体。其中蕴涵了两个方面对于民族主体性观念的进一步具体化的阐释。一方面,这里讲的中国文化是"中国文化生命整体",而不仅仅是其中的某一阶段、某种形态、某个流派。这不仅明确地与那种在中国文化中强分所谓"古代中国文化""现代革命文化"的思维模式作了区隔,而且更重要的是将中国文化看作是一个有着自身传承、演进历程,至今仍在发展进程之中的活的"文化生命整体"。这既可以看作是对于西方汉学界过去一段时间以来曾经长期存在着的将中国文化看作已死的、博物馆中之遗迹主张的拒斥,同时也可以看作是为某些或者主张以中国文化的某一阶段作为中国文化之整体,或者以某一流派作为中国文化之全部的主张的纠偏。另一方面,这里所谓"主体",包括了"运作主体、生命主体、创造主体和接受主体"四种形态或四个方面,而不仅仅是某一个方面。所谓"运作主体",是说中华民族文化是主动进行"综合创新"活动的领导者;所谓"生命主体",是说中华民族文化是我们进行"综合创新"活动的承载者;所谓"创造主体",是说文化建设不仅包括传承,而且更需要创造和发展;所谓"接受主体",则是相对于外来文化而言的。方克立教授明确指出,"中学""是指有着数千年历史传承的,经过近现代变革和转型的,走向未来、走向世界的活的中国文化生命整体。只有中国文化生命整体才能够作为自强不息、变化日新的'创造主体'和厚德载物、有容乃大的'接受主体',某一阶段、某种形态、某个流派的中国文化都不足以担当此任"。① 对文化建设中的民族主体性观念进一步具体的阐释,显然可以看作是对"综合创新"文化观的丰富和充实。

最后,"马魂中体西用"论以特定的方式对文化建设中民族主体性的重要性作了新的突显。前文已经述及,为了论证"魂、体、用"范式的合理

---

① 方克立:《关于文化的体用问题》,《方克立论著集》第四卷,第 195 页。

性,方克立教授引证了王夫之"形而上者谓之道,形而下者谓之器,统之乎一形",即将"魂"对应于"道"、"体"对应于"形"、"用"对应于"器",通过"道""器"统一于"形"来论证"魂、体、用"相统一的合理性。其中包含了无论是马学还是西学,在归根结底的意义上都是以作为生命整体而存在的中国文化为载体的义涵。应当说,"马魂中体西用"论所做的这一工作,是方克立教授多年来一贯理论立场的进一步拓展。细心的读者不难发现,如何把马克思主义的指导地位与中国文化的主体地位二者统一起来,堪称是方克立教授一直关心的问题。在《略论现代新儒家之得失》一文中,他指出:"马克思主义的传入不是中国文化的危机,而是给伟大中华文明的复兴带来了生机。马克思主义只是提供了一种新世界观和方法论,为人类文明指出了一条通向大同的道路,它并不否定也不能代替民族文化的主体性。马克思主义作为一种外来文化,要在中国生根发展,不能没有中国文化这个接受主体。在肯定民族文化主体性这一点上,马克思主义和现代新儒家并没有根本的分歧。"①这也就是说,20年前方先生就提出了"接受主体"这个概念。可以认为,它不仅是对"西用"来说的,也是对"马魂"来说的。"马魂""中体""西用""三流合一"就"合"(统一)在"中体"上,"三流合一"又将推动"中体"(作为生命主体)的不断创新发展。马克思主义如果不能与中国实际相结合,不能成为中国化的马克思主义,那么它就不可能在中国发挥现实作用。在这个意义上,中国化的马克思主义与中国优秀文化传统之间堪称是合之双美、离之两伤的。这就在坚持马克思主义指导的基础上,更为充分地突显了中国文化的主体性地位。

总之,"马魂中体西用"论不仅是方克立教授站在中国马克思主义"综合创新"论的基本立场上对于当代中国文化发展道路的新探讨,而且在一定的程度上代表了近代以来中国思想文化界关于"中西体用"关系

---

① 方克立:《略论现代新儒家之得失》,写作于1988年,收入《方克立论著集》第三卷,第39页。

问题的最新研究成果。相信它的问世,对于进一步深化相关理论问题的研究,对于我们在当代中国文化的建设中切实处理好马克思主义、中国文化与以西方文化为代表的外来文化之间的关系,均将产生积极的影响。当然,正如方先生已经指出的,"'马魂、中体、西用'论作为一家之言,优点是兼顾到了中、西、马三个方面,弱点是'魂''体''用'的关系还没有形成为一个有很强的解释力、有相当的普适性、为大家所认可的经典模式,它能否成立还要在百家争鸣和历史实践中经受考验"。① 这虽然是方先生的自谦之词,但如何在先贤与时贤已经取得的相关成果的基础上进一步推进中国文化的当代建设,的确是值得我们认真面对与深入考量的问题。

---

① 方克立:《关于文化的体用问题》,《方克立论著集》第四卷,第 201 页。

"文明"与"文明以止"

——方克立文明论大义述略

李广良[1]

一

　　本文是对方克立先生[2]文明论的研究。这一研究缘起于阅读《中国文化的综合创新之路》的思考。《中国文化的综合创新之路》一书出版于2012年,距今已将近12年。12年来,中国社会处在剧烈地变革之中,我们每个人的生活境遇、生存实际和思想世界也发生了深刻的变化,先生也于2020年永远地离开了我们。先生去世之后,我开始系统地重读先生的著作,最近恰好读到《中国文化的综合创新之路》。书中的许多文章其实此前已经读过,但此时重新读来,颇有许多新的思考和感悟,我想借着这个机会就其中的一个方面,即文明论的方面做点探讨。

　　《中国文化的综合创新之路》一书收入长短文章共计47篇,按内容分为四组:第一组的主题是中国哲学和文化对人类文明的贡献,收入文章12篇;第二组的主题是中国哲学和文化的综合创新之路,收入文章17篇;第三组的文章是儒学和现代新儒学研究,收入文章10篇;第四组是

---

① 作者简介:李广良,云南师范大学法学与社会学学院教授。
② 以下皆称"先生",以示尊敬和纪念。

"其他",收入文章8篇,主要涉及湘学研究和中医哲学研究。

对中华文明的思考和研究贯穿于先生毕生的思想和学术事业当中,也贯穿在《中国文化的综合创新之路》全书之中,但就"重心"而言则集中体现在本书的第一组文章之中。先生在本书《自序》中对此有清楚的说明:

> 其中比较重要的有:2001年,我在北京主持召开了第十二届国际中国哲学大会,面对困扰当今人类的两大难题——生态破坏和文明冲突,这次会议在广泛的论题中,确定以阐扬中国哲学中的"天人合一"与"和而不同"智慧为重点,得到了各国学者的热烈响应。这个时期我就这两个论题也分别写了文章,肯定"天人合一"是处理人与自然关系的正确思想原则,同时又指出,中国虽然是一个有着深厚的"天人合一"思想传统的国家,但并不等于已从理论和实践上解决了发展社会生产力与保护自然环境的关系问题,生态破坏在中国也是古已有之,我们今天面临的生态问题亦十分严峻。在阐述"和而不同"文化观时,借鉴古代的思想资源是为了解决现实的文明关系课题,我以为这不只是一个方法问题,而首先要有正确的文化立场、态度和宏阔的文化视野。现代学者费孝通先生的"文化自觉"理论在这方面给予我们很多启示,我在领会费老思想的基础上也有一些自己的新思考。

> 1997年我在新加坡"儒学与世界文明"国际学术会议上的发言,为了回应美国学者亨廷顿的"文明冲突论",着重阐明了中国儒家文化的道德主义、和平主义性质,并从人与自然的关系、人与人的关系、不同国家民族的关系、不同文化的关系、人的身心内外关系五个方面,论述了儒家"贵和"思想的意义和价值,特别是指出它对解决当今世界面临的各种问题、矛盾和冲突,有着不可忽视的现实意义。2011年我与林存光共同提交太湖文化论坛首届年会的论文,除了从两个视角对中华文化精华做了六点概括外,还指出《周易大传》中的

"文明以止"一语,是对中华民族理性的文明发展观之准确、生动的概括,即认为"文明"不是无限度地开发、利用和对外扩张,而是要有所节制,"止"其所当止。在全球性生态危机和文明冲突问题十分严峻的当今世界,深刻理解、阐扬和大力宣传、提倡"文明以止"的文明发展观,对于人类和文明的可持续发展来说无疑是一个福音。①

本组文章中的最早一篇《21世纪与东西方文化》是1995年3月3日在韩国启明大学国际大学院成立大会上的演讲,最后一篇即是《自序》中提到的2011年与林存光共同提交给太湖文化论坛首届年会的文章。这些文章的共同主题是"中国哲学和文化对人类文明的贡献",其中不但深刻地体现了先生对中华文化、中华文明的拳拳深情和深入研究,而且处处体现了先生对人类文明的本质及前途命运的关切与深刻思想,我想这些关切和思考都可以纳入到"文明论"的范畴之中,或者说可以在"文明论"的视域之中进行观照。

依我之"见",文明论在先生的哲学思想中,占有极其重要的地位,是先生文化哲学的重要内容,而先生对中华文化和中华文明的研究与思考,其实都是以先生的文明论为前提的。

二

文明论是关于文明的思考和研究,涉及文明的本质、文明的价值、文明的历史、文明比较、文明批判等。文明论之兴起,是近代社会、思想和学术发展的产物。文明论最早产生于欧洲,后逐渐扩展于世界各地,但似乎以欧美学者、东亚学者对文明论抱有特殊的兴趣,前者是出于骄傲与自豪,后者是出于不甘与赶超。但无论是欧美还是东亚,近代文明论中虽然也有对西方文明的反思和批判,但主流思想是以西方文明为人类的高级文明,为其他文明发展的典范与目标。

---

① 方克立《中国文化的综合创新之路》,中国社会科学出版社2012年版,"自序"第2页。

以福泽谕吉的《文明论概略》为例,这部出版于 1875 年的名著,其中心思想就是在阐明东西方在文明方面的主要差异及其形成的历史原因的基础上,确认西洋文明高于日本文明,主张日本必须以西洋文明为目标,努力学习,急起直追,改变日本的落后状态,争取国家的独立,使日本立于世界文明民族之林。福泽谕吉认为,文明一词至大至广,无所不包,从工商企业、科学技术到政法制度,文学艺术和道德智慧等等,举凡人类社会的一切物质财富和精神财富,都应包括在文明这一概念之中。文明可以分为"文明的外形"和"文明的精神"。前者易取,后者难求。谋求一国的文明,应该先攻其难而取其易,若颠倒了这个次序,就会害国害民。所谓"文明的外形",是指从衣服饮食器械居室以至于政令法律等事物,所谓"文明的精神",是指"广大民众的总精神",是一种"风气""人情风俗""时势"。文明是一个不断发展变化的无止境过程。人类文明的发展已经过了三个阶段:野蛮、半开化和西洋的现代文明。欧洲各国和美国为最文明的国家,土耳其、中国、日本等亚洲国家为半开化的国家,而非洲和澳洲算是野蛮的国家。与西洋文明相比,日本文明的一个突出的特点就在于权力偏重,"日本只有政府,没有国民"。福泽认为,智慧和道德是文明发展的动力,"文明是人的智德的表现"。日本文明之所以远不及西洋文明,其根本原因在于人民的智德不足。因此,日本要赶上和超过西洋文明水平,就必须努力追求智慧和道德,按照"首先变革人心,然后改变政令,最后达到有形的物质"的顺序进行变革。

从福泽谕吉的时代以来,世界历史、亚洲历史乃至中日历史都发生了深刻的变化,人类文明一方面在许多方面趋于一体化,但深刻的分歧和斗争也从来就没有停止,东西方学者也一直在思考文明的种种问题,甚至为此还进行过多次的"对话",如汤因比与池田大作在 1972 年和 1973 年的对话中就曾专门探讨过"文明生机的根源"问题。1996 年,亨廷顿在《文明的冲突与世界秩序的重建》提出"文明的冲突"论,认为冷战后世界格局的决定因素表现为七大或八大文明,即中华文明、日本文明、印度文明、伊斯兰文明、西方文明、东正教文明、拉美文明,还有可能存在的非洲文明。冷战后的世界,冲突的基本根源不再是意识形态,而是文化方面的差异,主宰全球的将是"文明的冲突"。"文明冲突论"的提出,其实是冷战后的国际政治现实的反映,也是西方学者对中华文明等古老文明重新崛起的应对之策,在其背后是世界格局的现实变化。先生的文明论就是在这样一个历史和思想背景中形成的。作为一个关注现实、目光敏锐的思想家,先生密切关注美国、日本和中国学者的文明论思想,与国内外学者平等对话深入交流,在各种学术场合发表自己对文明问题的见解,阐扬自己的文化发展观和文明创造战略。他的观点就集中反映在这一组文章中,本文以下的叙述也主要以这些文章为依据。

三

先生认为,西方文明在过去几个世纪中,是一种强势文明,特别是在科技文明、工业文明、商业文明等方面,明显地优于、高于东方文明。发展中国家的现代化运动,就其内容来说实际上主要是西方化。在全球化时代,"西方文化的价值不仅仍然居于强势的地位,而且被看成是具有普遍意义的全球性的价值,如市场经济、民主、法治、人权、自由主义、个人主义等等。全球化实质上就是让世界各国各民族都接受西方的政治、经济制度和价值观念"。[1] 在科技文明高度发达的今天,西方文化大有席卷全球之势。但是,西方文明并非尽善尽美,即使作为一种强势文明,它也不是所有方面都强。"西方文明决不是永恒的绝对的文明,也不是人类社会最高级的文明。"[2]"虽然西方文化仍是一种强势文化,但是西方中心论或欧洲中心论已经是注定地破产了。"[3]西方文明及其主导下的全球化导致的环境污染、核武器威胁、恶性传染病、毒品买卖和犯罪活动的全球化等问题,就是西方中心论走向末路的明证。

---

① 方克立《中国文化的综合创新之路》,中国社会科学出版社 2012 年版,第 25 页。
② 方克立《中国文化的综合创新之路》,中国社会科学出版社 2012 年版,第 2 页。
③ 方克立《中国文化的综合创新之路》,中国社会科学出版社 2012 年版,第 3 页。

　　但是,先生决不是反西方论者、反全球化论者,当然,他也不是认为"只有东方的哲学思想才能救人类""文明应该提倡东化"的"东化论"者。他坚决反对亨廷顿的"文明冲突论",认为亨廷顿"过分夸大了东西方文明的差异和矛盾冲突的一面,却忽略了不同文明之间的交流互动、促进人类文明共同发展进步的这一面","从世界历史的长远发展过程来看,文化冲突只是浅近的表面现象,文化冲突的背后都有实际利益的冲突在起作用,文化交流融合、整合才是主流和必然的历史发展趋势"①,"文明的整合是世界历史发展的必然趋势"②。他一方面认为"21世纪是东方文化复兴的世纪",同时又认为"21世纪是东西方文化进一步交流融合的世纪"③。他既不赞成东方文化优越论,又反对"全盘西化"论,而是完全赞同"淡化东化与西化之争","兼取东西文化之长,努力促进东西文化交流、对话、融合、会通的观点"。他认为这种观点"在文化心态上既不自卑,也不自大,其所提出的文化主张,既符合世界的潮流,也符合中国的国情,而且具有比较强的可操作性","在学术界和人民群众中得到了广泛的认同和支持,逐渐成为文化研究和文化讨论中占主导地位的观点"④。先生主张以"和而不同"作为"化解文明冲突的良方"。在他看来,作为典型的中国智慧,"和而不同"是处理不同学术思想派别、不同文化之间关系的重要原则,是学术文化发展的动力、途径和基本规律,在经济全球化时代,"和而不同"是消解文明冲突的一个良方,一剂对症良药。

　　先生指出,所有文明都要"自觉",都要有"自知之明"。这一思想是对费孝通先生的"文化自觉"思想的继承与发扬。费孝通先生曾说:"文化自觉,意思是生活在既定文化中的人对其文化有'自知之明',明白它的来历、形成的过程、所具有的特色和它发展的趋向。自知之明是为了加强对文化转型的自主能力,取得决定适应新环境、新时代文化选择的

---

① 方克立《中国文化的综合创新之路》,中国社会科学出版社2012年版,第9页。
② 方克立《中国文化的综合创新之路》,中国社会科学出版社2012年版,第4页。
③ 方克立《中国文化的综合创新之路》,中国社会科学出版社2012年版,第1页。
④ 方克立《中国文化的综合创新之路》,中国社会科学出版社2012年版,第27页。

自主地位。"①先生认为,费老关于"文化自觉"的理论,是适应时代需要而提出来的一种具有普遍意义的文化理论。世界文明史是一本最好的"文化自觉"教科书。所有民族都应该认真总结、吸取本民族文化发展中的历史经验教训,同时也要善于从其他民族文化发展史中获取教益。处于弱势地位的民族文化需要学习,处于强势地位的文化更需要学习,对自己的文化是从哪里来的、它要把人类带到哪里去、应该怎样处理与其他民族文化的关系有"自知之明",有正确的文化心态,对于强势文化来说更加重要,因为它对人类文明未来的健康发展承担着更大的历史责任。

四

先生毕生从事于中华文化和中华文明的研究,晚年更是自觉地、系统地思考中华文明的本质,探讨中华文化的文明特性。方克立指出,中华文化是世界上最古老的文明传统之一,它的最大特点就是历史悠久而又从来没有中断过,虽历经艰难险阻而具有顽强的生命力,同时具有汇聚众流的博大的包容胸怀。问题在于:中华文化可久可大的精神支柱和内在动力是什么? 与其他民族文化,特别是与近现代西方强势文化比较,中华文化具有何等不同的文明特性呢? 中华文化的根本精神究竟是什么? 前述《"文明以止":中华文化的精华与精神》一文对上述问题做了系统的回答。

中华文化可久可大的精神支柱和内在动力是什么? 先生认为有二:"旧邦新命"的"中国意识"、"与时偕行"的通变思想和自强不息的进取精神;"和而不同"的和谐观念、多元一体的综合智慧和"有容乃大"的包容精神。中华民族之所以历经多灾多难而坚韧不拔地生存下来,成为世界上硕果仅存的一个延续时间最长、从未中断过的伟大民族和文明国家,中华文化之所以能在国内多民族文化融合与中外文化交汇中不断丰富

---

① 费孝通《中国文化在新世纪面临的挑战》,转引自《中国文化的综合创新之路》,中国社会科学出版社 2012 年版,第 67 页。

发展,有容乃大,历久常新,显示出可久可大的强大生命力,根本的动力正在于此。先生深刻地认识到,在中华民族独具特色的"中国"意识或观念中,中华民族自我认同的"中国"并不是现代意义上的"民族国家",而是一个"文明国家"。从西周以来,"旧邦新命"的意识就构成了中华民族的"中国"意识中至关重要的思想内涵。迄至今日,中华民族虽然不再坚持"中央之国"的自我中心主义文化观念,但"旧邦新命"的意识仍在发挥着它的重要功能和历史作用,支撑着中华民族以旧邦的身份而上承新的天命,或者在新的时代条件下承担和肩负起新的历史使命,重塑或再造一个新的更加文明化的"中国"。

与其他民族文化,特别是与近现代西方强势文化比较,中华文化具有何等不同的文明特性呢? 先生认为有四:"以人为本"的价值理念、崇仁尚义的道德取向和学行一致的教育思想;"民为邦本"、以德治国的政治思想和经世济民、天下己任的担当精神;"天下为公"的大同理想和"协和万邦"的天下情怀;"天人合一"的精神境界和天人协调的生态智慧。这四点充分彰显了中华文化道德人文主义的性质和特点,从内修文德的"内圣"修养到治国、平天下、一天人的"外王"事业,无不体现了中华文化道德主义、和平主义的性格和"文明以止"的精神①。先生也意识到,这些是从"各美其美"的角度所讲的中华文化的"精华",这样讲并不意味着中华文化没有自身存在的问题和局限性,"如果没有这种自知之明,我们就不能再保持自身我们特性的同时虚心学习其他民族文化的优长而使自己不断更新发展"②。

中华文化的根本精神究竟是什么? 先生认为,可以用《周易大传》中的"文明以止"一语来概括,即认为"文明"不是无限度地开发、利用和对外扩张,而是有所节制,"止"其所当止,内修文德以化成天下。"文化中国"的信念内含着一种以华夏民族的礼义文明来引领、融合与统一不同

① 方克立《中国文化的综合创新之路》,中国社会科学出版社 2012 年版,第 145 页。
② 方克立《中国文化的综合创新之路》,中国社会科学出版社 2012 年版,第 145 页。

民族、不同地域风俗习性之多样性差异的文化理想,在追求实现这一文化理想的过程中,无论是用"以夏变夷"还是内部整合,其理想的方式都不是通过粗暴干涉和军事征服来达到文化扩张的目的,而是通过文化示范和道德感化的方式来实现中华礼义文明的和平传播与自愿接受,而这与中华民族的人文化成观和"文明以止"的理念是分不开的。

"文明以止"一词出自《易传》,《周易·贲卦·象》曰:"刚柔交错,天文也;文明以止,人文也。观乎天文,以察时变;观乎人文,以化成天下。"先生分别对《易传》中的"天文""人文""文明"和"文明以止"进行了分析。

关于"天文"和"人文":"天文"是指阴阳迭运、刚柔交错的自然变化过程及其法则,而"人文"是指人类制作的礼乐典章制度及其对人的行为的规范教化作用。"人文"与"天文"并举对称,故而"人文"与"天文"并不是相隔相离、互相对立的,而是紧密地联系在一起的。对于天下的治理化成而言,治国平天下者既要"观乎天文,以察时序之变化",又要"观乎人文,以化成天下之人"。两者相资为用,不可偏废。也就是说,中华民族虽然重视和强调以"人文"化成天下,但其"人文"意识并不是以支配自然或逆天而行为前提,相反,"天文"或天道自然法则乃是人类应当取象效法的对象,而取象效法天文或天道自然法则又须以"人文化成"为目的。

关于"文明":"文明"一词在《易传》凡六见,其一见于《乾文言》,其余皆见于《象传》,如"其德刚健而文明""内文明而外柔顺""文明以悦,大亨以正"等,先生认为,"《象传》的作者可以说是解释和阐发了一种极富中国特色的'文明'的观念"[1]。

关于"文明以止":"如果一个人(特别是统治者)的德行能够像天地日月一样正大而光明,并用礼乐来教化世人,那么,天下的人民就会被他的光明之德所感召和指引而遵从礼义,以至行其所当行、止其所当止。"[2]

---

[1] 方克立《中国文化的综合创新之路》,中国社会科学出版社 2012 年版,第 147 页。
[2] 方克立《中国文化的综合创新之路》,中国社会科学出版社 2012 年版,第 147 页。

这是"文明以止"的本意,中华民族的"人文"观念与"文明"意识中深刻地体现了这种"文明以止"的精神。因而对于中华民族来说,"重要的不是通过强权霸道的治理方式来实现国家富强的目标或强制人民屈服,而是通过充分发挥礼乐对人的文明化的教化作用来引导人民过一种道德化的伦理文明生活,从而实现社会治理的目标;不是通过武力扩张或威服的方式来胁迫异族人民认同和接受自己的文化,而是通过中国式文明典范的内在文化特性的吸引力或修文德以来远的方式来引导对方实现文化上的自我转化与提升,从而实现'协和万邦'、天下一家的目标;不是通过征服自然或无止境地掠取和耗竭自然资源的方式来满足自身不断膨胀的欲望需求,而是通过节制自身欲望、协调天人的方式来追求实现物与欲'两者相持而长'(《荀子·礼论》)乃至人与自然万物可持续和谐共生的目标"。① 这种"文明以止"的文化性格和人文意识,造就了中华文化天人合一、物我交融、仁民爱物的人文精神,与西方文化人类中心主义的征服自然、"以动力衡决天下"精神性质迥异。

先生对"文明以止"的诠释,事实上是将《易传》中具有特定含义的"文明"一词,转换成今天一般意义上的或作为"文化实体"意义上的"文明"一词来理解。据此,"文明以止"的一般意义或现代意义就是:人类文明的发展和进步不是无节制、无限度的,也不是漫无方向的发展,而是应该有所"止","止其所当止""止于至善"的价值目标,止于人与自然、社会、他人的和谐相处,止于有益于人类自身可持续地生存和发展的事业。"文明以止"并不是反对人类推动社会进步的文明行为,而是要把这种行为限制在符合天道、人性的范围内,越出这个范围的行为就是不文明的了。只有"顺乎天而应乎人",才能以"人文"化成天下。

五

先生文明论的要义、大义大体如上所述。先生主张淡化东西之争,

---

① 方克立《中国文化的综合创新之路》,中国社会科学出版社 2012 年版,第 148 页。

强调文明之间的交融会通,认为人类文明的发展进步应当"止其所当止",反对通过粗暴干涉和军事征服来达到文化扩张的目的,提倡不同文明之间的对话活动,这些思想无疑是开放的、包容的,既积极发扬了中华传统的"和而不同""有容乃大"的智慧,又充分体现了马克思主义的辩证法精神。就思维方法来讲,他始终坚持尊重事物本身的辩证法,用辩证的思维方法去认识和处理现实的矛盾。先生曾经受过严格的辩证法思维训练,他的辩证分析的功夫是我不能望其项背的。如下列段落所示:

像东方文化与西方文化这一类"不同"的事物,当然可以说是一对矛盾,但它们之间的关系并不是你存我亡、水火不容的绝对对立的关系。对于这一类矛盾的认识和处理,就不宜只强调其"不同",采取"非此即彼"的绝对互相排斥的方法,而不是应该按照"和而不同"的原则,正确地发挥"和"即辩证法同一性的作用,通过二者的"并存""结合""合作"来达到相反相济、良性互动的效果。中国传统哲学的"中和"辩证法,在处理这一类矛盾事物时是可以发挥其重要的指导作用的。

在目前关于东西文化的讨论中涉及一系列矛盾关系,如一体化与多元化、全球化与本土化、世界性与民族性、现代性与根源性、科技与人文、工具理性与价值理性等等,恐怕都不能采取"非此即彼"的方法简单处理,而是要善于运用亦此亦彼、相反相济、互动互补、共存共荣的"中和"辩证法。①

先生的文明论似乎仍然是"以西释中",但究其实不是。先生既不是"以西释中",也不是"以中释西",而是已然超越了"中西对立",面向人类文明发展的"事情本身"而进行深度思考。用先生自己的话说就是:"但我们不是狭隘的民族主义者,真正发扬东方文化,特别是中国文化的精神,我们应该是天下主义、普世主义、全球主义者。"②先生是马克思主义

---

① 方克立《中国文化的综合创新之路》,中国社会科学出版社 2012 年版,第 33 页。
② 方克立《中国文化的综合创新之路》,中国社会科学出版社 2012 年版,第 1 页。

者,但他是坚持马克思主义的基本原则和内在精神,自由运用马克思主义基本方法的马克思主义者;先生是中国文化的研究者和弘扬者,但又是世界主义者、天下主义者、普世主义者、全球主义者;先生主张伟大中华文明的现代复兴,但更主张创造"多元化与一体化并存、世界性与民族性共荣的世界新型文明",这是先生的终极文化理想。

综合创新派对"第二个结合"的探索和贡献研究

于慧玲　范瑞雪①

近代以来"中、西、马"三大思潮对立互动。对于马克思主义基本原理同中华优秀传统文化相结合("第二个结合"),不同的人们进行了积极研究与探索。相伴于毛泽东思想、邓小平理论、"三个代表"重要思想、科学发展观和习近平新时代中国特色社会主义思想取得的辉煌成就,以张岱年、方克立等几代学人为代表的综合创新派进行学术理论与大众实践普及的探索与贡献也不容忽视,展现了坚持推进"第二个结合"的繁荣景象与正确方向。综合创新派的探索和贡献,不但为正确认识"第二个结合"的各种发展形式提供新的分析资源,而且还全面展现马克思主义中国化的历史进路,并为进一步推进"第二个结合"提供认识问题、分析问题、解决问题的新视角、新方法,进而不断推进马克思主义中国化时代化。

一、马克思主义综合创新派

(一)马克思主义综合创新派的传承发展

在我国哲学界有一个始终贯彻着"第二个结合"思想宗旨的学术思

---

① 作者简介:于慧玲,天津师范大学马克思主义学院副教授。范瑞雪,天津师范大学马克思主义学院硕士研究生。

想流派,可以称之为综合创新派,也就是中国哲学界的马克思主义派。张岱年提出来独树一帜的综合创新论,这使之成为综合创新派的奠基人、带头人。在他的学术生涯中,一史一论(史指的是中国哲学史,论指的是综合创新论)两个领域开出奇葩,取得了累累硕果。张岱年不仅在20世纪30年代的文化论争中就发表诸多论文,阐述其"创造的综合论",既反对东方文化优越论,也反对全盘西化论,主张兼取中西文化之长而创造新的中国文化。在与其他各种派别主张的比较和论争中,综合创新论逐渐显示出其真理性和现实性,逐渐被人们所接受,成为关于中华传统文化创造性转化、创新性发展的一种主流观点。

综合创新学派,首先是由张岱年倡导和创立的,方克立是其中最著名的支持者和阐释、发挥者之一,他以极强的学派意识,对于综合创新学派的建设与发展做出了卓越的贡献。有学者认为张岱年和方克立是马克思主义综合创新文化观的代表。① 方克立先生于20世纪80年代提出了"古为今用,洋为中用,批判继承,综合创新"十六字的文化方针,又于2006年概括为"马魂、中体、西用"论思想,是继张岱年创立综合创新学派后,对于学派建设与发展做出最突出贡献,因而成为第二代学者中最重要的、最杰出的代表之一。1999年,在张岱年九十大寿之际,方克立曾致函祝寿,张岱年复信说:"您的哲学观点和文化观点,与我的哲学观点和文化观点基本相同,我十分高兴! 十分感谢! 我晚年又得一同调和知音,实属莫大荣幸!"② 由此可见两代学者在思想上的薪火传承与心心相印。

张岱年提出综合创新论后,起初并没有引起学界的重视,方克立是最早表示心契和赞同、并旗帜鲜明支持这种文化主张的学者之一。他不断对综合创新论进行新的概括、阐扬与发挥,从"古为今用,洋为中用,批判继承,综合创新"十六字诀,到"马魂、中体、西用"论的理论硕果,使综

---

① 洪晓楠:《论"综合创新论"文化观》,《中州学刊》1998年第2期。
② 何海清:《方克立:尽师之天职,立帅之风范》,《中华英才》2000年第21期。

合创新学派的思想内容更加丰富,思路更加清晰,具有更强的理论说服力。正是由于方克立的创造性深刻阐述和系统论证,推动了综合创新论由张岱年个人的文化论点,上升成为综合创新学派的基本文化主张,并把它与党的文化方针政策,与中华传统文化创造性转化、创新性发展的前进方向紧密联系在一起,逐渐为众多学者所认同。

综合创新学派形成与确立的标志是 1995 年在澳门召开的综合创新文化观研讨会。内地、澳门、香港的 30 多位学者与会,对张岱年的综合创新论思想的相关问题,进行了深入而有意义的讨论。与会学者们认为,"人类文化都是推陈以出新、综合而创新的,综合创新论既是对人类文化发展规律的总结,也体现了当前人类文化发展的趋势。目前中国正面临着中外文化交流和综合的新时期,这一文化观将对中国文化和世界文化产生重要的影响"。① 这次会议说明综合创新论已经得到广泛认同。因此,方克立认为这次会议可以看作是综合创新学派已经形成和确立的标志性事件。

综合创新论自提出后,又经张岱年本人不断发展完善与倡导高扬,特别是越来越多的学者集合在综合创新论的旗帜下传承发展,事实上已经形成了综合创新派,有的称之为张岱年学派,或者叫作综合创新学派,也有的称之为马克思主义综合创新派等。

(二)马克思主义综合创新派的核心理念

近代以来,"中国向何处去""中国文化向何处去"一直是人们最关心的问题。"全盘西化论""复兴儒学论""中体西用论""西体中用论"以其偏狭的文化心态,固执中西两立、体用二元的思维方式,未能正确反映中华传统文化创造性转化、创新性发展的时代精神与马克思主义基本原理与中华优秀传统文化相结合的不断探索。与此形成鲜明对照的是,马克思主义综合创新派正确总结人类文化的发展规律、中国国情和时代精

---

① 禾协:《综合创新:文化发展之路——95 年澳门"综合创新文化观研讨会"述评》,《哲学研究》1996 年第 3 期。

神,以开放的胸襟、兼容的态度,汲取人类认识史和思想史上的一切优秀成果。中西马"三流合一"、综合创新,是马克思主义基本原理与中华优秀传统文化相结合的基本立场与核心理念。

20世纪三四十年代,张申府、张岱年最先明确以"孔子、罗素、列宁,三流合一"、"将唯物、理想、解析,综合于一"的思想形式将马克思主义基本原理与中华优秀传统文化相结合的核心理念揭示出来。八九十年代,张岱年又把它发展成为系统、完整、成熟的综合创新论。他说我们今天讲文化综合创新,就是在马克思主义原则指导下,以社会主义价值观来综合中西文化之长,而创新中国文化。后来他又明确指出:"文化综合创新的核心是马克思主义和中国文化优秀传统的综合。"可以说张岱年不仅把指导思想、价值目标、核心内容和基本方法都一一讲到了,而且综合创新派的中西马"三流合一"、综合创新的核心理念,实际上已经相当明确地讲清楚了。

方克立在综合创新论的基础上,概括总结为"古为今用,洋为中用,批判继承,综合创新"的16字诀。在新的世纪,他又提出了"马学为魂,中学为体,西学为用,三流合一,综合创新",即"马魂、中体、西用"。这是综合创新派为了更准确地回答中国新文化建设的现实道路问题所作出的最新理论创新,是对实现中华传统文化创造性转化、创新性发展的历史经验、发展道路、演变规律和未来形态的精辟概括和科学总结,从而形成了综合创新派中西马"三流合一"、综合创新的核心理念。

从20世纪三四十年代的"三流合一"论到八九十年代的综合创新论,再到21世纪初期的"马魂、中体、西用"论,马克思主义综合创新派中西马"三流合一"、综合创新的核心理念是一以贯之的。历史虽然已进入21世纪,在中国的思想文化领域,中、西、马三大思潮对立互动的基本格局并没有改变。综合创新派所倡导的中西马"三流合一"、综合创新的核心理念,仍然是新世纪实现中华传统文化创造性转化、创新性发展的正确方向和现实道路。在马克思主义综合创新派的深化发展中,不断涌现许多优秀人才,他们继承中西马"三流合一"、综合创新的核心理念,并且进行了许多新的开拓与发展。马克思主义综合创新派的一代又一代后继者,将继续沿着张岱年所开辟的中西马"三流合一"、综合创新的核心理念把马克思主义基本原理与中华优秀传统文化相结合的伟大事业推向前进。

(三)马克思主义综合创新派的哲学基础

从理论内容和内在逻辑来看,综合创新派经历了 20 世纪 30、40 年代的"创造的综合"论或"文化创造主义",20 世纪 80、90 年代的综合创新论和 21 世纪初期以来的"马魂、中体、西用"论三个基本发展阶段。其中的文化思想是一脉相承的,共同的思路是将中西不同文化中的优点,综合于一体,以创新中国文化。综合不是简单的裁剪,沙拉式的混合,或是七巧板式的拼凑,而是"兼赅众异而得其平衡"。

"兼和"思想是张岱年的首创,是他深邃智慧的结晶,是他哲学中的精髓,更是其文化观的哲学基础。关于"兼和",他论述到:"最高的价值准则曰兼赅众异而得其平衡。简云兼和,古代谓之和。亦曰富有日新而一以贯之。《易传》:'富有之谓大业,日新之谓盛德。'惟日新而后能经常得其平衡,惟日新而后能经常保其富有。"①通过以上论述,综合创新论所蕴含的重要思想观点与"兼和"理论表达相一致,从而密切联系在一起。张岱年首创的"兼和"理论是辩证唯物论与中国传统的"贵和""日新"思想的综合创新,而且也是对中国"两一"思想和马克思主义"对立统一"思想的综合创新。在张岱年看来,"兼和"就是"兼赅众异而得其平衡"与"富有日新而一以贯之"的统一。"兼和"不是天外来客,而是源于中国的重"和"传统。"兼和"也就是在承认差异性的前提下,达到事物整体的动态平衡。"多"中有"一","一""多"相容,有同有异,同而且异,求同存异,从而达到多样性统一的"兼和"状态。张岱年概括到:"和是兼容多端之义,今称之为'兼和'。"②因而,"兼和"不但完整、准确地把握了古代"贵

①张岱年:《张岱年文集》第三卷,清华大学出版社 1995 年版,第 213 页。
②张岱年:《张岱年全集》第七卷,河北人民出版社 2007 年版,第 411 页。

和"思想的真谛(多样性统一),而且使其内涵更加明确和丰富,并把传统的"和"进行了改造、转化和提升。正如张岱年提到的"所谓和者,指相异者或对立者之结聚而相成相济","故有丰富之内容而不杂乱"①。"兼和"以对立统一为实质,就是一元主导、兼容多元而形成的动态平衡的统一体。因此,"兼和"是辩证法与中国传统哲学的结合,是唯物辩证法的中国化。再者,正如一位学者所指出的,"兼和的基本精神在于创新"。②"创造性"是"兼和"的核心原则,张岱年已经明确"惟日新而后能经常得其平衡,惟日新而后能经常保其富有"。③ 杜运辉曾经深刻总结出了"兼和"三重的意蕴:"兼和"有三重意蕴:(1)富有;(2)日新;(3)一贯。④"富有"即多样性或差异性;"日新"即发展性或创造性;"一贯"即统一性或整体性。所以,多样性、创造性、统一性,也可以说是"兼和"的三个基本要素,由此形成整体上的平衡。

总之,马克思主义综合创新派的哲学基础"兼和"理论的丰富内涵,使得人们能更深刻、更完整地理解综合创新论。方克立指出,"兼和"范畴"深得中国传统哲学重'和'思想之精义,是批判继承和创造性地发展中国哲学的一个范例"。⑤ 杜运辉将其评价为:"既汲取了辩证唯物论的精髓而不着痕迹,又凝聚了中国传统哲学的精华而具有中国风格,是中国现代哲学最重大的理论创获之一。"⑥综合创新派正是由于具有这种"兼和"哲学的底蕴,于是走出了一条"中、西、马"三流合一、综合创新的中国新文化建设之路,极大地促进了马克思主义基本原理与中华优秀传统文化相结合。

---

① 张岱年:《张岱年全集》第三卷,河北人民出版社 2007 年版,第 193 页。
② 刘鄂培主编:《综合创新——张岱年先生学记》,清华大学出版社 2002 年版,第 109 页。
③ 张岱年:《张岱年全集》第三卷,河北人民出版社 2007 年版,第 220 页。
④ 杜运辉:《张岱年先生"兼和"思想发微——纪念张岱年先生诞辰 100 周年》,《中国哲学史》2009 年第 1 期。
⑤ 方克立:《张岱年先生与二十世纪中国哲学》,《中国社会科学》2005 年第 2 期,第 62 页。
⑥ 杜运辉:《张岱年先生"兼和"思想发微——纪念张岱年先生诞辰 100 周年》,《中国哲学史》2009 年第 1 期。

二、综合创新派对"第二个结合"的探索

努力实现"第二个结合",不只是中华传统文化现代化的内在要求,也是改革创新时代的现实需要与中华民族历史使命的共同指向,更是 21 世纪中国新文化发展建设面临的一个关键问题。新儒家学派、新道家学派、诠释学派、综合创新派等等都对实现"第二个结合"进行了宝贵的探索,为当代中国新文化建设提供了很好的典范。以综合创新论为引领,努力实现"第二个结合",是综合创新派几代人传承不辍、矢志不渝的奋斗目标。

(一)张岱年"综合创新"对"第二个结合"的探索

2023 年 6 月 2 日召开的文化传承发展座谈会上,习近平总书记发表了重要讲话,其中对"两个结合"中的"第二个结合",即马克思主义基本原理同中华优秀传统文化相结合,作了专门论述。他强调,"第二个结合"是我们党对马克思主义中国化时代化历史经验的深刻总结,是对中华文明发展规律的深刻把握。总结前人的相关学术探索,有助于加深对习近平总书记的这一重要论述的领会。

1936 年,27 岁的张岱年提出了"综合创新"的最初设想。他说:"今后哲学之一个新路,当是将唯物、理想、解析,综合于一。"①张岱年先生在哲学立场上虽受其兄的影响,但因其学术背景不尽全同,故在程度上也略有差异。张申府在哲学上既倚重马克思的辩证唯物论,又倚重罗素的数理逻辑。据张岱年先生回忆,他在年轻时就阅读过恩格斯的《费尔巴哈论》《反杜林论》和列宁《唯物论与经验批判论》的中译本,他说,这些书"虽然译笔不甚明畅,但能窥见大意。"②1987 年初的"文化热"中,张岱年先生指出,中国建设社会主义的新文化,"一定要继承和发扬自己的优良文化传统,同时汲取西方在文化上的先进贡献,逐步形成一个新的文化

---

① 《张岱年全集》第一卷,河北人民出版社 1996 年版,第 262 页。
② 《张岱年学述》,林大雄整理,浙江人民出版社 1999 年版,第 22 页。

体系。这个新的文化体系,是在马克思列宁主义原则的指导下,以社会主义的价值观来综合中西文化之所长而创新中国文化。它既是传统文化的继续,又高于已有的文化。这就是中国的、社会主义的新文化。"①

张岱年在张申府"三流合一"思想的基础上加以发挥,提出集唯物、理想和解析于一体的"创造的综合"思想。他认为,"中国过去哲学,更有一根本倾向,即是自然论与理想论之合一。中国哲学家大部分讲自然论的宇宙观,而更讲宏大卓越的理想。西洋人自然与理想主义那种决然对立的情形,在中国是没有的。由此,我们可以说,综合唯物与理想,实正合于中国哲学之根本倾向"。② 此处的"理想"主要是在强调精神的能动性,张岱年强调理想与唯物的综合,希望借以"理想"成为指导人类进步的思想关键。新中国成立以后,张岱年较少提及这一思想和主张,而是在改革开放以后对这一理论进行了补充和发展,提出综合创新论,即"综合中西文化之长而创造新的中国文化"。③ 主要内容就是将中国哲学、西方哲学和马克思主义哲学综合,进而创造出全新的中国文化。

张岱年在晚年提出的综合创新论是对 20 世纪 30 年代"创造的综合"的继承和发展,他在包含内容上从单一的哲学领域扩大到文化领域。值得注意的是,综合创新论除中西文化之综合的含义外,同时也包含中国固有文化中不同学派的综合。"包括儒、墨、道、法各家的精粹思想的综合以及宋元明清以来理学与反理学思想的综合。"④当然,中国传统学派间的综合也必须以马克思主义作为理论基础。统观张岱年对中国传统文化的态度,经历了从"创造的综合"到综合创新论的过程,虽然这些理论有传承有差异,但是究其本质都是建立在马克思主义理论基础上的对中国传统文化进行合理解读。

新中国成立后,马克思主义对传统文化的态度和解读方式曾出现过

---

① 《张岱年全集》第六卷,河北人民出版社 1996 年版,第 253—254 页。
② 《张岱年全集》第一卷,河北人民出版社 1996 年版,第 263、273 页。
③ 《张岱年全集》第七卷,河北人民出版社 1996 年版,第 14 页。
④ 《张岱年全集》第八卷,河北人民出版社 1996 年版,第 628 页。

极端主义倾向,也经历了短暂的曲折。但是,统观其整体趋势则是坚持了"辩证的否定观",努力实现批判与继承的辩证统一,即继承中国传统文化中的精华,对有价值的内容进行适当变革以适应新时期的社会主义建设;同时要批判传统文化中的糟粕,与毫无价值的内容进行"决裂"。正是基于这样的理论认识,在马克思主义理论指导下的中国知识界才会对传统文化有正确的认识和恰当的态度。因此,我们作为指导思想的马克思主义并非简单的学习和应用马克思主义基本理论,而是在社会实践过程中将马克思主义基本原理与中国传统思想相结合,形成中国化的马克思主义。

（二）方克立"马魂、中体、西用"对"第二个结合"的探索

20 世纪 80 年代中期以来,对马克思主义与中国传统文化的结合是否可能,确有不少学者做出否定性的回答,例如:马克思主义属于西方文化传统,在中国文化中没有根,找不到任何结合点;马克思主义主张物质决定论和经济决定论,不重视人的精神作用,与重视"礼乐教化"的中国文化格格不入。在他们看来,马克思主义和中国传统文化是不能相容相通的。方先生认为,这些观点无论在理论还是在事实上都是说不通的,二者的结合是完全可能的。一方面,马克思主义与中国传统文化的精华确有诸多相契合的内容,如中国古代的大同理想与马克思主义的共产主义学说等;另一方面,马克思主义并不是某种狭隘的宗派,而是人类文明史上一切优秀成果的继承者,在对待历史文化遗产的问题上,从不主张割断历史。

对于如何把握"第二个结合"的精神实质,也有学者存在严重误解。在他们看来,当代中国通过将马克思主义与中国传统文化相结合进行的"中国化",不过是马克思主义的"封建化"或"儒学化"。方克立先生对此作了有力批判。他认为,在当代中国共产党人进行的马克思主义与中国传统文化的结合中,与马克思主义进行结合的,是中国传统文化的精华部分,即中华优秀传统文化的内容,"封建性的糟粕"是被扬弃了的,因此不能将经由"第二个结合"进行的马克思主义"中国化"称为马克思主义

"封建化"。方克立对中国传统文化的体用观做出的创造性解读,正是一种对待中国传统文化的综合创新,同时也可以说具有现实的实践意义。

方先生作为从事中国哲学史教学和研究的马克思主义学者,自觉将如何把马克思主义的革命和科学精神与中国哲学和文化精华相结合视为自己的终生职志。围绕如何正确处理马克思主义与中国传统文化相结合中的双方的地位和相互关系,他从理论上进行了深入探索。方先生认为,中国作为一个社会主义国家,必须以马克思主义为指导开展新文化建设,在社会主义时代不可能继续沿用儒学这一封建时代的主导意识形态。他还指出,中国的社会主义新文化建设虽然以马克思主义为指导,但又十分强调继承和弘扬包括儒学在内的中国传统文化的精华,因此并不是要取代中国文化的创造主体和接受主体地位,也没有否定民族文化的主体性原则。方先生通过学习张岱年的综合创新文化观,同时结合自己长期以来对中国传统文化体用观的研究,提出了"马学为魂,中学为体,西学为用,三流合一,综合创新"的思路。这就把马克思主义的主导地位、中国文化的主体地位和外来文化的"他山之石"地位有机结合起来了。这一文化发展道路或理论模式被简称为"马魂中体西用"论。它的实质内容是如何处理中国的新文化建设中的中、西、马三种文化资源的关系,核心是马克思主义与中国文化的关系问题。

方克立先生指出,这"两个结合"是马克思主义中国化的必由之路,"马克思主义哲学作为一种外来的思想学说它要在中国传播、发展并扎下根来,必须与中国革命和建设的具体实际相结合,与中国固有的思想文化包括中国哲学的优良传统相结合。这两个'结合'是马克思主义哲学中国化的必然途径"[1]。其次,方先生认为综合创新论的思想核心是"第二个结合"。方先生高度评价张先生这一文化主张。他指出,张岱年先生是一个缺少革命实践经验的知识分子,但却是一个中国哲学方面的专家,他有一种将马克思主义哲学中国化的热烈愿望和明确的自觉意

---

[1]《方克立论著集》第四卷,中国社会科学出版社2023年版,第143页。

识,"因此他的探索就主要是在马克思主义哲学与中国哲学优秀传统相结合方面"。①

无论是综合创新论还是"马魂中体西用"论,始终贯穿着"第二个结合"的思想主线。方先生关于马克思主义与中国传统文化相结合的探索成果,与习近平总书记在文化传承发展座谈会上的相关重要论述是高度一致的。参考和借鉴方先生在此方面的真知灼见,将对我们理解习近平总书记关于"第二个结合"的重要论述大有裨益的。

(三)综合创新派其他学者对"第二个结合"的探索

马克思主义综合创新派以张申府中、西、马"三流合一"为萌芽,自张岱年创立"综合创新论"起为标志确立起来,一大批受教于张岱年的其他学者进行发展与深化,刘鄂培重点研究和发展张岱年的"兼和"思想;刘仲林开辟了"创学"建设的研究与大众实践方向等等,他们各自从不同的视角,推进综合创新论的研究和发展。刘仲林把中国文化与科学视为创造过程的产物,以中国传统文化的现代转化为重点,通过从"仁学"到"创学"的转型,探索中国文化与现代科学会通的新途径②。刘仲林从中国传统文化着眼,提出"天行健,君子以自强不息""地势坤,君子以厚德载物""天地交,君子以辅相天地之宜"是中国文化的总追求和基本精神。他认为"天行健""地势坤""天地交"三位一体,以及由此形成的"自强不息""厚德载物""辅相天地之宜",代表了积极进取的中国文化精神,是中国哲学与文化创新思想的重要源泉③。在此基础上,刘仲林提出自己对现代创造的理解,他认为创造是赋予新而和的存在;是对已知要素进行组合和选择的过程;是只可在实践中体会的一,是不可言说的道④。刘仲林指出方克立先生继承和发展了张岱年先生的"综合创新论",进一步提出了"马学为魂、中学为体、西学为用、三流合一、综合创新"的核心理念,对

---

① 《方克立论著集》第四卷,中国社会科学出版社 2023 年版,第 149 页。
② 刘仲林:《儒学与科学会通三家观》,《自然辩证法研究》2016 年第 8 期。
③ 刘仲林:《"创新"的中国文化渊源》,《天津师范大学学报(社会科学版)》2001 年第 4 期。
④ 刘仲林:《论创造与创造观》,《东方论坛》2002 年第 1 期。

"综创学派"的理论发展作出了突出贡献,成为"综创学派"第二代学者中最重要的代表。

"第二个结合"指明中华文明和人类文明的发展前景。杜运辉表示,"第二个结合"意味着我们党深刻把握了中华文明发展规律,"巩固了文化主体性","实现精神上的独立自主","有了引领时代的强大文化力量",这是中华文明史、马克思主义发展史、国际共产主义运动史上的伟大创新。"第二个结合",揭示了人类文明辩证发展的基本规律,中华文明和人类文明都必须走一条"旧邦新命""开放包容""守正创新"的发展道路,这预示着世界范围内马克思主义本土化和传统文化现代化的灿烂前景。杜运辉和李煌阐释了"第二个结合"对解放思想的伟大意义,他们认为,"第二个结合"从马克思主义和中华优秀传统两个维度反思西方文明,揭示了西方资本主义文明的真实面目,彻底破除了西方文明中心论,为创造人类文明新形态打开了创新的文化空间。[1] 杜运辉还总结了"第二个结合"的理论和实践意义,他还认为今天的人类文明新形态,包含着对马克思主义的守正创新、对中华优秀传统文化的创造性转化和创新性发展、对外来文化的本土化,是在新时代中国特色社会主义生动实践中对"人类思想和文化发展中一切有价值的东西"的综合创新。[2]

学者们各抒己见,从多个方面展开了关于"第二个结合"的学术研讨。洪晓楠指出方克立先生是国内较早地提出习近平文化思想的学者,并明确提出"马魂中体西用"是习近平文化思想的宗纲;为了纠正学界对这一思想的误读,他在此研究范式的基础上,提出了"马学为魂、中学为根、西学为鉴、综合创新"的观点,旨在进一步揭示习近平文化思想的宗纲。张允熠指出,方先生以"马魂中体西用"论深化了张申府和张岱年提出的"三学合一"与文化"综合创新"论,不仅推动了文化创新,还体现了中国哲学界对"第二个结合"的持续追求和实践。林存光从传统哲学范

---

[1] 杜运辉、李煌:《"第二个结合"对解放思想的伟大意义》,《西藏研究》2024 年第 1 期。
[2] 杜运辉:《"第二个结合"具有重大理论和实践意义》,《历史评论》2023 年第 4 期。

畴研究、现代新儒学思潮与中国现代化问题研究、文化综合创新说以及当代中国文化和学术思潮等方面阐述方先生的学术成就与理论贡献。陆信礼以领会"第二个结合"为问题意识,概述方先生探索马克思主义与中国传统文化相结合方面的学术贡献。杜运辉论述了方先生"以马克思主义与中华文化精华相结合为终生职志"的根本精神等。综合创新派的学者们,在继承前人思想合理内核的基础上,提出了自己关于文化哲学的独到见解,既继承中华优秀传统文化,又借鉴国外先进文化,对文化的创造性转化和创新性发展具有重要意义。

三、综合创新派对"第二个结合"的贡献

随着西学东渐以及马克思主义的传入,中国经过数百年轰轰烈烈、跌宕起伏的文化论争与论战,逐渐明确了实现中华传统文化创造性转化、创新性发展的历史使命。新儒家学派、新道家学派、新诠释学派以及综合创新派等,从不同的学术立场纷纷为实现中华传统文化创造性转化、创新性发展进行艰辛探索,为坚定文化自信取得了许多积极的成果。其中,综合创新派以综合创新论为引领,三代学者不辍努力,将马克思主义、中国文化、西方文化融会贯通,探索实现中华传统文化创造性转化、创新性发展新道路,反映了当前我国新文化建设与发展的大趋势与迫切需要,又是中国新文化建设与发展的现实道路,对于推进"第二个结合"具有重要的理论意义与现实意义。随着"第二个结合"的伟大时代来临,在实现中华传统文化创造性转化、创新性发展的理论与实践的探索中,综合创新派必将做出更大的贡献。

(一)综合创新派展现了坚持推进"第二个结合"的繁荣景象与正确方向

综合创新派在坚持推进"第二个结合",即马克思主义基本原理同中华优秀传统文化相结合的过程中,展现了繁荣的景象与正确的方向。他们不仅深刻理解"第二个结合"的丰富内涵与深远意义,更通过创新性的思维和方法,推动了"第二个结合"在新时代的深入发展。

综合创新派的繁荣景象首先体现在对"第二个结合"的深入研究和探讨上。马克思主义与中华优秀传统文化的结合,不是简单的相加,而是要在坚持马克思主义基本原理的基础上,深入挖掘和阐发中华优秀传统文化的精髓,实现二者的有机融合。张岱年指出:"中国新文化应是中国优秀传统与西方先进成果的综合。马克思主义学说是西方文化精粹的汇集。所以,中国新文化的主导思想应是马克思主义的普遍真理与中国优秀传统的正确思想的综合。"①方克立指出:"对儒学要作一分为二的分析和评价,既要看到它是中国长期封建社会中占统治地位的意识形态,是为那个时代的经济基础、社会关系和政治制度服务的,从总体上来说已不适合今天社会的需要;又要看到他作为中华文化的重要载体,其中包含着我们民族认识宇宙、社会、人生的许多根源性的智慧,有些是能够'与当代社会相适应、与现代文明相协调'的,经过批判改造和创造性的转换,这些内容是可以作为古为今用的历史资源,融化到中国特色社会主义新文化中的。"②这些创新性的理论观点,为推进"第二个结合"提供了坚实的理论支撑。

同时,综合创新派推动"第二个结合"在实践中的深入发展,他们也注重总结实践经验,不断完善和发展"第二个结合"的理论体系,推动中国特色社会主义事业的发展。从早期提出的建设一个批判继承历史传统而又充满社会主义时代精神、立足本国而又放眼世界的社会主义新文化,到后来的社会主义核心价值体系和社会主义核心价值观的构建和弘扬践行,再到理性而又清晰地从治国方略层面阐释的弘扬中华优秀传统文化、建构相应的传承体系,本质上也与文化综合创新论的思路和方法一致。在坚持推进"第二个结合"的过程中,综合创新派注重发挥中华优秀传统文化的独特优势,推动中华文化的创新和发展。这种正确的方向,不仅保证了"第二个结合"的健康发展,也为中国特色社会主义文化

①《张岱年全集》第七卷,河北人民出版社1996年版,第64页。
②《方克立论著集》第二卷,中国社会科学出版社2023年版,第392页。

事业的发展注入了新的活力。在未来的发展中,综合创新派将继续发挥其在"第二个结合"中的引领作用,推动中国特色社会主义事业的繁荣发展。

(二)综合创新派为正确认识"第二个结合"的发展形式提供新的分析资源

在"第二个结合"的探讨中,综合创新派不仅关注中国传统文化与现代社会的结合,更将视角扩展到全球范围,思考如何在全球化的背景下实现文化的交流与融合。这种跨文化的视角为我们提供了更为广阔的思考空间,有助于我们更全面地认识"第二个结合"的多样性和复杂性。

面对浩浩荡荡的世界文明大潮流,"当代中国的文化发展,内不失固有之血脉,外不却有益之采借,才能勇立潮头,标立新帜"。① "综合创新观"非常注重本民族的文化,强调要发扬中华传统文化中的精华部分,并使其紧跟世界先进文化的水平。张岱年先生在西方哲学观念中,用积极的心态去接纳西方科学、西方自由等思想,对共产主义理想进行了发扬,同时也对中国的仁爱思想进行发扬。

面对多元文化的交融,根据不同的文化语境,综合不同的文化思想,进行文化创新。在我国文化建设方面提供了一定的建议,始终保持和平的态度,对多元化的文化进行尊重和包容,夯实我国文化稳健发展的基础。在文化综合创新的过程中,张岱年先生始终保持我国文化的时代性和民族性的二者之间的统一,因此,我们也必须将这种统一性贯彻到社会主义文化建设中。张岱年先生在文化创新方面始终以马克思主义哲学为指导,因此,我们要需要依托马克思主义哲学思想建设我国特色社会主义文化,从而更好地保持我国文化建设道路可持续和发展性。

在具体分析过程中,综合创新派提出了许多富有启发性的观点。例如,他们认为"第二个结合"的发展形式具有多样性,既有传统的融合方

---

① 沈壮海:《创造中华文化新的辉煌——学习习近平总书记关于文化建设的论述》,中共中央文献研究室,2014年。

式,也有创新的结合模式。面对我国思想领域所出现的诸如认为马克思主义入主中国是"用夷变夏"、认为儒学应当复兴等观点,方先生以坚定的马克思主义立场,对马克思主义和中国传统文化的关系进行了实事求是的分析,肯定了中国传统哲学和文化在今天仍然有一定的意义和价值,因此先后提出了"一元主导"与"多元兼容"的思想,"主导意识"与"支援意识"关系说,并主张以马克思主义综合创新派的观点对历史进行批判的继承,为马克思主义哲学中国化的发展提供了可资借鉴的先进理论。

在综合创新派的启发下,我们可以更加深入地思考"第二个结合"的发展形式。我们可以从多个维度出发,分析各种结合模式的优缺点和适用条件,从而找到最适合我们的发展道路。同时,我们也要注重创新的重要性,积极推动各个方面的创新,为"第二个结合"的深入发展提供有力的支持。

(三)综合创新派展现了马克思主义中国化的历史进路

五四运动以来,如何正确对待中国传统文化一直是学界关注和争论的焦点。随着中国共产党在革命战争中取得胜利,马克思主义理论逐渐被国人接受。这一阶段,中国知识界对待传统文化的态度日趋客观,许多学者提出要正确认识传统文化的内在价值。受社会历史环境等因素影响,新中国成立后的一段时间内,学界对待传统文化的态度以"批判的继承"为主,但是关于批判的范围和力度并没有明确界限。改革开放以后,中国知识界在重视传统文化的基础上,提出了现代化的解读方式,使之与新时期的社会主义文化建设相契合。[1]

张岱年提出的综合创新文化观,其实质在于融合中、西、马三种文化观基础上的再创新。而中国马克思主义者关于中国哲学和文化创进演变规律的把握,可以简单概括为批判继承、创新发展,表现在党的几代领导核心的理论创造之中。"以毛泽东为核心的第一代领导集体形成这一

---

[1] 刘晶:《从"抽象继承法"到"马魂、中体、西用"——冯友兰、张岱年、方克立对中国传统文化的创新与探索》,《社会科学家》2019年第6期。

理论,以邓小平为核心的第二代领导集体重新确立和完善这一理论,以江泽民为核心的第三代领导集体继承发展这一理论,以胡锦涛为核心的党的第四代领导集体,在科学发展观的理论框架下,进一步完善发展这一理论,从而使批判继承、创新发展成为一个比较完整成熟的关于中国哲学和文化发展规律的理论创造,并一直指导中国先进文化建设发展的实践。"①以习近平同志为总书记的新的中央领导集体,继续将批判继承和创新发展推向深入,在中国传统文化的基础上融合创新,引导中国文化建设向更积极向上的方向发展。因此,可以说,综合创新文化观的形成和发展与中国共产党人坚持对文化的综合创新在精神实质上是一致的。

我们党历来十分重视中国特色社会主义文化建设,这是因为,文化对于一个民族及国家的作用非同一般,文化的繁荣,对于民族的复兴、国家的发展有着极为重要的推动作用。正如习近平所说,"弘扬中华优秀传统文化,要处理好继承和创造性发展的关系,实现中华文化的创造性转化和创新性发展。创造性转化,就是要按照时代特点和要求,对那些至今仍有借鉴价值的内涵和陈旧的表现形式加以改造,赋予其新的时代内涵和现代表达形式,激活其生命力。创新性发展,就是要按照时代的新进步新进展,对中华优秀传统文化的内涵加以补充、拓展、完善,增强其影响力和感召力"。②

综合创新派展现了马克思主义中国化的历史进程,中国共产党几代领导人始终坚持批判继承、综合创新的精神,在中国文化的发展方向和发展道路上不断探索,为社会和谐和世界大同的伟大事业不断努力贡献。立足当代中国的实际,创造性转化、创新性发展中华优秀传统文化,弘扬革命文化,发展社会主义先进文化,是我们的思想前提。

① 杨翰卿:《中国哲学文化继承与创新研究》,中国社会科学出版社 2012 版,第 3 页。
② 中共中央宣传部编:《习近平总书记系列重要讲话读本(2016 年版)》,学习出版社、人民出版社 2016 年版,第 203 页。

（四）综合创新派为进一步推进"第二个结合"提供认识问题、分析问题、解决问题的新视角、新方法

综合创新派主张从中华优秀传统文化中汲取智慧，为马克思主义提供新的理论滋养。他们认为，中华传统文化源远流长，博大精深，其中蕴含的哲学思想、道德观念、人文精神等，可以为马克思主义提供丰富的理论资源。

时代在变化，我们需要文化综合创新。方克立先生的文化创新之路思想为我们描绘了一幅全新而又全面的蓝图。其之所以全新，乃在于抓住了中国传统文化的合理内核，推陈出新，在前人的基础上创造辉煌的未来；其之所以全面，乃在于突破窠臼，以开放的胸怀拥抱人类创造的一切优秀文化，为中国文化的发展创造更多有利条件。"马魂中体西用"是一套合理的方法，能够为我们扫清许多理论障碍。面对我国思想领域所出现的诸如认为马克思主义入主中国是"用夷变夏"、认为儒学应当复兴等观点，方先生以坚定的马克思主义立场，对马克思主义和中国传统文化的关系进行了实事求是的分析，肯定了中国传统哲学和文化在今天仍然有一定的意义和价值，因此先后提出了"一元主导"与"多元兼容"的思想、"主导意识"与"支援意识"关系说，并主张以马克思主义综合创新派的观点对历史进行批判的继承，为马克思主义哲学中国化的发展提供了可资借鉴的先进理论。"马魂中体西用"之所以是一套合理的方法，最主要的乃是因其适应着现时代的社会现实实践需要，体现了当代中国的时代精神。并且，这又对呼应并回答近代以来，"中国向何处去""中国文化向何处去"这一国人最为关心和焦虑的问题提供了一种科学方法。唯其如此，郭沫若、范文澜、侯外庐等老一辈马克思主义学者以及张岱年、冯契、任继愈、陈先达、罗国杰、方立天等前辈学者都遵循这个方法，走的都是一条"马魂、中体、西用"的学术道路并取得了卓越学术成就。现在亦有越来越多的学者认识到汇通马、中、西的重要性了，如姜广辉先生最近在纪念庞朴先生的文章中就提出了有机融合马、中、西，为中国文化提供一种新的发展契机的观点。

在实践中,我们可以通过深入研究中国特色社会主义的发展规律,结合中华优秀传统文化的精髓,提出符合中国国情的理论创新和实践创新。例如,在经济发展方面,我们可以结合中华传统文化中的"和合"思想,推动构建人类命运共同体。这些视角和方法有助于我们更好地理解和把握马克思主义基本原理与中华优秀传统文化的内在联系和相互作用,为推动马克思主义中国化提供有力的理论支持和实践指导。

（五）综合创新派推进了马克思主义中国化时代化的进程

综合创新派在推进马克思主义中国化时代化的进程中发挥了重要作用。他们深刻理解到,马克思主义是一个开放的理论体系,必须随着时代和实践的发展而不断发展。这一过程中,综合创新派通过融合中国传统文化与马克思主义,他们成功地将马克思主义理论本土化、时代化,使之更加贴近中国的实际,更具中国特色。张岱年在唯物辩证观点的运用下,综合创新了中国传统哲学,并在宇宙观、人生观及认识观中融入了唯物辩证观,完成了独树一帜的新哲学体系的创造。不但为传统文化的返本开新提供了动力,同时也促进了马克思主义的发展,尤其是立足于中国传统文化视角,为马克思主义中国化的发展奠定了基础,大力推进了中国特色社会主义文化的建设,同时也将充足的动力提供给和谐社会的构建。文化综合创新论是历史与现实的统一,就文化综合创新论的历史逻辑来看,综合创新的文化观念是建设中国特色社会主义文化理论的重要理论;着眼于当前中国特色社会主义的伟大实践,文化综合创新论在推进新时代中华文化的创造性的转换和创新性的发展发挥着至关重要的作用。

方克立先生有着高度的道路自觉和自信,他明确指出:一百多年来,"中体西用""西体中用""全盘西化""复兴儒学"等口号影响很大,实际上就是打出了一面面文化旗帜。方克立先生创立的"魂""体""用"三元思维模式,为当代马克思主义学者进行学术研究提供一种创新的学术范式,对于从学术层面推进马克思主义哲学中国化具有显著的价值指向意义;对于在经济全球化和文化多元化时代,加强中西文明交流互动,推进中国特色社会主义文化建设和促进中华文化复兴具有重要的现实意义。作为综合创新文化观之第三阶段的"马魂、中体、西用"论，与党在全球化时代推动社会主义文化大发展大繁荣的方针也有着高度的契合性。

在新的时代条件下，我们不能在文化综合创新论面前停滞不前，而是要从中充分挖掘文化综合创新论的当代价值，汲取文化综合创新论的有益成果，坚持文化发展的正确方向，继续推进马克思主义中国化时代化向前发展。在提高文化自觉、增强文化创新等的路径方法中对传统文化进行批判、继承和创新，并在坚持民族的主体地位中吸纳外来文化的有益成分，以兼容并蓄的态度建设中国特色的社会主义文化，从而提高国家文化软实力。

四、结语

党的十九大报告再次强调："中国共产党从成立之日起，既是中国先进文化的积极引领者和践行者，又是中华优秀传统文化的忠实传承者和弘扬者"，要推动中华优秀传统文化创造性转化、创新性发展，继承革命文化，发展社会主义先进文化，不忘本来、吸收外来、面向未来，"更好构筑中国精神、中国价值、中国力量，为人民提供精神指引"[①]。到本世纪中叶，我国将建成一个富强民主文明和谐美丽的社会主义现代化强国，不仅是经济强国、科技强国、综合国力与国际影响力领先的国家，而且也是社会主义文化强国，全民族的文化创造创新活力得到激发，人民的文化获得感、幸福感更加充实。要达到这个目标，就必须坚持以马克思主义为指导，坚守中华文化立场即坚持民族文化的主体性，坚持面向现代化、面向世界、面向未来，借鉴吸收世界优秀文化成果为我所用。也就是说，我们要更加自觉和毫不动摇地坚持"马魂、中体、西用"的文化方针，让它在建设社会主义文化强国中发挥更大、更加积极的作用。

[①] 习近平：《决胜全面建成小康社会 夺取新时代中国特色社会主义伟大胜利——在中国共产党第十九次全国代表大会上的报告》，人民出版社 2017 年版，第 8、40—44 页。

　　综合创新派对"第二个结合"探索和贡献有益于我国新文化的发展繁荣,有益于增强国人的文化自觉和文化自信,有益于我国在世界多元文化的发展中站稳脚跟,使之从文化大国向文化强国转变。对于未来的综合创新文化观的研究,我们应当始终坚持以马克思主义作为指导思想,把握时代精神,汲取各种不同异质文化的精华,在符合我国具体现实状况的基础之上,将文化的综合创新更好地融入中国特色社会主义的建设中来,从而实现它更大的理论价值和实践价值。

方克立先生关于马克思主义与中国传统文化相结合的探索

陆信礼　冷坪晓[①]

　　在 2023 年 6 月 2 日召开的文化传承发展座谈会上,习近平总书记发表了重要讲话,其中对"两个结合"中的"第二个结合",即马克思主义基本原理同中华优秀传统文化相结合,作了专门论述。他强调,"第二个结合"是我们党对马克思主义中国化时代化历史经验的深刻总结,是对中华文明发展规律的深刻把握。总结前人的相关学术探索,有助于加深对习近平总书记的这一重要论述的领会。本文概述的,是当代中国哲学史家方克立先生探索马克思主义与中国传统文化相结合方面的学术贡献。

一、澄清了有关马克思主义与中国传统文化相结合的认识误区

　　"两个结合"是开辟和发展中国特色社会主义的必由之路,也是推进马克思主义中国化的必由之路。对于"第一个结合"即马克思主义基本原理同中国具体实际的结合推进马克思主义中国化中的重要意义,人们多已耳熟能详,但对"第二个结合"在这方面的积极作用,还有待形成共识。这是因为,人们对于"第二个结合"的可能性及精神实质还存在一定

① 作者简介:陆信礼,中国海洋大学马克思主义学院教授;冷坪晓,中国海洋大学马克思主义学院硕士生。

的质疑和误解。

20世纪80年代中期以来,对马克思主义与中国传统文化的结合是否可能的问题,确有不少学者做出否定性的回答,他们的观点有:马克思主义属于西方文化传统,在中国文化中没有根,找不到任何结合点;马克思主义讲阶级斗争,与重和谐的中国文化根本对立;马克思主义主张物质决定论和经济决定论,不重视人的精神作用,与重视"礼乐教化"的中国文化格格不入……在他们看来,马克思主义和中国传统文化是不能相容通的。方先生认为,这些观点无论在理论还是在事实上都是说不通的,二者的结合是完全可能的。一方面,马克思主义与中国传统文化的精华确有诸多相契合的内容,如中国古代的大同理想与马克思主义的共产主义学说,等等;另一方面,马克思主义并不是某种狭隘的宗派,而是人类文明史上一切优秀成果的继承者,在对待历史文化遗产的问题上,从不主张割断历史。从李大钊、毛泽东、邓小平等中国的马克思主义者身上,都可以看到将马克思主义与中国传统文化相结合的努力。

对于如何把握"第二个结合"的精神实质的问题,也有学者存在严重误解。在他们看来,当代中国通过将马克思主义与中国传统文化相结合进行的"中国化",不过是马克思主义的"封建化"或"儒学化"。方先生对此作了有力批判。他认为,在当代中国共产党人进行的马克思主义与中国传统文化的结合中,与马克思主义结合的,是中国传统文化的精华部分,即中华优秀传统文化的内容,"封建性的糟粕"是被扬弃了的,因此不能将经由"第二个结合"进行的马克思主义"中国化"称为马克思主义"封建化"。对所谓"马克思主义儒学化"的说法,方先生认为也是不能成立的。在他看来,马克思主义与儒学的精华虽有相容相通之处,但二者毕竟还各有自身的本质规定性,马克思主义是当今中国的主导意识形态,儒学是在中国封建社会占据统治地位的意识形态,两者的本质区别和界线是不能混淆和抹煞的。马克思主义中国化并不等于马克思主义儒学化,如果马克思主义儒学化了,那就不再是马克思主义,而是变成儒学了。

二、总结了推进马克思主义与中国传统文化相结合的典型经验

方先生认为,20世纪中国哲学发展的最重要的特点是中国走向世界,同时世界走向中国,中西哲学的交融、会通成为时代的潮流和趋势,所取得的最大成果,就是马克思主义哲学中国化。它表现为两个路径:一是实践路径,即马克思主义哲学与中国革命、建设和改革的实践相结合;二是学术路径,即马克思主义哲学与中国哲学和文化的优秀传统相结合。这是"两个结合"在20世纪哲学发展中的具体表现。方先生特别关注马克思主义哲学中国化的学术路径,即"第二个结合"。为此,他特别总结了前辈专业哲学家张岱年先生和冯契先生在此方面的典型经验。

方先生提出,张岱年先生的工作主要有两方面:一是通过梳理和阐扬中国哲学中唯物论和辩证法的优秀传统,为辩证唯物论"寻根";二是按照将现代唯物论、逻辑分析方法以及中国哲学的优秀传统结合起来的构想,从中国传统哲学的问题如天人、理事、心物、两一等出发,以辩证唯物论为指导,运用逻辑分析方法,建立了一个"天人新论"的中国化的马克思主义哲学体系。

在方先生看来,冯契先生的智慧学说主要通过马克思主义哲学中国化的"学术途径"实现的。具体来说,它是以马克思主义的科学世界观和方法论为指导,研究中国哲学中的"性与天道"问题,包括"天人之辩""心物之辩""成人之道"等方面。方先生评论道:"冯契先生的智慧学说,将马克思主义哲学和中国传统哲学相结合,力图解决知识如何发展成为智慧,如何实现真、善、美统一的理想,如何实现人的本质力量全面发展的问题,……这个努力方向是应该充分肯定的。"[1]

张岱年先生的"天人新论"和冯契先生的"智慧学说",作为"第二个结合"的理论成果,无论是主体内容还是话语方式都具有鲜明的中国特

---

[1] 方克立:《追求真、善、美的统一——从两位中国现代哲学家说起》,《方克立论著集》第二卷,中国社会科学出版社2023年版,第250—251页。

色。方先生对此给以高度评价,他指出:"马克思主义哲学与中国哲学、文化传统相结合,产生了两个探索性的创新理论成果,一个是张岱年的'天人新论',一个是冯契的'智慧'学说。……当代中国马克思主义哲学新形态需要从传统哲学中吸收更多的正能量,张、冯两位前辈所做的工作实具有示范意义。"①

三、提出了深化马克思主义与中国传统文化相结合的理论模式

方先生作为从事中国哲学史教学和研究的马克思主义学者,自觉将如何把马克思主义的革命和科学精神与中国哲学和文化精华相结合视为自己的终生职志。围绕如何正确处理马克思主义与中国传统文化相结合中的双方的地位和相互关系,他从理论上进行了深入探索。

20世纪80年代初,对于马克思主义与以儒学为核心的中国传统文化相结合应当以哪种思想学说为精神主导或指导原则这一重大问题,一些主张"儒学复兴"的论者认为应当以儒家思想为主导,务必使其取得"文法"或"主流"的地位,而不是"词汇"或"支流"的地位,如果以马克思主义为主导,那就意味着失去了民族文化的主体性。方先生认为,中国作为一个社会主义国家,必须以马克思主义为指导开展新文化建设,在社会主义时代不可能继续沿用儒学这一封建时代的主导意识形态。马克思主义与儒学的关系,是一种主导意识和支援意识的关系。他还指出,中国的社会主义新文化建设虽然以马克思主义为指导,但又十分强调继承和弘扬包括儒学在内的中国传统文化的精华,因此并不是要取代中国文化的创造主体和接受主体地位,也没有否定民族文化的主体性原则。方先生通过学习张岱年的综合创新文化观,同时结合自己长期以来对中国传统文化体用观的研究,提出了"马学为魂,中学为体,西学为用,三流合一,综合创新"的思路。这就把马克思主义的主导地位、中国文化

---

① 方克立:《冯契研究与冯契学派——兼论当代中国的学术学派》,《方克立论著集》第四卷,中国社会科学出版社2023年版,第386页。

的主体地位和外来文化的"他山之石"地位有机结合起来了。这一文化发展道路或理论模式被简称为"马魂中体西用"论。它的实质内容是如何处理中国的新文化建设中的中、西、马三种文化资源的关系,其核心是马克思主义与中国文化的关系问题。在方先生看来,作为"魂"的马克思主义与作为"体"的中国文化之间,主要是一种相需关系,马克思主义在中国的发展和本土化离不开中国文化,中国传统文化的现代转化也离不开马克思主义的指导,二者相互依存、相辅相成、相得益彰。而且,中国特色社会主义文化建设的实践也已证明,只有强"魂"健"体"、"魂""体"相依,才能成大用。

方先生关于马克思主义与中国传统文化相结合的探索成果,与习近平总书记在文化传承发展座谈会上的相关重要论述是高度一致的。参考和借鉴方先生在此方面的真知灼见,将对我们理解习近平总书记关于"第二个结合"的重要论述大有裨益。

方克立先生的文化观及其时代价值

张　娇①

方克立先生是 20 世纪中后期以来的一位优秀学人,他奋苦治学,积极思辨,赓续先哲,启牖后学,一直活跃在中国哲学与文化研究领域,终于在 80 年代中后期的文化讨论中,成为中国马克思主义综合创新文化观的积极倡导者之一,深具影响力与号召力。进入新世纪,在整个人类文明发展的宏阔视野下,他更以"马魂中体西用"的新锐命题作为理论立足点,对事关中国文化前途命运的重大问题作出了富有辩证思维特质的回答。他的文化观所展现的强韧的理论生命力对今天破解"古今中西之争"、推动中国特色社会主义文化繁荣发展仍具有深远长久的引导意义。

一、马克思主义综合创新派的推进者

对于中国文化的建设问题,就大的文化方针、文化取向而言不外乎三种意见、三个典型看法,即自由主义的全盘西化派、保守主义的儒学复兴派、马克思主义的综合创新派。其中"综合创新派"的主张可谓独辟蹊径,最能引起广大学人的认同和共鸣。这一主张不仅符合文化发展的规律性,有辩证法的世界观、方法论的支持,而且是先进的中国人长期缜密

---

① 作者简介:张娇,天津医科大学马克思主义学院副教授。

思考的结果。

张岱年先生在 20 世纪 30 年代就提出了"创造的综合""文化的创造主义"的主张,在 80 年代的文化讨论中,进一步提出了以建设社会主义新文化为目标的马克思主义"综合创新"文化观。对此方克立先生专门写了《大力宣传我们的文化主张——"综合创新"论》《批判继承,综合创新》等文章,用"古为今用,洋为中用,批判继承,综合创新"四句话对张岱年先生的文化理论作了重要的发挥与深化。

1991 年,方克立先生在回答《天津日报》记者提问时,又对这一被人们称为"十六字诀"的文化观作出过说明:"这几句话都不是我概括出来的,而是马克思主义的先贤们早就说过了的。'批判继承'是我们继承历史遗产的方针,包括区分历史遗产中的精华和糟粕,对精华也要经过扬弃、批判、改造,经过'创造性的转化',才谈得上继承和利用。'古为今用,洋为中用'说明继承、利用古代的或外域的优秀文化成果,其目的是为今天中国的社会主义现代化建设服务。'综合创新'则是讲继承历史遗产和创造社会主义新文化的关系问题。文化的发展不能只有继承,没有创新,而创新又必须以前人已取得的成果为基础。上述四句话结合起来,可以说是马克思主义者对中国新文化建设的方针,对时代课题——古今中西问题的完整回答。"①方先生认为当代中国哲学的发展,最理想的,也最具有现实可能性的就是走以马克思主义哲学为基础和主导的综合创新之路,努力创造出一种能体现民族精神与时代精神之精华的中国当代马克思主义哲学的新形态,以此作为中国特色社会主义事业的理论依据和精神支柱,明确反对把马克思主义与中国文化看成是根本对立的错误观点。"古今中西"问题即古代文化与现代文化、本土文化和外域文化的关系问题是中国文化现代化所面临的时代课题,而其中如何处理好"继承"和"创新"的关系又是一个重要的理论关节点。方先生的这一概括,可以看作是用马克思主义观点对这一时代课题所作出的完整而科学

① 方克立:《现代新儒学与中国现代化》,天津人民出版社 1997 年版,第 603、492—493 页。

的回答,进一步把综合创新的理论内涵明晰化、深入化,也可以说是"把综合创新论提到了新的理论高度"。①

2002 年,方克立先生在回答《哲学动态》记者访谈时再次谈到这十六个字,他说:"我之所以把'综合创新'与'批判继承'、'古为今用,洋为中用'结合在一起,主要是把这种文化观同我们党一贯倡导的文化方针联系起来,就中国近现代文化论争的主题,给予一个比较完整、明确的回答。"②方先生的回答,深刻阐明了"综合创新"文化观与中国先进文化的前进方向,与我党马克思主义文化理论的内在一致性。不仅代表了 20 世纪中国哲学和文化发展的正确方向,而且是发展繁荣中国特色社会主义文化的必由之路。在此基础上,方先生还从开放性、主体性、辩证性和创新性四个方面对综合创新论的主要理论特质作了揭示。③ 一是开放性,即学习、借鉴古今中外的文化成果要有全方位开放的文化心态,持全面的历史主义的态度。二是以我为主、为我所用的民族文化主体性原则,即以中国社会主义现代化建设的实践需要为标准,来对古今中外文化进行选择和继承。三是批判继承、辩证扬弃的理论态度,即在批判、甄别、拣择的基础上,通过认真的消化和具体分析,去糟取精,从而达到继承与克服的有机统一。四是综合与创新相结合的理论目标,即在综合中创新,又在创新中综合,力图在综合与创新的良性互动中把文化建设不断推向前进④。这些论述进一步系统而深入地丰富了"综合创新"文化观的理论内容。

进入新世纪,方先生继续就"怎样从理论、历史和方法等不同层面去深化对'综合创新'文化观的研究"的问题保持了深层关注。"他谈了四点设想:"第一,通过对 16 世纪下半叶以来中西文化关系诸说与文化论争

---

① 李宗桂:《文化批判与文化重构》,陕西人民出版社 1992 年版,第 229—230 页。
② 方克立:《深化对"综合创新"文化观的研究》,《哲学动态》2002 年第 4 期。
③ 参见洪晓楠:《当代中国文化哲学研究》,大连出版社 2001 年版,第 125 页。
④ 方克立:《现代新儒学与现代化》,天津人民出版社 1997 年版,第 13 页,第 451 页,第 208—209 页。

的系统清理和考察,阐明综合创新文化观产生的历史必然性,说明这种文化观并不是凭空产生的,而是对于前人合理思想的批判继承和总结。第二,从理论上对综合创新文化观进行深入的分析和论证,至少包括以下三个方面内容:对文化系统的可解析性与可重构性、文化要素之间的可离析性与可相容性等理论前提的说明;对分析与综合、综合与创新的关系的科学阐述;对辩证综合与折中调和之原则性区别的辨析。第三,用中外文化史、文明史的大量历史资料,说明综合创新是文化发展的规律。中国人讲的'和而不同''杂以成家'正是反映了综合创新的文化发展规律。第四,通过对中外文化史的总结研究与理论提升,努力探索怎样综合创新的方法,力求具有可操作性并考虑到方法的多样性。"[①]正是由于与自由主义的全盘西化派、保守主义的儒学复兴派相比,"古为今用,洋为中用,批判继承,综合创新"的提法更具辩证性和创新性,所以在文化思潮与文化讨论中表现出强韧的理论生命力,也必将对中国文化的未来发展产生更积极、更广泛、更深刻的影响。

二、"马魂中体西用"学说的倡导者

中国向何处去,中国文化向何处去? 这是百年以来中国的志士仁人夙夜忧思、念兹在兹的时代命题。方克立先生的"马学为魂,中学为体,西学为用"的崭新概括,既是对张申府、张岱年先生"三流合一"文化综合主义的进一步发展和深化,又展示了近百年来中国文化的发展规律、正确方向和现实道路。

"马学为魂"即"以马克思主义和社会主义的思想体系为指导原则",这与张申府先生提出的唯物辩证法"不但是认识的法则,也兼是客观世界的规律"[②]、张岱年先生"社会主义文化应以马克思主义的普遍真理为

---

① 《深化对"综合创新文化观"的研究——访方克立教授》,《哲学动态》2002 年第 4 期。
② 张申府:《张申府文集》,河北人民出版社 2005 年版,第 71 页。

指导原则"①的论断完全一致,体现出马克思主义在当代思想文化体系中的主导地位。方克立先生认为,马克思主义的传入给中华文明的伟大复兴带来了生机,提供了一种新的世界观和方法论,为人类文明指出了一条通往大同的道路,他明确反对把马克思主义与中国文化看成是根本对立的错误观点,强调要以马克思主义为指导来对中国文化进行辩证分析和批判继承。他多次指出:"马克思主义哲学也有一个中国化的问题,它要和中国革命与建设的具体实践相结合,也要和中国哲学的优良传统相结合,在内容和形式上都成为真正是中国化的马克思主义。"②马克思主义与中国文化优秀传统相结合既是马克思主义的生命力之所在,也是中国文化现代复兴的必由之路。进而,方先生深入阐明了马克思主义指导原则与民族文化主体性、独立性的关系,指出:"马克思主义作为中国社会主义新文化建设的指导原则,并非取代中国文化的创造主体和接受主体。以马克思主义为指导,并没有否定民族文化的主体性原则。"③"马魂"的提法可以说准确地体现了马克思主义先进思想在当代中国文化中的精神主导地位。

百年来,如何对待西方文化与本民族的文化这个问题,一直存在着所谓的"体""用"之争。以"体用"之说来强调主体性或捍卫民族性。清末洋务派提出"中学为体,西学为用",其实际意义是以封建主义的思想体系为体,以近代西方的科学技术为用。这里所谓"体"指原理原则,所谓"用"指原则的应用。对此,方克立先生认为这个陈旧框架是应该坚决摒弃的。他指出"体"和"用"是最足以表现中国传统哲学思维方式特点的一对范畴,在西方哲学或印度哲学中都找不出一对与它的涵义完全相当的范畴来。

他首先考察了体用范畴的由来,否定了"体用本乎释氏""出自西来佛书"之说,指出在先秦文献中已有体用并举的提法,到魏晋时期,"体"

---

① 张岱年:《张岱年全集》,河北人民出版社1996年版,第106页。
② 方克立:《综合创新之路的探索与前瞻》,《哲学动态》2008年第3期。
③ 方克立:《关于马克思主义与儒学关系的三点看法》,《高校理论战线》2008年第11期。

和"用"已成为一对独具中国特色的哲学本体论范畴,并成为魏晋玄学的主要理论支柱之一。其次,他准确地厘定了体用范畴的涵义,在他看来,"体"与"用"基本含义有二:一是指本体(实体)及其作用、功能、属性的关系;一是指本体(本质)和现象的关系。并探讨了从前者演变到后者的轨迹。再次,他考察了在体用观上错综复杂的哲学斗争,指出围绕着什么是体、什么是用的问题,唯物主义哲学家和唯心主义哲学家作了截然不同的回答;而在体用关系问题上,强调体用统一的辩证观点也同"体用殊绝"的形而上学作了坚决斗争。方克立认为,有体有用、体用统一是对客观世界的某种真实关系的反映,在马克思主义的唯物辩证法传入中国以前,中国人用这种朴素辩证的观念去认识世界,取得了许多有价值的思想成果,当然,传统哲学体用观中也有一些消极落后的东西,我们应该辩证地区分历史遗产中的精华和糟粕,批判地继承其中包含真理性的部分,把它熔铸到唯物辩证法的科学体系中去。[1]

"中学为体"即"以有着数千年历史积淀的自强不息、厚德载物、有容乃大的中华民族文化为生命主体、创造主体和接受主体"[2],这一提法体现了以中国传统民族文化为主体性的原则;"西学为用"即"以西方文化和其他民族文化中的一切积极成果为借鉴的对象",体现出中国文化善于吸收、借鉴的优良传统。这里的"体、用"抛弃了中西对立、体用二元的僵化思维模式,而是对于中华传统文化以及西方文化的重新审视。"中学",是指有着数千年历史传承的、经过近现代变革和转型的、走向世界走向未来的活的"中国文化生命整体",而不是指某种特定的中国学问,更不是清末"中体西用"论者所讲的"中国之伦常名教"或"尧舜禹汤文武周孔之道"。因为"只有中国文化生命整体才能够作为自强不息、变化日新的'创造主体'和厚德载物、有容乃大的'接受主体',某一阶段、某种形态、某个流派的中国文化都不足以担当此任"[3]。"西学"泛指西方文化和

---

① 方克立:《关于文化的体用问题》,《社会科学战线》2006 年第 4 期。
② 方克立:《关于文化的体用问题》,《社会科学战线》2006 年第 4 期。
③ 方克立:《关于文化的体用问题》,《社会科学战线》2006 年第 4 期。

其他民族文化中一切对主体文化有学习、借鉴价值的东西,包括科学技术、文学艺术、管理经验、理论学说、价值观和思维方式等等。可以说,"中学为体、西学为用"正是以一种交流会通的形式,努力创造出一种"以马克思主义为指导,批判继承历史传统而又充分体现时代精神的,立足本国而又面向世界的"①高度发达的社会主义新文化。

文化的综合创造不是一蹴而就的,而是一个逐渐升华的复杂的、渐进的、辩证的、历史的过程,方先生精辟论断:历史已进入 21 世纪,在中国的哲学和思想文化领域,中、西、马对立互动的基本格局并没有改变。②文化作为一个民族对宇宙、社会、人生的历史认知和现实感受,积淀着这个民族最深层的实践方向、精神追求和行为准则,方克立先生"马魂中体西用"的思想仍然是新世纪中国文化理论发展的最佳选择,发挥着积极的引领作用。

三、对中国特色社会主义文化建设的启示

党的十八大以来,以习近平同志为核心的党中央立足文化传承发展的历史逻辑,推动中华优秀传统文化创造性转化、创新性发展,在党史、新中国史、改革开放史、社会主义发展史、中华民族发展史中汲取文化建设的实践经验并实现综合创新,汇聚起铸就社会主义文化新辉煌的强大动力。

作为站在时代前列的思想家、哲学家,方克立先生面对中国文化发展的时代课题,以其理论创获为当代中国的文化建设作出了重要贡献。接着张岱年先生提出的文化的"整"与"分"、"变"与"常"、"异"与"同"的论点讲,具体回答了我国文化的发展路向和建设形态问题。

(一)文化的"整"与"分"

文化的"整"即认为文化是一整体,强调文化的系统性。文化的"分"

---

① 方克立:《张岱年与二十世纪中国哲学》,《中国社会科学》2005 年第 2 期。
② 方克立:《张岱年与二十世纪中国哲学》,《中国社会科学》2005 年第 2 期。

即认为文化是可以区分的,是由不同要素所构成的。即不要片面地对中西文化进行考察和择选,中西文化之间呈对立的局势,本身就违反了辩证法的原则。因此我们说文化可"整"可"分",应用辩证的观点加以分析和讨论。方克立先生文化观的前八个字"古为今用,洋为中用"就是最好的诠释。

21 世纪初期,中国思想文化领域的基本格局仍然是中、西、马的对立互动,方克立先生的文化观仍然具有独特的理论价值和现实意义,是我们党和学界最广泛认同的一种文化思想。习近平总书记指出研究传统文化和西方文化都要坚持历史唯物主义立场,"坚持古为今用、洋为中用,去粗取精、去伪存真,经过科学的扬弃后使之为我所用"[1],"努力实现传统文化的创造性转化、创新性发展"[2];他认为"文明是多彩的,人类文明因多样才有交流互鉴的价值","文明是平等的,人类文明因平等才有交流互鉴的前提","文明是包容的,人类文明因包容才有交流互鉴的动力"[3],这些论述强调了马克思主义的主导性、中华优秀传统文化的民族主体性和对待西方文化的开放性,强调在马克思主义指导下对中西文化采取平等包容、分析批判、取精存真、扬弃创新的态度,为新时期中国特色社会主义文化的发展指明了前进方向。

(二)文化的"变"与"常"

文化之"变"与"常"指的是变革性与连续性的统一。"变",指的是变革性、阶段性,文化是随着生产力的不断发展、生产关系的不断改变而发生变化的。"常",指的是继承性、连续性,即任何事物都是在不断发展、不断变化的过程之中,只不过有发展的快慢、演变的渐骤之分,但绝不会停滞不前。方克立先生文化观的后八个字"批判继承综合创新"是其精

---

[1] 习近平:《把宣传思想工作做得更好》,《习近平谈治国理政》,外文出版社 2014 年版,第 156 页。

[2] 习近平:《在纪念孔子诞辰 2565 周年国际学术研讨会暨国际儒学联合会第五届会员大会开幕会上的讲话》,人民出版社,2014 年版,第 11 页。

[3] 习近平:《出席第三届核安全峰会并访问欧洲四国和联合国教科文组织总部、欧盟总部时的演讲》,人民出版社 2014 年版,第 11 页。

湛的表达。

在世纪之交,方先生十分关注全球化时代的中华文化走向问题,在国际学术研讨会上,他先后发表了《21世纪与东西方文化》《儒家文化与未来世界——兼评亨廷顿的"文明冲突论"》《二十一世纪,能否淡化东化与西化之争》《经济全球化情势下的中华文化走向》《"和而不同":作为一种文化观的意义和价值》等文章。在这些文章中,他主张批判继承、综合创新是未来中国文化发展的唯一正确道路。进入新时代,习近平总书记将坚定文化自信视为事关国运兴衰、事关文化安全、事关民族精神独立性的大问题,提出"创新,创的是新思路、新话语、新机制、新形式,要在马克思主义指导下真正做到辩证取舍、推陈出新,实现传统与现代的有机衔接"。[①] 这一重要理论创新彰显了中华民族文化意义上坚定的自我,表明中国将以更开放的姿态和更有活力的文明成就拥抱和贡献世界,展现了内化于中华文明并在社会主义现代化进程中凝结而成的现代文化形态,书写了新时代光耀中华的文化篇章。

(三)文化的"异"与"同"

文化的"异",指的是不同民族的文化特性;文化的"同",指的是蕴含在不同民族文化之中的普遍性、世界性。文化为人类所共享,一切文化莫不大同,所异只在偏重。方克立先生"马魂中体西用"的基本思路鲜明地体现了中国共产党人近百年来的文化理论、文化方针和文化实践。

"马魂中体西用",一方面指出当代中国文化必须旗帜鲜明地坚持中国化马克思主义在社会生活及学术研究中的主导地位,借以引领中国社会和中国文化的先进方向;另一方面则是在马克思主义指导下容许多种学术流派和不同思想观点的存在与发展,虚心汲取一切有利于中国特色社会主义文化发展的合理要素。这与进入新时代以来,习近平总书记强调以守正创新的思想方法大力开辟马克思主义中国化时代化新境界不谋而合。

---

① 节选自习近平总书记2023年6月2日在北京出席文化传承发展座谈会发表的重要讲话。

习近平总书记在党的二十大报告中指出:"必须坚持守正创新。我们从事的是前无古人的伟大事业,守正才能不迷失方向、不犯颠覆性错误,创新才能把握时代、引领时代。"所谓"守正",就是要坚守马克思主义这个魂脉,坚守中华优秀传统文化这个根脉。习近平总书记指出:"坚守好这个魂和根,是理论创新的基础和前提。"①历史的经验反复证明,一个民族如果抛却了自己的文化,丧失了文化独立性,就会在异质文明的激烈冲撞下迷失方向,沦为别的民族的思想附庸。所谓"创新",就是要在守正的前提之下深刻把握时代浪潮的前进方向,在中西文化交流互鉴的历史大势中自我更新。中华文明之所以能历经磨难而绵延不绝,关键原因之一就是总能在一次次生存挑战的应对之中,不断吸收外来文明的因子,通过历史的磨合从苦难走向辉煌。正如习近平总书记所言:"新时代的文化工作者必须以守正创新的正气和锐气,赓续历史文脉、谱写当代华章。"②因此"马魂中体西用"论可以说是马克思主义综合创新文化观的最新理论成果,不仅具有思想史、文化史的意义,而且对现实理论的创新和发展,对我国长远的文化建设也将发挥积极的引领作用。

四、结语

历史长河,奔流浩荡;文脉传承,弦歌不辍。

半个世纪以来,方克立先生学术工作的特点是坚持用马克思主义的立场、观点、方法来认识和分析历史上的思想文化现象,观察和处理现实的思想斗争和中国文化发展问题。早在 1994 年 5 月,"综合创新"论就写进了国家教委主持编写的教材,张岱年和方克立共同主编的全国高等学校人文素质教育公用教材《中国文化概论》由北京师范大学出版社出版,该书第十九章第三节的标题是《"古为今用,洋为中用,批判继承,综合创新"———建设有中国特色社会主义新文化的方针》。如今 30 年的

---

① 节选自 2023 年 6 月 30 日习近平总书记在主持中共中央政治局第六次集体学习时的讲话。
② 节选自《人民日报》2023 年 10 月 24 日第 04 版。

时间过去了,摆在我们面前的关键问题仍然是如何以熔铸古今、会通中西的思路创造人类文明新形态。

习近平总书记在文化传承发展座谈会上指出:"对历史最好的继承就是创造新的历史,对人类文明最大的礼敬就是创造人类文明新形态。希望大家担当使命、奋发有为,共同努力创造属于我们这个时代的新文化,建设中华民族现代文明!"要按照"九个坚持""十四个强调""七个着力"的要求,举旗帜、聚民心、育新人、兴文化、展形象,建设具有强大凝聚力和引领力的社会主义意识形态,推动文化领域供给侧结构性改革,推动文化事业和文化产业繁荣发展,我们有充分的理由相信,走综合创新之路,重温"马魂中体西用"的理论价值,以世界眼光把握中国发展和人类进步,在中西方文化交流互鉴中广泛借鉴吸收人类优秀文明成果,不断实现自我发展和自我超越,就一定能够不断铸就中华文明和人类文明新的辉煌。

主导之"体"与主体之"体"何以共存？

——试析"马魂、中体、西用"的体用内涵及其逻辑

梁　瑶①

"文化的体用问题是运用中国哲学的范畴来研讨文化问题。可以说这是处理文化问题的中国方式。"②这种处理文化问题的中国方式基本是自洋务派倡导"中体西用"说后得到广泛关注与讨论的。事实上中国近代史中的"古今之争"与"中西之争"在龚自珍与魏源那里便开始了③。此后，中国思想家所关注的便不再是一种文化传统内部的抽象哲学范畴，而是用这些范畴（如体用、道器等）去处理不同具体文化之间的关系问题，即新学与旧学、西学与中学的关系问题。

以体用范畴处理文化问题时所面对的第一个问题便是体用内涵在文化问题上的新诠释。用列文森的话说，近代中国文化体用论使得"体用"从形而上学的意义转变为了社会学的意义。④ 然而这种转变却呈现出一定的"混乱"景象，即使是在"中体西用"论的支持者内部，其对"体用"内涵的规定也大不相同，如在洋务派张之洞那里"纲常名教"还是作为中学之本即"体"之本而存在的，而在维新派如康有为那里"体"已带有

① 作者简介：梁瑶，南开大学哲学院博士研究生。
② 张岱年：《文化体用简析》《张岱年全集》第六卷，河北人民出版社 1996 年版，第 202 页。
③ 参见冯契：《中国近代哲学的革命进程》第一章，华东师范大学出版社 1997 年版。
④ 参见［美］列文森：《儒教中国及其现代命运》第四章，中国社会科学出版社 2000 年版。

民主与平等的色彩,"纲常名教"则成为需要被改变的旧秩序了。至于黎澍、李泽厚主张"西体中用"说后,文化问题上的"体用"内涵变得更加复杂。究其原因在于文化本身具有复杂的层次性,同时文化问题又无法脱离具体的社会环境,随着对文化问题认识的不断加深,"体用"所对应的内涵也自然得到不断调整。

方克立先生"马魂、中体、西用"说理论创新的关键便在于通过对"体"的内涵的重新界定即区分主导之"体"与主体之"体",建立起"魂、体、用"的三元模式,从而走出中西对立、体用二元的思维模式。这种对"体"内涵的重新界定既有其必要性,也有其可行性。从必要性上讲,近代自"中体西用"说提出至今,文化体用问题的不断讨论充分显示出文化层次的复杂性,以往二元对立的思维模式难以提供一套有效的诠释框架。从可行性上讲,主导之"体"与主体之"体"共存的关键在于"实体与功用"与"原则与运用"的综合统一,这两种体用逻辑的综合统一是三元模式得以确立的根本保障。

基于以上要点,本文将首先通过借助两种较为重要的文化体用论即"中体西用"与"西体中用"的体用内涵来揭示文化体用问题中的复杂层次,以表明"体用"二元模式在处理文化问题时所必然面对的张力。进而通过厘清"马魂、中体、西用"的体用内涵揭示其相互关系,表明"魂、体、用"的三元模式合理的涵盖了文化内容的主要层次。最后分析此三元模式得以建立的体用逻辑基础:"实体与功用"与"原则与运用"的综合统一。

一、二元文化体用论

(1)"中体西用"论

"中体西用"思想是 19 世纪下半叶包括洋务派、早期改良派以及维新派在内的诸多代表人物的共同主张,然而随着对"西学"了解的深入,不同思想家使用的"体用"内涵发生了明显的变化。

戊戌变法前夕,湖南保守派的曾廉曾有一深刻论断:"变夷之议,始于言技,继之以言政,益之以言教,而君臣父子夫妇之纲,荡然尽矣。"(曾廉《上杜先生书》,《蠹庵集》卷十三)此论断贴切地反映了近代对于"西学"认识过程的深化,也基本呈现出"中学""西学"本身的复杂层次性。

在"言技"阶段,"西学"主要是指西方先进的器物与技术。该阶段可以张之洞在《劝学篇》中的主张为典型代表:"不可变者,伦纪也,非法制也;圣道也,非器械也,心术也,非工艺也。……夫所谓道、本者,三纲四维是也……若守此不失,虽孔孟复生,岂有议变法之非者哉?"[1]

张之洞认为圣人之道是不可变的"道"与"本",而"法制""器械""工艺"等则是可以向西方学习的与圣人之道并行无害的"器"与"末"。虽然他将"法制"视作为可变的内容,然而其"法制"主要是指一些具体的政治制度与经济措施,如洋务派所倡导的兴办近代工业,改革赋税,精简官吏等。而"三纲四维"与"孝弟忠信"等却是一定不可变的,"三纲四维"的实质是中国文化传统所形成的伦理规范与社会秩序,而"孝弟忠信"则是儒家之学根本原则的反映。"中学"与"西学"是体与用、内与外、本与末的关系。

其后维新派的主要人物如康有为、梁启超、谭嗣同等接受民权、平等、自由的西方观念,与此同时在政治上主张开设议院,变中国传统的君主专制政体为君主立宪政体。可以说深入到了"言政"与"言教"的阶段。

谭嗣同认为:"二千年之政,秦政也,皆大盗也……二千年之学,荀学也,皆乡愿也。唯大盗利用乡愿,唯乡愿恭媚大盗,二者相交相资……""三纲之摄人,足以破其胆,而杀其灵魂","五伦不变,则举凡至理要道,悉无从起点。"[2]对中国传统的纲常伦理与政治体制进行了激烈的批判,认为"仁""通""平等"等才是普遍原理,才是新时代应该推行的基本原则。

可以发现,在张之洞与谭嗣同那里,"中学""西学"都存在着三个层

① 张之洞:《劝学篇》,《张之洞全集》第十二册,武汉出版社 2008 年版,第 179—180 页。
② 谭嗣同:《谭嗣同集》,浙江古籍出版社 2018 年版,第 359、372、375 页。

次,即"教—政—技"。"教"指根本原则或普遍原理,在张之洞是"孝弟忠信",在谭嗣同是"仁""通""平等";"政"指政治制度及社会秩序,在张之洞是"三纲四维"、君主专制,在谭嗣同是人人平等、君主立宪;"技"指外在的文化成果包括科学技术、器物设施等。因此,对于"中体西用"论来说,其探讨的核心问题是:在"中学"的不同层次中哪些是可以向"西学"学习与变革的,因此其"体用"内涵是在"学"的内部使用的。

(2)"西体中用"论

李泽厚在"西体中用"论中,明确赋予了"体"与"用"新的内涵。"把'体'说成社会存在,这就不只包括了意识形态,不只是'学'。社会存在是社会生产方式和日常活动。这是从唯物史观来看的真正的本体,是人存在的根据。"[1]"现代社会是一个多元化和多样化的社会,现代的'西学'亦然。因之,在全面了解、介绍、输入、引进过程中,自然会发生一个判断、选择、修正、改造的问题。在这判断、选择、修正、改造中产生了'中用',即如何适应、运用在中国的各种实际情况和实践活动中。"[2]可以发现,李泽厚的"西体中用"说对于"体"的认识超出了"学"的范围,所讨论的实质是"学"的存在基础问题。其所谓的"中用"实际是"用中",即如何将"西学"运用于中国的实际情况,运用于中国的社会存在。

通过对"太平天国"运动向西方学习的彻底失败的分析[3],李泽厚所要揭示的是:"思想、观念、情感、意志靠一种非科学或反科学的宗教信仰和强制纪律来统一和维系,是不可能长久的。它必将走向反面。"[4]"太平天国"的失败,实质是"一套中国化了的基督教义自身的失败"[5]。一种文化的基本精神是由其社会存在所决定的,先有社会经济基础的变化,才能有观念形态的变化。因此即使是对所谓西方的先进思想如"自由""平

① 李泽厚:《漫说"西体中用"》,《孔子研究》1987 年第 1 期,第 24 页。
② 李泽厚:《漫说"西体中用"》,《孔子研究》1987 年第 1 期,第 26 页。
③ 参见李泽厚:《漫说"西体中用"》,《孔子研究》1987 年第 1 期,第 21—24 页。
④ 李泽厚:《中国近代思想史论》,人民出版社 1979 年版,第 14 页。
⑤ 李泽厚:《漫说"西体中用"》,《孔子研究》1987 年第 1 期,第 23 页。

等"等加以倡导和传播,倘若中国传统的社会存在不改变,这种先进的思想与精神最终仍然会被固有的文化传统所同化,仍然不能真正在中国土壤中生根发芽。

李泽厚的这种认识与马克思主义对于经济基础与上层建筑的认识是相符的。相比"中体西用"论,"西体中用"揭示出"中学""西学"问题中一个更深刻的层次,即所谓"学"是建立在社会存在的根本基础上的,"学"的变化与革新不仅是"学"自身的内部问题,更是一个"学"与具体的社会存在的结合问题,不是"西学"或"中学"问题,而是"西学"或"中学"在当今中国的问题。

结合"中体西用"论与"西体中用"论可以发现,在"学"的内部存在着"教—政—技"三个层次,而在"学"的外部则有一"学"赖以存在的社会基础。连同"学"在内,文化问题至少包含了五个要点:社会基础、文化系统("学")、根本原则("教")、政治制度("政")、文化成果("技")。此时,体用二元的诠释框架便难以同时兼顾"学"的内部与外部问题了。

二、"马魂、中体、西用"内涵诠释

然而"马魂、中体、西用"又何以能够涵盖如上所说的五个要点呢?

此处需首先澄清一"文化"范围的问题。在以上分析中,笔者将"文化"与"学"基本等同,这是为贴合近代"西学"东渐主要内容的一个笼统说法,可以说是广义的文化。而在张岱年先生与方克立先生所使用的"文化"意义上,"文化"所指的是一种次广义的文化。"次广义的文化指与经济、政治有别的全部精神生产的成果……这所谓文化包含哲学、宗教、科学、技术、文学、艺术以及社会心理、民间风俗等等。"①因此,政治制度与社会基础(主要是经济)并不在讨论范围内。在剩余的三个要点中:文化系统即是"中学为体",根本原则即是"马学为魂",文化成果即是"西学为用",三者在"马魂、中体、西用"的框架中得到了完善安顿。

---

① 张岱年:《文化体用简析》,《张岱年全集》第六卷,第 204 页。

关于"马魂、中体、西用"的内涵方克立先生已有明确充分的阐释：

"马学为魂"是指以马克思主义为中国社会主义文化建设方向的指导原则，是对张岱年先生坚持以马克思主义指导新文化建设思想的继承。"魂"的用法来源于日本近代的"和魂洋才"说，"魂"的核心在于突出文化构建中具有世界观与方法论意义的根本原则。

"中学为体"是指以中华民族文化为运作主体、生命主体、创造主体和接受主体。此四体突出了中国文化的能动性与包容性，而此所谓的中国文化也并非"伦常名教"或"尧舜禹汤文武周孔之道"，而是一"有着数千年历史传承的，经过近现代变革和转型的，走向未来、走向世界的活的中国文化生命整体"。[①]

"西学为用"则包含两个部分：相对于作为指导原则的马克思主义，"用"是马克思主义原则在文化发展中的具体运用；相对于作为主体的中国文化，用则指其他民族文化中的一切积极成果、合理成分。

如方克立先生所说："无论'中体西用'还是'西体中用'，都不能正确解决古今、中西文化的关系问题，都不能作为中国社会主义新文化建设的指导方针。"[②]而"马魂、中体、西用"合理的涵盖了文化中的各个层次，从而以"马魂、中体"解决古今问题，以"中体、西用"解决中西问题。

（1）"马魂、中体"是古今问题

"中体"即中国文化生命整体的提出首先使得中国文化成为一可以主动革新自身的文化主体，即成为一可以根据时代构建自身新的原则与内容的主体，这就为以马克思主义为中国文化建设的新的根本原则开辟了空间。

然而相对于中国文化这个主体来说，"马学"也应属于西学，为何不是"西学为魂"而是"马学为魂"呢？对此，方克立先生亦有明确的认识。"马学为魂"的关键在于在历史的发展中，中国"选择、学习、借鉴过各种

① 方克立：《关于文化的体用问题》，《方克立论著集》第四卷，中国社会科学出版社 2023 年版，第 195 页。
② 方克立：《"马魂、中体、西用"论的由来、涵义及理论意义》，《方克立论著集》第四卷，第272 页。

西方资产阶级的理论学说与治国方案,结果都失败了,历史最后选择了马克思主义,证明只有社会主义才能救中国和发展中国"。① 这就是方克立先生与张岱年先生在文化观构建中坚持的马克思主义的普遍真理性,"马克思主义是我们时代的真理和良心,所以能够成为当代中国文化之'魂'"。②

中国文化主体过去基本是以儒家之"仁义礼智"为核心的天人之学作为自身的根本原则,而随着中国社会生产力的发展,儒家之学的根本原则已不再适应中国的"社会存在",已在很大程度上失去了其时代性与先进性。而马克思主义"深刻揭示了自然界、人类社会、人类思维发展的普遍规律,为人类社会发展进步指明了方向"。③ 更重要的是,马克思主义在历史实践中证明了其与中国之"社会存在"的高度契合性,成功指导了中国的革命实践与社会建设。因此,"中体"才选择在新时代以马克思主义为自身的根本原则,新文化建设以"马"为"魂"是时代命题,是古今文化普遍真理原则交锋与革新的结果。

(2)"中体、西用"是中西问题

如前所述,"用"包含了两层含义,有相对"魂"而言,也有相对"体"而言。"中体、西用"的关键问题是如何处理中国文化主体与西方先进文化成果的关系问题。

中国文化作为主体本身具有进步性与包容性,因此可以将西方文化以及其他民族文化中的一切积极成果、合理成分转化为自身学习、借鉴、吸收的对象。由传统"孔孟之道"所构建的纲常伦理等已不再适应新时代中国文化的发展需要,对于广泛的外来文化如科学技术、文学艺术、管理经验、理论学说等都应以马克思主义为基本原则,对其进行引入与吸收。坚持马克思主义基本原理,就是坚持贯彻"马魂"的指导地位,这是对"马魂"的实践运用。也就是说对于丰富的外来文化成果,"需要作精

① 方克立:《"马魂、中体、西用"论的由来、涵义及理论意义》,《方克立论著集》第四卷,第279页。
② 方克立:《"马魂、中体、西用"论的由来、涵义及理论意义》,《方克立论著集》第四卷,第277页。
③ 方克立:《铸马学之魂立中学之体明西学之用》,《方克立论著集》第四卷,第424页。

华与糟粕、资源与负担、有用与无用的区分,'明西学之用'就是要坚持马克思主义的批判分析方法来对其进行科学的取舍和扬弃"。①

然而这是否意味着对于中国旧有的文化传统无所保留呢?并非如此,因为对"西学"的学习借鉴必须以中国文化为主体,即必须保留中国文化的根本特质,否则"中体"便无法确立;同时对于"中学",即中国旧有的文化传统也应分析其中仍具有先进意义的部分加以继承与创新。

张岱年先生在构建"综合创新"文化观的过程中,曾对中西文化异同问题加以特别关注。他反驳了认为中国哲学主静、西方文化主动;中国文化是精神文明、西方文化是物质文明;中国文化是性善论,西方文化是性恶论等偏颇观点②,指出中华民族精神的延续有其内在根据,这便是中华民族以及中国文化的主体精神即坚持民族独立、对外来侵略绝不屈服的精神。因此对于外来文化的吸收即对西方先进科学技术、民主生活的吸收必须以保持中华民族精神的独立性为前提。这种独立精神是在文化传统中得到继承与发展的,如《论语》"三军可夺帅也,匹夫不可夺志也"强调个人独立之意志;如《孟子》"二者不可得兼,舍生而取义者也"的义士精神;再如《易传》"天行健,君子以自强不息"的进取精神都是中国传统文化中的积极成果,构成了中国文化独立性的重要内容,是值得充分继承与发展的。

因此"马魂、中体、西用"的实际内涵乃是以中国文化为主体,在保留其独立精神特质的基础上,以马克思主义普遍真理为根本原则,对传统文化的积极成果加以继承和发展、对西方文化以及其他民族文化的合理成分加以借鉴和吸收,如此方是对于"马学""中学""西学"的正确安顿,才不至走向"保守主义"或"全盘西化",从而为解决古今、中西问题提供一更加包容与先进的路径。

---

① 方克立:《铸马学之魂立中学之体明西学之用》,《方克立论著集》第四卷,第 431 页。
② 参见张岱年:《正确认识中西文化的异同》,《张岱年全集》第六卷,第 247—251 页。

三、"马魂、中体、西用"的体用逻辑

在中国传统哲学"体用"论中分别存在着主导之"体"与主体之"体",前者来自"原则与运用"的体用逻辑,后者来自"实体与功用"的体用逻辑。"马魂、中体、西用"将两种体用逻辑综合统一,从而使得"魂"与"体"融合共生。

张岱年先生曾在《文化体用简析》中指出中国古代哲学的体用含义基本有二:一是"实体与作用",二是"原则与运用"[①]。其实以此两种含义形容中国传统哲学体用观的主要内涵是不太恰当的(中国传统哲学体用观最基本的两种含义是"实体与功用"与"本质/本体与现象",其中前者主要来自中国哲学体用观的自身传统,后者则较多受到佛学体用思维的影响[②]),然而张岱年先生的这两种含义却很好地揭示了文化体用观上的两个关键问题,前者关乎文化主体的确立问题("中体");后者则关乎文化发展的根据及其运用问题("马魂"、"西用")。

（1）实体与功用

"实体与作用/功用"的体用观在先秦时期已有萌芽,但此时"体""用"多不对举,"体"指身体、形体,"用"则指运用、功用等。如《荀子·富国篇》:"万物同宇而异体,无宜而有用为人,数也。"[③]"异体"说明万物具有不同的存在形态,"有用于人"则说明万物对人存在某种效用或功用,"体"不与"用"对,而是与"宇"对,"体""用"虽不对举使用,但已分别具备了"形体"与"功用"的内涵。

唐代崔憬的论说将这一内涵表达得更为清晰:"凡天地万物,皆有形

---

① 参见张岱年:《文化体用简析》,《张岱年全集》第六卷,第 202 页。
② 关于中国传统哲学体用的基本含义及其来源问题学界已多有揭示。参见方克立:《论中国哲学中的体用范畴》,《中国社会科学》1984 年第 5 期;景海峰:《中国哲学体用论的源与流》,《深圳大学学报》1991 年第 1 期;沈顺福:《体用论与传统儒家形而上学》,《哲学研究》2016 年第 7 期。
③ 王先谦撰:《荀子集解》,中华书局 2012 年版,第 173 页。

质,就形质之中,有体有用。体者即形质也,用者即形质上之妙用也。"①
"体"指万物之"形质",代表万物的存在,"用"则涵盖了以该"形质"为基
础的一切活动、功能、作用等。"实体与功用"的体用观强调功用依赖于
一可以作用的主体,有此主体则有此主体之妙用,"体"是"用"的基础,
"用"是"体"的功能。

然而传统哲学中的"实体与功用"逻辑所讨论的是万物的具体存在,
如何与文化问题相联系呢? 张岱年先生曾对此也有过注意,"一切文化
都是某一民族的文化,民族是文化的主体……人类社会包括社会存在与
社会意识,社会存在决定社会意识。在这个意义上,亦可以说,在人类社
会生活中,社会存在是体,社会意识是用"。② 因此相对于社会存在来说,
文化是用。社会存在即相当于一个民族所共同构成的一个"实体",而文
化则是此"实体"的功用。"体"是"用"的基础,文化不能离开社会存在而
独立存在。因此,中国新文化的建设作为"用",必须以中国的社会存在
作为"体"。既然中国的社会存在具有独立性,那么由其产生的中国文化
也同样具有独立性。由此,一相对"社会存在"之"体"而为"用"的中国文
化相对其自身来说则成为一主体了。

(2) 原则与运用

"原则与运用"的体用逻辑主要是在文化的内部使用。事实上对某
一理论学说进行"原则与运用"的区分的方式在中国文化传统中早已有
之。司马谈在《论六家要旨》中论及道家要旨时指出"其术以虚无为本,
以因循为用",可谓一典型代表。"无"既是万物存在的根据,也是"用"以
施行的根本原则。"原则与运用"被概括为"本"与"用"。

到了宋明,开始更多用"体用"范畴形容"原则与运用"。如北宋教育
家胡瑗的"明体达用"之学:"君臣父子,仁义礼乐,历世不可变者,其体
也;《诗》《书》史传子集,垂法后世者,其文也;举而措之天下,能润泽斯

① 李鼎祚:《周易集解》,中华书局 2016 年版,第 442 页。
② 张岱年:《文化体用简析》,《张岱年全集》第六卷,第 203 页。

民,归于皇极者,其用也。"①其中"仁义礼乐"是儒学的根本原则与价值取向,"君臣父子"是据此根本原则建立的伦常关系与政治秩序,此两者归结于"体";"措之天下"是两者的实践运用,"润泽斯民"是两者的实践结果,归结于"用"。

类似的用法还可见于李颙的"明体适用"主张:"明道存心以为体,经世宰物以为用,则体为真体,用为实用。……苟内不足以明道存心,外不足以经世宰物,则体为虚体,用为无用。"②从"内圣外王"的角度区分体用,将一种理论学说的核心思想、原则主张("明道存心")概括为"体",而将其在政治与社会生活中的运用("经世宰物")概括为"用","明道存心"是"经世宰物"的原则与基础,"经世宰物"是"明道存心"的显现与应用。

这种体用逻辑被自然的继承与运用到了中国文化的建设中,"按照以精神指导原则为'体'、以原则之具体应用为'用'的传统文化体用观,又可以说马克思主义是体,现代科技等西学是用。张岱年、程恩富等学者正是在这个意义上讲'马体西用'的"。③

(3) 两种逻辑的综合统一

基于以上分析,可对中国文化建设问题的诸多层次作出如下呈现:中华民族作为一种"社会存在"(实体)在历史发展的过程中形成了自身以儒家思想为核心的文化传统(功用)。这种文化传统以"仁义礼智"为根本原则(原则),产生出许多相应的文化成果,如"三纲五常"的伦理秩序、自强不息的君子精神等(运用)。

在近代历史的进程中,从文化外部看,中国经历着自身的革命探索与社会建设,尽管作为一种"社会存在"的中华民族发生了根本性的变化,然而中华民族并未失去其独立地位,这使得作为其"社会意识"的中国文化整体得到了延续与传承。对此文化整体来说,其作为一独立之文化主体就自然成为中国文化建设的"中体"了。既然此文化主体仍然存

---

① 黄宗羲:《宋元学案·安定学案》,中华书局1986年版,第25页。
② 李颙:《答顾宁人先生》,《李颙集》,西北大学出版社2015年版,第149页。
③ 方克立:《"马魂、中体、西用":中国文化发展的现实道路》,《方克立论著集》第四卷,第254页。

在，那么其文化中的独特特质与文化成果中的优秀成分就仍需要继承与发展。

而从文化内部看，近代传入的西方文化中既有新的根本原则如马克思主义，也有西方的文化成果如科学、技术等。在中华民族作为一"社会存在"发生根本性变化的过程中，过往作为其"社会意识"的儒家思想已难以继续作为根本原则而存在了，其文化成果中不再适应时代的糟粕成分也自然应得到革新。在新的根本原则的选择中，马克思主义因其时代先进性与普遍真理性很好地符合了新的"社会存在"而成为中国文化建设中的"马魂"。与此同时，在马克思主义根本原则的指导下，对西方文化以及其他民族文化中的一切积极成果与合理成分都可以借鉴吸收而成为中国文化建设的"西用"了。

结语

综而言之，"马魂、中体、西用"并非将三"学"割裂而成"魂、体、用"三者。而是在"实体与功用"的体用逻辑上，依据中国独立之"社会存在"确立作为"社会意识"的中国文化之独立主体（"中体"）。在"原则与运用"的体用逻辑上，将马克思主义确立为此文化主体的新的根本原则（"马魂"），进而运用此根本原则使古今中外一切优秀文化成果"为我所用"（"西用"）。

"魂—体—用"的三元模式是在充分考虑到文化问题的复杂层次后，"在传统体用思维的基础上，找到问题的症结所在，加以发展和变通"[①]的结果。在此基础上实现的主导之"体"与主体之"体"的融合共存是中国文化综合创新的关键，"离开了'体'，'魂'就成为无所依附的'游魂'，其精神价值也无从发挥。只有'魂''体'相依，二者有机结合、辩证统一，才能有效发挥文化的作用和功能"。[②]

---

① 方克立：《"马魂、中体、西用"论的由来、涵义及理论意义》，《方克立论著集》第四卷，第274页。
② 方克立：《"马魂、中体、西用"论的由来、涵义及理论意义》，《方克立论著集》第四卷，第280页。

方克立先生关于中国现代化道路的探索

常玲玲[①]

实现中国社会的现代化,是近代以来先进知识分子的共同追求。在探索中国现代化道路的过程中,地主阶级洋务派从器物层面着手,资产阶级维新派和革命派从制度层面着手。到新文化运动时期,中国各派知识分子开始从思想文化层面展开了对中国现代化的探索。其中,有自由主义的西化派,有以现代新儒家为代表的文化保守主义派,还有马克思主义的综合创新派。方克立先生作为当代中国有影响力的马克思主义学者之一,在研究现当代文化思潮、阐扬综合创新文化观的过程中,结合改革开放新时期的时代需要,对中国现代化问题进行了深入探索,取得了重要的理论成果。

一、对现代新儒家现代化道路的扬弃

方克立先生作为 20 世纪八九十年代中国大陆研究现代新儒学思潮的组织者和领导者,曾多次就现代新儒家的思想实质进行概括。他认为,现代新儒家是产生于 20 世纪 20 年代,以"接续儒家'道统'为己任,以服膺宋明理学为主要特征,力图用儒家学说融合、会通西学以谋求现

---

① 常玲玲,中国海洋大学马克思主义学院硕士研究生。

代化的一个学术思想派别"①。在方先生看来,现代新儒家和 20 世纪中国的其他学派一样,都是主张中国要实现现代化的。他曾指出:"我不同意把现代新儒家看作同中国现代化完全逆向的精神力量,甚至认为它是'反现代化'的观点。"②这一观点也与实际情况相符合。就中国现代化所要实现的目标来说,最主要的是民主和科学。对此,现代新儒家的代表人物都不反对。以现代新儒家的开山梁漱溟为例,他坚持认为,引进西方的科学精神和民主精神,"实在是当务之急"③。唐君毅等港台新儒家的代表人物认为,中国未能真正实现现代化的原因在于:中国过去"缺少西方之近代民主制度之建立,与西方之科学及现代之各种实用技术"④。为了推进中国的现代化,他们还提出了"返本开新"的纲领,即通过"返回"儒学道德心性之学之"本",开出民主和科学之"新"。对于现代新儒家的中国现代化道路的理论得失,方先生给予了全面的分析和评价。

第一,方先生认为,现代新儒家主张实现中国现代化必须坚持民族本位的立场是合理的,体现出他们高度的爱国主义热情。在方先生看来,虽然现代新儒家提出了"复兴儒家文化""重建儒家的价值系统"等口号,但他们的根本精神并不在于"复古",而是试图接续和畅通"民族文化生命的本源大流",以保存中华民族文化的主体性。⑤ 以钱穆先生为例,他在抗战时期出版的《国史大纲》一书中,主张要对历史怀有"温情与敬意",只有对历史有"真实之了解"和"深厚之爱情",才能对当今有更深刻的认识和"真实之改进"。他通过总结中国历史,认为创造了五千年辉煌文化的中华民族,具有"坚强的持续性与强大的同化力"。钱穆先生指出,在抗战建国的特殊时期,国家民族复兴的前途"仍将于我先民文化所贻自身内部获得其生机"⑥。现代新儒家学者对发扬民族精神、复兴中华

① 方克立:《方克立论著集》第三卷,中国社会科学出版社 2023 年版,第 5 页。
② 方克立:《方克立论著集》第三卷,中国社会科学出版社 2023 年版,第 53 页。
③ 梁漱溟:《东西文化及其哲学》,商务印书馆 1922 年版,第 269 页。
④ 唐君毅等:《中国文化与世界》,《民主评论》(香港),1958 年第 1 期。
⑤ 方克立:《方克立论著集》第三卷,中国社会科学出版社 2023 年版,第 56 页。
⑥ 钱穆:《国史大纲》上册,台湾商务印书馆 1947 年版,第 31 页。

文明有高度的责任感,他们积极挖掘传统文化中的合理成分,使之成为推进中国现代化建设的精神资源。

与此相关,现代新儒家学者对西化派"现代化即等于西化"观点的批评,不仅是非常中肯,也是很值得赞赏的。现代新儒家学者以民族文化的主体性对抗宣扬民族虚无主义、文化投降主义的"全盘西化"论。他们具有强烈的民族文化危机意识,将维护、延续和复兴中华文化作为自己的历史责任。就此方面来看,"现代新儒家的功绩是不可抹煞的"[1]。同时,现代新儒家学者在批驳"现代化即等于西化"观点的基础上,提出了现代化发展道路是东方工业文明即"儒家资本主义"的道路。这种东方精神文明加西方物质文明的理想蓝图,在梁漱溟、熊十力和冯友兰等人的构想方案中均有所体现。现代新儒家学者也极力想要援引20世纪80年代以来日本和"东亚四小龙"经济的迅速发展的实例来为自身现代化道路的可行性提供论证。从某种意义而言,现代新儒家学者所富有的追求现代化的主动性是值得肯定的。

第二,方先生认为,现代新儒家继承了儒家"和而不同"的思想,在追求现代化进程中并没有忽视西学的重要价值,他们以积极健康的心态对待西学。现代新儒家固然有维护传统的保守性一面,但还有"适应时代需要的开放的一面"[2]。现代新儒家产生于20世纪20年代初期,他们具有救亡图存的使命感,同时也感受到当时中国面临着迫切地想要实现现代化的愿望,意识到民主和科学是不可阻挡的时代思潮。主张尽可能地吸收西方文化的有益之处,以此来实现中国哲学、中国文化的现代化和世界化,一直以来都是现代新儒家的"共同理想"。例如,牟宗三翻译并出版了康德的"三大批判",并且为之阐发观点、发明要义,与康德原典相互对应;冯友兰的新理学在理论观点上吸收了柏拉图的理念论、亚里士多德的"四因说"、斯宾诺莎的实体说以及杜威的实用主义真理论等西方

---

[1] 方克立:《方克立论著集》第三卷,中国社会科学出版社2023年版,第56页。
[2] 方克立:《方克立论著集》第三卷,中国社会科学出版社2023年版,第35页。

哲学要义等。在现代化进程中,现代新儒家学者以开放的态度对待外来文化的做法,对我们推进中国现代化进程是具有参考性意义的。

虽然现代新儒家学者对于中国现代化发展道路问题提出了自己的理论构想,但该派的理论主张不可避免地也存在一定的理论困限。方先生在解释现代新儒家现代化道路合理之处的同时,也着重分析了其理论构想的不足之处。

第一,方先生指出,现代新儒家虽提出了"返本开新"的口号,但其理论实质仍是"中体西用",具有文化保守主义倾向。在儒学与现代化关系的方面,现代新儒家学者采取了某种调适或通融的方式,并没有解决二者之间的根本矛盾。方先生认为,现代新儒家所提出的"返本开新"重点在于"返本",即"回到儒家精神的本根处,确认儒家道统在中国文化中的'一本性'"[1]。现代新儒家学者将传统的儒家精神视为具有超历史性、超阶级性的永恒不变的"常道",认为在不同时期、不同民族呈现出的历史和文化都是这种道德精神实体的展开,并且将其视为近现代文化乃至未来文化发展的源头活水。这也成为现代新儒家学者论证从传统儒家之"本"开出民主科学之"新"的重要依据。方先生明确指出,"这种理论是根本站不住脚的",从抽象原则而非事实出发、倒置儒家价值与现代化需要之间的因果关系的论证方法"非科学性是非常明显的"。[2] 所以,从根本上说,现代新儒家无法克服"返本"和"开新"之间的矛盾。在儒学与西学关系的方面,现代新儒家学者虽以"援西学入儒"作为其重要特征之一,对西学表现出开放包容的态度,但所要实现的中西融合,是"以儒家精神为体,以西洋文化为用"。显然,现代新儒家的开放性是有限度的,他们的"'开放'也不能够脱离和超越儒家这个'本体'"[3]。因此,方先生指出现代新儒家的理论实质是"中体西用",传统儒学作为"体"存在就会对西学的全面选择、吸收、消化和利用都会起到抑制作用,这也就"阻碍

---

[1] 方克立:《方克立论著集》第三卷,中国社会科学出版社 2023 年版,第 61 页。
[2] 方克立:《方克立论著集》第三卷,中国社会科学出版社 2023 年版,第 62 页。
[3] 方克立:《方克立论著集》第三卷,中国社会科学出版社,2023 年版,第 35—36 页。

了中国的现代化进程"。①

第二,方先生认为"内圣外王"作为联结传统和现代的思维框架具有一定的理论缺陷,并且指出现代新儒家学派的思想主张具有泛道德主义的价值取向。具体而言,现代新儒家学者所要返回的儒家之"本",是指建立人的道德主体性的儒家心性之学。"内圣外王"的思维框架就是他们所设想的将儒家心性之学和现代科学民主相联结的桥梁。在传统儒家学说中,内圣和外王、修己和治人是统一的,它们同属于一个价值系统。但是,当前继续沿袭"内圣外王"的思维模式就面临着老内圣不能开出新外王的理论困境。对此,现代新儒家学者也提出了"三统"说、良知"自我坎陷"说以及"暂忘"说等种种理论,然而这些理论由于难以实践因此缺乏说服力。并且,在"老内圣开出新外王"的思维框架中,"内圣"和"外王"属于不同的价值系统,要将二者联结起来,"自然感到困难重重"②。过分偏重道德的价值取向也成为现代新儒家追求现代化的阻碍之一。现代新儒家学者主张将人的道德主体性放在第一位,并由此转化出认识主体、政治主体和审美主体等。在方克立看来,这一做法将伦理化视为人的一切活动的价值取向,对于塑造个人个性和实现个人精神的全面发展起到抑制作用,"显然是一种缺乏'现代化'精神的落伍的思想学说"③。可以说,现代新儒家学者并没有解决现代化进程中儒学与现代化的关系问题,至多不过是在其中做出了某种折中调和而已。他们所提出的道德理想也陈义过高,未能切合中国现代化进程中的实际。

二、对"西体中用"现代化道路的评析

关于文化建设的思想往往是与社会发展道路和模式的选择联系在一起的。从根本上说,中国"五四"以来形成的三大思潮代表了当今"世

---

① 方克立:《方克立论著集》第三卷,中国社会科学出版社 2023 年版,第 40 页。
② 方克立:《方克立论著集》第三卷,中国社会科学出版社 2023 年版,第 42 页。
③ 方克立:《方克立论著集》第三卷,中国社会科学出版社 2023 年版,第 65 页。

界上三种现代化模式的不同选择和冲突"①。就自由主义的西化派来说，他们提出的中国现代化道路的设想与其"西化"主张是紧密联系在一起的。以该派早期的代表人物胡适、陈序经为例，胡适以"文化惰性论"作为立论基础，认为"此时没有别的路可走，只有努力全盘接受这个新世界的文明，全盘接受了"②。陈序经更是明确提出了"全盘西化"的主张。在陈序经看来，中国在救亡图存的急迫局面下，不能不采取全盘西洋化的策略。由于"全盘西化"的口号过于激进，也比较严重地伤害了民族的感情，此后的继承者对该派的主张进行了适当的调整。其中颇有影响力的学说，就是在 20 世纪 80 年代的文化讨论中李泽厚所提出的"西体中用"论。

李泽厚提出，他的"西体中用"论与"中体西用"论相对立同时又区别于"全盘西化"论，是一种设计中国未来发展道路的中国现代化理论。该主张的完整表述是："未来的道路应是社会存在的本体（生产方式、上层建筑和日常现实生活）和本体意识（科技思想、意识形态）的现代化（它源自西方，如马克思主义）和中国的实际（包括儒家作为中国文化心理的客观存在这个实际）相结合。"③方先生认为，从理论实质来看，李泽厚提出的"西体中用"的现代化主张仍是在生产方式、生活方式以及意识形态等领域全方位的学习西方，仅仅存有一点中国的民族形式。所以，方先生将他的这种主张认定为"比较温和的、带有折中色彩的西化派观点"④。

方先生站在马克思主义的立场上，对李泽厚所提出的"西体中用"的现代化道路做了一分为二的分析。他认为，李泽厚的"西体中用"论作为探索中国现代化道路的学说，在理论上确有可以肯定之处。比如李泽厚在论述"中用"时指出："所谓'中用'，就是说这个由马克思主义为指导的现代化进程仍然必须结合中国的实际才能真正实现。"⑤其中，一方面表

① 方克立：《方克立论著集》第四卷，中国社会科学出版社 2023 年版，第 107 页。
② 胡适：《编辑后记》，《独立评论》1935 年第 142 号。
③ 李泽厚：《关于儒学与现代新儒学》，《文汇报》1986 年 1 月 28 日。
④ 方克立：《方克立论著集》第四卷，中国社会科学出版社 2023 年版，第 28 页。
⑤ 李泽厚：《中国古代思想史论》，人民出版社 1986 年版，第 317 页。

达了中国现代化须"由马克思主义为指导",另一方面还提出中国现代化建设"须结合中国的实际"。这些观点总体上是正确的。同时,方先生也指出了"西体中用"论存在的不足之处,具体包含以下内容。

第一,李泽厚的"西体中用"论虽在体用概念上提出了新的见解,但它仍坚持中西对立、体用二元的思维模式,对马克思主义的概念界定也缺乏逻辑的连贯性。李泽厚将"人类学本体论"的概念引入文化体用观中,反对以"治心"的内学为体、以"治事"的外学为用的观点,认为"体"应该是社会存在和人类存在本体,是以物质文明为基础的。他指出,"体是社会存在的本体,即生产方式、生活方式"①。但是,李泽厚所讲的"西体"中不仅包含"以西方工业为先驱的大工业生产的社会存在"②,而且还包含了现代科技思想、马克思主义等社会本体意识。他所讲的体用观也并非就文化内部而言,而是着重探讨文化及社会存在之间的关系,混淆了社会存在和社会意识的概念。这样,李泽厚的"西体中用"论就偏离了传统文化体用观,体现的是一种中西对立、体用二元的思维模式。在对马克思主义的概念界定上,李泽厚也存在对马克思主义的意识形态的指导地位界定不明、"缺乏概念的明确性和前后逻辑一贯性"③的问题。李泽厚曾提出,"有人说以马列为体,这也不对,马列主义是学而不是体"④。然而,李泽厚又指出历史唯物主义是马克思主义的核心内容,主张"总体思维必须建立在历史唯物主义的历史观和社会观的基础上"⑤。在对现代化方案的建构中,"体"的问题具有决定性意义,关乎道路的发展方向。但是,李泽厚的"西体中用"论笼统地将西方的生产方式、生活方式、上层建筑以及意识形态等称为"体",没有区分这些内容是属社会主义还是资本主义,这就回避了中国现代化道路到底是走社会主义还是资本主义道

---

① 李泽厚:《论西体中用》,《团结报》1986 年 9 月 27 日。
② 李泽厚:《论西体中用》,《团结报》1986 年 9 月 27 日。
③ 方克立:《方克立论著集》第四卷,中国社会科学出版社 2023 年版,第 10 页。
④ 李泽厚:《论西体中用》,《团结报》1986 年 9 月 27 日。
⑤ 李泽厚:《世纪新梦》,安徽文艺出版社 1998 年版,第 227 页。

路的重要议题,不能作为中国现代化发展道路的指导理论。

第二,李泽厚的"西体中用"论弱化甚至否定了民族文化的主体性。李泽厚虽然有时也承认"现代化"不等于"西方化",但是他指出现代化是从西方开始而后传入中国,现代大工业生产中的各种科技工艺、经营管理体制等都是从西方而来,"在这个最根本的方面——发展现代大工业生产方面,现代化也就是西方化"①。应当说,李泽厚提出的"西体中用"论与公开主张走资本主义道路的"全盘西化"论者虽然是有差别的,但是其理论实质仍是在生产方式、生活方式、意识形态以及上层建筑等领域要求全方位的西化。方先生指出,李泽厚的"西体中用"论"基本上是西化派的观点"②。此外,李泽厚把包括马克思主义的西方思想学说作为"体",以西方思想学说来改造"中学",将"中学"视为"西体"的实现方式。从一定意义而言,这种思维方式在无形之中夸大了西方文化,轻视了本民族自身文化,从而淡化和削弱了民族文化的主体性。

三、对马克思主义派现代化道路的创造性阐释

在方先生看来,现代新儒家和自由主义西化派提出的现代化道路虽然各有所长,但都存在着明显的局限性。因此,要探索一条更有效、更切实的中国现代化道路,必须"扬弃和超越现代新儒学及其'劲敌'全盘西化派,同时吸收、包容他们思想中的合理因素,对于民族文化和外来文化,都要从中国社会主义现代化建设的实际需要出发,审慎地选择,历史地科学地分析,批判地继承和扬弃,走综合创新的道路"③。他经过近20年的探索,终于提出自己对中国现代化道路的马克思主义的回答,这就是"马魂中体西用"的道路。这条中国现代化的道路,不仅综合马克思主义、中华文化和以西方文化为核心的外国文化三项资源,而且确立了三

---

① 李泽厚:《漫说"西体中用"》,《孔子研究》1987年第1期。
② 方克立:《方克立论著集》第三卷,中国社会科学出版社2023年版,第338页。
③ 方克立:《方克立论著集》第三卷,中国社会科学出版社2023年版,第70页。

种文化资源的历史地位。

第一,实现中国的现代化,必须以马克思主义的科学世界观和方法论为指导,坚持社会主义的发展方向。以马克思主义为指导的社会主义现代化与资本主义现代化在目标、路径和价值观上存在根本性的差别。是否以马克思主义为指导和社会主义的发展方向,是区分社会主义现代化和资本主义现代化的重要标志。方先生认为,从人类历史发展的进程来看,社会主义是高于资本主义的一种文明形式。尽管社会主义现代化道路的现实历程充满艰难和曲折,但是它代表历史进步的方向,符合最大多数人民的利益,因此能够成为饱受封建压迫和帝国主义掠夺之苦的绝大多数中国人民的现实选择。另外,在方先生看来,中国的现代化建设之所以要将马克思主义作为指导思想,主要基于两点原因:一是马克思主义作为科学的世界观和方法论,对于人们认识世界和改造世界具有指导性意义;二是马克思主义坚持无产阶级只有解放全人类才能解放自己的价值立场,在价值观上优于、高于一切传统的思想体系。[①] 以对待中西文化问题为例,马克思主义者并没有陷入简单化的中西对立、体用二元的思维模式,他们对民族文化和外来文化均持取其精华、弃其糟粕、批判继承、综合创新的态度,对各执一端的西化派和现代新儒家都有所批评,也部分地肯定和认同他们提出的某些合理的思想观点。

第二,实现中国的现代化,必须结合中国的现实国情,充分利用中国丰富的历史文化资源,挺立民族文化的主体性。中华文化是中国现代化的独特优势,是中国走向现代化的坚实文化基础。方先生曾指出,"在肯定民族文化主体性这一点上,马克思主义和现代新儒家并没有根本的分歧"[②]。中华文化在中国的现代化建设中主要发挥两方面的作用:一是中华文化具有"自强不息"的能动创造性,除那些"跨越时空、超越国界、富有永恒魅力、具有当代价值"的内容之外,另有"与当代文化相适应、与现

[①] 方克立:《方克立论著集》第四卷,中国社会科学出版社 2023 年版,第 277 页。
[②] 方克立:《方克立论著集》第三卷,中国社会科学出版社 2023 年版,第 39 页。

代社会相协调",与马克思主义相契相通、具有相容性的中华文化的内容是我国现代化建设所需要的宝贵的思想文化资源;二是中华文化具有"厚德载物"的博大包容性,作为"他山之石"的西学和先进文化存在的马克思主义只有被中华文化接受,才能够服务于中国的现代化建设。特别是对于作为"魂"的马克思主义来说,如果没有中华文化这个接受主体,马克思主义就难以在中国落地、生根和发展,对现代化建设的指导性作用也很难得到有效发挥。

第三,实现中国现代化,必须大胆吸收和借鉴其他国家发展的成功经验和一切先进的思想文化。现代化概念起源于西方,特别是在欧洲,它通常与工业革命和随后的社会变革、经济发展以及文化变革相关联。历史经验证明,中国越是对外开放,就越能够显现出我国的道路自信、理论自信、制度自信和文化自信。虽然现代化并不等于西方化,但是后发展国家在追求本国现代化的过程中应吸收和借鉴其他民族和国家的发展经验和先进思想文化成果。在现代化进程中,坚持以马克思主义为指导和挺立民族文化的主体性,并不意味着对外来思想文化和物质成果采取漠视和排斥的态度,而是应当"坐集千古之智",审慎地选择,科学地分析其中的有益成分。需要强调的是,马克思主义作为一种外来文化,仍不可简单归入"西用"的范畴。马克思主义与现代科学技术和管理经验的"西学"是有所差别的,它对中华文化的发展起指导性作用,决定文化发展的方向。同时,马克思主义批判的分析方法,也为合理取舍西方先进文明成果提供了科学的标准。西方文化中与马克思主义意识形态和价值观念相对立的部分,就是我国现代化建设中应舍弃的对象。

方先生在探索中国现代化的过程中,对现代新儒家和自由主义西化派的中国现代化道路进行了一分为二的分析和评价,在借鉴两派关于中国现代化道路理论探索中的合理因素的基础上,以马克思主义为指导,创造性地用"马魂中体西用"论述了中国现代化道路。这种道路是对"五四"后近百年中国现代化发展主流的科学概括和总结,与中国共产党所走的中国特色社会主义发展道路高度契合,代表了中国现代化道路的正确方向。

我和方克立先生的交往
——悼念方克立先生

金春峰①

方克立先生去世了！

我是在网上微信群里知道的。这要感谢《衡水学院学报》主编魏彦红群主，她组建了一个"董仲舒儒学研究"群，邀我入了群，常从此群获得宝贵信息和学术论文。要是没有这个工具，像我们这种困居高楼的退休老人就会闭目塞听，什么也难得知道的。这又要感谢微信的发明人，扩而言之要感谢网络的发明者了。科技的这种神一般的力量把这个世界改变得如此神奇，难怪马克思那样热情地讴歌科技的进步。要是马克思看到今天人工智能的发展和5G网络的应用，不知他会对社会历史的发展产生出怎样的新思想。我1957年进入北大哲学系，阅读马恩列的原著，常是很兴奋的。经典作家对科学的景仰和热忱及其著作洋溢出的科学及批判的革命精神，深深吸引和鼓舞着当年我们那一代年轻的学子，可以说是最好的思想启蒙。我在北大哲学系五年，深受这种启蒙的熏陶。

1962上半年，北大毕业，我考上了中哲史的研究生，导师是冯友兰先

---

① 作者简介：金春峰，人民出版社哲学编辑室编审。

本文发表于《衡水学院学报》2020年第6期。

生。这时是三年调整时期,高教部颁发了"高教六十条",要把北大建成东方的莫斯科大学,政治空气相对轻松。但9月刚开始就读,10月八届十中全会在北戴河召开,发出了"阶级斗争一抓就灵"的号召,空气就骤变了,批判冯友兰先生又成为报刊的热门。当时冯先生出版了《中国哲学史新编》第一卷,论孔子的"仁",说它具有马恩所讲的"普遍性形式",反映地主阶级的利益外,也反映其他阶层的利益。这被视为超阶级、实为反动阶级辩护的思想,是反马克思主义的,应当批判,肃清其影响。方克立先生就是在批判冯先生的热潮中一举成名的。我也写文章批判冯先生,文章在《北大学报》发表,和方先生成了志同道合的人。他在人大,我们距离近,有时也见面,知他是湖南老乡,更多了一层亲切感。不过他年轻早熟,妙笔生花,文章一篇接着一篇,头角峥嵘,像新星闪灼。我则身体不太好,失眠之症未除,文笔常词不达意,完全不能与他相比。发表的这篇原是一篇大论文的一部分,另一部分是批关锋的《庄子内篇译解和批判》,还有一部分不记得写什么了。任继愈先生是学报主编,他选了批冯的部分,帮助修改,发表出来。文字实是不及格的。关锋当时是红得发紫的人,我随便批他,也可见政治上的迟钝与幼稚。从此就搁笔了。

很快"文革"到来。1966年4月我离开北大,分配到人民出版社工作,方克立所在的中国人民大学被解散,他被分到南开大学。从此有十年时间,我们两人音讯不通。

1978年,十一届三中全会召开,吹响了解放思想的号角,我们又活跃起来。他很快就写完了一本大著《中国哲学史上的知行观》,稿子拿来给我,我正负责哲学编辑室中哲史方面的工作,只字未改,于1982年出版了。这是一本完全用他后来提出的"马魂中体西用"写的著作,继续了当年批冯的作风。全书以唯物唯心、辩证法和形而上学两军对战为框架,把中哲史的知行史料纳入其中,加以分析批判,或肯定或否定,讲的是知行观,实际是一部简明的中国哲学史。我觉得全书行文流畅,马克思主义观点鲜明,观点和资料结合得不错,就审阅通过,很快予以出版了。

现在来看,这书是过时了,如讲道家学派、讲《老子》,它说老子虚构了一个以精神性的"道"为宇宙本原的客观唯心主义哲学体系,把天地万物都看成是"道"派生的、流变无常的、暂时的东西。老子反对人们去认识无限丰富、无限生动的客观物质界,认为认识的终极目的就在于认识那不变的"道",即所谓"为道""体道""得道"("德"),只要得了"道",就能"以道观物",知道天地万物的一切了。《老子》的唯心主义认识论是和它的唯心主义宇宙观紧密联系在一起的。感性认识和一切感性的物质欲望是绝对排斥的。"塞其兑,闭其门,终身不勤。开其兑,济其事,终身不救"。(《老子》第五十二章)割断意识和外部世界的"直接联系",从而把认识说成是纯粹主观自生的、超感觉经验的东西。列宁指出:"唯心主义哲学的诡辩就在于:它把感觉不是看作意识和外部世界的联系,而是看作隔离意识和外部世界的屏障、墙壁。"《老子》用否定感觉的方法,筑起一道"隔离意识和外部世界的屏障、墙壁"。这表现出消极颓废的特征。在现实斗争中彻底失败的阶级,只有到精神世界中去寻找安慰,相信精神万能。所以,以老庄为代表的先秦道家世界观,一般来说是唯心主义的先验论。讲孔子,该书则说,孔丘认为,只有奴隶主阶级才能成为认识的主体,才有获得知识的权利,而把广大奴隶和劳动人民污蔑为"困而不学"的下愚,认为他们根本没有学习的资格,不能成为认识的主体。孔丘说:"民可使由之,不可使知之。"(《论语·泰伯》)就是说,老百姓只能听凭奴隶主统治者随意驱使,照着奴隶主的命令去做,而不能让他们知道为什么要这样做的道理。这是孔丘向统治者奉献的愚民政策。如此等等,后来学界反思,把这种研究方法概括为"以论代史""以论带史"。

这段时期我写的文章,却正是打破上面那个框框的。1979年,中国哲学史界在太原召开第一次学术会议,我提交了一篇论文——《论唯心主义在一定条件下起进步作用》。《读书》的主编史枚先生拿去在该刊1980年第1、2、3期连载。1980年10月,在黄山召开了讨论唯心主义的学术会议,我写了《论唯心主义在一定条件下对辩证法的促进作用》一文,在《求索》上发表。在辩证法问题上我也写了两篇论文,批判教条主义的说法。一篇是《"合二而一"是形而上学还是辩证法?——从〈东西均〉的"合二而一"谈起》,发表于《哲学研究》1979年第12期,另一篇发表于《光明日报》1980年11月20日,题为《矛盾必分主次方面探讨》。接着我在《中国社会科学》1980年第6期发表《董仲舒思想特点及其历史地位》一文,为汉代思想史研究建立了思想基础。文章被翻译成英文在《中国社会科学》英文版发表,产生了较大影响。所以我这时期对马克思主义的理解和运用,和方先生实有很大的不同。两者好像是针锋相对的,但两人的友谊如故,我丝毫也不认为方先生的书有什么不好。

他提的"马魂中体西用",我是不喜欢的。也不喜欢李泽厚先生的"西学为体,中学为用"及"中学为体,西学为用"这类提法。张之洞提"中学为体,西学为用",是要保持清朝的政治体制不变,用洋务运动自立图强。我们总不能还停留在这种时代和框框里吧!"西学为体,中学为用",好像要全盘西化似的,但据解说,西体指现代化的大工业生产,以此经济基础为体,那本质上就与马克思所讲的没有区别了,世界各国都是同样一个体,改称英体、美体或"马体"也无不可。"中学为用"就不知如何用了。方先生的"马魂中体西用",像《中国哲学史上的知行观》这种,则实际上只有马克思主义,既无中体,也无西用。我觉得这些提法实际是一个经不起分析的糊涂概念,像庄子讲的"混沌",日凿一窍,一加分析,它就死了。

1988年5月,因被聘为"新加坡东亚哲学所"高级研究员,我到新加坡从事研究。当年8月由所里主持,开了一个"儒学发展的问题及前景学术研讨会",与会的40位学者分别来自美国、加拿大、新加坡和中国(包括大陆和港台地区),住在莱弗士广场万豪酒店。我则住在所里自己家中,离开会的地方相当远,由所里派车接来送去,一到饭店就进入会场开会,会一结束就回来了,和大陆及港台学者会下交流时间很少。究竟大陆来了一些什么人,我脑子中都没有印象了。方先生也来了,我就毫无印象,和他也未有过叙谈。会上留给大家印象最深的是余英时先生提出的"儒学游魂论"。待到1989年底,我要离开新加坡时,很巧,方先生又来新加坡所里作短时间的访问。我不知道他要解决什么问题,但有了一些闲谈的机会。还是老朋友,没有学派和观点的隔阂。此后,我们又天各一方,没有来往了。

20世纪90年代,方先生主持庞大的"港台新儒学研究计划",许多学者都参加进来。他是要用马克思主义予以批判消化,但也起到了传播的作用,扩大了新儒学的影响,港台新儒学学者是很高兴的。他们并不怕批判,怕的是不出版,在大陆没有影响。越批判越有影响,这条规律被批判者都是知道的。方先生的学生郑家栋还成了新儒学研究高手,广为港台新儒家学者所佩服。2013年,牟宗三先生的大著,也在大陆出版了。很有意思的是,我在新加坡写的《周官之成书及其反映的文化与时代新考》,是批驳徐复观先生的,1993年在台北东大图书公司出版。90年代我开始研究"朱熹哲学",研究新儒学。书稿于1997年完稿,1998年赶在北大100周年纪念前在东大出版,作为贺礼。全书很多是批评牟先生《心体与性体》对朱子的看法的。这引起了港台新儒家学者的不满,我成了不受欢迎的人,与方先生的受欢迎截然不同。

1998年10月,我到了台湾"中央研究院"中国文哲研究所,做冯友兰先生专题研究,所里也是把它作为"新儒学研究计划"的一部分。2000年,"第十一届世界中国哲学研究会"在台北召开,方先生来了,而我正在病中,未能参加,两人只在所里见了个面。后来他主持在北京召开的"第十二届世界中国哲学大会",我参加了。他日理万机,应酬不断,我们只远远地打了个招呼。我参加了一个小会,宣读完论文就离开了。

大概2007年左右吧,得知他身体极不好,我到望京他的住所去看他。方先生精神还可以,闲谈了一阵。他说这些年你做的工作还不少啊,指我写的书和论文。

又一次见面,应是2015年纪念张岱年先生的会上,会址在北京,我参加了。因为2014年我得了肺炎,九死一生,后遗症很厉害,后背不时变成一个冰窖,冷得直发抖,所以也没有发言。他在主席台上,讲了张先生提出而他竭诚发挥的"文化综合创新方针"。"综合创新"最早是张申府先生提出的,要综合"孔子、罗素、列宁"三种思想,形成新哲学。我在一篇文章中也谈到过。但我说现在马克思主义是我们的指导思想，"综合创新"当然应以马克思主义为指导为主体。岂能以中国传统文化为主体，综合马克思主义和自由主义而创新出一种与马克思主义并列的新哲学？所以我觉得"综合创新方针"也不过是一句口号，听后也未曾当真。

方克立先生的使命感和政治责任感很强，所以他的精神负担和自我压力很大。他的身体不好，得病，我觉得和这种精神负担是有关系的。我们有一个共同的朋友，叫段若非，著名的马克思主义学者，往昔常在《红旗》上发表大文章。一天，他以为我不知道方先生去世的消息，特地打电话告诉我。我说已经知道了。他说你知道他怎么会去世的吗？我说不知道。他说他夫人告诉他，老方是在赶写"马克思主义大工程"下面的一个项目——《中国哲学史》，耗费精力太多而去世的。书刚好写完就去世了。段若非说，写作是很消耗"精气神"的，劝我不要再写什么东西了，多休息，保养精神。这使我联想到，冯友兰先生也是在赶写完《中国哲学史新编》最后一卷，完成了就去世了。孟子说"志壹则动气"，任务未完成，使命在身，气好像被扣住了；使命一完成，志松懈下来，气也就走了。志和气可能是有这种关系的。要是书未完成，也许老方还不会走呢！我告诉段若非，我就不给方夫人打电话了，反令人伤心。但这篇悼念文章不写，总是在心上盘绕，引起不安，所以赶着写出来。

祝克立兄安息，一路走好！一辈子交往，时断时续，历经风雨，友谊如故。留下这点资料，作为对老友的纪念！

我们的德业之师
——方克立先生

周德丰[①]

　　院庆之际,莘莘学子喜聚校园,都在追思自己就读南开的点点滴滴,更不能忘怀当年殷勤执教的诸师。教泽绵绵,师恩难忘,师友之情,常萦于心。这是南开哲学人的优良传统,也是每一位后学的赤子之心。

　　我深受哲学系师友的恩惠。我是 1972 级的学生,当年称"工农兵学员",毕业后留校工作,至今已有 40 年了。在南开,我先做学生,后做先生,做了先生仍继续做学生。如今,我虽已年过花甲,仍能挥动教鞭,余勇可贾。这一切皆离不开师友相助,同事相帮。

　　在学业和品德方面,许多老师的言教身教使我终身受益,永驻心头。温公颐先生的博学鸿儒之形象,冒从虎先生的谈笑风生之神情,冯桂贤老师平易近人之态度,刘文英先生温文尔雅之风貌,仍栩栩如在目前。作为一名后学,在教学方面,我深味诸家之长:陈晏清先生思维清澈,逻辑缜密;车铭洲先生游刃有余,举重若轻;封毓昌先生思辨性强,深邃精致;杨瑞森先生气势宏大,善于交流;温克勤老师厚重淳朴,内涵充实;吴振海先生中规中矩,合乎仪范;童坦先生宽松睿智,幽默风趣。这一切都

① 作者简介:周德丰,南开大学哲学院教授。
　　本文发表于南开大学哲学院编《难忘的岁月——纪念南开大学哲学系(院)重建五十周年(1962—2012)》,2012 年 10 月出版。

成为我可资借鉴的宝贵资源，我竭力效法，用于教学活动。虽不能尽至，然心向往之。

诸师之中，对我指导最多、最力，对我关爱最亲、最密的，当属方克立先生。我衷心以为，结识方先生，在他的引领下工作、成长，可以说是我人生的最大幸运。

记得毕业之初，我留校安排在"毛哲"教研室，我的第一任"师傅"是杨瑞森老师。杨老师为人急公好义，古道热肠，人缘极好，我很喜欢他。我们师徒二人曾在1975年那个寒冬调研于山西昔阳，我们同住在黄土高原的一孔窑洞里，同吃一锅饭，同睡一个炕，他的许许多多优良品格深深地感染教育着我。后来系里师资队伍有所调整，我由于喜爱中国哲学，便向杨老师提出申请"转型"，没承想杨老师得知我的愿望后，慨然应允，并力荐我拜方先生为师，他原话说："方克立在我们人大前前后后的同学中，是最优异的人才。你跟他比跟我强，希望你处处多多地尊重他。愿你早日成长。"于是我就归队"中哲"教研室，从此追随敬爱的方先生了。

方克立先生先教我从事中国哲学史教学。1978年方先生以一人之力承担中国哲学通史教学，那可是实实在在的历时一年之久、总共150个课时的"单科独进"的课程。以我的见闻，这种超负荷的工作量，在全国各大院校哲学史教学中都是罕见的，而且方先生每一讲都写出一篇宛若一篇优质文章的讲稿。讲课结束时一统计，他讲了42讲，写满了42本笔记本。课堂上，方先生神情专注，娓娓讲论，细致分析，不时还以工整书法在黑板上奋笔疾书。听课人不仅有76级学生，还不断吸引很多校内外的老师，大家一致体会到方先生学术根底之深，教学责任心之强以及授课之美。课程结束时，系主任温公颐先生专门认真听取了汇报，并以一语论定："克立同志的教学准备充分，功力深厚，特重哲学范畴的剖析，细腻深刻，理论性强。这是一门非常成功的专业课。"这种成功在我看来绝非偶然幸致。记得开课之先，方先生就曾问我：温老讲课有何特色，南开同人讲课各自有何优长？我仅就个人的观察谈了自己的看法,方先生不断颔首,谨记心头,由此可见他的虚怀和博采。先生当时正值年富力强,可是一日晨起如厕蹲起之间竟摔倒在地上,由此亦可见他在教学中投入之多,和当时生活状态之艰辛!

就在这门课程教学过程中,方先生已开始对我进行有计划的栽培。首先他明确让我做他的"助教",全程负责对学生的辅导、阅卷、评作业等工作。在一个学年之中,方先生一门心思扑在教学上,我经常随侍左右,亲炙他的教导,不断领略汲取他的精深学识和崇高人品。就这样,我又当学生,又当"助教",到头来比任何人学的都多。先生大概也看出我"孺子可教"。随后即布置我为77级以后的各年级讲断代哲学史,一段一段地讲,不久我居然也讲全了通史,而且颇受好评。后来,先生又安排我讲授原著选读和其他一些选修课,又大胆起用我参加硕士生教学,还把他本人受邀讲学的机会让给我,让我到天津大学人文系、师范专科学院等单位给硕士生或本科生上专业课。在我从事这些教学活动的过程中,我每遇疑难必随时请益先生,先生也都给我细致满意的回应,并且不断给我勉励,给我信心,使我最终成为南开哲学系的一名中哲专业的骨干教师。大约经过十年,先生和其他老师一步步把我扶上讲师、副教授的岗位,使我在专业领域立足、成长并得到了安身立命的根基。我认识到:生我者父母,教我者老师、朋友、同道也。每思至此,辄感先生的哺育之恩,激动之情,不能自已。

方克立先生教我从事中国哲学研究。方先生在中国哲学研究方面是一位领军人物,李翔海君曾撰《在综合创新中实现中华文化的现代复兴》一文,对方先生率领科研团队卓有成效地研治现代新儒学、与张岱年先生共同倡导综合创新的新文化观、并在21世纪积极推进中国文化与哲学之世界化这几个方面的理论贡献、学术思想以及创新意识,都给予了客观、公允、翔实的评价,值得一读。我仅从个人感受的角度略抒情怀。

我到大学毕业时还不懂中国哲学的科学研究为何物,也谈不到"问题意识"和论文写作的技巧。而方先生在大学时代就有高水平的学术论文发表,他的科研意识是很强的,且是公认的文字高手。他经常嘱咐我要学习写文章,要多读名家的文章,要争取发表学术性的论文。1980年天津市中哲史学会召开老子哲学讨论会,我按照学会领导的要求写了一篇关于老子哲学思想的综述,有几万字。方先生看到后及时点拨我:这只是资料性的东西,应该以此为基础,寻找合适的角度写一篇论文。我一点即醒,立即着手撰写带有专题性、一定深度的论文。几个月后,一篇题为《老子本体论的几个重要范畴剖析》的论文终于在《南开学报》发表。在此前后,我又撰写了关于张载、朱熹、蔡元培的学术性的论文,陆续在一些学术刊物上发表。那时我还在校刊《南开大学报》上发表很多论思论学的短文。方先生看后很高兴,给我很多肯定和鼓励,在此过程中我也初步感受到写文章的快乐,多少体会到方先生所说"写文章上瘾"的况味。

大约在1984年,中国青年出版社盛邀方先生写一本通俗易懂的中国哲学史。这一任务如果由方先生独自来做,由于他刚刚写完中国哲学史的讲义,将会较为容易。但他却想把这一任务当作培养青年学者锻炼的良机,他把任务分配给韩强、盛宗林、殷陆军诸同志和我四人分做。我们在方先生的指导下各自完稿,先生则一字一句通读通改,蓝笔是我们的原稿,朱笔是先生的改定、修琢和润色,我们几人都感知先生的用力之多,运思之深,在此书出版之际,我们却看到"后记"中,先生赫然写道:"这本书是我写给青年的,它的作者也是青年,周、韩、盛、殷诸君为完成这一课题,精心结撰,三易其稿,表现出严谨的治学精神和较高的学术水准……"先生对自己只字未提,却把我们青年教师推介出去了。先生的为人,无人能及。在这本书的写作中,我们几人都得到了锻炼,也得到了成长。此后四人之中,韩强同志攻读博士学位,很早评为教授、博导,殷陆军写出非常有影响力的学术论文和译著,盛家林成为著名的编辑和出版家。

80年代末,由李瑞环市长特批,方克立先生获得一个科研项目,编写《中国哲学大辞典》,此项目规模较大,成书时约有200万字。透过这个项目我看到先生在学界的号召力:因为这是一部工具书,务必寻学术有专攻的人士撰稿。先生写了很多信函,在全国范围内邀请撰稿人;凡先生所邀请者,无论老、中、青,无不积极襄赞,乐观其成。令我铭念很深的是,先生不论资格,打破情面,破格擢升我当该辞书的副主编,这令我大出意外,同时也大为振奋,我只能勿拂先生举荐之意,做好工作,回报先生而已。

此后先生承担主持教育部重点科研项目"中国文化概论""中国哲学与辩证唯物主义",先生都邀我参与。我看到参编作者都是部属名校的著名教授,大概只有我一人是副教授,先生的美意我当然是心领神会。该项目出版之后,凡有获奖证书,先生都主动专门给我邮寄一个复印件,我知道先生心里想的是什么,他希望为我的晋升多创造一个条件,那份关爱与温馨只有身历其境者才能深深体味。

2000年前后我配合吕希晨教授搞科研项目,撰写《中国现代文化哲学》《中国现代人生哲学》,这两个项目都任副主编和主要撰稿人;此后我又在李翔海教授、杨龙教授的帮助下出版《中国近代哲学研究》。方先生看到后,总是说:"好极啦! 好极啦!"奖掖之情,溢于言表。方先生也不断地把他自己的著作、论文寄送给我,这些我都视为学术的指引,精神的激励! 现在,我也忝列教授之列,并担任博士生导师的工作,没有先生的一步步指引,哪有我今天在科研方面的成果。

方克立先生在南开创立中国哲学专业硕士点、博士点,使中国哲学专业成为重点学科,带领我们先后培养硕士、博士超过双百。在研究生教育中,他倡导的"学行并重,德业双修"的培养方针,在学术研究中他提出的"同情地理解,客观地评价,批判地超越"的方法和态度,在文化批判上他与张岱年先生一起标举"古为今用,洋为中用,批判继承,综合创新"的方针,都具有深刻长久的影响。在我看来,方先生不仅是一位哲学家,也是一位教育家。他重视学科建设,重视人才培养,他取材当地当时,善于团结各方面人士,用人不拘一格,他长于带领科研团队,他毕生践履学问和道德的合一。他的德业得到了老一辈学者如张岱年、石峻、任继愈、肖萐夫等先生的信任,得到了他同一辈的学者如方立天、汤一介、刘文英等先生的敬重,更得到了比他年轻一辈学者如周桂钿、郭齐勇、陈卫平、杨国荣等先生的信赖,当年在天津杨柳桥、卢高三、吕希晨皆与方先生有深厚交谊。中国哲学学科领域,无论识与不识,皆称赞方先生。至于他得到了我们南开学子的一致爱戴,更是情理之中的事。

古人云:凡德业是以益人者,人不能忘之。这篇尊师重道之作,如果由韩强、严正、翔海、东升、可真诸君来做,当会更好;因为诸君与先生交谊更深更多,诸君与先生有更感人的故事和更真诚的心音。我也经常听到他们默念先生崇高的涵养和人格。听说大家推举我来写,我就不揣浅陋,代表大家写了以上不成敬意的文字,不足以表达大家的情愫于万一。既然此情此意,彼此心同,那就让我们同声一呼:敬爱的方先生,我们深切地感谢您,您是我们永远的德业之师!

言之不足则嗟叹之,嗟叹之不足则咏歌之,成诗一首敬献方先生:

> 辛苦耕耘四十秋,
> 奉献南开意未休。
> 杏坛桃李绽艳丽,
> 哲苑精彩献朋俦。
> 群贤心悦赞宏业,
> 诸生诚服尊大酋。
> 敬祈先生执牛耳,
> 长率吾侪战神州。

桃李不言蹊径远，斯文犹在风雅长

——纪念方克立先生

魏长宝[①]

回到母校，回到院里，参加"方克立先生学术思想暨《方克立论著集》出版研讨会"，感到既高兴，又荣幸。方克立先生的七卷本《论著集》去年春天就由中国社会科学出版社正式出版发行了，今天在座和不在座的很多学术界的朋友，尤其是方门的很多弟子，都为《论著集》的出版默默地做出了很多贡献。无论是作为读者还是作为方克立先生的学生，我们都应该对这些奉献者表示感谢。今天这场研讨会方门弟子期待已久，中国哲学界也期待已久。先生离开我们已经四年了，这个研讨会，可以算得上是对先生最好的纪念。

方克立先生的精神遗产和学术贡献，不少师友尤其是方门弟子们已经做了一些初步的整理和总结。方克立先生在中国哲学范畴研究方面的开拓创新，在现代新儒学思潮研究方面的推动领航，关于中国当代文化发展的"马魂中体西用"论的原创阐述，对中国哲学史学会的建设领导，对高等教育和人才培养的呕心沥血，对后学晚辈的奖掖提携，等等各个方面，我陆续看到一些文章有所论及和研究，拜读以后受到不少的启发，更加深了对老师学术遗产的认识和理解。今天我主要想结合自己在

---

① 作者简介：魏长宝，中国社会科学杂志社副总编辑、编审。

南开大学哲学系和人大哲学系求学，以及在中国社会科学院工作的一些经历，一些片段，来谈一谈方克立先生对我的教诲和提携，以志对先生的纪念和感恩。

一、传道授业之师

我是南开大学哲学系 1986 级本科生。我虽然不是方克立先生的入室弟子，但先生是我名副其实的授业之师，因为他是亲自给我们讲过课的。我们入学的时候，南开哲学的教授还不是很多，那时候正教授职称是由教育部审批的，各高校还没有自行审批正教授的权限。南开哲学只有中哲、西哲、马哲、逻辑四个学科，每个学科有一位正教授。中哲的教授就是方克立先生，西哲的教授是冒从虎先生（还有一位西哲教授车铭洲先生，刚刚调到新从哲学系分出去的政治学系了），马哲的教授是陈晏清先生（陈老师是当时的系主任），逻辑学的教授是温公颐老先生。因为教授少，本科生是轮不到教授给亲自开课的。但是，我们这些刚入学的新生，都迫不及待地想一睹那些鼎鼎大名的教授们的风采。所以，系里给大一的新生安排了一门课，叫"哲学概论"，由每位教授给讲一次课。温公当时年事已高，先后给我们讲课的有陈晏清、方克立、车铭洲、冒从虎四位年轻一些的教授。可能因为当时太过兴奋，教授们上课的内容现在回想起来大都已然模糊了，但方先生温和、儒雅的长者风范，却一直牢牢记在心间。我后来的学术生涯和编辑生涯中，在各种场合听方先生讲话、讲座等次数不少，但听他正儿八经的授课，只此一次。

方克立先生虽然没有给我们那届本科生开专业课，但南开的中国哲学专业，尤其是中国哲学硕士点、博士点是方先生一手建立和发展起来的，中国哲学方面的课程和教材，都是方先生亲自安排的，我们的学业自然也直接受惠于他。中哲史教研室的好多位老师，如曹跃明老师、韩强老师、严正老师等，都是方先生的弟子，卢升法老师、周德丰老师等和方克立先生虽不是师生关系，但亦介乎师亦友之间，这些老师先后给我们开过"中国哲学史""现代新儒学""中国传统文化"等课程。大三时，我选修了李兰芝老师开的"中国哲学原著选读",用的教材是方克立先生和李兰芝老师合作编著的《中国哲学名著选读》。我慢慢对中国哲学,尤其是经典的诠释和经学的历史问题产生兴趣,应该说,很大程度上是这本选读教材和这门课程培养起来的。

我们的"哲学原理"课,分为"辩证唯物主义原理"和"历史唯物主义原理"两部分,每部分上一个学期。讲"辩证唯物主义原理"的是一位和蔼可亲、偶尔会略带出一点点南方口音的女老师——黄昭仪老师,后来我们才知道她是方老师的夫人。黄老师"文革"后到人大哲学系读研究生,从南开调到北京后,进入当代中国出版社,成为一名资深编审。没想到我自己从人大博士毕业后也到了社科院,先后到社科杂志社、社科出版社,做了二十多年的编辑,现在又调回到社科杂志社继续做编辑,可以说是在另一个层面上延续了和黄老师的师生缘分。我虽然不是方先生的入室弟子,但方老师和黄老师夫妇二人都亲自给我们授过课,这对我和我们那一届本科生来说应该也算是一份十分难得的殊荣吧。

20世纪90年代,我在吉林省委党校当教员,因为我是南方人,对东北的很多生活都不太习惯,就想离开长春。1996年秋天,我同时报考了人大和社科院的博士研究生。人大报的导师是葛荣晋教授,社科院报的导师就是方先生。复习备考的时候,得知社科院研究生院有英语考前辅导班,我就跟单位请了一周的假,到社科院研究生院去参加辅导学习。那时社科院研究生院还在望京的老校区办学。开班的前一天,我到研究生院方先生的办公室拜访他,这是我第一次跟方先生面对面的交流。当时正值隆冬,踏进方先生办公室的门,就感受到一股热腾腾的气息扑面而来。方先生一听我是南开的学生,大为高兴,对我鼓励有加,并热情地为我推荐复习参考书目,交代备考注意事项,嘱我好好复习准备。第二年春天参加两校的考试,成绩相继公布,我运气不错,两校的录取线都过了。看到分数后,我很为怎么选择而犯难,就打电话向方克立先生求助。方先生说:葛老师既是我的同学,又是我的好朋友,你读谁的博士都一样,不必有什么心理负担。同时他又说,你的考试成绩在社科院的考生中名列前茅，录取为计划内的名额应该没啥问题。看得出，先生对我还是很欢迎的。后来因为人大的录取时间比社科院早一个多月，为了保险起见，我选了人大。方克立先生对此并不以为意。

三年以后的 2000 年夏天，我从葛荣晋先生门下博士毕业时，应葛老师之邀，方先生愉快地担任了我的博士论文答辩委员会主席。答辩委员会委员还有北大哲学系李中华教授、社科院哲学所徐远和研究员、中国社会科学杂志社李存山编审、人大哲学系孙中原教授。我的论文题目为《考据话语及其效应——顾亭林与清代哲学的方向》，"考据话语""顾亭林""清代哲学"，从这几个关键词就能看出，这个选题其实很大，我提出了一些宏伟的主张，但当时并没有能力进行很深入的论证，因此答辩的时候我有些紧张。没想到五位评委一致同意，给我的论文写了很高的评语，大大超出了我的预期。答辩结束后，方先生又鼓励我，让把这个题目好好做下去，力争做出一篇大文章。

方克立先生在我求学的时代亲自为我们授过课，在我的学业道路上又亲炙先生的指导和教诲，说他是我的授业之师，是完全名副其实的。如今，徐远和先生惜已英年早逝多年，方、葛两位恩师也都在疫情防控期间驾鹤西去，徒留我等后生唏嘘感慨。

二、提携奖掖之恩

方克立先生对学生的关爱和提携在学术界尤其在中国哲学界，那是出了名的。我在南开和人大求学先后 7 年，在社科院工作二十多年，经历中和方克立先生的交集不少，受到方先生的关爱和提携自然尤其多。我再举自己亲身经历的几件事。

我从人大毕业后，承蒙李存山先生的关照，到中国社会科学杂志社工作。工作后不久，大约是 2002 年 4、5 月份的一天，我和来京出差的南开同班同学解见伟一起去看望方先生，方老师和黄老师坚持请我们吃午饭，记得是在研究生院望京老校区大门口的一家饭馆。席间方老师鼓励我要坚持编研结合，早点把博士论文正式出版。我跟方老师说，我的博士论文的评语您给写得太高了,其实存在的问题还不少呢。方先生说:你当时答辩完了马上就要找工作,我当然要把你的评语写得高一些啊。说实话,当年博士论文答辩时我看到作为主席的方老师把我的评语写得比较高,心里还曾多少有过一些自得。听了方老师的话,我马上明白了先生的用意,心中既感动,又惭愧。感动于方老师对学生的关心和抬爱无所不在,润物无声,同时又因自己没有抓紧时间,一鼓作气,把论文提升、改好并出版,深感愧对恩师。

我于 2008 年成为中国哲学史学会第七届理事会的理事,后来蝉联第八、九、十届理事,我一直心存荣幸与感激,知道肯定是得到了学会的前辈学者的提携。直到这次社科出版社整理出版方先生的《论著集》,我在给书稿做终审的时候,看到有一封方先生 2008 年 10 月 4 日给社科院哲学所张利民研究员的书信,信中说,"小张:收到你整理的新一届理事名单,有几个问题还不太清楚,似需略作调整。分述如下:一、记得曾给社科杂志社一个名额,提名是魏长宝。……"①我这才知道,原来关照我的正是方老师。

2018 年,我刚刚调到中国社会科学出版社工作不久,正赶上出版社要举办建社 40 周年庆典,时间定在 6 月 10 日,社党委决定具体组织工作让我牵头负责。社庆工作的一项重要内容,就是征集名家题词。方克立先生的题词是由时任哲学宗教与社会学出版中心主任冯春凤编审负责联系的。5 月 8 日,方先生给冯主任发来题词:"当代中国哲学社会科学必须坚持以马克思主义为指导,这是它区别于其他哲学社会科学的根本标志。四十年来,与改革开放同步的中国社会科学出版社为发展繁荣当代中国哲学社会科学作出了突出贡献。在马克思主义中国化的百年探索中,它的那些重要出版物都会载入当代中国思想史册,将永远为人们铭记。"②6 月 4 日,方先生又给冯主任发来一信,对他的题词做了进一步

---

① 《方克立论著集》第七卷,《书信·附录》,中国社会科学出版社 2023 年版,第 268 页。
② 《方克立论著集》第七卷,《书信·附录》,第 80 页。

的解释，他说："中国社会科学出版社是党领导的坚持以马克思主义为指导的重要出版阵地，所以我说它四十年来为发展繁荣'当代中国哲学社会科学'作出了突出贡献（'重要贡献'还是'突出贡献'，我想还是评价高一点好，希望它今后继续坚持正确方向）。社科出版社成立四十周年，我与它已有三十多年的交谊。《中国哲学大辞典》《现代新儒家学案》《现代新儒学研究论集》《中国文化的综合创新之路》等著作，还有我指导的一些博士论文，都是在社科出版社出的。出版社的前任领导，有多位是我的老同学、老同事，现任领导则是青出于蓝而胜于蓝的学生；编辑中既有南开的学生，社科院研究生院的毕业生则更多。所以出版社 40 大庆，我应该表示诚挚祝贺。"①方克立先生对社科出版社 40 年的成绩给予了高度评价，对我们是巨大的鼓舞，他之所以坚持"评价高一点好"，我想在很大程度上也是对以赵剑英社长为代表的社科院研究生院的学生们和包括我和冯春凤主任、韩国茹博士等在内的南开学生们的鞭策和鼓励吧。

方克立先生不仅对方门弟子关爱有加，只要出身南开的学生和社科院研究生院的学生，方先生见了都特别亲切，只要见了面都会笑眯眯地问长问短，能关照的地方肯定都会悄悄地尽力予以关照。大家看方先生《论著集》的第六卷《序跋集》和第七卷《书信集》就可以感受到，每一篇序跋、每一通书信，都凝结着方先生对学生浓浓的师生之情，渗透着先生对后学的殷殷关爱。方克立先生敦厚谦和，待人温润如玉，但对弟子和后学的关爱绝不是无原则的，在治学方向和道德品行两个方面，先生绝对不降格以求，绝对不通融放水。他曾在多个不同的场合反复强调，"做学问首先要把握正确方向，在学问中也要体现出战士的品格；而打好学问基础又是成为一个优秀的思想文化战士的必要前提"。②"一个人一辈子写了几本书并没有什么了不起，难的是一辈子做一个高尚的人，一个有道德的人，一个脱离了低级趣味的人。"③不管是在南开，还是在社科院研

---

①《方克立论著集》第七卷，《书信·附录》，第 81 页。
②《方克立论著集》第五卷，《忆往与教育》，第 412 页。
③《方克立论著集》第五卷，《忆往与教育》，第 410 页。

究生院,他对自己的学生,从来都是提倡"学行并重,德业双修","三分学问,七分做人",严格要求学生把做人和做学问统一起来。他说,"做中国传统学问也要强调做人,不仅学问做得好,首先做人得做得好。中国哲学是'为己之学',而不仅仅是'口耳之学'"。[①] 他对自己带的学习中国哲学的研究生是这个要求,对其他所有的研究生也是这个要求。

三、编研往来之谊

方克立先生 20 世纪 80 年代初就已经是中国社会科学杂志社的作者,先后有多篇文章在《中国社会科学》等刊物上发表。如《关于研究中国传统哲学范畴问题的讨论》(署名"岳华",这是一篇会议综述,刊发于《中国社会科学》1982 年第 1 期),《论中国哲学中的体用范畴》(《中国社会科学》1984 年第 5 期),《批判继承 综合创新》(《中国社会科学》英文版,1997 年第 2 期)等。

我到中国社会科学杂志社工作时,适逢《中国社会科学文摘》刚刚创刊,我就把自己参与编辑工作较多的《中国社会科学文摘》和《中国社会科学》两刊,每期都寄送给方克立先生,请他指导,持续到我出国访学前,回来后我的岗位调整,具体编稿很少,寄刊就中断了。不管是做编辑工作还是业务管理,先生对我的工作总是鼓励有加,但对我们编辑部的具体工作从不插手,也从不评论。有时会收到他的来信或者发来的电子邮件,大多是他近期发表的文章或者参加学术活动的发言,很客气地请我"一阅"或者"参考",有时他也会顺便对学术界的某些动向发表自己的看法,提醒我关注,不过这种交流次数并不算太多。但是如果有学生或青年学者找他向编辑部投稿,他则总是不吝帮忙,每次都亲自写信,美言推荐。尽管因编辑部严格的制度和流程,先生推荐的稿件我们采用的其实很少,但他仍乐此不疲。荐稿的同时,他也总是提醒我们,"各方面越看重在贵刊发文章,你们就越要坚持高标准、严要求"。没有采用的稿子,

---

① 《方克立论著集》第五卷,《忆往与教育》,第 415 页。

先生也总是每次都很客气地对编辑人员表示感谢。

大约是 2004 年暑期的时候，方克立先生给我发来一篇稿子，《张岱年在 20 世纪中国哲学史中应有之地位》，问我能不能在《中国社会科学》发一下。那时候张岱年先生刚刚去世不久，方克立先生也新做了心脏搭桥手术，他抱病写下了这篇纪念文章。我初看了稿子，能不能用心中没底。因为按照《中国社会科学》一贯的风格和传统，是基本上不刊发纪念性的文章的，也很少碰当代学术人物研究方面的选题。但方克立先生的稿子又不仅仅是一篇纪念文章，他在文中提出一个很重要的观点，即张岱年先生在哲学理论创新方面，试图将"孔子、列宁、罗素，三流合一"，创造一种适应现代中国所需要的中、西、马"三流合一"的新综合哲学。方先生认为，这一探索代表了 20 世纪中国哲学发展的正确方向，也是新世纪中国哲学继续前行的现实道路。

当时，我们编辑部正在做中哲、西哲、马哲对话方面的选题策划。主要是考虑到进入 21 世纪以来，中国哲学的未来走向问题备受学界关注，但是构成现代中国哲学主干的中、西、马三大学术传统或者说三大骨干学科之间，壁垒森严，基本上没有什么像样的交流和对话。为此，我们于 2003 年 9 月在广西桂林组织召开了"全球化语境中的文明冲突与哲学对话：中哲、西哲、马哲专家论坛"，会后以"当代中国哲学：从对话走向创新"为题，选编了一组专题文章，在《中国社会科学》2004 年第 1 期刊发，希望借此推动跨学科的哲学对话和思想交流。我们觉得，方克立先生文章讨论的问题和提出的观点，对推进中西马对话和指导中国哲学当前的发展非常富有启发性和建设性，正好可以与本刊已经刊出的推动"中西马对话"、建立当代中国新哲学的相关选题和文章很好地呼应。所以我就跟方先生商量，希望他能把文章改一改，把纪念性的文字尽量删除，做成一篇纯学术性的大理论文章，侧重点从"张岱年先生在 20 世纪中国哲学史上应有之地位"，变为讨论张先生的中国哲学史研究对当前中国哲学的建设和发展所具有的启发和意义，以契合我们编辑部的选题意图。

修改建议提交给方先生以后，对先生的身体状况能不能允许他完成繁重的修改任务,我很忐忑。当时黄老师已经对先生的学术活动进行了"管制",好多学术活动尤其是京外的学术活动,基本上已经很难见到方先生的身影。没想到,还没到年底,方先生就把修改稿发给了我。我把修改稿和原稿对照一看,先生差不多吸收了我们编辑部的绝大部分修改意见,对文章几乎进行了重写,题目也变为《张岱年与二十世纪中国哲学》,完全就是一篇新的文章。我把稿子编好提交上去以后,很顺利地在《中国社会科学》2005 年第 2 期刊发出来。文章的原稿,则仍以《张岱年在 20 世纪中国哲学史中应有之地位》为题,刊发于《学术探索》2005 年第 3 期。今年是张岱年先生逝世 20 周年,二十年间,各界学者发表了不少纪念和研究张先生的文章。就我的阅读范围所见,方克立先生的文章仍然是所有这些文章中理论分析最为深刻、最有学术创见者之一。方克立先生"接着张岱年讲",提出中、西、马"三流合一"的"马魂中体西用论",在新时代产生越来越大的学术影响和社会、政治影响。

2005 年 9 月,"第七届当代新儒学国际学术会议"在武汉召开。方克立先生因身体原因未能出席,他在给会议的贺信中提出了研究现代新儒学第四阶段——"大陆新儒学"的新课题,引起了与会学者的热烈反响。中山大学杨海文教授很敏锐地邀请方先生在武汉会议贺信的基础上撰成《甲申之年的文化反思——评大陆新儒学"浮出水面"和保守主义"儒化"论》一文,发表在《中山大学学报》(社会科学版)2005 年第 6 期。文章刊出后,方克立先生把贺信和《中山大学学报》的文章一起发给我,我把文章摘编后提交给《中国社会科学文摘》2006 年第 1 期进行了转载。方克立先生的贺信和文章及产生的巨大影响后来被当作"大陆新儒家""浮出水面"的标志性事件之一。

2009 年 7 月 1 日,《中国社会科学报》正式创办。7 月 11 日,学术界的两位泰斗任继愈先生和季羡林先生同日仙逝。7 月 12 日上午,我以《中国社会科学报》记者的身份,就两位前辈的去世采访了方克立先生和方立天先生。方克立先生和任老关系很密切,关于任老的话题谈得也多一些,采访内容整理后,以《方克立:任继愈先生是马克思主义中国哲学史学的奠基人之一》为题,在《中国社会科学报》2009 年 7 月 14 日第 9 版刊发。方克立先生说季老知道他的父亲方壮猷老先生，但他本人和季老交流不算多，季老的学问很大，他不敢轻易置评，访谈内容就没让我们整理刊发。这是我第一次以记者身份做访谈，由于稿子要得急，加上经验不足，事前没有和两位先生沟通，做成了即兴采访，相关内容谈得不算很深入。方克立先生没有责怪我的疏漏，反而表扬我"很快就适应了新闻报道反应快的要求"。①

方克立先生为出席 2011 年 5 月召开的太湖文化论坛首届年会，和中国政法大学林存光教授（也是方先生的弟子）合写了一篇文章，《"文明以止"：中华文化的精华与精神》。会后存光教授建议方克立先生把文章推荐给《中国社会科学》，看能不能发一下。稿子转到我手上后，我觉得文章论题比较宏大，在大刊刊用有一些困难，就和方先生通电话，希望把稿子改在《中国社会科学报》哲学版刊发。方先生和存光教授商量以后，很快就对文章进行了删减，只保留了原稿最后一节的内容，题目变为《"文明以止"：中华民族理性的文明发展观》。这部分内容主要论述中华文化之道德人文主义、和平主义的性质和特点，从内修文德到治国理政、平天下、一天人的"外王"事业，无不体现了"文明以止"的精神，可以说是原稿最精彩、最体现先生的独特思考的内容。稿子由哲学部安排，分两期在《中国社会科学报》2012 年 6 月 4 日、11 日连载。后来方克立先生又多次接受中国社会科学杂志社记者的专访，如刊发于《中国社会科学报》2014 年 5 月 5 日的访谈稿《"马魂、中体、西用"是我们的文化旗帜》等等。先生的几次访谈和赐稿，给了我们这张刚刚创办不久的报纸以重要的支持。

方克立先生生前有多部著作在中国社会科学出版社出版。我在社科出版社工作期间，社里曾有过再版重印先生主编的《中国哲学大辞典》之议，惜未做成。方克立先生为林存光教授主编的《中国人的政治智慧》一书所作的《序》，是 2016 年 8 月写成的。存光教授的书稿原计划是在天津一家出版社出版，后因故耽搁，辗转交到社科出版社，被收入社科出

---

① 见《方克立论著集》第七卷，《书信·附录》，第 504 页。

版社《理解中国》丛书,于 2023 年 1 月出版。对照陆信礼教授编撰的《方克立先生论著目录初编》来看,这篇文章应该是方克立先生生前亲笔撰写并公开发表的最后一篇文章。

四、先生之风,山高水长

哲人其萎,学思犹存。由社科出版社最新奉献给学界的这套《方克立论著集》,为我们学习研究方克立先生的道德文章和学术思想提供了重要的文献基础,相信会对先生精神遗产的继承弘扬发挥重要的推动作用。这套《论著集》虽然有皇皇七大卷,但对先生论著的收录其实并不完整,尤其是先生的众多往来书信,还有不少散落在外。先生主编的著作,也只有存目,没有收录。期待在不久的将来,能见到一套收录、纂辑更加完备的《方克立全集》的出版。

方克立先生不仅是中国哲学史学会的领航人,也是我们中国哲学学科乃至当代中国哲学的一面旗帜,他晚年提出的"马魂中体西用"论,自成一说,意义十分重大,并正在产生越来越深远的影响。方先生生前十分重视当代学术的学派研究,他在不同的场合,多次论及"张岱年学派"(或以张岱年先生为代表的"综合创新"派、以张岱年为旗帜的综合创新文化学派)、中国哲学的"人大学派"(或以石峻先生为开创者的中国哲学史的人民大学学派)、冯契学派、刘泽华学派(或以刘泽华为代表的南开学派、"王权主义批判学派"、"王权主义反思学派")等等。方克立先生有很明确的学术传承意识,从治学传统和学术渊源上来说,他把自己归为中国哲学的人大学派的一员①,从学术主张和思想观念来说,先生把自己

---

① 方克立先生在《缅怀恩师石峻先生》一文中说,"我所谓'中哲史界的人大学派',当然不只是就人大的中哲史教师队伍说的,同时也是指受业于人大、受到人大学术传统的影响、在全国各地从事中国哲学教学研究工作的学者群体"。见《方克立论著集》第五卷,《忆往与教育》,第 204 页。

归为张岱年学派①。但方克立先生自己很谦虚，他从不自己给自己戴帽子，也从未有过自立一派的任何言论和表述，对于"马魂、中体、西用"论，他也只是很低调地说"还只能说是大方向正确，在理论上还有待充实和完善，这需要我们大家共同努力"。②

　　学派的兴盛是学术繁荣的基础和标志。习近平总书记《在哲学社会科学工作座谈会上的讲话》中指出："百花齐放、百家争鸣，是繁荣发展我国哲学社会科学的重要方针。要提倡理论创新和知识创新，鼓励大胆探索，开展平等、健康、活泼和充分说理的学术争鸣，活跃学术空气。要坚持和发扬学术民主，尊重差异，包容多样，提倡不同学术观点、不同风格学派相互切磋、平等讨论。"③按照方克立先生的理解，学派的成立主要有两个条件，一是要有学，即要有开宗立派的代表人物和原创性的思想，二是要有派，即要有明显的学术传承。④方克立先生的思想和影响，无疑是符合第一个条件的。先生一生教书育人，门生众多，桃李满天下。参加今天座谈会的也有很多是方门弟子，诸位都是社会各界尤其是学术界的中坚，其中很大一部分认同方先生开辟的学术道路，自觉继承了方先生的学术遗产，应该说初步满足了第二个条件。

---

① 方克立先生在《"马魂中体西用"与文化体用问题纵横谈》一文中说，"'马魂中体西用'论是综合创新文化观的深化，其主要结论确实是从张岱年先生的有关思考和论述中引申出来的，可以说是'接着张岱年讲'"，见《方克立论著集》第四卷，《马魂中体西用论》，第551页；在《"马魂、中体、西用"论的由来、涵义及理论意义》一文中也说，马魂中体西用"这个解释是以张岱年先生的思想为基础的，或者说是接着张岱年先生的思想讲的"，见《方克立论著集》第四卷，《马魂中体西用论》，第259页。
② 《"马魂、中体、西用"论的由来、涵义及理论意义》，收入《方克立论著集》第四卷，《马魂中体西用论》，第289页。
③ 习近平：《在哲学社会科学工作座谈会上的讲话》，人民出版社2016年版，第28页。
④ 参见《冯契研究与冯契学派——兼论当代中国的学术学派》，收入《方克立论著集》第四卷，《马魂中体西用》，第383页；《为"刘泽华学派"赞一个——在〈中国政治思想通史〉新书发布会上的发言》，收入《方克立论著集》第二卷，《中国哲学论稿》，第312—313页。

方克立先生的治学传统和学术影响以南开为根据地，他生前曾多次说"我的根基、学脉还在南开"①。桃李不言蹊径远，斯文犹在风雅长。把以方克立先生为代表的马魂中体西用派或以方克立先生为代表的中国哲学的南开学派发扬光大，方门弟子和南开后学责无旁贷。

---

① 《方克立论著集》第五卷，《忆往与教育》，第516页。

方克立先生的"平实"与"深识"

周可真①

尊敬的杨克欣书记,尊敬的母校各位领导和老师,尊敬的杨国荣先生、李德顺先生,尊敬的各位师兄弟姐妹,各位同仁、各位来宾:

大家早上好!

作为方克立先生的开门弟子之一,参加今天的盛会,我感到特别高兴和非常荣幸!感谢母校母院主办这次会议,感谢中国社会科学出版社为出版先生的著作所付出的辛勤努力,感谢我的母校南开大学和中国社会科学院研究生院为出版先生的著作所给予的全方位支持。

方克立先生是我的硕士导师,也是我的博士生导师。自 1982 年投到先生门下,我曾一直蒙受先生的关心和培养,同时也深受先生人格和思想的影响。

首先,方先生的为人为学之道,可用"平实"二字来加以概括。"平"者,心平而不气盛;"实"者,实在而不虚妄。唯心平,方能物来顺应;唯实在,始能取信人。方先生的为人和治学风范,对我产生了深刻而久远的影响,使我懂得了为人与治学的一致性道理,并从他那里学到了"平实"二字,亦即:做人要平实,学问要平实,文章也要平实。

---

① 作者简介:周可真,苏州大学政治与公共管理学院哲学系教授。

其次，方先生的为学特点可用"知识"二字来加以概括，即既富于"知"，更深于"识"。其知之富，赖于其身心之勤苦，是常人所可及者；其识之深，则由于其心性之中和，非常人可及也。我确信，先生心性之中和，乃是其马克思主义之理与中国文化之道双修之结果。

再次，方先生"史论结合"的中哲史方法论思想，也对我的治学产生了实际而深远的影响。在我硕士研究生即将毕业之际，我与先生曾有过一次较长时间的交谈，先生对我说："中国哲学史研究必须坚持'史论结合'，年轻一代想要超越前辈，尤其应该在'论'上下功夫。"这话给我留下十分深刻的印象。先生所谓"史论结合"，是要求"论"立于"史"的，所以我在研究顾炎武时，就自觉地根据这个思路，从写作顾炎武年谱开始，这是贯彻了先生"史论结合"的方法论思想的。在我看来，就哲学史研究领域而言，相对说来，"史"是属于这个领域的"知识"之"知"的方面，"论"是属于这个领域的"知识"之"识"的方面。方先生之所以具有非常人所能及的"深识"，其原因在我看来主要是由于他具有非常好的哲学理论素养和高强的理论思维能力。哲学史研究领域的"史论结合"，其知识论意义就在于"知识结合"。一个有作为的学者，须"富于知"而"深于识"才行。

方先生的"深识"首先表现在 20 世纪 80 年代初，他在中国哲学史研究领域开辟了中国哲学范畴研究方向并且首先指导了这个方向的硕士研究生，并且以其学术专著《中国哲学史上的知行观》成为该研究方向最重要的奠基性著作之一。中国哲学范畴研究是中国哲学史研究方法论从把哲学史理解为"唯物主义对唯心主义的斗争史"到把哲学史理解为"认识史"的历史性转变的重要标志。1983 年在西安召开的中国哲学范畴研究学术研讨的主要组织者之一就是方克立先生。

方先生的"深识"更表现在当中国哲学范畴研究深入到一定程度时，他又在中国哲学史研究领域开辟了新儒家研究方向并且以首席主持人身份（另一主持人是中山大学的李锦全教授）申请到了国家社科基金重大研究课题"现代新儒家思潮研究"，方、李随后联络国内高校、社科院系统十多家单位的有关人员组成课题组，从而正式拉开了中国大陆现代新儒家研究工作的帷幕。"现代新儒家思潮研究"课题组的研究活动,不仅开启了中国大陆的现代新儒家研究工作,也带动了这个时期中国大陆的儒学研究,使这种研究最终演变为中国大陆的"儒学热"。

我在拙著《哲学与文化研究》(江苏人民出版社,2005年)后记中曾如此评论先生的新儒家研究:

"其始于上个世纪80年代中期的对于新儒家的研究,是方先生以马克思主义之理为指导来弘扬中国文化之道的具体表现。这是方先生欲求马克思主义中国化和中国文化现代化的一种努力。无论其最终结果如何,我坚信其努力的根本方向是正确的。"

这里我想要强调的是:无论人们怎样来评价其儒学观,方先生对于最近三十余年来中国大陆的现代新儒家思潮研究的开展和与之密不可分的儒学研究乃至于整个中国传统文化研究的发展都起到了特殊的历史作用,这种历史作用是不可磨灭的。

离恨空随江水长
——回忆方克立先生

干春松①

方克立先生于 2020 年 4 月 21 日在北京逝世，疫情未平，难以尽弟子之礼，深以为憾，略为小文记其一二，聊表哀思。

一、学问渊源

我个人对于学林掌故颇有兴趣，记得有一年华东师范大学的陈卫平老师来电跟我说，他申请了国家社科基金的重大项目"中国现代哲学史"，设计了一个口述史的项目，想让我负责，我二话没说，就应承了。接下课题之后，特别认真地去跟许多老先生做了访谈，比如张世英先生、邢贲思先生、陈筠泉先生，还有港台的陈鼓应、黎建球先生等。在做口述史的过程中，经常会遇到跟方老师有关的人和事。有些是他的同事，有些是他的故交。记得有一次去台湾辅仁大学采访张振东神父，他就提到辅仁大学的李震校长，是天津人，与方克立教授很熟悉，并且关系密切，这让我想起我的同门中就有樊志辉教授等曾经在读博士期间交换到辅仁大学，并以士林哲学为题做了博士论文。

---

① 作者简介：干春松，南开大学哲学院教授、北京大学哲学系教授。

本文原刊于《中华读书报》2020 年 4 月 29 日文化周刊国学版，原标题为《子规难挽东流水：追忆方克立先生》。"澎湃新闻"改为现标题，内容也略有改动，发表于 2020 年 5 月 1 日。

　　还有一次去采访中山大学的李锦全教授，访谈过程十分顺利，说了许多早年间的事，我想应该全是凭着方老师的面子。李先生与方老师在1980年代一起主持"现代新儒学思潮研究"的课题，关系十分亲近。最近看李先生的弟子杨海文兄的回忆文章，才知道李先生与方老师的关系还可以上溯到方老师的父亲方壮猷先生。

　　海文兄记述说，李锦全先生1951年在中山大学毕业后，系主任刘节想让他留校。但恰逢中南军政委员会成立，学生要统一分配，李先生就被分到了中南军政委员会文化部文物处。方老师的父亲方壮猷任处长，处里新分配来的大学生，没有一个党员，被称为"文化程度最高、政治素质最低"的一个处。1954年撤销中南军政委员会，李先生又回到中山大学教书。

　　学术界父子皆为知名教授的例子并不少，我所熟悉的汤一介先生与他父亲汤用彤先生声播宇内，方老师和其父方壮猷先生亦享誉学林。说起来，方壮猷先生的成才之路颇为曲折，他出生在湖南湘潭，家境并不富裕，故而要靠自己边读书边教书甚至借贷才能完成学业，但方壮猷先生志存高远，考上北京师范大学，还未毕业就考上清华大学国学院，师从梁启超、王国维、陈寅恪等大师。按陈寅恪先生的说法，这批70多人的国学院学生是南海康圣人的再传弟子，还是末代皇帝溥仪的同学。清华国学院的成就很难复制，方壮猷先生的研究方向明显受到陈寅恪和王国维的影响，以北方少数民族历史为主，毕业后在各地任教，1929年留学日本，师从日本著名学者白鸟库吉研究东方民族史，学业未完，被日本侵华野心激怒就毅然回国，在北京各大学兼课讲授宋辽元金史和日本史。1934年，在陈寅恪等人的推荐下，由中央大学入法国大学研究院，师从伯希和教授，研究东方民族史。在这期间他发表了多篇关于契丹、蒙古、鲜卑等文字和历史的研究文章多篇，至今仍是相关领域的基础文献。后任武汉大学教授，生活逐渐稳定。

　　1950年之后，方壮猷先生在中南文化部工作，1951年，他任中南文化部文物副处长兼任中南图书馆馆长，李锦全教授就是在这个阶段在方壮猷先生的领导下工作的。这个阶段石峻先生在武汉大学哲学系任教并任武汉大学图书馆主任,据方克立老师说,这个时期石峻先生就与方壮猷先生过从甚密,颇为机缘巧合的是,1956年方克立先生考入中国人民大学哲学系,前一年石峻教授刚好从北京大学调到中国人民大学,帮助筹办哲学系,如此,石峻先生就成为方克立先生的老师。

方老师经常提到石峻先生对他们的指导和帮助,石峻先生在西南联大时曾担任汤用彤先生的助手,中西印兼通,史料功夫坚实,上课富有启发性。方老师曾经跟我说过一个事,那时候他想在南开开设中国哲学史料学的课程,听说石峻先生在中国人民大学开设史料学的课,就每星期专门从天津坐车到人大来听课,认真记录,然后充实自己的讲义。这种态度真是十分令人敬佩。

中国人民大学哲学系1956级是一个传奇性的存在,不仅是全国提前批次录取,而且招生规模大,这个年级中涌现出许多后来成为中国的哲学领域乃至社会学等学科的著名学者,仅中国人民大学的副校长就有好几位,比如罗国杰、郑杭生先生等。方老师在南开的同事中,就有陈晏清、刘文英等著名教授曾为同班同学。方老师在接受各种采访和私下跟我们聊天的时候,总是会提到他在中国人民大学学习时候的情形。他尤其强调了马克思主义基本理论的训练对他以后的学术生涯的重要意义。当时,学校既有苏联专家的指导,也经常请北大的冯友兰等先生来做讲座,同学们天资出众又基础扎实。1962年方克立留校在中国哲学教研室,同年方立天先生也从北京大学分配到人大工作,他们互相激励,很快就崭露头角。中国人民大学国际佛教研究中心的魏德东教授在唁电中提到学界曾经有"两方"的说法,指的就是方克立和方立天两位教授。

方老师有很强的学术敏感性和学术组织能力,从20世纪80年代初的中国哲学范畴史研究、现代新儒学研究、中西文化关系等研究都开风气之先。他也担任过中国哲学史学会和国际中国哲学学会的会长,组织过许多国际性和全国性的学术会议,推进了中外学术交流的展开。

二、现代新儒家研究与综合创新理论

提到方老师的学术贡献,必然会联想到现代新儒学研究。1987年9月,方克立、李锦全先生领衔的"现代新儒家思潮"课题组在安徽宣州召开了第一次全国性的学术研讨会,会议围绕着"现代新儒家"的定义、代表人物、产生背景、发展阶段划分、理论特征和历史评价等问题展开了讨论。由于学术界对"现代新儒家"或"当代新儒家"及其代表人物的理解存在较大的分歧。最初确定的研究对象包括梁漱溟、张君劢、熊十力、冯友兰、贺麟、钱穆、方东美、唐君毅、牟宗三、徐复观这十位学者,后来增补了马一浮,为十一位。研究方式包括编写《现代新儒家学案》,出版《现代新儒学辑要》来收集整理新儒家的代表性著作。除此以外,方克立先生还提出了要关注杜维明、刘述先、余英时和成中英这些当时还比较年轻的、在海外有重要影响的学者。另外,港台地区的唐君毅、牟宗三、徐复观等人的弟子们也受到关注。在这个时期,方老师写作了《现代新儒学与中国现代化》等著作,受到了海内外学者的关注。

在1980年代中期组织学者对海内外的新儒家进行研究,极大地改变了当时的中国哲学研究的形态。当时的情况是,梁漱溟、冯友兰、贺麟等学者的儒学著作尘封已久,海外颇具影响的钱穆、牟宗三等人的著作不易得到。我记得汤一介先生说过,蒙培元先生做《中国人性论》的研究要参考牟宗三先生的《心体与性体》,还是跟汤先生私下借阅的。通过课题组编写学案、编辑著作,打开了我们的眼界,许多跟我同年龄的学者说起自己之所以选择中国哲学专业,很大程度是因为看了港台新儒家的著作,对中国文化产生了同情和敬意,并最终走上了从事中国传统文化研究这条道路。

方老师的学术贡献另一个引人注目的领域,是对中西文化关系的讨论并在晚年提出的"马魂中体西用"的体系。

这个问题的触发点是张岱年先生所提出的"综合创新"理论。方老师在提到80年代的文化讨论现象时说过,人们一提到全盘西化、彻底重建、儒学复兴、西体中用等论,可以说是尽人皆知,但少有人知道和称扬张岱年先生提出的综合创新理论。方老师说,批判创新其实大家都同意,当时有的海外华裔学者提出的"创造性转化"等文化主张受到了关注,但国内学者提出的理论主张往往被忽视。

当时北京大学的张岱年教授提出的"综合创新"思想,其实是他在1930年代就提出的"创造的综合"主张的深化。在关于"文化本位主义"的讨论中,张岱年先生既反对东方文化优越论,也反对全盘西化论,主张兼取中西文化之长而创造新的中国文化。这种思想后来发展成为"新启蒙主义"而受到关注。

在1980年代的文化讨论中,张岱年先生结合新的时代特点和需要,发表了许多文章、讲话和论著,大力阐扬综合创新理论。对此,方老师表示支持,并用"古为今用,洋为中用,批判继承,综合创新"这四句话简要地表述这种文化观的基本内容。

的确,如何处理百年来中国文化中的中西古今问题,是许多学者所关注的问题,比如也有人提出要将五千年的中国传统、从近代以来传入的西方文化与20世纪初传入中国并实现了中国化的马克思主义这三大传统加以结合,这也被人称为新时代的"通三统"。对此,张岱年及其兄张申府先生早就提出"三流合一",即"唯物、理想和解析",张申府甚至直接说"孔子、列宁与罗素",但对于这三个传统该如何定位,则有不同的认识。

在2006年,方老师提出了"马魂中体西用"论,他在回答张小平和杨俊峰的采访时反思"综合创新"说的理论缺环,指出它只回答了古今中西问题,而没有对十月革命和五四运动后中国文化论争的中心主题——中、西、马的关系问题给予回答。他说,他提出"马学为魂,中学为体,西学为用,三流合一,综合创新"就是试图解释这三个思潮的关系。他进而说中国马克思主义派怎样实现文化上的综合创新呢? 其最本质的特征就是要按照张岱年先生"兼赅众异而得其平衡"的"兼和"的思路,把作为文化资源的中、西、马三"学"科学合理地整合起来,实质上是把马克思主义的指导思想地位、中国文化的主体地位和西方文化（外来文化）的"他山之石"地位三者有机结合起来，辩证统一起来，"坐集千古之智"，创造具有博大气象又有中国特色的社会主义新文化。我认为这种"马魂中体西用"三学合一、综合创新的观点，是符合张岱年"文化综合创新论"之精神实质的，也是符合李大钊"第三新文明"论和毛泽东"古今中外法"之精神实质的。

方老师在解释这三者的逻辑关系时说："马魂中体西用"论是综合创新文化观的深化，其主要结论确实是从张岱年先生的有关思考和论述中引申出来的，可以说是"接着张岱年讲"。比如张先生一直非常重视文化的民族主体性问题，他说民族主体性就体现在民族文化的独立性、主动性和自觉性中。同时他认为以原则与应用、本质与现象谈体用的传统文化体用观也有一定的意义，那么他就必然会走文化体用论与主体论相结合的路子，这条路走下去就会走到"马魂中体西用"论。

方老师因为其鲜明的理论立场，其观点多有争议，但方老师秉承"修辞立其诚"的原则，并不因外在环境的变化而稍有更易。而且他也不是将自己的观点强加给别人，熟悉方老师的人都知道，方老师的学生中思想光谱也十分丰富。学术观点可以多样，但真诚表达自己思想的态度，却是我们这个时代所缺乏的。

三、传道解惑

相比于理工科，人文学科的老师，所带的学生一般并不多，不过方先生的门生众多，一是因为他招生比较早，他可能是他这个年龄段招博士生最早的几个老师之一，我的印象中还有中国人民大学的方立天先生等。因为那个时候人文学科教师出现了断档，1984 年教育部特批了几个教授，方立天先生是直接从讲师破格到教授的。二是方克立老师招生的地方比较多。方老师工作时间最长的学校是南开大学，所以大多数学生是在南开招的。后来调到中国社会科学院研究生院当院长，就在北京招学生，不过南开那边也还继续招生。同时他在清华大学思想文化研究所也带过学生,是跟清华的老师一起带的。现在在中央党校文史部工作的刘东超教授就是方老师在清华带的弟子。

不太熟悉方老师的人,可能会觉得方老师不太好接近,名望太高是一方面,还有就是跟不熟悉的人可能话不多。但对于学生而言,因为接触多了,就会发现跟方老师接触是平等又平易的。

方老师平等对待学生,可以分两个方面来说,第一是学术上的。师生之间交流得最多的肯定是学术问题。因为我跟方老师读博士是"在职",也就是边工作边读书。当时我在中国社会科学院哲学所下面的《哲学动态》当编辑,经常去开各种各样的学术会议,认识的老师也比较多。哲学学科下二级学科众多,作为编辑你就必须阅读大量你不太熟悉的领域的作品。我自己认为,这让我受益终生,因为我经常会关注不是我专业领域的思想动向。我当时对杂志提了个建议,就是办一个"学者访谈"栏目,对那些有独特思想观点的学者,进行深入的访谈,既可将问题的焦点突出出来,形式又生动活泼。尝试了几篇,效果很好。方老师是当然的人选,设定的问题就是关于"综合创新"的。这也是我跟方老师的第一次见面。

当时做编辑也进入了"七年之痒"的阶段,想要继续深造,因为我的兴趣在近现代,所以决定要报考方老师的博士,为了提高保险系数,就请我的硕士同学、当时在南开做教师的张晓芒同学陪同拜访方老师。张晓芒从人大毕业之后,去南开大学读温公颐先生的博士,跟方老师熟悉。张晓芒说了我什么好话我都忘了,只记得方老师说每年报考的人比较多,社科院研究生院招生名额又比较少,让我好好准备。出来之后,我还心里打鼓,心想方老师甚至连一个肯定性的讯号都没有,看来是要打无准备之战了。

我是1998年入学的,我上得比较认真的课就是方老师每周的读书课,虽然研究生院有我的宿舍,但因为我那时候已经成家也有孩子,平时就住在中国人民大学这边的筒子楼里,其他课则在高全喜等人的掩护下,能逃则逃,唯有方老师的课不敢逃。从中国人民大学到西八间房那真是路途遥远,要转各种公交,路上少说一个半小时。不过一起读书的过程还是很高兴的,程序就是每个人分别准备某一问题,或某一本书的心得,轮流报告,大家讨论,方老师点评。虽然大家都知道方老师是一个有自己坚定学术立场的老师,但在讨论过程中,大家可以随意发表意见,方老师也不时参与一下,气氛相当轻松。时间长了,跟他交流沟通时也就逐渐松弛下来了。

毕业之后,我就去中国人民大学工作,后来又到北大教书,我逐渐有自己研究的兴趣和方向,对许多问题的看法与先生多有不同。比如,我后来研究康有为的思想,对于现代新儒家的特点、开端等问题就跟方老师有很大的差异。比如,方老师主张现代新儒家是从梁漱溟、熊十力为开端的,是与自由主义的西化论、马克思主义相并列的三大思潮之一,这三大思潮代表着对中国现代化道路的不同设想。这个说法得到了海内外学术界的广泛接受。而我则认为现代儒学的开端要从近代系统地回应西方挑战作为开端,因此,更为合理的开端可上溯到康有为和章太炎,梁漱溟和熊十力等人虽然已经脱离了康章这般借经学来回应西学的框架,但核心的问题有着明显的连续性。我就这个想法跟他讨论的时候,他当然不同意,但还是特别认真地问了一些具体问题,鼓励我完善自己的想法,并说你不必顾虑我的想法,只要言之成理,持之有据就可以发表。2016年我在《中国人民大学学报》做了一个"现代新儒学研究三十年"的回顾专题,邀请高瑞泉、王兴国等师友一起来回顾新儒学研究三十年的成就,其中王兴国的文章梳理了方老师组织课题、确立研究对象、总结新儒家的核心问题的过程。我则提出了康有为与现代新儒学关系的新看法。文章发表之后,王兴国教授的文章被《新华文摘》全文转载,我和高瑞泉老师的文章也被转载多次。

王兴国也是方老师的博士,他做的牟宗三研究基调与方老师也有差异。从这个事例我想引出方老师平等对待学生的第二个方面:尊重学生的自主性。

我入师门已经很晚,加上我在北京上学,与南开的同门并不算很熟悉。但同门的研究成果还是很了解的,方老师早期的弟子以研究新儒家为多,比如韩强教授、李翔海教授等。但也有做经学研究的,比如严正教授。这说明在选择什么问题做研究这一点上,方老师有指导方向,但更多则是由学生自己做主。我这一届,方老师一共在社科院研究生院招了三个博士生,分别是三个研究方向:比如刘岳兵日语好,选择了日本思想研究,也曾跟池田知久学习。毕业以后成绩卓著,现在是南开大学日本研究院的院长。李广良思维缜密,对佛学兴趣广泛,选择研究太虚的民间佛教,亦已是国内相关领域的翘楚。我自己对儒家与制度的关系兴趣很大,博士论文题目是《制度化儒家及其解体》,主要讨论儒家在近代中国是如何在新旧秩序变迁过程中失去其栖身之所的,虽然瑕疵很多,在某些问题上也与方老师见解有异,但方老师从来都是鼓励,论文出版之际,还赐序鼓励。

毕业后,每次去看方老师,都会在他的办公室跟他长谈,他也愿意了解我在做的事情和想法。我为人看似散淡,实际固执,许多人际关系处理不够妥帖,无端起落,方老师总是平静地说,做好自己的研究就好,后来方老师耳朵不太好,师母黄老师也经常参与讨论。师母是浙江人,跟我是同乡,又多了许多话题。有时候带我妻子潘宇一起去,还会有许多意想不到的话题冒出来。这两天在散步的时候说起方老师的种种,我跟妻子说,我们与方老师有"亲上加亲"的关系。我的硕士导师是葛荣晋教授,博士导师方克立教授,我妻子的硕士导师是李淮春教授,博士导师沙莲香教授,这四个人则是人大 1956 级的同班同学,而师母黄老师也是人大哲学系毕业的,与李德顺、郭湛他们是同学,他们两人对我们又十分照顾。缘分若此,实在难得。

哲人其萎,何其令人感伤。就以王夫之的一句诗寄托哀思吧:"子规难挽东流水。"方老师是湘潭人,一直关注湘学,这或许是能有"感"的。

平实：方克立先生的二字教

刘岳兵[①]

　　方克立先生逝世四周年了。翻阅新出版的七卷《方克立论著集》（中国社会科学出版社 2023 年出版），字里行间，先生的音容笑貌不时浮现。七卷《中国哲学史上的知行观》《中国哲学论稿》《现代新儒学研究》《马魂中体西用》《忆往与教育》《序跋·书评》《书信·附录》之中，第五卷《忆往与教育》和第七卷《书信》对于了解作为教育家的方先生，是极为珍贵的资料。方先生从来不把自己作为教育家，他的自我定位是"一生的主要工作是当教师"，"要给教学工作与学术研究排位的话，还是要把教书育人放在第一位"。[②] 在教师和学者之间，他不仅更重视自己的教师身份，而且也更认同自己的教师工作。方先生甚至说过，他"把自己主要定位为一名教师，而不是一个很成功的学者"[③]。当然，这是一种自谦。这种自谦，我们或许可以理解为，与学术思想相比，方先生更看重自己的教育思想。不管是作为教育家，还是教师，教育思想是方先生思想中极为重

[①] 作者简介：刘岳兵，南开大学日本研究院教授。
　　本文发表于《中华读书报》2024 年 5 月 1 日第 9 版。
[②]《为人治学崇平实》,《方克立论著集》第五卷，中国社会科学出版社 2023 年版，第 439 页。
[③] 2011 年 2 月 16 日致杨学功，《方克立论著集》第七卷，中国社会科学出版社 2023 年版，第 197 页。

要的组成部分。

方先生的教育思想，内容很丰富。比如教师论、研究生的教育和管理等方面的论述，都是他自己从事教学和教育管理方面的经验总结。方先生的学生和接受过方先生教诲的青年很多，每人可能有不同的体会和理解，我感受最深的，还是方先生在如何做人、如何做学问以及如何处理做学问与做人的关系方面的教诲。2007年方先生在回忆自己的教学生涯时谈到，"对于在读研究生，20多年前我就明确提出了'学行并重，德业双修'的要求，并以'平实'二字作为做人、做学问、写文章的基本经验传授给他们"。① "学行并重，德业双修"和"平实"是方先生反复强调的，后来，方先生又特别强调"三分学问，七分做人"，这些教诲看似简单，都萃聚了深厚的中国传统人生哲学内涵，是值得认真体会和践行的。这里，想说说方先生的"平实"二字教。

平实二字，看似平淡，但越回味越感到意味深长。

在方先生的教育思想中，平实是做人、做学问和写文章共同适用的一个统一的标准，这个标准既是"切近"的，同时也是可以由此"致远"的。他反复强调："做人、做学问和写文章，能做到'平实'二字就不错了。"②可见，平实，看似简单，其实不易，是学风、文风在人格上的统一。他说："我从一些前辈的学风和文风中常能感受到'平实'二字，平实不是平庸，从平实中能看到他们高尚的人格和深邃的思想。这可能是一条切近而致远的成才道路。"③又说："平实不是平庸，它并不抹杀创造性，创造性的成果也要以平常之心实事求是地表现出来。"④平实，不是平庸，那么是什么呢？或许可以先将平、实二字分开来理解。

平，有很多意思，平常、平和、平正，是主要的意思。平常，不刻意追

①《与博士生一夕谈》，《学问人生——中国社会科学院名家谈》（下），高等教育出版社2007年版。收入《方克立论著集》第五卷改题为《与研究生谈读书、治学和做人》，第409页。
②《为人治学崇平实》，《方克立论著集》第五卷，第441页。《与研究生谈读书、治学和做人》，《方克立论著集》第五卷，第411页。
③《为人治学崇平实》，《方克立论著集》第五卷，第441页。
④《与研究生谈读书、治学和做人》，《方克立论著集》第五卷，第411页。

新求异,保持一种朴素、平凡、寻常、大众化、平民化的状态。方先生参观其父母的恩师及证婚人夏丏尊先生工作过的春晖中学时,在夏先生的故居"平屋"待了很长时间。方先生这样理解"平屋"的寓意:"取名'平屋',不仅因为它是平房,而且寓有平凡、平淡、平实、平民住屋之意。在夏先生看来,'高山不如平地大,平的东西却有大的涵义。或者可以竟说平的就是大的。人生不单因少数的英雄圣贤而表现,实因了蚩蚩平凡的民众而表现的。啊!平凡的伟大啊。'(夏丏尊:《读书与冥想》)一个'平'字集中体现了夏先生的平民人格和他对宇宙、社会、人生的看法。"[①]这也可以作为方先生的平实二字教中,"平"字的一种注释。

平和,是心平气和,是平静而温和。方先生强调遇事"要以平和的心态实事求是地来看待",他在向博士生提到如何对待评选全国百篇优秀博士论文时说到,"有的参评论文的作者已经是教授,要求比他小 20 岁的青年博士生也达到同样水平显然是不实际的。所以我鼓励你们力争上游的精神,但并不以'争上百篇'作为一般要求。写出一篇真正合格的博士论文已不容易,只要努力了,学业上有明显的成长进步我就很高兴。"[②]充分了解情况,积极从事,但是不勉强,不做过分的要求。方先生在《贺李锦全教授八十大寿》一文中,特别提到"李老师的渊博学识、深刻的洞察力和为人处事的平和心态"[③]。这种平和的心态是以渊博的学识和深刻的洞察力为基础的。

平正,是公平正确,是平衡正直。方先生在回顾自己的现代新儒学研究时谈到研究态度,说到"一分为二的分析和评论,既不盲目崇扬,也不抹杀它的贡献和历史地位",这就是坚持了一种"客观、理性、平正的研究态度"[④]平,本身就有正、直的意思在。《礼记·射义》中说:"内志正,外体直,然后持弓矢审固。持弓矢审固,然后可以言'中'。此可以观德行

①《参观平屋感念父母的恩师》,《方克立论著集》第五卷,第 138 页。
②《与研究生谈读书、治学和做人》,《方克立论著集》第五卷,第 406 页。
③《参观平屋感念父母的恩师》,《方克立论著集》第五卷,第 144 页。
④《为人治学崇平实》,《方克立论著集》第五卷,第 436 页。

矣。"又说:"心平体正,持弓矢审固。持弓矢审固则射中矣。"为了射中正鹄,需要"反求诸其身",需要志正心平、身体直正。这里,所射的目标是既定的,如果以写文章作比方,方先生在谈博士论文的写作时说:"论文选题确定后,就要集中精力去做研究,搜集阅读与本课题相关的全部原始资料,以及别人研究这个问题的第二手资料,要尽可能做到'竭泽而渔',才不至于发生你的研究结论别人早已说过的尴尬情况。论文的观点和思路就是在阅读和研究中逐渐形成的。"①要做到平正,不仅需要对原典和先行研究进行"竭泽而渔"式的广泛的调查研究,而且要在对研究对象做到充分的"同情地了解"、做到"与立说之古人,处于同一境界"②的基础上,把问题化成"自己的问题。这样的研究对他来说才能真正'有所得',并形成自己的特色"。③ 这样的学问,才可以称得上是"为己之学",而不是停留在"口耳之学"的层次上。

对"实"字的理解,方先生在论实学的文章中最有代表性。他说:"实学之实是'真实''笃实'之实,它不是一个对象性的东西。实学主要是一种学风,一种学术精神,一种'为学之方',一种治学态度。"这种学风和精神,也就是"实事求是、崇实黜虚、经世致用、学贵力行的学风和学术精神",从认识论而言,就是"一条从实事到实知、到实行、到实功的认识路线,又以实功、实效检验是否真知、实知"。方先生肯定实学是中国哲学与文化中的优良传统,强调"实事求是不仅是中国哲学的精神,而且是整个中国学术、中国文化的精神"④。实事、实功、实效都是这个"实"字落在对象物或行为及其影响上的表现,这个实字如果落在心志上,结成一种人格的风貌,便是诚实、朴实。方先生在谈及博士论文的写作时,说道:"博士论文必须是诚实的创造性劳动的成果,绝不允许投机取巧的抄袭

---

① 《与研究生谈读书、治学和做人》,《方克立论著集》第五卷,第 405 页。
② 2011 年 8 月 23 日致陆信礼,《方克立论著集》第七卷,第 306 页。
③ 《〈日本近代儒学研究〉序》,《方克立论著集》第六卷,中国社会科学出版社 2023 年版,第 168 页。
④ 《用实学的精神和学风做实学的学问》,《方克立论著集》第五卷,第 262 页。

行为,同学们在学习阶段一定要树立良好的学风。"①在我的印象中,方先生更喜欢用"朴实"这个词。在一次访谈中,他说道:"我们都是普通人,而不是什么'天才',做人做学问都要通过自己扎扎实实的努力,能够做到'平实'二字就很不错了。不用说我们,就是中国哲学界的大家,像前辈冯友兰先生、张岱年先生,他们写的文章都朴实无华,用大家都能懂的语言,讲出深刻的哲学道理来。故作艰深的文风往往是为了文饰其浅陋。我们不能把哲学搞成'玄学',文风也是学风和人格的表现。"②他在缅怀自己的恩师石峻先生时特别讲述了石先生的"质朴"风格,希望"以他为榜样,做一个朴实直率的人和做朴实求真的学问"。③

实的意思,也可以从两方面去理解。一方面,是落实、充实,属于工夫论;一方面,是工夫所呈现的结果、状态,属于境界论。方先生说:"认识、认同是'知'的问题,贯彻落实是'行'的问题。古人说:'知是行之始,行是知之成。''知之深则行之笃。'都是强调知与行的统一。"又说:"没有深刻的认识是很难自觉地去贯彻落实的。'知而不行,只是未知。'所以关键在于落实,在于行。"④只有落实了,气象才能饱满、基础才能坚实。

平,是"致广大而尽精微",是坐看云壑平,一览众山小;平,不是一潭死水的平静,而是激流涌动,勇立潮头,百川归海。做人、做学问、学文章,就是要修炼能够承载这种"平"的胸怀,使得这种"平"能够落到实处。平实,就是"以他平他",就是"和实生物"。这样,方先生所说的"平实不是为人、治学、著文的刻意追求,而是自然而然、贵在自得的一种化境('化理论为方法,化理论为德性')。能做到这样,离中国哲学精神大概也不远了。"⑤这句话的意思,也就好理解了。方先生认为在当代中国哲

---

① 《精心教育严格管理培养一流社科英才——在 1997 年开学典礼暨教师节庆祝大会上的讲话》,《方克立论著集》第五卷,第 327 页。

② 林红、李卓:《三十八载勤耕耘,桃李芬芳满园春——访方克立先生》,《方克立论著集》第五卷,第 513—514 页。

③ 《缅怀恩师石峻先生》,《方克立论著集》第五卷,第 219 页。

④ 《普遍认同不易,真正落实更难》,《方克立论著集》第五卷,第 391—392 页。

⑤ 2008 年 6 月 10 日致陆信礼,《方克立论著集》第七卷,第 296 页。

学家中，"张岱年先生为人、治学、撰文的风格，最适合用'平实'二字来概括"①。

如果一定要追溯古人之说，历史上也不乏关于"平实"的论述。如翻阅《朱子语类》，就能常常感受到朱熹相关的论述。他一方面劝学者"低心向平实处下工夫"（卷二十七《论语九·里仁篇下》），同时也强调"平实中其义自深远"（卷六十一《孟子十一·尽心下》）。再如视《大学》为"圣学之渊源、治道之根本"（《大学衍义序》）、著有《大学衍义》的真德秀，在"问大学只说格物不说穷理"的问答条中说："器者有形之物也，道者无形之理也。明道先生曰：道即器，器即道，两者未尝相离。盖天下之物，有形有象者，皆器也。其理便在其中。"最后强调："若舍器而求理，未有不蹈于空虚之见，非吾儒之实学也。所以大学教人以格物致知，盖即物而理在焉。庶几学者有着实用功之地，不至驰心于虚无之境也。"（《西山先生真文忠公文集》卷三十）故而，他在《题李立父高远楼》中留下了"烛理要高明，履道贵平实"（《西山先生真文忠公文集》卷一）的诗句。方先生继承了中国传统哲学的精华，同样主张"做中国的学问，不能只是做文字考证的功夫，或者只是把它当作一个知识对象去考察。而是要有内在的心性修养和体验，通过修为实践来感悟其生命智慧，提高精神境界。对于中国哲学来说，功夫与境界是统一的"。② 方先生的学问和人格特征，也充分体现了他自己所强调的"平实"二字。

平实二字教，是方先生留给我们的宝贵精神财富。为此特赋一首《方克立先生四周年祭》以示纪念。诗曰：

> 花落余香集凤梢，缁帷渔父守衡茅。
>
> 八千春色谁能绍，平实方门二字教。

---

① 2008 年 6 月 11 日致陆信礼，《方克立论著集》第七卷，第 296 页。
②《潜心治学而有大成的典范》，《方克立论著集》第五卷，第 251 页。

教育家精神的内涵呈现

——以方克立先生的教育思想为视角

张小平　刘紫涵①

党的十八大以来,习近平总书记对教育事业高度重视、对教师队伍高度关注。立足于打造实现中华民族伟大复兴中国梦"筑梦人"的特殊历史使命,在不同场合多次表达对教师队伍的关心关怀并提出殷切期望。从 2014 年教师节前在北京师范大学提出了"四有"好老师的理念,到 2016 年在北京市八一学校进一步提出了"四个引路人"的重要观点;从提出成为"经师"和"人师"的统一者到 2021 年在清华大学考察时,强调教师应成为"大先生";2023 年 9 月 9 日第 39 个教师节来临之际,在全国优秀教师代表座谈会上,习近平总书记代表党中央致信全国优秀教师代表,首次提出并深刻阐释了中国特有的教育家精神的丰富内涵,首次把优秀教师的品质提高到教育家精神,对教师队伍建设提出了更高的要求。在信中,习近平总书记指出教师群体中涌现出了一批教育家和优秀教师,他们具有"心有大我、至诚报国的理想信念""言为士则、行为世范的道德情操""启智润心、因材施教的育人智慧""勤学笃行、求是创新的躬耕态度""乐教爱生、甘于奉献的仁爱之心""胸怀天下、以文化人的弘

---

① 作者简介:张小平,中国社会科学院马克思主义研究院研究员,中国社会科学院大学马克思主义学院教授。刘紫涵,中国社会科学院大学马克思主义学院博士研究生。

道追求"，这些特质共同构成了中国特有教育家精神。① 教育家精神的提出为新时代广大教师树立了努力的榜样和坐标，也为高素质教师队伍建设指明了前进方向，提供了根本遵循。2024 年政府工作报告再次强调"弘扬教育家精神，建设高素质专业化教师队伍"。如今，我国已经建成世界上规模最大的教育体系，教育普及水平实现历史性跨越。我国拥有各级各类专任教师 1880 万余人，他们躬耕于近 52 万所各级各类学校，传道授业、甘当人梯、默默奉献，有力支撑起世界上最大的教育体系，充分展现了教书育人、立德树人的良好精神风貌。习近平总书记强调，"一个人遇到好老师是人生的幸运，一个学校拥有好老师是学校的光荣，一个民族源源不断涌现出一批又一批好老师则是民族的希望"②。这既是对我国广大教师所展现出来的教育家精神的高度褒奖，也是对广大教育工作者精神肖像的高度凝练。

中国社会科学院研究生院原院长、中国哲学史界的领军人物兼学术权威方克立先生就是教师队伍的杰出代表。方克立先生从教五十八载，始终把"教书育人放在第一位"，毕生致力于中国哲学文化的研究与教学工作。参与、见证并有力推动了中国哲学学科的开创式发展，著述精深。培养了一大批从事中国哲学史研究的高质量专门人才。方克立先生的教育思想实践是对中国特有教育家精神的内涵呈现。他倡导的"学行并重，德业双修"的培养方针，以"为人治学崇平实"作为为人治学的要领；坚持因材施教，精心教育、精心培养，关注学生的全面发展和创新实践；提倡严师出高徒的理念，要走以提高培养质量为主的内涵发展的道路；坚持以文化人，推动中国教育走向世界……这些精神特质共同构成了其深邃而独特的教育家风范。在建设教育强国、推进高等教育高质量发展的新形势下，方克立先生留下的宝贵的教育经验和为人治学的宝贵品质及精神境界，将有助于为新时代教育事业的改革与发展提供重要的思想

---

① 习近平：《大力弘扬教育家精神　为强国建设民族复兴伟业作出新的更大贡献》，《人民日报》2023 年 9 月 10 日。
② 中华人民共和国教育部：《心怀热爱躬耕不辍》，《人民日报》2023 年 9 月 9 日。

资源和实践指导。方先生的教育思想在新时代背景下具有特别重要的
意义。

一、呈现教育家精神的核心内涵

人无精神则不立,国无精神则不强,师无精神则不优。"精神",乃人
之精气、元神也。正如汉王符《潜夫论·卜列》所言:"夫人之所以为人
者,非以此八尺之身也,乃以其有精神也。"而教育家精神是指教育工作
者在长期育人实践中形成的理想追求、态度情感、价值取向、职业操守、
行为风范、道德品质和崇高品质的综合体现和集中表达,是对教育本质
规律和教育发展趋势的集中反映。中国特有教育家精神是对中华民族
数千年优秀教育传统和新时代教师精神的高度凝练,是文化自信和教育
自信的重要体现。既扎根中国实际、担负民族复兴重任,又坚守立德树
人初心、坚持以文化人的信念,是一代又一代教育家和优秀教师创造的
宝贵精神财富,是新时代教育家守正创新的精神成果,更是教育强国建
设新征程上催人奋进的精神旗帜。具有鲜明的道德感召力、价值引领力
和实践驱动力。

方克立先生是一位备受尊敬的教育家,他始终以教书育人为己任,
"精心教育、严格管理",致力于为国家培养适应 21 世纪的一流人文社会
科学人才。方克立先生始终把自己定位为一名人民教师,乐教爱生,他
倾注一生心血于文化教育事业。他的教育理念、教育实践,是对中国特
有教育家精神内涵的最好呈现。

新中国的第一个教师节,《高教战线》1985 年第 9 期发表的《乐在开
拓研究教书育人中》一文对方先生进行了报道。《中华英才》1994 年第
19 期、2000 年第 21 期也以《方克立:尽师之天职 立帅之风范》专文对他
进行介绍。他重视学科建设,重视人才培养,他长于带领科研团队,他毕
生践履学问和道德的合一。他的德业得到了老一辈学者的信任、得到了
他同一辈的学者的敬重,得到了比他年轻一辈学者的信赖,更得到了学
生们的一致爱戴。在学科建设上,方克立先生参与、见证、并有力推动了

中国哲学学科的发展,在南开创立中国哲学专业硕士点、博士点,使中国哲学专业成为重点学科。他与张岱年先生合作编写了《中国文化概论》,为高校学生们学习优秀传统文化提供了优秀教材。在学术研究中,方克立先生对近四十年来的中国学术思想界产生了重要影响。20世纪80年代,他曾与其他学者一起提出应对中国哲学范畴和范畴史进行挖掘、梳理和研究。他作为国家"七五""八五"社科规划重点课题"现代新儒学思潮研究"的负责人,开创并领导了中国大陆的当代新儒学研究,其成果及影响蜚声海内外。20世纪90年代,他提出了中国现代思想史上自由主义西化派、文化保守主义和中国马克思主义三大思潮对立互动的思想格局,为学界所公认。方先生在学术上具有强烈的创新精神,其马克思主义哲学观、中国哲学史观和文化思想得到海内外学界的广泛关注。他提出"同情地理解、客观地评价、批判地超越"的研究方法和态度,在文化批判上他标举"古为今用,洋为中用,批判继承,综合创新",把马克思主义综合创新文化观推进到新的高度,他提出"马学为魂,中学为体,西学为用",这些思想创见都具有深刻而长久的影响。在人才培养方面,他倡导"学行并重,德业双修"的培养方针,秉持"因材施教""精心教育、严格管理"的培养理念。方先生"学而不厌,诲人不倦"的教诲如同春风雨露,滋养着学子们成长成才,培养了一大批卓有建树的优秀学者和教育管理人才。

(一)心有大我、至诚报国的理想信念

理想信念是精神之"钙",是教师成长发展的不竭动力。"心有大我、至诚报国的理想信念"作为教育家精神的第一条,彰显的是教育家精神蕴含的国家立场和根本底色,为造就高尚师德师风教师队伍提供了重要指引。

教育家的"心有大我",就是要胸怀"国之大者"、矢志立德树人,树立"躬耕教坛、强国有我"的志向和抱负。老子有云"道大,天大,地大,人亦大",在浩瀚的宇宙中,个人何以为"大",这就需要我们深入思索"人何以为人,师者何为师"的问题。教师的工作就是要深植于国家和民族大业,把教书育人的工作之"小我"融入强国建设之"大我",逐渐形成大视野、大格局、大境界。这个过程并不是一蹴而就的,而是教师在对教育事业的不断追求中,个体意识逐渐感知自我生命与人类发展的内在关联,并不断获得自我价值实现后的满足感与幸福感,在不断"激活"教师内在使命感和责任感中成就大写的"我"。这个大写的"我","大"就"大"在超越个人私欲的局限,在"为党育人、为国育才"的历史使命中发光发热。这正是新时代教育家精神的灵魂所在,是中国特有的教师职业要义。

教育家的"至诚报国",就是把国家至上、民族至上、人民至上涵养为内心的追求与信念。古人云:"国有贤良之士众,则国家之治厚;贤良之士寡,则国家之治薄。"习近平总书记勉励全国广大教师和教育工作者要"大力弘扬教育家精神,牢记为党育人、为国育才的初心使命,树立'躬耕教坛、强国有我'的志向和抱负,自信自强、踔厉奋发,为强国建设、民族复兴伟业作出新的更大贡献"[①]。"为谁培养人、怎样培养人、培养什么人"这是教育的根本问题,决定着整个教育家精神的价值方向。"心有大我、至诚报国的理想信念"最终需要落实到教师自觉"为党育人、为国育才"的使命担当上来。这一使命担当要求我们培养的人,必须树立共产主义远大理想和中国特色社会主义共同理想。一方面源于教育的基础性、支撑性作用;另一方面,源于教育的政治属性。社会主义中国教育的政治属性就体现在教育工作者对党的教育方针的全面贯彻和对立德树人根本任务的深度落实上,这是新时代教育家精神的灵魂所在,更是国之大者。

先立乎其大者,才可能超乎其上。"三尺讲台系国运,一支粉笔写春秋。""方克立的生活是坎坷的,但他一直把共产主义作为终生信仰和精神支柱,把个人的遭遇同祖国的命运联系在一起。"[②]"作为学校的领导者,始终把握坚定正确的政治方向,在办学中就是要解决好'培养什么

---

① 习近平:《大力弘扬教育家精神　为强国建设民族复兴伟业作出新的更大贡献》,《人民日报》2023 年 9 月 10 日。

② 方克立:《方克立论著集》第五卷,《忆往与教育》,中国社会科学出版社 2023 年版,第 454 页。

人''为谁培养人'的问题。他在各种场合不止一次地讲这个问题……"①他在《与研究生谈读书、治学和做人》一文中"提到要把培养什么人的问题放在第一位来考虑",要始终"坚持正确的办学方向,努力培养一流社科人才"②。"随时不敢忘记培养社会主义事业的合格接班人而不是掘墓人这个历史责任。"③方克立先生在中国社会科学院研究生院 97 届毕业典礼上,提出三个方面的基本要求。首要方面就强调政治素质,把热爱祖国,为民族振兴奋斗放在首要位置。方先生认为"一个人要'先立乎其大者',就是首先要树立正确的世界观、人生观和价值观",就是要将个人的发展与社会进步、民族复兴和国家富强主动联系在一起。"这个过程是通过相互联系的三个环节来实现的:一是读书学习……二是社会实践……三是自觉地改造主观世界。"他多次引用中国社科院首任院长周扬在中国社会科学院研究生院开学典礼上的话勉励青年:"我们在思想战线上要造就的不但是学者,而且首先是战士。"④

何谓"立乎其大者"?方先生多次强调:"哲学社会科学工作者首先要明确自己所从事的学术工作的性质、特点、方向和责任,也就是我所理解的'先立乎其大者'。如果方向模糊甚至在这方面出了问题,那么就达不到认识世界、传承文明、咨政育人、服务社会的目的,甚至会起相反的作用。"⑤1998 年,方先生在担任中国社会科学院研究生院院长时,曾接受《人民政协报》记者采访,他指出"培养既具有强烈的社会责任感,又具有创新意识和创新能力的优秀的人文社会科学专家"⑥。他始终坚持马克思主义的政治立场,在一次国际学术会议上坦然陈辞:"正如有些真诚的儒者是把儒学当作自己的'生命的学问'一样,对于我和许多与我同辈

---

① 方克立:《方克立论著集》第五卷,《忆往与教育》,中国社会科学出版社 2023 年版,第 480 页。
② 方克立:《方克立论著集》第五卷,《忆往与教育》,中国社会科学出版社 2023 年版,第 443 页。
③ 方克立:《方克立论著集》第五卷,《忆往与教育》,中国社会科学出版社 2023 年版,第 440 页。
④ 周扬:《我们要造就的不但是学者,而且首先是战士——在首届研究生开学典礼上的讲话》
（1978 年 10 月 11 日）。
⑤《学问有道——学部委员访谈录》,方志出版社 2007 年版,第 4—14 页。
⑥ 方克立:《方克立论著集》第五卷,《忆往与教育》,中国社会科学出版社 2023 年版,第 477 页。

的大陆学者来说,马克思主义也早已成为我们的'生命的学问',成为我们观察、处理问题的世界观和方法论,成为我们人生信仰的归趋和奉以行止的生活实践原则。""有了这个基础,在政治、理论风云变幻的时候,我才能明辨是非、站稳脚跟,也才敢于开拓创新。"[①]"坚定的革命信仰,丰硕的科技成果,孺子牛似的工作精神,谦虚谨慎、平易近人的作风……"正是这种坚定的学术操守所体现出来的人格力量,赢得了越来越多的海内外学者的敬重。方克立先生多次表示,一个人做学问,没有正确的指导思想就等于没有灵魂。学问有道,道就是正确的立场、观点、方法。对于学者来说,道就是学术指导思想,道就是治学方法。

教育者,非为已往,非为现在,而专为将来。"先立乎其大者",才有可能超乎其上。也正是方先生始终沿着正确的方向不倦地探索,才成就方先生的学术思想和教育思想的大视野、大格局、大境界。新时代教育工作者肩负着培养未来国家栋梁之才的时代重任,时代也在呼唤越来越多的秉持"心有大我、至诚报国"理想信念的"经师"与"人师"、"大先生""人民教育家"、"四有"好老师的涌现,不断用教育家精神擦亮教书育人的底色,为强国建设、民族复兴伟业作出新的更大贡献。

(二)言为士则、行为世范的道德情操

"言为士则、行为世范"作为教师道德情操的高度凝练,生动诠释了教育家精神所蕴含的人格魅力。从《说文解字》中"教"的本意来看,"教"即"使之上以施、下以效",强调上对下的引导、示范作用。习近平总书记指出"老师对学生的影响,离不开老师的学识和能力,更离不开老师为人处世、于国于民、于公于私所持的价值观"。"德高为师,身正为范""学为人师,行为世范"说的就是教师的学识和品行示范问题。名师之所以被人尊为名师,主要还是因为名师内在的学识和道德品格对学生产生深远影响。东汉郭林宗说:"经师易得,人师难求。"方克立先生就是这样一位兼具卓越学术造诣的"经师"与高尚师德的"人师"。

---

① 方克立:《方克立论著集》第五卷,《忆往与教育》,中国社会科学出版社 2023 年版,第 461 页。

　　"严谨治学、高尚做人。"方先生怀揣着一颗赤诚之心,几十年如一日,尽心尽责地在教师这个普通而又神圣的岗位上辛勤耕耘、默默奉献,他是每位学生内心熠熠生辉的典范。他提出"严谨治学、高尚做人"的要求,他是这么勉励学生的,也是这么践行的,在言传身教中塑造崇高的师德风范。同事们对他这样评价:"有良好的职业道德,高尚的人品,自己做人坦坦荡荡,光明磊落,对同志诚恳友好,谦和宽容,'有儒将之风',可以说是'儒帅'。"[①]"严格要求学生,首先就要以身作则,不仅言教,更重要的是身教,不仅把知识和做学问的方法传授给学生,而且要用高尚的师德来浸润、感染学生。学生敬佩老师的不仅是学问,而且崇敬老师高尚的品德,以老师为榜样,学习怎样做人和做学问。"[②]"风清则气正,气正则学进。"方先生强调要扣好学术道德"第一粒扣子",多次帮助青年科研人员把好教学关和科研关,引导他们树立正确的学术观和价值观,为实现教育强国贡献自己的力量。

　　"学行并重,德业双修。"方先生一直非常重视研究生的思想品德修养,在研究生教育中,他倡导"学行并重,德业双修"的培养方针。这是方先生 1982 年在南开大学研究生院提出来的,以后历届研究生都把它当作治学为人的基本准则。方先生指出:"做中国传统学问也要强调做人,不仅学问做得好,首先得做人做得好。"[③]一定要处理好学问与德行的关系。尤其"对中国哲学专业研究生来说,更应该强调学行统一,这样才能学到作为'为己之学''成德之教'的中国哲学的精髓"[④]。"学行并重,德业双修",强调的是知与行、为人与为学的统一。方先生把教书与育人很好地结合起来,为培养新一代学术英才尽心尽力。"我们在学习、研究、传授这种'为己之学''成人之道'的时候,不能只当作知识和学问,与自己的人格不相关",方先生反复强调"中国哲学学者在做人的内在气质上

---

① 方克立:《方克立论著集》第五卷,《忆往与教育》,中国社会科学出版社 2023 年版,第 481 页。
② 方克立:《方克立论著集》第五卷,《忆往与教育》,中国社会科学出版社 2023 年版,第 285 页。
③ 方克立:《方克立论著集》第五卷,《忆往与教育》,中国社会科学出版社 2023 年版,第 416 页。
④ 方克立:《方克立论著集》第五卷,《忆往与教育》,中国社会科学出版社 2023 年版,第 441 页。

和学问成果的外在表现上都要把这两方面完美地结合起来。"很多学生表示,方先生为人为学的风范对其产生了深远影响,"学行并重,德业双修"这一治学为人的基本准则时时鞭策,令其奉于座右,终身躬行。

(三)启智润心、因材施教的育人智慧

"启智润心、因材施教的育人智慧"高度概括了教育专业的核心内涵,反映了教育家精神的专业品格,是教育家精神在实践层面的具体要求。"启智润心"揭示了教育的目的是培养身心健全、全面发展的人,其基本路径是"启"和"润"。早在 2000 多年前,孔子就倡导启发式教育,"不愤不启,不悱不发",运用问答式的教学形式,循循善诱地启发学生的思考、浸润学生的心灵。"启"就意味着教育要高度重视和发挥学生的内在主体性、主动性和创造性;"润"则意味着教育需要春风化雨,润物无声。教育的"启"和"润"需要建立在"因材施教"的基础之上。人的禀赋、才能、性格和能力等各有差异,"各因其材之高下,与其所失而告之,故不同也"。"因材施教"则揭示了教育的艺术性特征,其实质是要求教育工作者要尊重学生个体差异,结合每名学生不同特点,有的放矢地定向施教。这是遵循教育规律和学生成长规律的必然要求,是最大程度地激发学生潜力,引导学生全面发展的必由之路。基于此,"启智润心、因材施教的育人智慧"实际体现了教育作为一项专业性极强的人类实践活动。其专业性不仅体现在教师对所教知识的准确理解,也体现在对教育规律和人的成长与发展规律的深刻洞见。教育专业化发展是当前教育发展的重要价值诉求,这就要求教师具备高超的教育专业能力。

方克立先生就是这方面的典范。1980 年 1 月 6 日,《南开大学报》专门刊登了方先生讲课的照片,次日还发表了题为《这样的教学,我们最欢迎》的表彰文章。① 方先生的授课深受学生喜爱,温公颐先生曾一语论定:"克立同志教学准备充分,功力深厚,特重哲学范畴的剖析,细腻深刻,理论性强。"方先生所从事的中国哲学史教学,即使是 150 课时超负

---

① 方克立:《方克立论著集》第五卷,《忆往与教育》,中国社会科学出版社 2023 年版,第 507 页。

荷工作量,他依然娓娓讲论、细致分析,极具高度责任心与授课之美。每每上课,教室里座无虚席,校外也有不少人慕名而来。同学们一致赞扬方先生教学态度认真,教学方法得当,教学效果很好。

一是在教学中,方先生力图把握学生认知规律,采用链条式教学法。方先生花费了大量心血明晰线索,引导学生提纲挈领、把握教学重难点。如:通过这条线索,从哲学家思想原貌出发,力求用几个概念比较准确地概括出他们的思想,引导学生快速把握来龙去脉。这种教学方法契合了学生的认知规律,化难为易,便于学生把握;在重点剖析主要哲学范畴和命题时,高度重视和发挥学生主体性和创造性,突出了对哲学思想的分析,在"启"和"润"中提升学生分析问题、解决问题的本领。

二是在人才培养方面,方先生坚持因材施教,精心教育、精心培养。主张"多层次地培养人才,为国家多做贡献"[1],为培养高质量人才倾注了大量心血,"对研究生,他针对每个人的不同特点,分别给以指导,特别注重能力培养"。[2] 始终强调要抓住提高培养质量这个中心环节,精心培育,精心培养。方先生曾在优异生培养方面,发出这样的疑问:"教师在培养优异生方面应该做些什么工作?""我们的校长、系主任、总支书记、班导师、政治辅导员,特别是任课教师,都对那些优异学生能否成才起了十分重要的作用,有时还是关键的作用。"[3]培养优质生,"不仅要善于识别人才,引导他们走上正确的成才之路;而且要冲破某些习惯势力和传统观念……给他们成才创造必要的条件"[4],"不仅有识才之眼、爱才之心,还有一般人缺乏的容才之量、育才之法"[5],力求把学生培养成为"学有根柢、有专长、有一定成就的青年学者"。对优异生,"在学业上的帮助主要不是传授具体知识,而是指路子、教方法",不断激发学术个性,着重

---

① 方克立:《方克立论著集》第五卷,《忆往与教育》,中国社会科学出版社 2023 年版,第 370 页。
② 方克立:《方克立论著集》第五卷,《忆往与教育》,中国社会科学出版社 2023 年版,第 454 页。
③ 方克立:《方克立论著集》第五卷,《忆往与教育》,中国社会科学出版社 2023 年版,第 270 页。
④ 方克立:《方克立论著集》第五卷,《忆往与教育》,中国社会科学出版社 2023 年版,第 270 页。
⑤ 方克立:《方克立论著集》第五卷,《忆往与教育》,中国社会科学出版社 2023 年版,第 458 页。

培养研究生的知识创新能力。同时注重学生实践能力的培养。校内，常态化举行"中国哲学研习会"，在学术交流中开阔思维，教学相长，同时，资助学生出版自办刊物《劝学》，并得到前辈学者的认可，鼓励学生把乐学的精神熔铸在强烈的社会责任感中；校外，深入基层，组织研究生深入基层实地考察，在实践中践思学悟，全方位提高青年学生素质，做到博通与专精相结合。

（四）勤学笃行、求是创新的躬耕态度

"勤学笃行、求是创新的躬耕态度"是教育家永葆教育活力、不断成长的关键所在，揭示了教育者在一个不断飞速发展的时代得以安身立命的基本前提。习近平总书记指出："扎实的知识功底、过硬的教学能力、勤勉的教学态度、科学的教学方法是老师的基本素质，其中知识是根本基础。学生往往可以原谅老师严厉刻板，但不能原谅老师学识浅薄。"[①]正是方先生勤学笃行、求是创新的躬耕态度，使得他在中国哲学的学术领域做出卓越贡献。

方先生对祖国的历史文化遗产饱含深刻情感，"方先生一生的学术目标，就是力图把马克思主义与中国哲学文化的精华相结合，让中国哲学在新的时代开出更大的慧命。这是他学术研究的兴奋点所在，也是他的全部学术工作的意义与价值所在"。[②] 方先生在《我们时代能不能出学术大家?》中，讲到除了"甘坐冷板凳、专心治学而有所建树"，还需要"有正确的立场、观点和方法、有正确的研究态度"。[③] 二者相结合，才能够做出超越前贤的贡献。方先生坚持史论结合、中西马结合，不断在继承与创新中获得许多富有创造性的成果。如：出版了国内第一部中国哲学范畴史专著《中国哲学史上的知行观》，被认为在这方面做了一件开创性的工作；开创了中国大陆现代新儒学的研究；认同并丰富发展了张岱年先

---

① 习近平：《做党和人民满意的好老师：同北京师范大学师生代表座谈时的讲话》，人民出版社2014年版，第8页。

② 刘绪义：《立乎其大，超乎其上——读方克立文集有感》，《出版广角》2008年第3期。

③ 方克立：《方克立论著集》第五卷，《忆往与教育》，中国社会科学出版社2023年版，第251页。

生的"文化综合创新论",将综合创新文化观概括为"古为今用,洋为中用,批判继承,综合创新",这一文化主张得到了广泛的认可。

善于发现问题,提出问题并解决问题,是方克立先生"求是创新"治学态度的一大特点。比如,

"他积极参与二十世纪八九十年代的文化讨论、回应二十一世纪初中国哲学"合法性"质疑,在多元多样多变的文化思潮中,勇立潮头发时代之先声"①;他对如何解决当今中国文化建设中的中、西、马三者的关系问题,如何实现"三流合一""综合创新"殚精竭虑,最终找到了解决的钥匙。他在《关于文化的体用问题》(《社会科学战线》2006 年第 4 期)中提出了"马魂·中体·西用"的新范式,迅即在学术界引起了巨大的反响,为各种思潮的对立互动、优势互补,为中国哲学和文化走向未来探寻出了一条新路,做出了中国人特有的理论贡献。

(五)乐教爱生、甘于奉献的仁爱之心

"乐教爱生、甘于奉献的仁爱之心"是对教育家精神内含情感的直接表达,深厚的仁爱之心揭示了教育家精神的情感底色。对于教育而言,"爱"是一个具有高度浓缩且能够完整展示教育情感力量的关键词。爱是教育的灵魂,教育作为培养人的活动,天然与情感有着密切的关系,爱的本质就是一种关系的构建。最核心的两重关系就是教师与其所从事的教育事业的关系以及教师与学生的关系。"乐教"就是指教师与其所从事的教育事业的关系,而"爱生"则指向的是教师与学生的关系。"乐"意为教师对教育事业发自内心的情感认同,此时个人职业幸福与人生幸福紧密关联。"爱"意为教师尊重学生,平等对待每一个学生,教师的教育价值在于用大爱之心,点亮和成就每位学子。一旦教师在情感上做到了对教育的"乐"和对学生的"爱",那么教育自身也就变成教师个人自我认同的实现。此时,教育"甘于奉献"也就成为一种个体更高级的内在自

---

① 张小平:《一位哲人的知与行》,中国社会科学网,2023 年 10 月 31 日,https://www.cssn.cn/skgz/bwyc/202310/t20231031_5693771.shtml。

觉,奉献本身就是一个值得追求的事情,变成个体幸福的重要来源。

　　"乐教爱生、甘于奉献"是对教育之爱的具体要求,教师要爱教育、爱岗位、爱学生,甘做"人梯"奖掖后进。每每掩卷,都为方先生兢兢业业、热心栽培后学的精神所感动。当谈及他从教几十年,仍始终"把教书育人放在第一位"①,方先生自豪地说:"我一生以弘扬中国文化、培养青年学生为己任。聚天下英才而教之乃平生最大乐事。"②方先生每每讲起自己的学生,也总是情有独钟,露出欣慰的笑容。方先生大学毕业后就留在中国人民大学工作,一生可以说与教育事业相联系,始终以教书育人为乐事。即使到了中国社会科学院研究生院担任行政领导工作,还坚持带研究生、坚持上讲台。方先生说"就我个人来说,要给教学工作和学术研究排位的话,还是要把教书育人放在第一位。学校的工作是以学生为本,学生的事情是一点也马虎不得的。我做的学术工作许多都是为教学服务的……"③他对每名学生都寄予厚望,经常占用下班时间为学生释疑解惑,给予学生学习和研究方向方面的指导性意见,并身体力行亲自为学生借阅参考书,亲自安排每名学生的学习计划,鼓励学生读书上进,给予学生不断前进的动力。方先生"善于在指导学生写作时,同学生商讨研究课题,指点阅读书目,教会使用工具书,教给积累资料、做笔记、写卡片的方法,这些都能给学生以方法上的启示,提高学生的研究能力"。④在论文批阅过程中,"不仅对框架结构和具体观点、资料提出中肯的修改意见,而且对其错别字和标点符号也一一给予纠正",总是以其勤奋的治学精神和严谨的治学态度教育学生、鼓励学生。很多学生在方老师的指导和帮助下,不断扩大知识面,开阔视野,最终成为国内外学术界颇受瞩目的优秀人才。

　　乐在教书育人中。"聚天下英才而教之"这不仅是教师的天职,更是

---

① 方克立:《方克立论著集》第五卷,《忆往与教育》,中国社会科学出版社 2023 年版,第 439 页。
② 方克立:《方克立论著集》第五卷,《忆往与教育》,中国社会科学出版社 2023 年版,第 472 页。
③ 方克立:《方克立论著集》第五卷,《忆往与教育》,中国社会科学出版社 2023 年版,第 441 页。
④ 方克立:《方克立论著集》第五卷,《忆往与教育》,中国社会科学出版社 2023 年版,第 459 页。

教师最大的幸福和快乐。当看到自己带出来的一批批弟子成长为学术上的专家、社会上的精英，他心中充满了欣慰。[1] 尤其当得知自己的学生初出茅庐便得到名家学者的认可，有的被评为社科论文，有的受到香港读者的来函表扬，他比谁都高兴。方先生在一本书的序言中写下："中国哲学史的繁兴和突破性的进展，归根到底还要指望青年。""方老师既是严师又是慈爱的，对学生只有无私的奉献。这种品格由亲炙弟子们一传十、十传百，每年报考他的研究生的人都很多，向他通信求教的私淑弟子也不少。仅给青年复信，就花去他不少时间，但他认为，集天下之英才而教之，这不仅是教师的天职，而且是真正的快乐。"即使是已毕业离校的学生的中，也总能听到方先生许多殚精竭虑培育青年的动人事迹。他们讲的是那么真挚，感激之情溢于言表。方先生指出，教师必须和学生做知心朋友，当在学生身上看到强烈的事业心和求知欲，不知疲倦地刻苦学习的精神，他的才能也会使你感到惊讶和激动不已，这时，教师对学生的仁爱之心、一种为祖国培养英才的责任感也会油然而生。只有教师对学生真正关心和爱护，才能得到学生的尊敬和信任，建立一种既是师生之情又是同志之谊的新关系。

（六）胸怀天下、以文化人的弘道追求

"胸怀天下、以文化人的弘道追求"表明了教育家精神指向一种自觉的社会担当。我国自古就有弘道的文化传统。"弘道"包含着寻道、问道、闻道、悟道、传道、卫道多个层面，对人间正道的信奉和弘扬，实质是教育家以自身的精神世界影响他人的精神世界。"胸怀天下、以文化人"则诠释了教师弘道的基本前提和最终目标。"胸怀天下"是教师弘道的基本前提。教师要有世界眼光，以海纳百川的宽阔胸襟借鉴吸收人类一切优秀文明成果，推动中华优秀传统文化创造性转化、创新性发展，提升学生对祖国文化的认同感、自豪感。这实际上与教师从教的境界是紧密相关的。"以文化人"则表明了教师弘道的结果。教师弘道是基于人类

---

① 方克立：《方克立论著集》第五卷，《忆往与教育》，中国社会科学出版社 2023 年版，第 509 页。

文明的延续与发展,在这种情况下,教师对其所弘之道是有着内在的精神信仰的。

文化自信,推动中国教育走向世界。在谈及中国社会科学院大学建设问题时,方克立先生深有感触地说:"我们要把目光瞄准 21 世纪,着眼于为 21 世纪培养一大批全国乃至世界一流的人文社会科学专门人才。只有这样,才能永远无愧于'中国哈佛'的美誉。"①在方先生的积极推动下,社科院研究生院在多层次办学和联合办学方面颇有起色。推动中国社会科学院研究生院招收外国留学生,"可以说是实现了零的突破"②。他说,多层次办学和联合办学很有必要,只有这样才能充分发挥社科院的人才智力优势和教育功能向外发展,形成强大的辐射态势,为国内外培养更多的高级专门人才③;求学识、问真理、探疑难、辩是非,不畏艰难,上下求索,共同弘扬人间正道。对"道"的追求贯穿在教育家的躬身实践中。在寻道、问道的过程中,方克立先生坚持胸怀天下,以海纳百川的宽阔胸襟借鉴吸收人类一切优秀文明成果,认同并丰富发展了张岱年先生的"文化综合创新论",将综合创新文化观概括为"古为今用,洋为中用,批判继承,综合创新",通过他的大力提倡和阐释发挥,使得这一文化主张迅速得到了广泛的认可。纵观五十八载的教育生涯,方先生"作为一位作出重要贡献、有过重要影响的哲人,他的理论探索与实践活动,他的知与行,对于新时代增强文化自觉、坚定文化自信乃至如何建设中华民族现代文明,都具有重要的理论和现实意义"④。

新征程上弘扬教育家精神需要广大教师坚定文化自信,积极传承和弘扬中华优秀传统文化,不断以马克思主义真理之光激活中华文明、赓续中华文脉。同时胸怀天下,放眼于全人类的共同价值,传递中国声音、

---

① 方克立:《方克立论著集》第五卷,《忆往与教育》,中国社会科学出版社 2023 年版,第 473 页。
② 方克立:《方克立论著集》第五卷,《忆往与教育》,中国社会科学出版社 2023 年版,第 481 页。
③ 方克立:《方克立论著集》第五卷,《忆往与教育》,中国社会科学出版社 2023 年版,第 473 页。
④ 张小平:《一位哲人的知与行》,中国社会科学网,2023 年 10 月 31 日,https://www.cssn.cn/skgz/bwyc/202310/t20231031_5693771.shtml。

讲好中国故事。

二、方克立先生教育思想的当代启示

在当代哲学与教育的浩瀚星空中，方克立先生是一颗璀璨的明星。他的教育思想熠熠生辉，为后辈文化与哲学教育工作者照亮了探索前行的道路。方克立先生毕生在教书育人、科学研究的过程中所体现的创新精神、育人情怀、治学态度、人文素养，为新时代弘扬教育家精神提供了光辉榜样和宝贵启示，能够为当代教育注入强大的动力和活力。

（一）为人治学崇平实

在中国社会科学院研究生院建院 30 周年之际，方先生在"学问有道·名师论坛 2008"系列学术论坛第二讲作了题为"我把自己主要定位于一名教师"的报告。方先生从人生观和价值观的确立、学术方向的把握、教书育人的体验等三个方面阐释了做人、做事和治学之道，并结合自己的人生经历，向青年学者提出了四点希望：树立正确的人生观、价值观和世界观；打好学术基础；关注现实问题，注重本学科的基础理论和学术前沿；坚持"板凳要坐十年冷，文章不写半句空"，耐住寂寞，做到平实无华。方先生与青年学者就中国文化的体与用、教师的社会责任、学术大家的产生等问题进行了广泛而热烈的交流。[1]"为人治学崇平实"，方先生认为做人、做学问和写文章要平实。"平实"二字，不是平庸，"亦即做人要平实，做学问要平实，写文章也要平实。'平实'二字，实在是我终生可以行之的要道"。[2]，要从平实中能看到高尚的人格和深邃的思想，这可能是一条切近而致远的成才道路。"为人治学崇平实"是方先生为人和治学的要领。

---

① 方克立：《方克立论著集》第五卷，《忆往与教育》，中国社会科学出版社 2023 年版，第 504 页。
② 栾贵川主编：《博士生谈自己》，黑龙江人民出版社 1998 年版，第 7 页。

1. 在治学方面

方克立先生拥有渊博的学识、深刻的洞察力和为人处事的平和心态。在"究天人之际""探阴阳之赜""通古今之变""立成人之道""求致知之方"等方面打下了比较深厚的中国文化的根柢。在治学态度和方法上,方先生受其父亲方壮猷先生潜移默化的影响比较深。拥有刻苦钻研、不唯书、不唯上、不随风转的独立学术人格和学者风骨。

一是要有"历史学家的勤奋和严谨特别表现在言必有据、不发空论"。方先生"经常对学生说,当老师的最大愿望就是学生后来居上,青出于蓝而胜于蓝,这样整个学术事业才能不断向前发展。但后来者要脚踏实地,一步一个脚印,不能急功近利,更不能投机取巧。在学术上取得成就或许有天才的因素,但主要靠勤奋"①。方先生多次强调要把前辈学者范文澜先生讲的"板凳要坐十年冷,文章不写半句空"作为代代相传的格言。按照老一辈教导的"实事求是、艰苦朴素""严谨治学、高尚做人",引导青年学生"树立不畏艰难、刻苦攻读、勤于思考、实事求是、不发空论的优良学风","做学问就是要有一点郑板桥所说的'咬定青山不放松,立根原在破岩中,千磨万击还坚劲,任尔东西南北风'的精神,只要根扎正了,功夫下足了,我相信你们一定能够有所成就"②。在阅读经典上,方先生认为:"对于经典的解读、传承,针对不同的读者群应该有不同的层次,读者的需要也是有不同的层次,有非常严肃的学术研究著作,也有向群众普及性的著作,还有些是给中小学生的一些基本知识的读本,我倒觉得都需要。只要是以严谨的学术研究作为前提、有学术研究的根底,在这个基础上,对经典的解读可以是多样化的。"当前应当如何开展中国传统文化的普及工作? 方先生指出:"我们要提倡对经典的尊重,要严肃认真地先读懂原著的文字,把它的真意、精髓真正把握了。然后在忠实于文本的前提下,可以提倡经典解读的多样化、多层次,让我们的文化阅读

---

① 方克立:《方克立论著集》第五卷,《忆往与教育》,中国社会科学出版社 2023 年版,第 441 页。
② 方克立:《方克立论著集》第五卷,《忆往与教育》,中国社会科学出版社 2023 年版,第 442 页。

领域有一种比较健康、理性、和谐的生态环境。"①

二是重视对唯物史观的学习和运用。方克立先生走过的学术道路表明,尤其要在马克思主义理论的学习上下真功夫。他从青年时起,就十分注意把握正确的学术理论方向,自觉地学习、运用马克思主义哲学观点和方法,来指导自己的科学研究,并贯彻于个人治学之中,逐渐形成了他独特的治学方法和风格,以其敏锐的学术洞察力,提出一系列理论创新,在学术界产生较大影响,被称为"领导潮流"的哲学家。方先生的博士生周可真在《哲学与文化研究》一书的《后记》中提道,以马克思主义之理来弘扬中国文化之道是方先生为人为学的一贯宗旨,是方先生中和心性的表现。"有学者指出,方克立的哲学和文化研究,既坚持了学术操守而又平实、开放,全面而不偏颇,融宽和、刚健、圆润、锋锐于一体。这种学术风范,是一笔足以滋润后学的宝贵财富。"②

2. 在为人方面

方克立先生特别重视学生人生价值观的培养,即"成人之道"。方先生在《与博士生一夕谈》中,就学业问题与学生探讨,谈及第三个问题"怎样处理做学问与做人的关系?"时,提出"为己之学"。方先生指出:"中国哲学是'为己之学''成德之教',而不是'口耳之学',光讲给别人听的。'为己之学'就是要用知识来成就道德,自己一定要身体力行,这样才能学到中国哲学的精髓。"引导学生深刻体会"为己之学"之道,并身体力行,努力做到知行合一,"一定要处理好学问与德行的关系"。

90年代中期以后,方先生又对学生们经常强调另一句话:"三分学问,七分做人",要求学生把做一个有道德的人放在更重要的位置上。"一个人一辈子写了几本书并没有什么了不起,难的是一辈子做一个高尚的人,一个有道德的人,一个脱离了低级趣味的人。"这是符合中国哲学"德教为先""行有余力,则以学文"的重行精神的。在今天这个利益竞

---

① 方克立:《方克立论著集》第五卷,《忆往与教育》,中国社会科学出版社2023年版,第503页。
② 方克立:《方克立论著集》第五卷,《忆往与教育》,中国社会科学出版社2023年版,第501页。

争十分激烈的时代,每个人都面临着义利关系问题,方先生在《要加强德育教育》中,特别强调"两个文明协调发展,'利'和'义'要统一。两个文明的协调发展对我们国家的发展有重要的意义",他认为"思想道德教育,包括文化素质的教育非常重要。现在学生读到硕士、博士,好像马上就成才了,其实这里边也有一些人文素养不高。有的业务素质不错,但缺乏做人的起码的道德和修养。中国的传统非常重视德育,强调修身。我认为要加强这方面的教育"①。所以,方先生引导学生做人要把握道德的最基本准则,始终加强学生"以义制利""义以为上""天下己任"的君子人格教育。在未来的人生之路成为一个大写的人,收获幸福而有价值的人生。

新征程上弘扬教育家精神需要广大教师努力做到"经师"与"人师"的统一,把学高为师、德高为范结合起来。因此教师不仅要坚持以科学理论武装头脑做好"经师",也要加强道德修养提升境界做好"人师",把做学问与做人做事统一起来,不断提高自己的专业水平和道德情操,用深厚知识培养人、用仁爱之心感染人、用高尚品格塑造人,在润己泽人中引领学生以信仰之光照亮心中之梦想,以踏实笃行夯实未来基石。

(二)努力创造使拔尖人才脱颖而出的环境

党的二十大报告指出,"要坚持教育优先发展、科技自立自强、人才引领驱动,加快建设教育强国、科技强国、人才强国。吹响了加快建设教育强国的号角"。方克立先生在教育中重视对拔尖人才的培养,对今天社会主义现代化强国建设背景下,加快建设教育强国、科技强国、人才强国,提高拔尖创新人才自主培养具有重要启示和时代价值。学校是专门研究学问、传授知识、培养人才的地方。推动教育高质量发展,既要回应人民群众对优质教育资源的诉求,又要"创造一种环境,使拔尖人才能够脱颖而出"形成人才辈出、群星灿烂的新局面,这是新时代强国建设的必然要求。

---

① 方克立:《方克立论著集》第五卷,《忆往与教育》,中国社会科学出版社 2023 年版,第 317 页。

方先生主张师生平等。基于师生平等思想,遵循教育规律和社会发展规律,他极力主张精心培育高质量的专门人才。"要造成一种风气,大家都尊重知识、尊重科学、尊重人才,都一心为社会主义现代化建设事业作贡献,使那些嫉贤妒能的闲言碎语没有市场,相反,把党的关怀、集体的温暖送到优秀知识分子的心中,成为促进他们成才、冒尖的动力","使优秀知识分子能够理直气壮地在业务上冒尖";同时,"敢于给少数拔尖的学生和中青年教师创造一些特殊的学习和工作条件。平均主义是'左'的一种表现,它是阻碍拔尖人才脱颖而出的大敌"。"对于中青年教师,要大胆使用,鼓励他们到科学的前沿去探索。"这些教育思想今天读来仍感意味深长!

(三)"精心培养 严格管理"

方克立先生在中国社会科学院 2000 年的毕业典礼上向全体导师和教学管理干部提出了"精心培养、严格管理"的要求。他认为,只有严格要求、严格管理才能出高质量的人才,"严师出高徒"这句话比"名师出高徒"说得更中肯。[1] 方克立先生提倡严师出高徒的理念,主张要走以提高培养质量为主的内涵发展的道路,精心教育,精心培养,严格管理,严格要求,争取培养一个成才一个。"老师对学生的严格要求,就是对他们最大的爱护,是他们成才过程中最大的助力和推动力量。"[2]严格教育、严格管理、严格要求。平时严格要求,在人才成长道路上遇到险阻时敢于旗帜鲜明地予以扶植和支持。除了业务上精心帮助、指导外,在政治上也严格要求,毫不留情地批评学生的缺点和过失,帮助学生在政治上进步。多年来,中国社会科学院研究生院大力开展"自加压力,志在一流"的活动。"六个一流"("一流的品德,一流的修养,一流的学识,一流的视野,一流的能力,一流的体魄")的口号是学生自己提出来的,方先生勉励学生要有一种强烈的责任意识,要用"六个一流"来严格要求自己,把它当

---

[1] 参照方克立:《方克立论著集》第五卷,《忆往与教育》,中国社会科学出版社 2023 年版,第 381 页。

[2] 方克立:《方克立论著集》第五卷,《忆往与教育》,中国社会科学出版社 2023 年版,第 285 页。

作终生的追求和奋斗目标。并对"六个一流"从政治、业务、道德人品三个方面作了诠释,这是一种自觉的责任意识,更是对党和人民作出的一种承诺。① 他始终在为把社科院研究生院办成一流的人文社会科学人才培养基地而努力奋斗。

在新时代需要大力弘扬教育家精神,方先生的教育思想是对中国特有教育家精神的内涵呈现,他以其优良的工作作风、无私奉献的精神、热爱教育事业的情怀、崇高的办学理想、坚守教育规律的品质、办学治校的管理智慧、直面困难敢于担当的勇气,为一代又一代人民教师接续奋斗提供精神力量,不断以教育家精神擦亮教书育人的底色,为强国建设、民族复兴伟业作出新的更大贡献。

结语

科学求索之路漫漫,教书育人之路任重而道远。老一辈教育家为教育发展、改造社会付出了艰辛的努力。方克立先生为哲学教学和研究所做出的贡献,已经载入中国当代哲学史和教育史册,后辈永远不会忘记。《中共中央　国务院关于全面深化新时代教师队伍建设改革的意见》把"兴国"和"强师"紧紧联系在一起,提出要培养造就"数以万计的教育家型教师",大力培养造就一支师德高尚、业务精湛、结构合理、充满活力的高素质专业化教师队伍。青年教师,若想达到学术与教学上炉火纯青的境界,必须将一辈又一辈优秀教育家的治学精神和治学作风传承下来,怀着敬仰之情,学着前辈的样子,走好新征程上的教书育人之路。

---

① 参照方克立:《方克立论著集》第五卷,《忆往与教育》,中国社会科学出版社 2023 年版,第379—381 页。

方克立：永远的德业之师

刘博智①

　　——他开创了中国大陆的现代新儒学研究之先河

　　——他提出了"马魂、中体、西用"论,对中国文化的发展方向给予思考

　　2021年4月10日,在北京天寿陵园,著名哲学家、中国社会科学院学部委员方克立先生的骨灰下葬,一个长期思考中国哲学和文化向何处去的大脑与这个世界作了最后的告别。一年之前,身在新加坡的东南大学人文社会科学学部主任樊浩收到学生徐嘉的微信:方克立老师2020年4月21日22点19分去世。

　　方克立既懂马克思,又懂孔子,是论著如珠玑、执中国哲学科学之牛耳的哲学大师。有人问他,心里最服膺的是什么。方克立说:"马学为魂、中学为体、西学为用、三流合一、综合创新,马克思主义是哲学社会科学之魂。"对他而言,"马魂"早已贯穿于学术血脉之中,并始终不渝。

---

① 作者刘博智,《中国教育报》记者。
　　本文发表于《中国教育报》2021年9月14日第4版。

做学问不追求"高髻细腰"

"平"者，心平而不气盛；"实"者，实在而不虚妄。唯心平，方能物来顺应；唯实在，始能取信于人。"平实"的学风和文风渗入方克立的骨髓，造就了他不张扬而沉潜、不偏激而平正、不狭促而涵容的大家风骨。

方克立出身于书香门第，其父是组织史学界名家考证出"越王勾践剑"的著名历史学家方壮猷。1938 年 6 月 28 日，方克立诞于湖南省十四都思古堂，这里曾是湘中耆儒赵启霖的旧居。或许是在这种"磁场"的指引下，他与中国传统的哲学和文化结缘了。

尽管方克立家学条件优越，但他的父亲却并不希望子继父业，而是鼓励他从事自然科学或工程技术科学。真正让方克立最后走上哲学研究之路的，是一个非常偶然的契机。

高中毕业时，方克立本打定心思报考理工科大学，但有一天班主任对他很严肃地说：中国人民大学提前招生，你文理科基础都较好，最适合学哲学，学校已决定推荐你报考。于是他便赶紧复习了几天历史、地理就上了考场，结果在统考前收到了中国人民大学的录取通知书，方克立便在此机缘之下开始了哲学生涯。

在方克立之后的为文治学中，相较于那种天才的火花闪现，他更看重"平实"两字。方克立说："我从一些前辈的学风和文风中常能感受到'平实'二字，平实不是平庸，从平实中能看到他们高尚的人格和深邃的思想。这可能是一条切近而致远的成才道路。"

"平"者，心平而不气盛；"实"者，实在而不虚妄。唯心平，方能物来顺应；唯实在，始能取信于人。

他曾不止一次地用著名史学家韩儒林先生讲的"板凳要坐十年冷，文章不写半句空"教育学生，这对学生的"才握笔管，便讲词章"肤泛文风来说，是可以"药之"的。

在中国哲学史界，有几个颇具特色的学派，比如上海的"冯契学派"，武汉的"珞珈学派"，北京的"人大学派"，等等。其中，方克立属于"人大学派",因为该派的开创者是方克立的恩师石峻先生。

方克立自居为"石门弟子",与石峻先生的来往信件中的抬头也以"石公吾师"称呼。但严格说起来,大学时方克立并未听到石峻讲授的中国哲学史课,这也成了他的一大憾事。

但他学生时代的遗憾参加工作不久就得以弥补。毕业后,方克立留在中哲史教研室给石峻先生做助教,这使他有机会系统地听石先生讲中国哲学史。方克立曾回忆说:"石先生学识渊博,思想深邃,一部中国哲学史都在他的心中,讲授起来挥洒自如,要简能简,要繁能繁。"

两人开始结缘,得从一盘苦瓜肉圆说起。"文革"期间,方克立被安排去调查了解石峻先生的政治历史情况,方法是直接交谈。方克立对老一辈知识分子丰富的人生阅历和追求真理、追求进步的执着精神深深服膺。之后,两人的往来变得更加密切,除了经常一起散步讨论学术问题,石峻先生还经常为方克立下厨做一道家乡的苦瓜肉圆。方克立一直记得做法:"把苦瓜洗净切成寸段,挖掉中间的瓜瓤,塞进调味好的肉末,放在蒸锅里蒸熟,吃起来清香可口。湖南人爱吃苦瓜,这是家乡的一个传统菜。"

方克立和石峻都是湖南人,在这样清苦的岁月,家乡的味道给了他们最大的慰藉。

章太炎在《复仇是非论》中曾写道:"趋势之疾沦为骨髓,相率崇效,与高髻细腰之见相去有几?"如时尚界一窝蜂地追求高髻细腰一般,学术界亦有趋势之病,这是方克立最为厌恶的。

他不肯曲学阿世的治学态度正是深受另一位导师任继愈的影响。大学后期,方克立的兴趣点转向了中国哲学,曾就《周易》经传关系撰文批评过冯友兰和任继愈的一些观点。在当时看来,一个未出校门的晚辈后生公然批评学术耆儒显得"不知天高地厚"。然而,这位"望之也严,即之也温"任继愈先生却并不恼怒,反而对这样一篇"不知天高地厚"的文章大加赞赏,并对方克立大加提携。

1978年12月在南京召开的中国无神论学术讨论会上,任继愈提出了"儒教是宗教"的著名论断，一石激起千层浪，论断一抛出立刻引来批评无数，并在学术界引发了长久的争鸣。面对种种质疑，任继愈始终坚守着自己的观点。正是这场论战让方克立为任继愈"举世誉之而不加劝，举世非之而不加沮"的特立独行、坚持真理的精神深深折服，养成了有自己的独立见解、决不人云亦云的治学态度和作风。

如果说石峻和任继愈对方克立更多的是治学和人生态度方面影响的话，那么张岱年对方克立的影响则主要是在学术思想的惺惺相契。

在学生时代，一本署名"宇同"的《中国哲学大纲》像一枚闪耀的钥匙打开了方克立的哲学之门，书中对中国哲学问题、概念、范畴梳理清晰，引据翔实。他曾把此书当作工具书来使用。后来他才知道，这是北京大学张岱年教授所写，只因"右派"问题而不能署真名。

方克立与张岱年有所接触已经到了20世纪80年代。当时中国大陆正兴起"文化热"，"儒学复兴""彻底重建""西体中用""哲学启蒙"四派思想激荡冲撞。此时，张岱年先生明确提出了"文化综合创新论"，成为马克思主义文化派的一面旗帜，这也成为方克立在诸多流派中最为心契和服膺的文化观点。晚年的方克立接着张岱年往下讲，将"综合创新"拓展为"马学为魂、中学为体、西学为用、三流合一、综合创新"，抛弃了"中西对立、体用二元"的僵化思维模式。

1999年5月，在张岱年90大寿之际，方克立曾致信祝贺。张岱年6月1日复信说："关于文化问题，鄙见与您的见解，完全一致，可谓志同道合，我晚年又得一同调和知音，实属莫大的荣幸！"

立乎其大，超乎其上

方克立一生的学术目标，就是力图把马克思主义与中国哲学文化的精华相结合，让中国哲学在新的时代发扬光大。这是他学术研究的旨趣所在，也是他的全部学术工作的意义与价值所在。

1962年3月16日，当时还是大学生的方克立用笔名"方蠡"在《光明日报》上发表《研究〈周易〉不能援〈传〉于〈经〉》一文，批评李景春等学者在《周易》研究中经传不分，混淆了《易经》和《易传》思想的不同的时代性。这篇文章引发了一场全国性的学术讨论，《哲学研究》还特设"关于研究《周易》的方法论的讨论"专栏，进而又扩大为"哲学史方法论的讨论"专栏。

从那时起，方克立便开始追寻哲学研究里的灵魂，学问里的"道"。

伟大的哲学始于怀疑，终于信仰。方克立对马克思主义哲学的初步体认始于少年时代，印象来源于书架上那些被父亲用密密麻麻的记号和批语批注的马列经典著作，这可以比作他哲学人生中懵懂的"初恋"。青年时代，他对哲学的沉思玄想和人生的咸苦经验相伴随，在出入中西各家哲学学说之后，寻找到了属于自己的"真爱"，那便是将马克思主义认作解决时代课题的真理，奉为人生信仰的圭臬。

自"五四"以降，思想界中自由主义西化派、文化保守主义等思潮此消彼长、对立互动。20 世纪 90 年代以来，在港台和海外新儒家的"反哺"下，中国大陆也出现了形形色色的"新儒家"，纷纷举起复兴儒学的旗帜，有人甚至提出"重建儒教""儒化中国"的主张。与此同时，很多学者为了标榜自己思想独立，有意讳言马克思主义。方克立却始终坚定地以马克思主义作为自己学术生命的宗旨和方向。

他曾在一次国际学术会议上坦然陈辞："正如有些真诚的儒者是把儒学当作自己的'生命的学问'一样，对于我和许多与我同辈的大陆学者来说，马克思主义也早已成为我们'生命的学问'，成为我们观察、处理问题的世界观和方法论，成为我们人生信仰的归趋和奉以行止的生活实践原则。"

方克立一生的学术目标，是力图把马克思主义与中国哲学文化的精华相结合，让中国哲学在新的时代发扬光大。这是他学术研究的旨趣所在，也是他全部学术工作的意义与价值所在。

在治学方向的选择上，方克立继承了老一辈学者学贵自得、不肯苟同的独立精神，对自己选定的学术方向矢志不渝，以深厚的学养和敏锐的洞察力推动了整个学科的发展。

20世纪80年代初，方先生和张岱年、汤一介等学者共同倡导开展中国哲学范畴研究，在国内掀起了一股"范畴热"。他的《中国哲学史上的知行观》一书也被称为第一部中国哲学范畴研究专著。几年后，方克立又率先提出"要重视对现代新儒家的研究"，与中山大学的李锦全先生一道主持并领导了中国大陆的现代新儒学思潮研究，引发了长达十余年的"新儒学研究热"，在海内外产生了巨大而深远的影响。

关于20世纪中国思想史的宏观审视，方克立又率先提出了自由主义的西化派、以现代新儒家为代表的文化保守主义与中国马克思主义"三大思潮对立互动说"。在这个认识的基础上，他旗帜鲜明地支持张岱年所倡导的"综合创新"文化观，并将其概括为"古为今用，洋为中用，批判创新，综合继承"四句话，成为唯物史观派文化哲学的理论共识。

如何解决当今中国文化建设中的中国文化、西方文化、马克思主义三者的关系问题，如何实现"三流合一""综合创新"，一直是方克立思考和研究的重心。显然，体用二元的思维方式不可能解决这个三者关系问题，于是他在新世纪提出的"马魂、中体、西用"的新范式迅即在学术界引起巨大的反响。这一文化范式突破了中西对立、体用二元的僵化思维模式，以开放的胸襟、平正的心态，确立了"三流合一""综合创新"的新思路与新方法。它有利于破除"道不同而不相谋"的门户之见，有利于"坐集千古之智""融会百家之长"，在各派思潮的对立互动、优势互补的基础上，为中国哲学和文化走向现代化探寻出了一条切实可行之路。

治学与育人：天平的两端

在中国社会科学院研究生院建院30周年的报告会上，已经卸任研究生院院长的方克立以"我把自己主要定位于一名老师"为题，为青年学子作了主题报告。对于教师这个身份，方克立向来珍视。治学与育人，如方克立人生天平上的两端，都不曾偏废。

方克立曾说："我一生的主要工作就是当教师。'聚天下英才而教之'是教师的天职，也是我最大的幸福和快乐。就我个人来说，要给教学工作与学术研究排位的话,还是要把教书育人放在第一位。"

方克立真正走上讲台,是 1978 年到 1979 年间的事。当时,他在南开大学哲学系任教,还只是一名助教。但因为教研室的两位同事被抽去编写中国哲学史教材,哲学系的专业课教学任务都落在方克立身上。那一学年,他全身心投入教学,连续授课 150 学时,给 1976 级工农兵学员完整讲了一遍中国哲学通史。这样历时一年之久的"单科独进"的工作量,在全国各大院校哲学史教学中都是罕见的。

"文革"后首次开设中国哲学史课,没有合适的教材,方克立就自编讲义,边写边讲、边讲边写。每个礼拜都要写出一讲来,从先秦一直讲到孙中山,教案累积下来就有 42 个笔记本。时任南开大学哲学系主任的温公颐先生曾一语论定:"克立同志的教学准备充分,功力深厚,特重哲学范畴的剖析,细腻深刻,理论性强。这是一门非常成功的专业课。"1980 年 1 月 7 日,《南开大学报》专门刊登了方克立讲课的照片,还发表了题为《这样的教学,我们最欢迎》的文章。

驹马如驶,忽焉岁秋。从 1973 年,方克立调入南开大学哲学系,1994 年调离后依然在南开指导博士生直到 2011 年,他为南开哲学学科整整奉献了三十八个春秋。在一次访谈中,他回忆道:"我在南开的工作,主要是建设和发展中国哲学学科。"这是南开工作三十八载方克立为自己交上的答卷。

进入 20 世纪 80 年代,学科发展进入了新时期,中国哲学课程开设和研究生培养也逐渐步入正轨。南开大学在 1982 年建立了中国哲学专业硕士点,1986 年建立了中国哲学专业博士点,而在这两件具有标志性意义的大事上,方克立的努力厥功至伟。

说起南开中国哲学博士点的建立,其申报过程还经历了一番曲折。按照国家规定,一个专业必须有三位或三位以上教授才能申报博士点。而南开大学哲学系除了方克立外,只有年迈的温公颐教授符合条件,不得已他又请了历史系的刘泽华教授、天津市社科院的卢育三研究员(兼职教授),才把队伍"凑"齐,最终申报成功。

博士点申报成功后，这个队伍中的另外三位教授都只能作为"后盾"，招收培养研究生和所有课程开设、论文指导的工作都落在方克立一人身上。多年来他为这个学科的建设发展和人才培养呕心沥血，倾注了全力。

正如费尔巴哈所说："真正的哲学不是创作书而是创作人。"在培养研究生的过程中，方克立也一直恪守"学行并重、德业双修"的育人原则。他认为，师者不应仅是传道授业的教书匠，更应是学生的精神导师。而对哲学专业学生的培养来说，更应该强调学行统一，只有这样才能学到作为"为己之学""成德之教"的中国哲学精髓。

方克立与南开学生们苦乐与共地长期相处，形成了一种亦师亦友的师生关系模式。他从不以师长自居，而是真诚地希望学生"青出于蓝而胜于蓝"。据学生回忆，那时没有电话，方克立有事就亲自跑到宿舍去通知他们，或谈各种问题，平时也十分关心他们的生活。

1984年，方克立被评为天津市劳动模范，得到一张自行车票的奖励，他却把这张票送给自己的研究生。几十年过去了，方克立依然关心着每个学生的成长和事业上的发展，无论是找工作、评职称、申报课题、发表论文、著作写序或生活上的困难，方克立都尽可能地给予帮助，甚至对他们的子女和学生都关爱有加，所以许多学生对方克立都怀着一种亦师亦父的真挚感情。方克立的学生大多成了高校的哲学专业教师，其中不乏许多海内外知名的学者，也有的在行政岗位上担任要职。

"学而优则仕"这一根深蒂固的思想，向来左右着历代文人成长通道和人生轨迹，但方克立只喜欢"埋头故纸堆中"，无意于"加官进爵"。然而命运却和他开了一个玩笑，1994年他接任了中国社会科学院研究生院院长。当时的中国社会科学院研究生院，各项工作正处在低谷。方克立一上任，经费困难问题就给了他一个下马威：学校只有8台计算机，连办公用的复印纸都买不起。连续三年国家拨经费不足300万元，扣除教师工资和公务费后已所剩无几，离退休老干部长期报销不了医药费。社科院的研究生一项奖学金都没有，有的学生吃饭都相当困难。

为使研究生院在经济上翻身,方克立向主管部门申请,向海内外各方贤达求助,抓院内办学实体和服务部门创收,使研究生院的面貌大为改观:把研究生院从90年代初的低谷中带出来,研究生院现在已发展到900名在校研究生的规模,达到历史最高水平。

与方克立交往过的人,总会有这样的感受:轻轻而亲切的话语,不疾不徐的语速,总是微笑与人交谈,透逸出一种长者的慈祥,然而仔细回味,却是一位哲学家的仁慈,示范演绎的是一种对待世界的态度。

做中国传统学问,不仅要治学,更要做人。中国哲学是"为己之学",而不仅仅是"口耳之学"。方克立的一生正是体现这一点。

哲人其萎,何其令人感伤。但方克立去世时,疫情未平,门下学生以挽词承寄哀思:

> 知鉴中西开体用,
> 行安家国告心魂。

方克立教授与研究生院

李尚英[①]

中国社会科学院研究生院（现为中国社会科学院大学）原院长方克立教授在院工作了六七年。期间，我曾接受过他的直接领导，对其在研究生院所作贡献多有了解。这里，我将记忆中最为深刻的有关方院长教书育人方针、为人治学之道几点印象写出来，希望后来者能将其发扬光大。

说起方克立教授，学界可谓众口一词，称他为著名马克思主义哲学家，因为他创立的"马魂、中体、西用"的文化观，为马克思主义学者所称道。同时他们也认为这一文化观是在继承与发展、深化著名哲学家张岱年先生的"文化综合创新论"基础上形成的。

应该说，方克立还是著名的教育家。这可以从他在中国社会科学院研究生院的工作中得到证明。中国社会科学院研究生院是 1978 年经党中央批准创立的我国第一所人文社会科学研究生院。建院之初，研究生院可谓"地无咫尺，房无片瓦"，在党中央的亲切关怀与中国社会科学院的坚强领导下，经过十余年的努力，取得了为世人所瞩目的成就。但由

① 作者简介：李尚英，中国社会科学院大学教授。本文原载《中国社会科学报》2024 年 10 月 25 日第 4 版。

于各种因素,20世纪八九十年代连续几年未招生,至方克立到任前,研究生院已陷入了发展中的低谷期。

方克立教授是1994年2月到研究生院任院长的。到任后,在方院长和院党委的领导下,在有关部门的大力支持下,经过院招生工作处同志的努力,至1995年9月研究生院有了完整的三届博士生、三届硕士生,在校生也达到了当初设计的400人的规模,从而使我院顺利地度过了建院以来的低谷期。随后,方院长针对我院规模不大,经费不足和办学条件远不如其他高等院校的困难,提出了"学校的发展主要是走内涵发展的道路"。又下大力气对研究生教育与培养进行调研。他认识到,马列主义课程和研究生教育与培养存在着一些具体问题,亟待纠正。他经常问学生:"你的导师是怎样指导的,有没有师生定期的见面制度,有没有导师指导下的讨论班,导师布置的参考书多不多,书目是否具体,学生是否常做读书笔记,导师是否检查。"但得到的回答却令人惊讶。方院长认为,为了把研究生培养成为在政治、业务、道德人品上都是真正一流的人才,必须强调要"精心教育,精心培养,严格要求,严格管理"。导师指导、培养学生的"前提必须对学生负责任,否则就不是我们所要求的精心培养、精心教育"。他还多次对导师和研究生说,社会上流行着一句话:"名师出高徒",社科院可谓"名师"云集,"高徒"众多。但必须看到,名师门下弟子如果自己不努力,或者导师要求不严格,培养出来的也不见得个个都是"高徒"。所以,方院长响亮地提出:"严师出高徒",并希望"名师"们都能成为对学生严格要求、严格管理,在教书育人方面对学生非常负责任的"严师"。真是一语中的,以往这方面正反例子太多了,引人深思。由此看来,研究生教育与培养问题不解决,研究生院就不可能迈向迅速发展的道路。

为此,方院长与院党委制定了以下几条方针。第一,牢记党中央给我院明确规定的任务,坚持本院一贯的办学方针,以马列主义、毛泽东思想、邓小平理论为指导,把研究我国改革开放与现代化建设中的理论和实践问题摆在优先地位。同时,重视研究我国的历史遗产和外国的先进经验,发扬实事求是、理论联系实际的学风,以培养新一代学识渊博、思想解放、能够创造性地运用和发展马克思主义的人文社会科学专家为己任。这以后从研究生院导师、博士生给中央和各级政府部门写的有关国有企业发展、市场经济、财政税收等方面的一些报告(有的受到中央与学界的高度重视),还有《中国社会科学院研究生院学报》发表的有关上述领域及宣传马克思主义、毛泽东思想、邓小平理论等很多文章中都可以看到。

第二,更加重视对研究生的素质和知识创新、文化创新能力的全面培养,逐渐改变以往学科专业划分过细、学生的知识面太窄的弊端。例如,为了解决"博士不博"的问题,方院长和教务处采取增加跨学科选修课、开设多学科学术讲座、增强社会实践环节等措施,进一步拓宽知识面,在学科交叉与知识整合中激发他们的创新意识和创造能力。例如,1996年暑期,我院31位博士生参加中央单位组织的"百名博士百村行"的活动,他们的考察报告得到中央有关领导和组织单位的表扬与奖励。这一活动产生了良好的社会影响,也使博士生们自身受到了很好的锻炼和教育。

第三,我院要以培养一流的人文社会科学人才为己任,并努力把研究生院建设成为一流的高等学府、一流的研究生院、一流的人文社会科学人才培养基地。我记得,方院长来院不久,在与我的一次谈话中就指出,研究生建院快20年了,怎么舆论还在讨论研究生院是否要办下去的问题?他说:"我认为,现在不是讨论研究生院要不要办下去的问题,而是应该讨论怎样使研究生院得到进一步发展的问题。"他还希望:"应该大力宣传研究生院,让外界真正了解研究生院。这需要得到中央领导的进一步指导、支持与帮助。""研究生院有这么多的名师与高徒,应该办成一个一流的学校,为国家作更大贡献。"在方院长的指示下,研究生院办公室副主任栾贵川教授经过多方努力和积极工作,终于在建院二十周年前获得了江泽民主席亲笔题词:"把中国社会科学院研究生院办成一流的人文社会科学人才培养基地。"这不仅使二十年来要不要办研究生院的争论从此偃旗息鼓，更是对全院师生极大的关怀、鞭策和鼓励，激励我们放下思想包袱，重新振作起来，并以实际行动创建一流的研究生院，培养更多一流的人文社会科学高层次人才，为改革开放提供理论支持，为现代化建设输送大批生力军。方院长在工作中，大力整顿或建立起一套完整的研究生招生、学籍管理、教学组织、学位授予、思想政治工作、学科建设、师生的生活服务的制度。例如，为适应研究生教育发展的形势以及教学与科研的需要，他亲自领导和组成教材编审委员会。经过参与编纂工作专家的认真研究与纂述，以及教务处与其他部门有关同志的共同努力，终于在研究生院建院二十周年之际，一套由国内著名经济、文学、法学家等在内的《中国社会科学院研究生院教材》首批 20 本书正式出版了，并且很快被一些高校评价为"水平很高"，并作为培养研究生的教材。再如方院长还专门制定多项措施以发挥导师在研究生培养中的主导地位，在研究生院的开学典礼上专门请成就突出的导师介绍经验，指示《中国社会科学院研究生院学报》刊发邓力群、许涤新、董辅礽、叶秀山等著名学者关于研究生教育及研究生学习、研究方法的文章，以此促进研究生快速成长；促使研究生明确自己的历史使命，刻苦学习，毕业后成为为国家现代化建设与中国人文社会科学的发展做出贡献的人才。至 1998年研究生院建院二十周年时，学科专业齐全、师资力量雄厚、科学成果丰硕，成为我院研究生教育最突出的优势和特点。

1995 年，我院研究生在方院长和院党委的领导下，提出并开展了"自加压力，志在一流"的活动。方院长认为，这代表了社科院研究生的集体精神面貌，体现了我们的培养目标，予以全力支持，并指示在办公楼门厅墙壁上用镀金大字撰写"一流的品德，一流的修养，一流的视野，一流的体魄，一流的学识，一流的努力。"作为对全校师生与工作人员以及后来者的警示。

方院长还提出："社科院应该坚定不移地走科研与教育并重、出成果与培养人才并重的道路，要从'一个中心'变成'两个中心'，不仅是科研中心，而且要成为中国人文社会科学高级专门人才的培养教育中心。"为了实现这一目标,方院长与院党委采取了两项措施:一是建立了中国社会科学院研究生院培训中心,招收和培养中央、地方、企事业等部门与单位中有志为中国现代化作贡献的人到研究生院深造,至他退休前也取得了很多重要成果。二是设立科研基金,推动研究生院工作人员进行学习和科研工作,从而改变了研究生院工作人员以往单纯做行政工作的局面,实现科研与行政双肩挑。此后,研究生院很多工作人员学习和科研的积极性很高,一些人具有高中级职称,增强了本院师资力量,有利于进一步提高教学与研究水平。

方克立教授在研究生院虽然工作时间短暂,但正如他的学生张小平研究员等人所说:"方先生肩负为民族复兴贡献教育力量的使命,为创造一流的科研成果和培养一流的人才殚精竭虑,为把中国社会科学院研究生院办成一流的哲学社会科学人才培养基地而无私奉献"的精神与实践活动,必将彪炳于中国社会科学院大学(研究生院)史册,并将继续鼓舞后来人永远前进。

附录：会议综述

"中国文化的现代格局与未来走向——方克立先生学术思想暨《方克立论著集》出版研讨会"成功召开①

2024 年 4 月 20—21 日，南开大学中国哲学研究中心、南开大学哲学院成功举办了"中国文化的现代格局与未来走向——方克立先生学术思想暨《方克立论著集》出版研讨会"，来自北京大学、复旦大学、武汉大学、中山大学、南开大学、中国社会科学院大学、华东师范大学、中国科学技术大学、澳门科技大学、日本东京大妻女子大学等高校，以及中国社会科学杂志社、中国社会科学出版社、《道德与文明》编辑部、《南开学报》编辑部等出版单位的 80 余名学者，汇聚一堂，共同纪念南开大学中国哲学学科开创者、南开大学首届"杰出校友"方克立先生逝世四周年，同时见证七卷本《方克立论著集》的揭幕仪式。

方克立先生(1938.6.28—2020.4.21)是当代著名的哲学家、哲学史家、文化学家、哲学教育家，他在南开大学辛勤耕耘三十八个春秋，为南开大学中国哲学学科的建设倾注了毕生心血，临终遗愿将所有藏书赠与南开大学哲学院以飨后学。方先生虽然离去，但为世人留下了丰厚的思想遗产，也培育了众多的专业研究人才。在各方同仁的支持和努力下，全七卷、三百余万字的《方克立论著集》终于 在 2023 年 4 月由中国社会

---

① 会议综述发表于中国社会科学网 2024 年 4 月 26 日，通讯员卢兴。

科学出版社出版。《论著集》的出版，有力地推动了学界对于方先生思想的研究。为了缅怀前贤、传承学脉，南开大学中国哲学研究中心、南开大学哲学院策划举办了本次学术研讨会。

本次研讨会的议程分为开幕式、《论著集》揭幕仪式、出版座谈会、主题发言、分组发言、博士生论坛、追思会等多个环节，与会学者就方克立先生的研究领域、学术思想、育人方针、历史地位、学脉传承等多方面发表高论，将当前学界关于方先生思想的研究推向了新的高度。

开幕式由赵爽（南开大学哲学院党委书记）主持。翟锦程教授（南开大学哲学院院长）回顾了方克立先生在南开中国哲学学科长达 38 年的执教经历，表达了对方先生的敬仰与怀念。周可真教授（苏州大学）代表方门弟子致辞，深情怀念了自己在先生门下的求学经历，着重阐释了其"平实"的为人特点和治学风范，并对其在中国哲学史研究中"史论结合"的方法论进行了阐发。

在接下来举行的揭幕仪式上，学会方代表杨国荣教授（中国哲学史学会会长、华东师范大学）、出版方代表朱华彬副编审（中国社会科学出版社总编辑助理）、出资方代表周勤勤教授（中国社会科学院大学）、主办方代表杨克欣教授（南开大学党委常务副书记）共同为七卷本《方克立论著集》揭幕。

在之后的出版座谈会中，朱华彬副编审回顾了方先生与中国社会科学出版社的深厚交谊，介绍了《论著集》的立项、编辑、审校、出版过程。周勤勤教授在致辞中代表中国社会科学院大学，对方先生的辛勤工作和卓越贡献表示深深的怀念和感激，并对先生在担任中国哲学史学会会长期间所做的主要工作给予了高度评价。李宗桂教授（中山大学文化研究所所长）高度评价了《论著集》的出版，指出方先生的著作和思想的轴心在于探索中国文化的现代格局和未来走向，挺立中国哲学的民族主体性，努力建构中国式现代化的文化形态。李德顺教授（中国政法大学人文学院名誉院长）深情回忆了与方先生交往的点滴经历，进而从中国哲学合法性的议题出发，对先生所倡导的"马魂中体西用"论展开分析，并指出坚守马克思主义立场就体现为实事求是地梳理中国哲学史。

其后大会主题发言由杨义芹研究员（《道德与文明》主编）主持，七位学界代表发言。杨国荣教授作了题为《方克立先生与中国哲学研究》的发言，高度赞扬了方先生卓越的学术洞察力和敏感性，并对他坚持以马克思主义为指导原则、秉持中道学术风格、兼容并包的学术态度表示了充分的肯定。李维武教授（武汉大学）作了题为《方克立先生和现代新儒学研究的开展》的发言，回顾了方先生在20世纪80—90年代领导"现代新儒学思潮研究"课题组所做的主要工作和学术成果，并总结了总体把握、个案研究、学案编撰三个突出特点，指出方先生的现代新儒学研究具有时代性和批判性，与当代中国思想界多种思潮相互激荡，并且具有鲜明的意识形态导向。刘仲林教授（中国科学技术大学、澳门科技大学）作了题为《综合创新论的本体与大众化》的发言，指出方先生继承和发展了张岱年先生的"综合创新论"，进一步提出了"马学为魂、中学为体、西学为用、三流合一、综合创新"的核心理念，对"综创学派"的理论发展做出了突出贡献，成为"综创学派"第二代学者中最重要的代表。李振纲教授（河北大学）作了题为《传统文化与现代化——方克立先生的现代新儒学观》的发言，对方先生的成名之作《现代新儒家与中国现代化》一书进行了深入的解读和阐发，揭示了其里程碑式的学术意义。洪晓楠教授（大连理工大学）作了题为《论方克立先生对习近平文化思想的研究》的发言，指出方先生是国内较早地提出习近平文化思想的学者，并明确提出"马魂中体西用"是习近平文化思想的宗纲；为了纠正学界对这一思想的误读，洪教授在此研究范式的基础上，提出了"马学为魂、中学为根、西学为鉴、综合创新"的观点，旨在进一步揭示习近平文化思想的宗纲。干春松教授（北京大学）作了题为《方克立先生与现代新儒学研究》的发言，指出方先生的现代新儒学论述是在中国现代化的背景下、同时也是在"三大思潮"对立互动的背景下讨论的，他的学术探索不仅为中国哲学史研究拓展了新领域，还开启了许多当下中国哲学界热议的重要课题，在学术史上产生了深远的影响。

在 20 日下午的分组讨论中,学者们各抒己见,从多个方面对方克立先生的学术思想展开了学术研讨。张允熠教授(上海师范大学)在发言中指出,方先生以"马魂中体西用"论深化了张申府和张岱年提出的"三学合一"与文化"综合创新"论,不仅推动了文化创新,还体现了中国哲学界对"第二个结合"的持续探索和实践。林存光教授(中国政法大学)从传统哲学范畴研究、现代新儒学思潮与中国现代化问题研究、文化综合创新说以及当代中国文化和学术思潮等方面阐述了方先生的学术成就与理论贡献。魏长宝编审(中国社会科学杂志社)以"桃李不言蹊径远,斯文犹在风雅长"为题,从传道授业之师、提携奖掖之恩、编研往来之谊几个方面深情怀念了方先生的为人为学风范。李道湘教授(中央社会主义学院)深入分析了方先生以"马魂中体西用"为架构结构严谨系统的新世纪文化观,指出该文化观确立了中华文化的主体地位,推动了"两个结合"理论研究的深化。陈代湘(湘潭大学哲学与历史文化学院院长)介绍了方先生的湘学研究,具体从对湘学研究的推动、湘学研究的对象和范围、湘学的特征、湘学研究的意义以及湘学研究的发展展开。樊志辉教授(上海师范大学)从"新统"与"传统"关系的视角,揭示了方先生的问题意识、思想方法及其学术遗产。高秀昌教授(西南大学)概述了方先生对冯友兰哲学进行研究与评价的发展历程,并指出他主张客观全面评价冯友兰的成就与贡献、反省批评其缺失与局限。张超中研究员(中国科学技术信息研究所)、吴克峰教授(南开大学)探讨了方先生关于"中医哲学"的研究,指出他支持中医药事业发展,并将其视为中国文化综合创新的重要组成部分,从而为中国哲学与思想研究开辟了新的领域。刘东超教授(中央党校)从中国当代文化思潮的格局出发,对以方先生所代表的中国马克思主义思潮给予了高度定位。张小平、刘紫涵(中国社会科学院大学)分析了方先生的教育思想,指出其真实体现出"中国特有教育家精神"的内涵。于惠玲副教授(天津师范大学)探讨了"综合创新派"对"第二个结合"的理论贡献,指出其不仅为深化对"第二个结合"的理解提供了新的资源,还推进了马克思主义的时代化和中国化。陆信礼教授

(中国海洋大学)以领会"第二个结合"为问题意识,概述了方先生探索马克思主义与中国传统文化相结合方面的学术贡献。杜运辉教授(北京语言大学)阐述了方先生"以马克思主义与中华文化精华相结合为终生职志"的根本精神。吴倩教授(天津师范大学)指出方先生的儒学观基于马克思主义立场,在儒学传统的积极面相与消极面相、应然理想与实然现实、儒学与现实社会关系研究三方面超越了现代新儒学。徐波副教授(复旦大学)对于方先生领导的课题组所确定的现代新儒学人物名录以及刘述先的"三代四群说"的理论贡献和问题反思进行了论述。薛子燕副教授(华侨大学)概述了方先生关于儒学与哲学关系的论述。张娇副教授(天津医科大学)探讨了方先生对中国文化现代化的深刻见解和方法论。王蕊博士(武汉大学)以《中国哲学史上的知行观》为中心,探讨了方先生关于王船山的知行观的研究。常玲玲硕士(中国海洋大学)梳理了方先生对中国现代化道路的探索。梁瑶硕士(南开大学)探讨了"马魂中体西用"论中的"体用"范畴的内涵及其逻辑。此外,钱国红教授(日本东京大妻女子大学)、曹树明教授(陕西师范大学)、韩国茹副编审(中国社会科学出版社)、冯前林副教授(山西大学)、胡可涛副教授(中国矿业大学)、章舜粤副研究员(中国社科院)、李杨助理研究员(天津社科院)、单虹泽讲师(南开大学)、廖娟讲师(南开大学)等学者从中国古代哲学、中国近现代哲学、中国文化发展方向等多个角度进行了发言。

分组讨论结束后,刘岳兵教授(南开大学日本研究院院长)主持了闭幕仪式。周德丰教授(南开大学哲学院荣休教授)代表与会学者致辞指出,南开大学是方克立先生的精神土壤,他也将自己的精神传承留给南开,深远影响了一代又一代师生。周德丰教授与刘岳兵教授分别朗诵自己创作的诗作,深情表达了对方先生的怀念,将此次大会的气氛推向高潮。在闭幕式尾声,卢兴教授(南开大学中国哲学研究中心主任)进行总结致辞,回顾了大会的筹备与举办过程,对远道而来的参会专家学者表示诚挚感谢,也对给予大会支持与协助的人员表示感激。

会后举办了博士生论坛,来自北京大学、清华大学、中国人民大学、武汉大学、中国社科院大学、南开大学等知名高校的 20 余位博士生进行了会议发表，对中国哲学史上的重大问题、代表人物、核心观念、主要思潮展开了研究，展现出青年学子的科研潜力和学术热忱，以具体而扎实的研究成果向方克立先生致敬。

21 日，与会的方门弟子、后学举行了"方克立先生逝世四周年追思会"，各位参加者深情追忆了自己在方先生门下求学的经历，对先生的识才之慧眼、爱才之仁心、容才之雅量、育才之妙法进行了全面总结，结合亲身经历重温了先生"学行并重、德业双修""三分为学、七分做人"的修己育人原则。

此次研讨会的成功举办，既是对方克立先生的感恩怀念，亦是对南开大学中国哲学学科的支持鼓励，进一步推动了学界关于方先生思想的研究，必将在今后产生广泛而深远的影响。